"十三五"国家重点出版物出版规划项目

经济科学译丛

商务经济学

（第二版）

克里斯·马尔赫恩（Chris Mulhearn）
霍华德·R. 文（Howard R. Vane） 著

余慕鸿 等 译

Economics for Business

（Second Edition）

中国人民大学出版社
·北京·

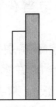

《经济科学译丛》总序

中国是一个文明古国，有着几千年的辉煌历史。近百年来，中国由盛而衰，一度成为世界上最贫穷、落后的国家之一。1949年中国共产党领导的革命，把中国从饥饿、贫困、被欺侮、被奴役的境地中解放出来。1978年以来的改革开放，使中国真正走上了通向繁荣富强的道路。

中国改革开放的目标是建立一个有效的社会主义市场经济体制，加速发展经济，提高人民生活水平。但是，要完成这一历史使命绝非易事，我们不仅需要从自己的实践中总结教训，也要从别人的实践中获取经验，还要用理论来指导我们的改革。市场经济虽然对我们这个共和国来说是全新的，但市场经济的运行在发达国家已有几百年的历史，市场经济的理论亦在不断发展完善，并形成了一个现代经济学理论体系。虽然许多经济学名著出自西方学者之手，研究的是西方国家的经济问题，但他们归纳出来的许多经济学理论反映的是人类社会的普遍行为，这些理论是全人类的共同财富。要想迅速稳定地改革和发展我国的经济，我们必须学习和借鉴世界各国包括西方国家在内的先进经济学的理论与知识。

本着这一目的，我们组织翻译了这套经济学教科书系列。这套译丛的特点是：第一，全面系统。除了经济学、宏观经济学、微观经济学等基本原理之外，这套译丛还包括了产业组织理论、国际经济学、发展经济学、货币金融学、公共财政、劳动经济学、计量经济学等重要领域。第二，简明通俗。与经济学的经典名著不同，这套丛书都是国外大学通用的经济学教科书，大部分都已发行了几版或十几版。作者尽可能地用简明通俗的语言来阐述深奥的经济学原理，并附有案例与习题，对于初学者来说，更容易理解与掌握。

经济学是一门社会科学，许多基本原理的应用受各种不同的社会、政治或经济体制的影响，许多经济学理论是建立在一定的假设条件上的，假设条件不同，结论也就不一定成立。因此，正确理解掌握经济分析的方法而不是生搬硬套某些不同条件下产生的结论，才是我们学习当代经济学的正确方法。

本套译丛于 1995 年春由中国人民大学出版社发起筹备并成立了由许多经济学专家学者组织的编辑委员会。中国留美经济学会的许多学者参与了原著的推荐工作。中国人民大学出版社向所有原著的出版社购买了翻译版权。北京大学、中国人民大学、复旦大学以及中国社会科学院的许多专家教授参与了翻译工作。前任策划编辑梁晶女士为本套译丛的出版做出了重要贡献，在此表示衷心的感谢。在中国经济体制转轨的历史时期，我们把这套译丛献给读者，希望为中国经济的深入改革与发展做出贡献。

《经济科学译丛》编辑委员会

商务经济学（第二版）

前　言

我们的方法

　　目前许多大学的本科专业均将商务经济学纳入其课程中，尤以商务学和管理学最为普遍。学习这些课程的学生们虽然可以参考编著完善、涵盖核心内容的书籍，但是他们往往会被书中那密密麻麻的长篇文章吓到。基于这一情况，本书通过严谨、简洁的方式，将所有相关主题涵括在内，以满足本科生、HND（英国国家高等教育文凭）学生或 MBA 学生的需求，并且使得那些零基础的学生也能感觉到经济学的核心内容既有趣、又易学。

　　商务经济学注重研究商务与日常生活的关系，书中还提供了丰富的例证和案例分析内容，从而使得学生对整个学习过程保持兴趣。比如，在本书第 1 章的"经济学反思"专栏中，第一个例子就引用了诺贝尔经济学奖得主的话，来说明他们当初为什么对经济学感兴趣。其答案就是很多人都十分关心的问题：贫穷、失业、种族歧视和饥饿。我们认为这些例子能够使学生们明白：在本书经济学理论的背后，确实有一些具体的现实问题。"经济学反思"的其他专题涉及中央银行成功摆脱通货膨胀的控制，爱德华·丹尼森发现的促进经济长期增长的因素，菲利普斯曲线的变化，等等，这些专题分析的目的在于鼓励学生批判性地思考本书相关章节中的关键点。

　　出于商务研究的目的，我们用了两个专题使学生将市场、企业、消费者、劳动力、政府和一些看似遥远的经济学原理联系起来。"商务案例研究"描述了各种商务情景，用来说明经济学的重要性。比如：

- 将需求价格弹性理论创造性地运用到足球比赛的门票定价中。
- 为什么零售商能够在电器产品的非强制性保险上制定那么高的收费标准？
- "邪恶"的垄断力量怎样促进制药业的技术进步？

　　本书还包括"将经济学运用到商务中"的系列专题内容，探讨当今商务问题的经济学基础，如：

- 自由贸易区域的商机。
- 为什么世界上一些货币，尤其是人民币，变得越来越重要？
- 为什么劳动力市场中的信息不对称影响很大？及时传递信息有助于克服这个问题吗？

每章开始均列出本章重点讨论的问题。对于一些关键术语和经济学概念，采用黑体表示并在页边处单独列出加以定义。为了使学生们了解经济学不同主题之间的重要联系，书中各章的内容前后对照、交叉参考。每章末尾处均对本章讨论的主要内容进行了总结。此外，每章中的关键术语、问题讨论和推荐阅读均在各章末尾一一列出。

与通常仅仅列出一堆阅读建议而多数学生并不真正去阅读有所不同的是，我们进行了方法创新，即重点突出各章的关键之处。在这一专题中，我们既使用了一些学术名著资源（如米尔顿·弗里德曼《资本主义与自由》（*Capitalism and Freedom*）中的一章内容），又采用了一些来自小说的节选内容、经济学家访谈资料和视频资料。许多资料均可从网上获得。比如，本书第 3 章要求学生阅读罗迪·道尔的《货物推车》（*The Van*）的一部分，其中涉及关于因经营汉堡包推车而争吵的内容：这是一个经典的委托-代理问题，要求学生们通过阅读自行解决。第 4 章要求同学们观看易捷航空网站上的一个视频，旨在理解该公司的商业模式和所承担的关键成本。

内容和结构

按照惯例，本书将商务经济学分为微观经济学和宏观经济学两大部分。第 1～7 章重点讲解微观经济学，内容包括企业活动及其在不同市场结构中的运行、消费者需求满足和就业提供等内容。该部分还详细分析了企业与政府之间的关系。第 8～15 章涉及宏观经济学，对一些有关宏观经济学的本质问题在根本意义上给予了充分解释，并在政策选择范围内提供了解决措施。考虑到宏观经济环境对商务活动的重要性，对于学生们来说，了解影响经济变化的因素以及政府政策对宏观经济环境的影响十分重要。本书微观经济学和宏观经济学的材料与关于政府政策对企业绩效的影响反复出现的主题明确相关。采用这种方式，我们旨在使商务、管理类专业的学生消除对经济学的神秘感，帮助他们了解如何将经济学的分析应用到实际问题中，体现了经济学与商务的相关性。本书的最后一部分涉及诺贝尔经济学奖得主的研究成果，借此表明经济学的前沿成果是如何在商务背景下向人们展现其经济理论和政策的。

本书第二版做了彻底更新。有关最近的金融危机、信息经济学的相关材料、行为经济学和博弈论的相关内容也已经在书中出现。本版内容由本书的同步网站支持，其中包括很多可供师生使用的专题材料。

小　结

在本书中，我们努力做到以下几点：

- 内容全面但行文简洁；
- 严格遵守学术规范；
- 紧密贴近商务实际；
- 例证列举和案例分析丰富；
- 文字表达生动活泼。

在本书的写作过程中，我们与以前的同事史蒂夫·史密斯（Steve Smith）合作密切，受益良多，他为我们提供了很多有益的意见。同时，本书的匿名审稿人也为我们提出了很多很好的建议。我们还要感谢本书专家评审小组的全体成员，他们是：

- 意大利博洛尼亚大学的埃马努埃莱·塔兰蒂诺（Emanuele Tarantino），
- 英国伯明翰大学的菲奥纳·卡迈克尔（Fiona Carmichael），
- 英国格拉斯哥卡利多尼安大学的卡罗尔·道尔（Carole Doyle），
- 英国诺森比亚大学的安德鲁·库尔森（Andrew Coulson），
- 英国诺丁汉特伦特大学的西米恩·科尔曼（Simeon Coleman）。

克里斯·马尔赫恩
霍华德·R. 文

前　言

3

目　录

目录

第1章

经济学与商务

关键问题

- 每个社会都面临的基本经济问题是什么？
- 商务为何与经济学有关？
- 经济学中企业、消费者和政府在资源配置中的作用是什么？
- 什么是资源短缺？有何含义？
- 什么是微观经济学与宏观经济学？两者对于商务的重要性是什么？

■ 1.1 引言：什么是经济学？

大多数人可能都能说出经济学的内容。经济学就
是关于通货膨胀、失业、企业利润率、国际贸易等问

> **商品**：有形的产品。
> **服务**：无形的产品。

题的学科。但是这样的列举并没有真正表明该学科的本质。经济学关注的是社会如何组
织**商品**（比如汽车、书籍、食品、房屋等）和**服务**（如由银行、理发店、教师、手机公
司等提供的服务）的生产和消费。更精确地说，经济学解释了社会生产什么商品和服
务、如何生产以及为谁生产的问题。

想想你所在的社会和经济体，其生产和消费的优先项有哪些？表1-1列出了一小
部分日常商品和服务。你所在的经济体中这些都有生产吗？如果有，其生产方式是什
么？是由企业生产，政府帮助企业生产，还是有一些商品的生产主要由政府负责？显
然，在发达的西方经济体中所有这些商品都是可以得到的，但是是每个人都可以获得
吗？还是只有那些买得起的人可以获得？

1

表 1-1 根据主要西方经济体中用于生产的**资源配置**数量，对所选商品和服务进行了分类。下面我们看看"生产什么，如何生产，为谁生产"的问题。

表 1-1　　　　　　　　　　你所生活的社会中这些都有生产吗？

一些西方经济体生产的产品	大多数西方经济体生产却产量分布不均的产品	西方经济体生产但产量却在下降的产品	所有西方经济体都大量生产的产品
汽车 计算机 移动电话	旅游服务 书、杂志 电影	鞋和服装 体育用品 玩具	教育 医疗保健 移动电话服务 数字媒体

生产什么？

● 有些商品和服务只在一些西方经济体中生产。比如汽车，汽车生产国包括美国、日本、德国和英国，但不包括爱尔兰和瑞士。同样，英国和芬兰对手机生产投资巨大，但德国在这方面几乎没有投资。

● 表 1-1 中的第二类商品和服务，有生产程度的问题。过去二三十年间，跨国旅游更加便宜便捷。由于许多工业化国家成为旅游胜地，它们积极生产外国游客中意的商品。有些国家对旅游业的投入尤为显著，法国和西班牙就是典型例子。同样，尽管最初许多主要电影厂商都来自美国，其他国家也有自己的电影制造商，但大多数在业内业绩平平。

● 服装和鞋类生产在大多数西方经济体中都在下降。打开衣橱，你会发现衣服和鞋子上的标牌大多指出它们产自亚洲和东欧。三四十年前，西方经济体自产的服装和鞋子数量要多得多。

● 最后，第四类商品和服务在所有西方经济体中都大量生产，例如教育、医疗保健、移动电话服务、数字媒体等。

> **资源配置**：社会将生产性禀赋，例如劳动力和机械配置在特定或某类用途上的承诺。对于一个社会来说，要生产特定的商品和服务，必须将资源配置到合适的产业中。

在本章和其他章节（特别是第 13 章）我们还会讨论国家间专业生产模式产生的原因。但此处我们先看看如何生产和为谁生产的问题。

如何生产？

生产的组织形式——如何组织的问题——实际上可以从两方面来讨论。

● 首先，我们可能对某些生产的技术细节感兴趣。过去 10 年一些商品和服务的存在形式以及它们的消费方式发生了令人惊讶的改变。例如，2002 年英国商店中销售的音乐个人专辑几乎有 4 400 万张，但还没有数字化销售——技术还没有发展到这个程度。自此专辑销售量逐年下降，到 2009 年只有 150 万张了，同年数字下载销售达到 11 600 万张的新纪录。然而自 2004 年以来，全球的音乐市场总体收入下降了大约 30%。这反映了非法文件共享、其他形式的数字盗版范围的扩大以及音乐产业为维持其付费市场所面临的困难。

通信和新闻服务也转变了形式。短信、电子邮件、谷歌、脸书、推特无处不在。而个人信件濒临消失。英国的报纸印刷业也在下滑。报纸行业的生命线可能会迁移至数字媒体。但是当网络新闻可以免费阅读时，纸质报纸还能赚取利润吗？《泰晤士报》和《星期日泰晤士报》是英国首批网络电子版收费的非专业国家报纸。"如何组织生产"的技术问题显然是不断变化的。有数字应用的领域就会出现对传统商务的威胁以及企业改革的良机。

- 其次，我们可能会问政府在多大程度上参与生产决策。过去30年中，英国等国家通过采取国有企业私有化和向地方及中央政府部门介绍市场原理等方式，一致致力于减少政府对经济活动的影响。其他地方经历迥然。在美国，政府的经济影响总是相对有限，因此私营企业在资源配置中发挥很大的作用。反之，在斯堪的纳维亚国家，传统上政府在经济中的影响更加普遍。我们可以看到，平衡企业和政府的作用是经济学的关键问题。

现以美国医疗改革为例。该改革主要由私营企业组织实行。问题是大约有15%（超过4 500万人口）的美国人一旦生病，没有医疗保险为其支付医疗费用。与其他发达经济体相比，美国在医疗方面投入的资源要多得多，结果是尽管许多美国人可以得到先进的医疗，但还是有数百万美国人由于付不起保险费用而无法获得医疗服务。数年前，克林顿总统企图用政府财政实行全范围的保险计划，但是失败了。奥巴马总统也在努力。这个实例表明经济体中市场和政府的界限不是固定的。关于两者可以胜任什么的争论还在继续。

为谁生产?

"为谁生产"的问题总是和"如何生产"的问题紧密联系。在美国医疗改革中，奥巴马总统想要政府尽可能地参与（这是"如何生产"的问题），旨在让医疗服务范围更广（"为谁生产"的问题）。像美国和其他国家这种私人保险占主导的医疗服务可能由保险合同的限制而非临床需要决定。于是，该医疗服务的对象主要不是病人，而是保险体系。人们设想政府部门将切合目前无法获得医疗服务的美国人的医疗需求。

因此，政府一旦参与决策，可能向其民众免费或者以补贴价格提供更多的商品和服务，而这在政府不参与的情况下是不可能做到的。例如，在荷兰，政府赞助了一项大型的"社会房产"计划。这意味着荷兰大部分的房产是政府所有。政府根据需求建造房屋，所收取的租金相对较低。结果，几乎没有荷兰人找不到安身之处或付不起房租。此处，"为谁生产"的答案是为大多数人，如果不是每个人的话。再看一个相反的例子。在英国，尽管政府也投资建房，但大多房屋属于私人所有。企业造房以赚取利润。这意味着个人成为消费者不是取决于其需求，而是取决于其支付能力。

☐ 实证经济学与规范经济学

在引言部分我们还要谈到最后一个问题。经济学致力于成为**实证学科**：基于事实而非观点的学科。过

> **实证问题**：有事实依据的。
> **规范问题**：看法问题。

去20年中，英国的零售时间变得更加自由就是一个实证例子。有些商店每天24小时开放。30年前，周日几乎没有商店营业，许多商店周三下午也不营业。零售时间自由是好还是坏，这是个**规范**问题。坎特伯兰教堂的大主教可能有自己的观点，但塞恩斯伯里商店的股东可能不同意该观点。经济学家们不会宣称他们能回答这种规范问题，但他们知道该变化对零售市场结构、零售企业的利润获取力、零售形式的转变（如网上购物的发展）等的影响。这些都是实证问题。

经济学可以为规范问题提供实证答案。如果你认为你所在的经济体中失业率过高，

或者贫穷国家的收入太低，那么经济学可以为这样的问题提供解释以及可能的解决方案。对这些问题的担心是许多杰出的经济学家选择这门学科的初衷。

▶ **经济学反思**

我为什么成为经济学家？

下面提到的五位经济学家都是诺贝尔经济学奖得主。

阿玛蒂亚·森（Amartya Sen）

阿玛蒂亚·森出生于印度。小时候，他目睹了孟加拉大饥荒中 300 万人死于饥荒的惨况。这个令人震惊的数字是森在他的职业生涯中自己估算出来的。他还写道，曾目睹了一个人由于在"错误的"地方寻找工作而被杀害。这让他思考了极端贫困及其迫使人们承担的风险。当数年后他被问及为什么选择学习经济学时，森回答道："为了印度的人民，这不是一个难以回答的问题，因为我们深陷经济问题之中。"

米尔顿·弗里德曼（Milton Friedman）

米尔顿·弗里德曼是世界上最伟大的经济学家之一，他于 1912 年出生于纽约。1932 年正值大萧条最严重的时期，他大学毕业，面临学习经济学还是攻读数学的选择。他为什么选择了经济学呢？"假设你现在置身于全社会四分之一人口失业的 1932 年，最迫切的问题是什么？当然是经济问题，所以我毫不迟疑地选择了学习经济学。"

詹姆斯·莫里斯（James Mirrlees）

詹姆斯·莫里斯在转向经济学之前在大学攻读的是数学。"因为我经常与经济学家朋友讨论经济学，但这对我来说毫无意义；因为在我看来，当时所谓的不发达国家的贫困是世界上真正重要的问题，这就是经济学。"莫里斯被建议读一读凯恩斯的《就业、利息和货币通论》（经济学领域最著名的著作之一），之后他写道："这也许不是最好的建议，但它对我来说也无害，我希望有一天我能完成它。"

罗伯特·默顿（Robert Merton）

罗伯特·默顿是一位金融经济学家，他回忆说："早在我八九岁时，我便对货币和金融产生了兴趣。我创造了虚拟银行……到 10 岁或 11 岁时，我草拟了一份'最优'股票清单，并且买了我的第一只股票。"大学时他读的是工程和数学专业，但是他放弃了博士课程而开始学习经济学，因为他认为经济是推动社会进步的力量，而且他觉得自己与经济学有一种直觉上的联系。大学期间他继续炒股，每天早起几个小时利用上课前的时间操作。

詹姆斯·赫克曼（James Heckman）

詹姆斯·赫克曼是一位微观经济学家。20 世纪 50 年代和 60 年代，他目睹了制度化种族主义仍然在美国南方盛行，之后便对这门学科产生了浓厚的兴趣。"在种族歧视的南方［Jim Crow South，吉姆·克劳（Jim Crow）是用来描述美国南方普遍存在的制度化种族主义法律的术语］的单独的喷泉、公园长椅、浴室和餐馆让我大吃一惊。这些经历刺激我毕生都在研究非洲裔美国人的地位，并且寻求改善他们的地位。"

1.2 理解企业、消费者和政府在市场中的作用：为什么经济学对于商务很重要

在 1.1 节，我们知道经济学就是对社会如何配置资源的理解——生产什么、如何生产以及为谁生产。但这些决定是如何做出的呢？具体来说是谁在做决策呢？在大多经济体中有三种资源配置的影响因素，即：

- 企业，
- 消费者，
- 政府。

企业、消费者和政府通过市场相互作用。**市场**仅是这些不同群体的联系网络。在普遍熟悉的意义上，

> **市场：**将生产者与消费者联系在一起的一个简单框架。

市场就是买方与卖方实际见面的地方，例如英国的比林斯特海鲜市集。但经济学家所指的市场通常是指生产者、消费者和政府之间互动的过程，比如欧洲的汽车市场、英国的保险市场等。下面我们考察三者在市场中的作用。

□ 企业在市场中的作用是什么？

在第 3 章我们会更细致地探讨企业在市场以及现代经济中的作用。这里我们简略介绍一下。企业可能具有许多目的，但通常认为其中心目的是组织生产以获取利润。以利润为目标，企业必须自问这三个基本经济问题：生产什么？如何组织生产？商品和服务的目标消费者是谁？

以英国最大的超市集团乐购为例。大约 10 年前，乐购是传统上面向国内的食品零售商。其对于这三个基本问题的回答非常简单：什么——销售食品；如何——在超市销售；为谁——英国消费者。1997 年乐购宣布了其雄伟的计划。它要开始销售非食品商品，如服装、电脑和电子产品。1997 年乐购在拥有两家海外商店的情况下，进一步计划使目标面向国际。该企业还打算进入新出现的并迅速扩大的网络市场。乐购对于这三个问题的回答开始变得大不一样了。

乐购为何要采取这些策略呢？因为乐购公司尚不能因此而自满：乐购曾停留于过去的辉煌而就此止步，因而没能成为英国首屈一指的食品零售商。乐购只是对市场动态进行回应而已。英国在 20 世纪的最后二三十年间，食品零售的模式经历了一场转变，食品零售日益由少数企业的规模宏大并且通常位于城郊的商店所主导，如乐购、塞恩斯伯里和艾斯达等。随着这些企业旗下的门店越来越多，门店之间的竞争日益激烈。更关键的是，这些企业进一步扩大规模的可能性最终由英国市场超市型购物的规模所限制。对于乐购以及其他企业来说，出现了两个非常明显的问题：对手企业争夺其传统客源的威胁以及总体食品零售超市市场的上限。乐购的新策略可能有助于其对付这些问题——乐购变得比其竞争商更具吸引力（或至少不会由于其他超市连锁店类似的举动而被攻城略地）；通过在英国打开新的市场和创新销售渠道，销售更多品种的商品；并且与此同时，乐购可以打入具有更大发展潜力的国际市场。

那么乐购的计划是怎样实现的呢？在英国，乐购目前有几种不同的商店形式。450

家传统超市与两家奥特莱斯相得益彰。乐购城市店是位于 170 座城市市中心的食品零售商店。此外，还有大约 1 000 家乐购便捷店在各种住宅区和商务区以便利店的形式进行食品销售。城市店和便捷店使得乐购成功打开城市中心市场，而这些地方的食品来源并不主要由大型超市供给。可见，在"进入地方市场"理念的引导下，乐购在一个全新的市场展开了有效的竞争，而不再完全依赖于传统的超市贸易模式。

乐购在英国的网上销售也成绩斐然。其拥有逾 100 万活跃客户，并已涉足提供金融服务、保险和移动电话网络。在海外，乐购的规模由原先的两家商店扩大为目前在欧洲、北美和东亚地区的 12 个国家拥有约 2 200 家商店。乐购成功地在国内打开网上销售渠道的同时，也进入了其他国家，通常是发展中国家，如波兰和中国的零售市场。与英国等成熟经济体相比，这些国家的经济发展潜力更大。

这个案例从两方面展示了经济学在商务体系中的重要性。首先，我们理解了乐购所采取的贸易策略：经济学的作用就在于帮助我们理解企业所采取的贸易决策。其次，经济学原理明确指导了乐购自身所应采取的策略。换言之，经济学原理与贸易决策的制定是统一的整体。乐购的成功最终是由于基于经济学的深思熟虑的决策。地区便利店形式的贸易也被其他如塞恩斯伯里超市和里德尔等商家所模仿。最后，大型的全国连锁店必须与 35 000 家独立商店竞争，其数量仍占所有便利店的约 65%。

乐购这一案例还显示，企业在以利润为目标的驱动下，受制于两大市场限制：对手企业的竞争和难以捉摸的顾客需求。后面我们会谈到经济学家是怎样评价顾客的作用的，但首先我们简要总结一下企业间竞争的重要性。

对于每一家企业来说，竞争对手都是很重要的，因为竞争对手会对企业在市场中的继续存在产生直接威胁。竞争对手可以使企业改进商品或服务质量，降低价格，尝试更有效的市场营销方式，甚至引进全新商品，废弃过时商品。所有这些可能性的意义在竞争市场环境下的资源配置中都可以得到很好的诠释。所有企业一定要自问自己应该生产什么、如何生产、为谁生产，同时明白所有其他企业也在问它们自己这几个同样的问题。这就使得经济学的中心任务为揭示企业间竞争的整个过程。

□ 消费者在市场中的角色

消费者对于企业来说具有主要的约束力。事实上，归根结底是消费者在有效地决定市场的运作——经济增长还是衰退，以及市场变化的速度。消费者甚至可以影响市场中商品开发与改良的速度。那么消费者是如何做到的呢？今天你付费下载一张专辑，那么你就作为消费者进入了市场，但是你可能都不大会把自己看作音乐贸易中的主要操纵者。但这却是事实：从这件事情本身来看，你的兴趣是说唱乐还是劳动阶层英雄约翰·列侬，对于音乐贸易来说并不重要。然而，总体来看，购买力却是影响任何市场的最强大的力量。如果人们认为某个乐队已经过时了，那么生产和销售音乐的企业就会立即转向更受欢迎的或者更具潜力的艺术家。

▶ 商务案例研究

高街上的沃尔沃斯的终结

这家曾位于英国高街上的拥有约 100 年历史、800 多家门店的沃尔沃斯（Woolworths），如今却不复存在了。那么沃尔沃斯到底发生了什么呢？

你还能记得沃尔沃斯实际上是卖什么的吗？衣服、CD、DVD、电脑游戏、玩具、日用品以及其他一些商品。但你会特意为买某样东西而去那里吗？这可能就是问题之一了——缺乏主打商品，不能吸引顾客第一时间走进店里。同样重要的是，沃尔沃斯所销售的大部分商品在其他商店和网上的售卖也在日益增多。

多数大型超市可能拥有沃尔沃斯的主要商品。这就意味着乐购和塞恩斯伯里能够向顾客销售食品的同时，也使他们购买一些非食品。沃尔沃斯对此没有采取任何举措，因而其商店出现了日益疲软萧条的态势。

同时网上贸易的发展使得娱乐商品之间的竞争更加激烈，而娱乐商品是沃尔沃斯的专卖商品。因此，沃尔沃斯陷入了市场的夹击中——陷入了来自周边商家的竞争以及来自网络空间的新的竞争。

但这些还不是全部。尽管沃尔沃斯整体上作为一个产业链显然已不再盈利，但并不是每一家门店都在亏损。

事实上，位于多彻斯特的沃尔沃斯很快又重新开业了，这家店的前任经理克莱尔·罗伯森将其重新命名为 Wellworths。她认为这家商店处于很好的地段，通过调整所售商品种类，是具有盈利前景的。此后的一年多 Wellworths 仍然在盈利。

但并不是一切都如此顺利。沃尔沃斯的名字已被另一家公司 Shop Direct 所购买。由于 Wellworths 和 Woolworths 如此相似，以及考虑到品牌对于企业的重要性，Wellworths 不得不同意更改名字。（第 5 章中我们会讨论品牌的作用。）

将来 Wellworths 会以 Wellchester 的名字为大家所知，而 Woolworths 仍然是 Woolworths。

经济学家把这种消费者权利称为**消费者主权**。消费者主权意味着消费者最终控制了市场中的商品生产。当单个消费者选择购买某种商品或服务时，他就是在肯定这种商品或服务的存在。反之，如果消费者普遍选择不购买某种原先有市场需求的商品，厂商就会慢慢使该种商品退出市场。努力销售人们已经不再需要的商品是毫无意义的。英国有 100 年历史的沃尔沃斯连锁店的终结和 800 多家高街商铺的关张的案例明确地表明了此观点。历史和传统已不那么重要——消费者喜好发生了变化，市场在进化，沃尔沃斯的商业模式无法吸引顾客，也无法使其继续维持下去。同样的道理，假如顾客对购买某商品或服务非常地热衷，那么厂商就有理由增加商品生产。过去 15 年间英国咖啡店数量的激增就是个证明。消费者或者潜在消费者的存在也使企业有动力不断改进商品的质量。锐意改革的企业——生产更好、更便宜的商品——可以赢得更多的顾客，从而赚取更多利润。企业尽其可能地去取悦可能购买它们商品或服务的顾客是有所回报的。因此，在商务贸易中经济学也是很重要的，因为经济学能够帮助认清和理解消费者主宰的市场运作的本质。

> **消费者主权**：指在竞争市场决定生产模式中个体的消费选择。生产者必须顺从消费者的购买决策。如果他们没能生产出消费者想要的产品和服务，那么他们将会破产。因此，消费者拥有生产者之上的主权。生产环境友好型商品和服务就是这种消费者主权的体现。金枪鱼罐头生产者用海豚制作罐头在商业领域是不会长久的。

□ 市场中政府的作用

经济学家区分不同市场特征的方式之一就是政府在市场中的影响等级。在**自由市场**中政府的影响微乎

其微。在自由市场中，消费者和个体厂商（通常是商业企业）之间的互动决定了市场中要生产什么商品、如何生产以及为谁生产等关键经济问题。企业会对消费者的需求或预期需求进行回应。然而，在非自由市场，资源配置通常受制于企业、消费者和政府的共同影响。政府能够采取如下两种方式对市场进行干预：

● 政府可能选择自己直接生产某些商品或服务，或者与私营企业一道进行生产。我们前面提到的荷兰的社会住房供给案例就是国家和私营企业共同合作的一个例子：荷兰政府和私营企业合作盖房子。这里还有一个完全由政府供给的例子，就是第二次世界大战后的英国，政府将煤炭和钢铁的生产权从私营企业手中收回，在很多年中都完全由国有企业经营。

● 政府也可能选择自己并不直接生产商品和服务，而是以某种方式对市场进行调控。这样的实例有很多。在欧盟，农业生产主要取决于欧洲政府发给农民的经济补助。事实上，在许多市场中政府能够也确实选择了补贴个体厂商的生产。然而，政府不但不鼓励更多生产，而且试图限制它认为有害的或是没有需求的商品生产，或者尽其全力地对商品质量产生影响。例如，许多政府都很关心环境污染问题，并努力调控产业以减少污染。类似的行为还有更多的例子，例如地方政府授权卫生疾病防控中心检查酒吧和餐馆的卫生和食品安全是否达到合格标准。

图1-1大致描述了自由市场以及不同形式的政府干预的市场类型。在图1-1（a）中，市场仅由商业企业和消费者组成，属于自由市场。在图1-1（b）中，市场中的生产环节由企业和政府共同组成。这里，政府参与了商品和服务的生产，或者与私营企业一道，或者在有些情况下，并没有私营企业的参与。在图1-1（c）中，政府总体上对市场进行调控。

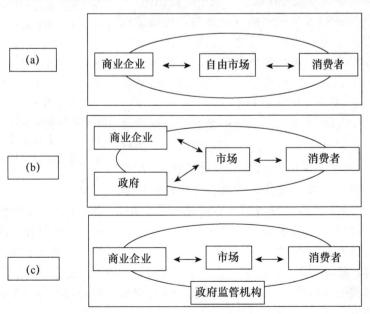

图1-1 自由市场与市场中的政府干预

通过图 1-1 对市场类型的表述，我们可以说真实经济的典型形式是什么呢？事实上，图 1-1 所表现的三种形式的混合体才是典型的经济形式，称为**混合型经济**。混合型经济中包括了公有和私有资源配置的结合：私营企业和政府共同参与决定社会的商品生产、生产方式和生产对象。目前，世界上的大多数国家都采用这种经济形式。但在 20 世纪 80 年代晚期之前，东欧、非洲和东亚的一些国家的经济是**国家计划经济**，而非混合型经济。这就意味着私营企业能够发挥作用的空间极小，资源配置主要由政府决定。政府官员而非贸易双方决定要生产怎样的商品或服务。他们还决定怎样组织和控制生产，也就是商品和服务的分布方式。大多数曾经的国家计划经济现在都完成了向混合型经济的**转型**。这意味着在这些经济中政府对资源配置的影响在不同程度上已经减弱，私营企业获得越来越多的机会，积极参与经济决策。

> **混合型经济**：就是政府在资源配置中发挥一定作用的经济体制。
>
> **国家计划经济**：是指政府几乎全部决定市场中的资源配置。
>
> **经济转型**：是指由政府配置的资源变为由私营企业和消费者决定分配的经济现象。

可见，在混合型经济中，商业企业、消费者和政府共同进行主要经济决策。还要注意，这些决策从来不是孤立进行的。在混合型经济中，在消费者主权的普遍影响下，企业、消费者和政府不断进行互动。就图 1-1 来看，这意味着图 1-1 (b) 和图 1-1 (c) 具有更大的普遍性，图 1-1 (a) 的自由市场在现实中更加不常见。

例如，我们看看英国的鞋类、汽车、手机服务和尖端足球赛市场。这些都可能被认为是合理的"自由"市场，因为相对来说这些市场中似乎没有太多的政府干预。政府当然不会像提供医疗服务一样向其国人售卖鞋子，也不会像进行医疗卫生检查一样去检查鞋子生产。因此，要理解鞋类贸易，我们可能会认为主要要关注鞋类生产企业及其消费者。同样，对于企业自己来说，我们可能会认为企业的唯一考虑是消费者的需求和其竞争对手的贸易策略。事实上，鞋类市场远比这复杂得多，就如同汽车、手机服务和足球赛市场一样。下面我们逐一探讨。

鞋类

英国的鞋类市场并不是自由市场，而是受到保护的。我们会在第 13 章具体阐释保护主义经济学。这里我们只是做一个简单小结。英国的贸易政策——商品和服务的进出口规则——是由欧盟代表其成员国集体组织制定的。自 2006 年以来，欧盟对来自中国和越南的鞋类征收关税，并一直延续到 2011 年底。

关税就是对贸易商品所征的税：对来自中国和越南的鞋子所征收的关税税率分别为 16.5% 和 10%。欧盟之所以对它们征收关税，是因为它认为中国和越南在以极低的价格向其成员国市场倾销鞋子，损害了欧盟的鞋类厂商。所征关税大大提高了进口鞋子的价格，从而在一定程度上保护了欧盟鞋业不受到"不公平"竞争。通过这些举措，欧盟希望保护它自己的鞋类企业以及这些企业员工的工作。对照图 1-1 来看，欧盟的鞋类市场更接近图 1-1 (c)——政府调控的市场。我们注意到，尽管这种保护表面上看是在保护鞋类企业及其员工的利益，而实际上牺牲的是英国消费者的利益，因为他们必须花更多的钱去购买这些进口鞋。而如果没有政府干预，其价格要低一些。

汽车

尽管英国政府过去曾收购过像罗弗这样的陷入困境的企业，自己生产汽车，但现在它不再自己生产了。然而英国的汽车市场仍然受到政府干预和调控。通常有两种形式。第一种形式与鞋类市场相似，英国汽车市场总是定期地被加以保护，对抗来自日本的进口汽车。（这也是在欧盟的层面进行的。）第二，英国政府不断补贴大汽车制造商进行的投资。政府投入通过税收得来的数百万英镑，用于投资像福特和日产这样的公司，希望获得和维持它们在英国进行生产的兴趣。此外，政府最关心的事情是要创造和维持更多的工作机会。最近，为了缓和 2008—2009 年英国汽车业低迷所产生的影响，英国政府投入 400 万英镑实施报废计划，鼓励人们把旧汽车卖掉，并承诺购买新款车时获得每辆车 2 000 英镑的价格减免。可见，汽车市场也是由政府调控的。从历史上看，汽车市场从近图 1-1（b）的市场类型（政府自己生产）转向图 1-1（c）的市场类型（重点在于政府调控）。

手机服务

至 2008 年底，英国所拥有的全额支付以及合约认购的手机共有 7 700 万部，其数量已超过人口数量。英国通信管理局报道说，其中约有 1/4 的手机属于"第三代"或 3G 手机，能够更快捷地上网。2000 年，英国政府将 3G 技术经营许可证拍卖给了 5 家手机企业，共赚取 225 亿英镑。设计这场拍卖的经济学家说，仅仅是售卖空气就可以赚取巨额利润。

通过售卖参与权来调控这个产业，这是一个有趣的概念。政府除赚取大笔利润外，还有什么目的呢？实际上它的主要目的是要有效配置资源：努力让最能够充分利用 3G 技术的企业得到该技术。那么如何知道是否充分利用了呢？在消费者主权引领下，这些企业有能力投入大笔资金获取进入市场的优先权。它们利用 3G 技术不断生产新商品，改良已有商品，通过销售这些商品，最大限度地利用 3G 技术获取利润。当然，这一切都不是预先确保的。但我们看看仅在 2007—2008 年间，手机服务销售商的零售额就达到了约 300 亿英镑。这似乎表明 3G 技术的拍卖结果产生了相当喜人的成绩：从政府本身角度看，它获得了无与伦比的一大笔资金，并且把销售权分配给了最能够充分使用 3G 技术的企业。

从图 1-1 来看，手机产业符合图 1-1（c），政府进行市场调控。

职业足球

乍一看英超联赛似乎不在政府的关心之列，但这里也有不少政府进行干预的实例，并对市场产生了重要的影响。在 1989 年希尔斯堡惨案中，许多利物浦球队的支持者丧生。随后政府颁布法令，所有英超联赛的场地都只能提供座椅设施。这项安全措施减少了许多场地的容载量，也促使新建了许多足球场。

欧盟也使职业足球市场产生了重要的但确实不大为人所知的变化。所谓的《博斯曼法案》认可欧盟的球员在与俱乐部的合同到期之后，有权在不支付任何"转会费"的情况下到欧盟任何国家踢球，阻止了欧盟的足球俱乐部收取"注册费"，这使得足球职业与其他职业类似。如果你同意为某企业工作三年，三年合同期满后你的下一个雇主不需要为你支付"转会费"。但在《博斯曼法案》颁布之前，足球市场确实是在这么运作。这一变化大大增加了优秀球员的谈判底气和赚钱能力——他们现在可以在合同期满后自由选择为谁踢球，他们的前任雇主在这期间没有话语权，也无法捞到任何经济利益。

综合考虑，毫无疑问这两件政府干预足球市场的实例都产生了积极的影响。就图1-1来看，图 1-1（c）符合足球市场类型。

商务经济学（第二版）

这些实例表明，在混合型经济中政府对市场进行的干预远比其表面上看上去要多得多。然而，我们还可以更深入地探究。以上我们探讨的都是某特定市场中的分散的干预形式。在发达经济中，除此之外，政府还有对所有市场进行普遍调控的总方案。各种原因有很多，此处我们分析其中一种。经济学家普遍认为垄断——就是在某市场或产业中只有一家企业存在——是不可行的，因为它限制了消费者的选择，损害了消费者主权。于是，在或多或少的程度上政府就会在大多数（但非全部，我们一会儿可以发现）产业或市场中尽量阻止某一家企业取得垄断地位。那么在这个意义上，政府的市场调控可以说几乎总是以特别的或者普遍的形式进行。比如，政府在干预国际贸易或为保护消费者权益而设定商品标准的时候，实行的是特别的调控方式。而在阻止任何产业中垄断的产生时，实行的就是普遍的调控方式了。

从目前的讨论结果来看，我们认为商务贸易就是在以消费者为导向的市场环境中进行的，其间政府或进行大刀阔斧的调控，或只是进行微妙的、不明显的干预。

1.3 稀缺性、选择和机会成本

我们已经知道经济学关心的就是社会中的商品选择：应该生产什么商品和服务？如何生产以及为谁生产？但我们还得知道为什么这些选择如此紧迫。让人痛心的显见事实是很多社会还在贫穷、疾病和营养不良等大规模的人类悲剧中挣扎。此处人们的无从选择无须过多强调：人们有对衣食住行的基本需求，所以首先就会将所有能够得到的资源用于这些生产。但是在世界上相对富足的地方，生产和消费的普遍水平都要高于过去。衣食住行被认为理所当然地得以满足，其他物品也似乎极大地丰富。那么这里还有经济学家需要参与的问题吗？我们当然可能指出，发达社会的某些地方仍有贫穷存在。但即使不存在贫穷，**资源稀缺**这一概念也使得经济学具有研究意义。

在日常使用中稀缺一词被理解为不容易得到：钻石可能被认为是稀缺的，故其价格很高。但例如酒就不稀缺，你可以花相对少得多的钱购买大量的酒，第二天早上可能就后悔了。但对于经济学家来说，稀缺一词有着不同的侧重：它是置于潜在的无限需求背景下的社会资源的稀缺。发达社会现在正享受着前所未有的高质量生活水准，这是事实。但这并不意味着这些社会里就没有了没能够满足的需求。在像美国这样富足的国家，我们看到很多人仍然没有钱看病，不是每个想有车的人都买得起车，还有许多人想换一个比现在更好的住房。这些都是不争的事实。这些事实说明社会的需求是无限的。由于对所使用资源的大规模竞争，所有资源都被认为是稀缺的。

> **资源稀缺**：意味着相对于社会需求的无限性来说，所有资源都很稀缺。

从经济学意义上看，由于所有资源都是稀缺的，每个社会都面临着潜在的大范围的选择。将资源投入一种生产和消费模式势必导致放弃其他可能的模式。在经济学中资源选择的实质源于**机会成本**。机会成本就是为得到某样东西而要放弃另一些东西的最大价值。机会成本让我们理解了为何社会选择生产某种商品。以环保问题为例，在西欧的发达工业化国家，由于受到各国政府以及欧盟的管理，其环保标准相对较

> **机会成本**：是指为得到某样东西而要放弃的另一些东西的最大价值。

高。相较之下，非洲和南美洲的部分国家环保标准就较低。原因是什么呢？仅仅是因为它们对环境保护感兴趣的程度不一样吗？有没有其他因素呢？从经济学角度分析可以解开后面这个谜团。工业生产与其对环境所造成破坏的可容忍度之间的平衡点必须取决于该社会的经济发展水平。比如，在相对富足的德国经济中，就有可能通过放松对企业污水处理方式的控制来增加产业的产出。这些污水以廉价的方式处理，直接排放进莱茵河或多瑙河中，而不是通过购买昂贵的机器来处理。这样的举动所带来的利益与所导致的破坏之间的平衡就变得相当关键。在一个已经富裕的社会里，和这增加的一点点产出相比，干净的河流该有怎样的价值呢？可能的答案是产出增加的机会成本相当大——干净的河流具有更大的价值，因此有足够的经济学依据进行污染治理，以不同方式进行生产也就可以理解了。目前在许多更贫穷的国家，增加的额外产出被赋予的价值毫无疑问要高许多，因此与必须牺牲的产出的价值相比，某些环保方式的成本被认为是过高的。如果额外的产出价值用于购买食物或住房，其重要性就不言而喻了。于是环保的机会成本过高，而以牺牲环境为代价进行的生产从经济学角度来看就变得合理了。

　　尽管这只是一个 21 世纪富国与穷国之间对比的例子，但我们也可以对富裕国家在现在和在 19 世纪不同的生产优先权进行同样的分析。那时在西方，产业利益同样高于环境保护。这是因为当时减少产出的机会成本比社会赋予环境的价值要高出许多。19 世纪英国的工业污染到底有多糟糕？浏览这个网站你就能知道为何伯明翰以西的区域被称为"黑色地带"：www.bclm.co.uk/whatis.htm。最后值得一提的是，在这些现代经济体中，尽管环境污染的机会成本被认为太高，但仍然是依靠政府对市场进行干预，通常是对污染企业进行经济惩罚，才能确保更加令人满意的结果。

　　机会成本的概念也让我们理解了为何国家会专注于经营某种商品或服务。例如，瑞士以生产高质量手表而著名。事实上，瑞士是世界领先的手表出口国，目前出口手表所带来的收入是其最大对手中国香港的两倍多。为什么瑞士会生产手表呢？并没有气候或自然资源的优势使得瑞士成为生产手表的地方。然而，充分开发许多年积累下来的生产技术，显然是一种对资源的有效利用。从经济学的角度来说，这是因为如果把生产手表的资源重新分配给其他瑞士并没有根基的产业，比如汽车业，其产业机会成本将会相当巨大。当然，瑞士也可以生产汽车——它们甚至还可以种植橘子，如果它们愿意投入的话。但是它们将不得不从它们极度擅长的产业中抽出资源，这样就会大大减少手表的产出，这是相当大的机会成本。国际贸易的可能性使得该情况更加有说服力。瑞士专注于生产手表以及其他如化学药品、机械和金融服务等商品，将其在国际市场上销售赚取外币，然后去购买其他国家善于生产的汽车、橘子或其他商品或服务。我们会在第 13 章对机会成本概念在国际贸易中的应用进行更加全面的讨论。

　　可见经济学是关于在资源稀缺以及机会成本的背景下理解生产选择的——社会的需求是无限的，哪些要得以满足？哪些可以被忽略？经济学充分讨论了这些可能的选择的结果。现在，如果我们回到早先讨论的鞋类、汽车、手机服务和英超联赛市场，以及其他一些使用过的案例，显然前面提到的一个问题又引起了我们的注意：政府应该在多大程度上参与解决社会面临的经济问题——生产什么、如何生产、为谁生产？确实，这可能被认为是经济学的核心问题：所有社会都希望成为优秀的生产者，即拥有现代化的产业、全面的医疗体系、蓬勃发展的教育体系、良好的住房体系、高效便捷的交通和通信设施等。这实际上是政府和私人市场（企业和消费者）在组织这些商品的供给过程中的平衡问题。

换言之，也是政府允许私人市场在资源配置中的自由度问题。在英国，政府通常给予一些市场（比如鞋类市场）中的企业和消费者更多的决策权，而像医疗领域则下放的权力更少。在医疗市场中，政府和医务人员对生产什么医疗商品、如何生产以及为谁生产有着主要的发言权。英国国民医疗服务体系（NHS）的运作资金主要源于税收。一方面，政府决定培养和雇用医务人员的数量、所需医院的数量以及病人看病的等待容忍限度。政府还为病人或顾客提供临床医疗服务。人们并不需要直接支付他们所接受的医疗服务。另一方面，政府也不违禁私营医疗。在英国实际存在公共医疗和私营医疗双领域。这意味着私营医疗领域可以自由地抓住它们瞄准了的医疗服务市场的机会。如果私营机构发现了市场上尚未满足的医疗需求，它们就会以营利为目的，尽其所能地满足这些需求。例如 2008 年，英国私营医疗机构完成了 35 000 例整容手术，女性中以隆胸手术最为流行，而男性大多实行隆鼻手术。

从商务贸易的角度来看，这一案例表明对政府在市场中的作用以及政府允许的私营企业的自由和机会的理解是相当重要的。现代混合型经济是处于动态中的。政府对市场进行控制的形式随着时代而改革和变化，这不仅因为国家治理本身要服从民主监督和受制于政治影响。而对于商业企业来说，它们在市场中的自由行为也要受制于公众舆论，并定期进行商品改良。但是市场动态发展还有一个重要的因素：消费者。消费者需求在不断变化，有时起着决定性作用。沃尔沃斯就是企业不能对确立已久的市场中发生的变化做出反应的失败的例子，而 Wellchester 则展示了在贸易竞争中如何获得新生。可见，尽管商贸机会可能受到政府干预和调控的支配，但同时也由消费者主权所左右。当然，竞争对手的实际的或预期的行为也是在最后的商贸决策中需要考虑的因素。

1.4 微观经济学、宏观经济学和商务贸易

现代经济学通常可以分为相互补充的两部分：**微观经济学**与**宏观经济学**。

> **微观经济学**：研究单个家庭和企业的行为以及特定商品和服务相关价格的决定。
>
> **宏观经济学**：研究总体经济。

- 微观经济学在个体层面探讨问题——个体消费者、厂商、市场或产业、劳动者等。
- 宏观经济学则从整体上探讨经济体制的运作——通货膨胀、整体的就业和失业水平、经济增长速度及其如何与国际经济环境相适应等都是宏观经济学所关心的问题。

▶ **经济学反思**

微观经济学与宏观经济学

微观经济学关注分散的和个体的经济问题。相对地，宏观经济学则从整体上分析经济行为。

微观经济学所关心的问题包括个体消费者和厂商的行为。例如，它分析影响人们购

买决定的（需求）因素和企业生产决定的（供给）因素。微观经济学还探讨特定市场，如劳动力市场中的经济实体的行为。因此工资决定是一个微观问题的例子。哪些因素决定了工人的工资水平呢？为何不同行业间的工资不同呢？政府设定的最低工资会影响某产业中受雇员工的数量吗？这些都是微观分析可以解决的问题。

宏观经济学从整体上研究经济行为。它主要关心四大总量：经济增长、失业、通货膨胀以及国际收支。宏观经济学试图理解决定这些总量的因素，并且对影响这些总量的政府政策提供意见。

就我们目前的讨论来看，显然我们主要关注微观问题。我们分析了市场中消费者、企业和政府的互动。在市场中产生了某资源配置的决定。例如，目前英国消费者对UGG靴子的热衷对于厂商和销售商都是天赐良机，而对于政府来说由于贸易政策原因也是利益相关的。（回顾我们前面提到的欧盟对从中国进口的鞋子征收关税，大量的UGG靴子都是中国制造的。）然而，由于鞋类市场并不能代表整体经济或贸易，鞋类市场以及其他类似市场仍然是微观经济学的关注范围。

在第 8 章中我们会转向宏观经济学的介绍。我们的兴趣将会集中在三大熟悉的角色——企业、消费者和政府，但会以整体经济为基础，而不是进行单个市场的分析。尽管在本书的目前阶段就详细介绍宏观经济学的重要意义还为时过早，但为了使阐述更清晰，我们有必要对商务贸易产生巨大影响的两大宏观问题——利率和汇率进行思考。我们的讨论以 2008—2009 年的经济**衰退**为背景，对这次经济衰退中凸显的宏观经济学、微观经济学以及政府政策间的重要联系进行思考和总结。

> **衰退：**实际国民生产总值在一年中至少连续两个季度下降的现象。

☐ 利率

总的来说，我们认为利率是由政府或其代理机构为一定的宏观经济目的而设定的。例如，假如政府希望刺激经济行为，它可能会降低利率。这就使得企业和消费者的借贷更加便宜，从而鼓励其进行投资和消费。因此利率是宏观经济政策的关键工具。当下，英国的利率是 0.5%，这是自 1694 年英国银行建成以来的史上新低。粗略地说，利率被削减，是由于英国正在经历自 20 世纪 30 年代的"大萧条"以来最严重的衰退。

但是通过使用"廉价货币"来刺激经济也可能要付出成本。低利率举措以及其他一些刺激经济的措施可能会在将来导致通货膨胀。这是政策制定者和商家都担心的问题。我们会在后面的章节解释为何要保持低通货膨胀率和维持稳定，但这里我们先谈一点。我们会在第 2 章谈到，市场是由价格信号进行协调的。价格向企业和消费者告知市场情况。当某市场的价格上升，这就向企业发出信号，该市场需求在上涨，鼓励企业生产更多商品进行销售。然而，当整体经济中仍然存在显著通货膨胀压力时，所有市场中的价格信号对于反映市场情况就不可靠了。市场中的价格上涨是代表某商品的需求量大，或者仅仅是整体经济普遍价格上涨的一部分？企业应该在哪些领域投资？困难就在于通货膨胀严重时，商品价格的相对变化很难识别。在这种情况下企业很容易犯错，致使损失惨重。它们可能生产过剩，积压库存，或生产不足，错过赚钱良机。因此通货膨胀的问题之一就是它所导致的经济决策的不确定性。企业更愿意低通货膨胀和稳定通货膨胀，因为这样可以减小决策中的不确定性。

因此，尽管面对持久而严重的经济衰退，低利率具有直接的吸引力，但人们认识到通货膨胀的危险可能就潜伏在不久的将来。因此何时以及多大程度上加息以抑制任何新生的通货膨胀压力是一个必须谨慎判断的决定。而如果把利率与汇率之间的联系也考虑进来的话，问题就变得更加复杂了。商务贸易中的汇率也是极其重要的。

□ 汇率

我们会在第14章深入讨论汇率问题。此处我们只是强调汇率对于企业在外国市场销售商品和服务的重要性。以英国为例，如果英镑贬值（相对于其他国家货币价值下跌），那么英国企业的商品向外销售就会更容易。为什么呢？很简单，因为英镑价值下跌，外国民众只需花费更少的本国货币就可以购买进一定数量的英镑。例如，如果英镑与美元的汇率是1英镑：2美元，价值1000英镑的英国电脑在美国售卖2000美元。然而，如果英镑对美元汇率下跌到1英镑只值1.5美元，那么很明显同一台电脑在美国的售价就是1500美元。换言之，一种货币的汇率下降会导致该货币发行国出口商品的外币价格的下降。商务贸易中出现的显而易见的事实是：汇率下降使得商品出口更加容易。

利率和汇率之间也有联系：两者走势总是一致。也就是说，利率下降可能促使汇率的短期下降。这是因为低利率阻碍了国际投资者购买英国的金融产品（比如债券），因为与利率没有变化的国家的金融产品相比，英国的金融产品产出更低。由于在英国的这类投资下降，从而英镑的需求也下降，导致英镑价值及其汇率的下跌。

再来看看2008—2009年连续两年的经济衰退，其间英国经济分别收缩了−0.1%和−4.9%。英国银行实行的降低利率措施受到了英国商界的普遍欢迎。2008年夏初，1英镑大约等值2美元、约1.25欧元。利率下降导致英镑对这两种货币的汇率也急剧下降。到2009年2月，1英镑只值约1.4美元、约1.1欧元。英国银行开始增加利率时，英镑价值的下跌出现逆转，出口商品价格增加，别国的进口商品则价格降低，从而使得英国的贸易环境更加持久稳定。

□ 遭遇2008—2009年经济衰退

降低利率和英镑贬值只是英国政府试图阻止经济进一步恶化的两大措施。英国政府还实行了长达一年的削减增值税税率（VAT），从17.5%减到15%。更加具有争议的是，英国政府印刷发行了200亿英镑用于改善英国企业的资产负债表，希望增加它们的经济活动能力。此外还有一些其他政策，比如公众熟知的对汽车产业的支持，以及不为公众所知的对银行业的干预和彻底救援。这些都值得进一步反思。

2008年秋世界金融市场停止了运行。正常情况下，银行和其他金融机构都相互借贷，也向企业和消费者贷款。美国房地产市场大规模抵押贷款失败后，世界许多主要金融机构开始意识到自己及其竞争者都积累了一大笔呆账，具体数额多少不得而知。很快，银行之间向他人放贷的信任烟消云散。这一结果被恰当地称为信贷紧缩，银行借贷停止了。

英国政府对这一金融危机的反应是微妙的。它秘密地向英国银行业提供现金和保证。它将这些家喻户晓的机构变成了公有制或部分公有制，如北岩银行、宾利银行、劳埃德银行和苏格兰皇家银行等。最后，它甚至保证英国民众在几家倒闭的冰岛银行的存款不受损失。不仅是英国政府采取了这样的措施，世界的银行系统都以各种方式得到了各国政府的支持。

政府极力支持挽救银行的举动反映了金融体系处于现代资本主义经济体系的中心位置。对银行系统的研究是微观经济学的范畴，因为它关注的是某一个产业。但是与其他行业如采石业和银行业的危机之间又有显而易见的差异。采石业的严重失败主要影响的还是其业内人员，或以采石业为主要产业的当地居民。相反，银行业危机对整个经济体系都会产生系统性风险，因为大多其他经济行为都直接依赖于银行系统。这就是为什么世界金融市场的问题和迅速蔓延会影响整个世界经济。当信贷流动枯竭后，企业和消费者丧失信心，企业减少生产和裁员，消费者减少商品和服务的购买，经济大萧条也就不可避免了。

现在我们回到前面提到的一个问题，就 2008—2009 年发生的情况来看，我们怎样来描述企业和政府在英国银行业之间的平衡呢？一种可能就是把政府看作是银行的守护天使。在经济危机时这毫无疑问是政府的正当功能。无所作为可能会导致不可收拾的场面。但是阐述微观经济学中的**道德风险**和银行在将来可能需要被挽救的迫切性之间的有趣的紧张关系也很重要。道德风险是指经济活动中，个人或者公司的行为后果在已被保险或能得到赔偿的情况下，做出危险的或者不计后果的行为。金融危机的一大教训就是银行能够做出不计后果的行为：许多银行显然冒了愚蠢的危险，并深陷其中。

> **道德风险**：指在没有动机避免一些行为的情形下，一些不良的、不顾后果的经济行为。例如，你购买了保险后，就对你的物品不那么小心，因为如果你失去了它们，你会进行理赔。

但在贸易领域这种失败通常的惩罚就是企业的倒闭。高街上的沃尔沃斯倒闭了，但北岩银行没有，它不能倒闭，因为它对英国金融系统以及更广泛的英国经济有着潜在的影响。所以北岩银行、苏格兰皇家银行以及整个英国银行业并没有为它们自己的行为付出代价，而是被保护了下来。那么问题就成了：银行在得知如果它们将来又陷入困难，政府和纳税者都会鼎力相助的情况下，谁来阻止它们将来肆无忌惮的行为？如果这个问题没能解决，那么银行业的道德风险还会重演。也许未来几年中任何银行业改革的严峻考验就是能否导致或者要求表现不佳的银行倒闭。

而对于商务贸易来说，利息、汇率以及可能的经济衰退都是显而易见的关键问题。这部分我们探讨的是商务贸易需要关注微观经济学和宏观经济学的双方面问题。对微观经济学来说，企业运行的短期或者长期市场环境是其直接关心的问题。但是像汇率和利率这样的宏观层面的因素也同样重要。让我们对前面的结论做点改进：假如你研究商务贸易或者正在从事商贸活动，你需要懂得微观与宏观经济学。

■ 总 结

- 经济学是关于这三个基本问题的学科：社会要生产什么商品或服务，生产方式是什么，为谁而进行生产活动。

- 经济学对于商务贸易非常重要，因为它帮助理解企业、消费者和政府在市场中各自的作用。
- 所有的资源相对于人们的无限需求来说都是稀缺的。于是社会对于如何使用它所拥有的资源，面临无数的选择。机会成本的概念帮助我们理解了特定社会在特定时期做出的选择。
- 微观经济学是关于个体的经济学；宏观经济学把经济体系视为整体。从商务贸易角度来看，两者都很重要。

关键术语

- 市场
- 资源配置
- 实证问题
- 规范问题
- 自由市场
- 混合型经济

- 稀缺性与选择
- 机会成本
- 微观经济学
- 宏观经济学
- 道德风险

问题讨论

1. 什么是经济学？
2. 微观经济学认为成功的商务贸易需要是动态的。请解释。
3. 请解释消费者主权是如何把消费者置于资本主义经济中经济决策的核心位置的？
4. 机会成本的概念如何帮助我们理解社会做出的生产选择？
5. 为何宏观经济学知识对于商务贸易非常重要？

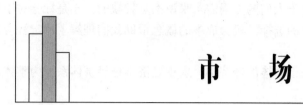

第 2 章　市　场

关键问题

- 什么因素决定了对商品或服务的需求？
- 什么因素决定了对商品或服务的供给？
- 需求与供给的互动方式是什么？
- 市场理论如何应用于现实世界？
- 什么因素决定了消费者和企业对价格变化的反应？

2.1　引　言

在第 1 章中我们看到经济体中稀缺资源的配置是由市场中的企业、消费者和政府间的互动决定的。本章中我们将进一步分析理论上市场的运作方式，然后我们还将看到市场实际上是如何运作的。此处我们集中探讨商品和服务市场：即所谓的**商品市场**。商品市场是由两大经济主体组成：对商品或服务有需求的消费者和供给商品或服务的厂商或企业。为了理解商品市场的运作方式，我们首先需要思考市场过程中企业和消费者各自的意愿和动机。

> **商品市场**：商品和服务可以被买卖的市场。

2.2　消费者与需求

哪些因素决定了一段时期内消费者对特定商品或服务的**需求量**呢？一个显然的因素

就是价格。假设所有影响需求的**其他条件不变**，那么较高的价格总是和较低的需求量相关联的。同样，较低的价格和较高的需求量相关联。我们将价格与需求量的反向关系通过图形来表示。

在图2-1中，商品价格由纵轴表示，需求量由横轴表示。价格为 P_2 时需求量是 Q_2。然而如果价格上升到了 P_3，需求量却减少为 Q_1。相反，如果价格从 P_2 降为 P_1，则需求量上升为 Q_3。假如价格和需求量间的关联是确定的，那么我们就可以做出需求曲线（D_1）。该曲线显示了其他条件不变时某商品价格和需求量间的关系。显然这是一种反比例关系。换言之，高价格意味着**需求量收缩**，低价格则**需求量扩张**。按照经济学的惯例，收缩（需求量下降）或扩张（需求量上升）都是指沿着一条需求曲线的运动。

因此商品在某时期的价格决定了其需求量：50架飞机、200万辆汽车、2 000万部手机等。但除价格因素以外，还有其他因素决定商品在某时期的**需求**。这里的需求不是指某特定数量或某特定价格，而是指所有可能的价格和需求量。例如，消费者收入水平的变化对需求的影响。假如收入水平上升，我们就可能预料无论**正常商品**价格为多少，其需求量都会上升。反之，收入减少就会导致正常商品的需求量减少。

> **需求量**：在特定价格下，消费者想要购买商品和服务的数量。
>
> **其他条件不变**：经济学中常用的一种假设是保持其他条件不变。其目的是让我们检验在一定时期一种因素对某些事情的影响。在这里，我们尝试去解释并搞清楚价格对需求量的影响。
>
> **需求量收缩或扩张**：由商品价格变化引起的沿着需求曲线的变动。
>
> **需求**：（其他条件不变）在每一个可能的价格下，消费者希望购买到的商品或服务的数量。
>
> **正常商品**：收入的增加使得对该商品的需求相应增加。

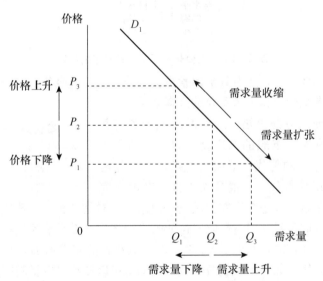

图2-1　价格变化对某商品或服务的需求量的影响

我们也可以将收入变化与需求的关系通过图形来表示。图2-2中，需求曲线 D_2 代表了最初收入水平时正常商品的价格与消费者对商品的需求量之间的关系。例如，价格为 P_1 时，需求量为 Q_2。那么假如消费者收入上升会发生什么呢？收入水平提高会促进消费者对商品的需求。注意这个案例与假定的价格水平无关：无论其价格高于或低于我

们任意假定的价格 P_1，结果都不变。消费者收入水平的提高所导致的需求变化体现为需求曲线由 D_2 右移为 D_3。在所有价格点上，需求都会增加。例如，价格为 P_1 时，需求量增至 Q_3。反之，消费者收入水平的降低就会导致价格曲线左移。在该图中，需求曲线由 D_2 移至 D_1。价格为 P_1 时，需求量为 Q_1。为了与由商品价格变化所导致的需求量的收缩或扩张进行区分，由需求曲线平移所体现的需求变化通常称为**需求增加或减少**。

> **需求增加或减少**：指需求曲线自身的移动。

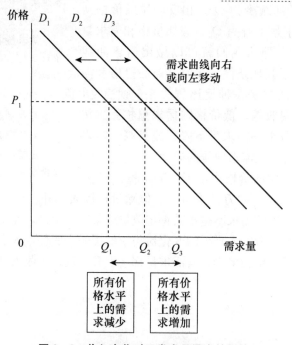

图 2-2 收入变化对正常商品需求的影响

除消费者收入变化外，还有其他因素也会导致某商品或服务需求曲线的平移，继而引起需求增加或者减少。其中最重要的因素如下：

● 其他商品或服务的价格：一些商品或服务有**替代品**——比如，在家看下载的电影就可以被认为是去电影院看同一部电影的替代。下载的电影可能不是电影院播放电影的最佳替代——很多人更喜欢在电影院观看的感觉，许多新片也是在影院首映——

> **替代品**：一种商品能够取代另一种商品。
> **互补品**：需要与另一种商品一起消费的商品。

但它们绝对是最相近的替代。那么假如电影下载收费提高，我们预料这对电影院座位的需求会产生什么影响呢？答案是对电影院座位的需求会增加。换言之，在图 2-2 中，由于消费者的需求增加，对电影院座位的需求曲线会右移。同样，如果下载收费降低，我们就可以预料对电影院座位的需求就会降低，其需求曲线左移。

另一方面，一些商品或服务被认为是**互补品**，因为它们总是同时被消费。例如，iPhone 的应用程序如果没有 iPhone 来激活的话，就是无用的。那么如果 iPhone 价格下降，付费应用程序的需求会怎样变化呢？在其他条件不变时，我们可以预计由于更多人具有对 iPhone 以及其应用程序的需求，应用程序的需求将会增加。在图 2-2 中，将体现为应用程序需求曲线的右移。同样，在其他条件不变时，iPhone 价格上升将会导致其需求减少以及对其应用程序需求的下降。在图 2-2 中体现为需求曲线左移。

● 消费者的偏好或品位：消费者在不同时期对某商品或服务的喜好会有变化。过去 10 年间在英国的几乎每一个城市，国际品牌咖啡店（Starbucks、Costa Coffee、Caffe Nero）的数量都在暴涨。人们显然喜欢在这些地方喝咖啡，所以店铺开得越来越多。当然，这些咖啡店一定会在将来某时候不再如此流行。那时，投入咖啡店的资源会重新配置在其他领域。

这是消费者偏好变化对需求（以及资源配置）的可能影响的一个实例，还有其他有趣的例子。例如，在过去十几年间，消费者对他们做出的消费决定的道德意识越来越强。这就使得消费者所认为的道德标准较高的企业所生产的商品或服务的需求数量上升（需求曲线右移）。反之，具有争议的企业甚至国家会消极地影响需求。在南非种族隔离时期，消费者采取有效地抵制南非产品的行动，表示他们对政权极端地不满（南非产品的消费曲线左移）。Ethical Consumer 是英国境内专门负责对企业行为进行调查的组织。该组织根据其所收集到的信息对大量的产品和服务进行排名，并制定消费指南（www.ethicalconsuming.org）。其网站上有关于在音乐技术领域对一些大型公司所生产的 MP3 和 MP4 播放器进行的谴责和不满的链接。因为它们所使用的电池不如其宣称的那么绿色环保。在一定程度上，Ethical Consumer 组织指导了英国市场的消费行为，不环保的音乐播放器的需求曲线左移。

最后的案例是，2009—2010 年冬季，全球猪流感爆发使得能够隔离病毒的个人卫生产品需求激增，如洗手液、防病毒手帕纸（需求曲线右移）。

图 2-3 对影响需求的主要因素进行了总结。

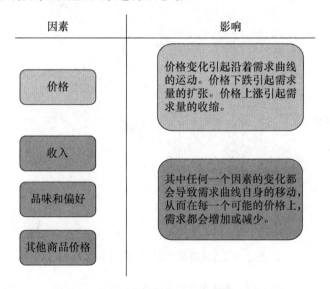

图 2-3　影响某商品需求的主要因素：总结

2.3　企业与供给

市场中的第二大经济主体是厂商或者企业。企业的作用就是向市场提供商品或服务。那么什么决定了企业的商品或服务的**供给量**呢？价格问题在这里同样相关。商品价格越高，企业的供给动机就越强。背后的依据是什么呢？第 1 章中我们知道资本主义的动力源于自我利益，对企业来说就是利润。后面的讨论中我们会知道，企业致力于通过生产尽可能多的盈利商品使其利润最大化。单个商品的利润源于高于其生产成本的价格。商品价格提高，利润也上升。那么商品价格提高会使得企业增加供给量，以获取更多利润。

> **供给量**：企业想要以一个特定的价格去销售的商品数量（其他条件不变）。

市场中一段时期内的商品价格与供给量的关系可以用图形来展示。图 2-4 中，为讨论的需要，价格在纵轴上体现。横轴则体现了供给量。价格为 P_2 时，企业生产商品或服务的供给量达到 Q_2。如果价格上升为 P_3，则供给量也升至 Q_3。反之，如果价格从 P_2 降至 P_1，那么供给量也从 Q_2 紧缩为 Q_1。观察大量这样的价格和供给量间的关系，我们就可以得出供给曲线（S_1）。该曲线显示了价格和供给量的整个关系。显然其关系成正比例，也就是说价格和供给量运动方向相同。价格上升导致供给量扩张；价格下降导致供给量收缩（与需求相对应，沿着供给曲线的运动被称为**供给量扩张或收缩**）。

> **供给量扩张或收缩**：由商品价格变化引起的沿着供给曲线的变化。

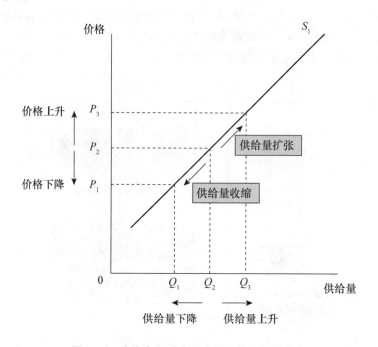

图 2-4　价格变化对商品或服务供给量的影响

因此，特定时期的商品价格决定了该商品的市场供给量：5 艘船、200 万个汉堡包、500 万瓶罐装饮料等。但是除价格之外，还有其他因素影响某段时期内商品的**供给**。此处供给不是指商品的某个特定数量和价格，而是所有供给的数量和价格。我们已经注意到

> **供给**：生产者希望的在每个可能的价格下售出的商品或服务的数量。
>
> **要素投入**：生产过程中所使用的任何商品或服务。

企业通过生产赚取利润，而这是由价格与生产成本共同决定的。例如，如果生产烤豆的企业发现**要素投入**的成本都下跌了，如罐头、豆子、糖、西红柿等，它们就会有动力生产更多的烤豆罐头。这就是因为烤豆的利润率上升了。生产成本和供给的关系可以通过图形来表示。

图 2-5 中，供给曲线 S_2 代表了特定生产成本下，价格与供给数量的关系。在该供给曲线中，我们可以看到，价格为 P_1 时，企业的供给量为 Q_2。生产成本下降导致供给曲线从 S_2 右移至 S_3。在这条新的 S_3 供给曲线中，价格为 P_1 的情况下，企业希望生产量上升为 Q_3。注意这种情况也与商品价格无关。换言之，在所有可能的价格下，供给都会增加。相反，生产成本的增加会减少烤豆的利润率。因此，如果成本增加，企业会减少供给。如图 2-5 所示，高生产成本使得供给曲线左移（从 S_2 移至 S_1）。S_1 显示，价格为 P_1 时，企业投入市场的供给量为 Q_1。

> **供给增加或减少：** 指供给曲线自身的移动。

注意**供给增加或减少**指的是由供给曲线的移动所导致的变化，与沿特定供给曲线的价格相关的变动所导致的供给量的扩张与收缩是不同的。

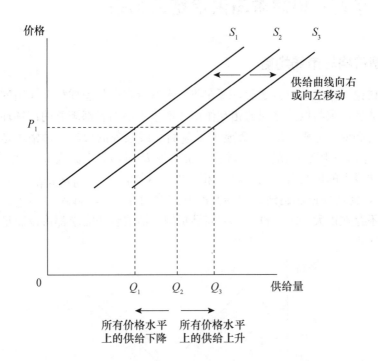

图 2-5 生产成本的变化对商品或服务供给的影响

导致商品或服务的供给曲线移动的生产成本的变化也可能源于生产技术的变化。如图 2-5 所示，生产技术的改进可以降低生产成本，从而使得供给曲线右移。这是因为在任何可能的价格下，收益性上升，从而促使生产增加。例如，书籍的生产和消费由于 iPad 等产品的发展而发生了变革。如果苹果公司与出版商谈判以获取便宜下载电子书的权利，那么电子书的供给量将会大幅度上涨（供给曲线右移）。图 2-6 显示了影响供给的主要因素。

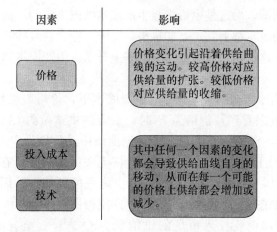

因素	影响
价格	价格变化引起沿着供给曲线的运动。较高价格对应供给量的扩张。较低价格对应供给量的收缩。
投入成本技术	其中任何一个因素的变化都会导致供给曲线自身的移动，从而在每一个可能的价格上供给都会增加或减少。

图 2-6　影响某商品供给的主要因素：总结

2.4　市场：将需求与供给结合起来

□ 均衡价格与市场均衡

在分别讨论了市场的双方之后，现在我们来看看它们是怎样相互作用的：正是消费者与企业，或者需求与供给之间的相互作用才产生了使两者都满意的市场环境。通过图形更容易进行必要的分析。图 2-7 显示了某商品或服务的市场。价格还是体现在纵轴上，需求量和供给量体现在横轴上。注意到价格为 P_2 时，需求曲线 D_1 上的需求量（Q_2）正好和供给曲线上的供给量（也是 Q_2）相匹配。这样，价格为 P_2 时，就达到**市场出清**。这种情况有许多内在的好处，既不存在供大于求，也不存在商品短缺，消费者的需求都得以满足，企业也没有卖不掉的库存。

> **市场出清**：指需求量等于供给量时的市场状态。

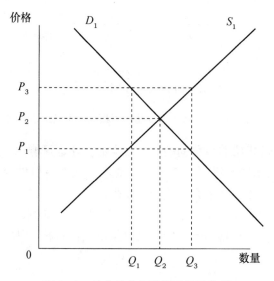

图 2-7　某商品市场供需的相互作用

P_2 也可被认为是**均衡价格**。经济学中的均衡指的是没有变化趋势的均衡状态。那么 P_2 是怎么达到均衡状态的呢？我们来看看图 2-7 中的 P_1 和 P_3。价格为 P_3 时，供给量（Q_3）超过需求量（Q_1），市场上**供给过剩**。这时，由于一些企业困于未能售出的库存而感到

不满意（价格为 P_3 时，市场中的消费者能够买到他们所需要的商品，所以我们认为他们是满意的）。为改善这种局面，企业最显而易见的选择就是降低价格。当价格低于 P_3 时，需求量开始扩张，供给量开始收缩。最终，当价格降至 P_2 时，需求量扩张和供给量收缩到完全卖出了所有的库存，供需达到完美均衡。从这一分析中我们可以得出重要的含义：

> 任何价格高于 P_2 时都有价格下降的趋势。
>
> 供给过剩会使得企业降低价格直到供需达到均衡。

这时候的市场就被称为处于均衡状态。

以上是价格高于 P_2 的情况。那么价格低于 P_2 会怎样呢？P_1 低于 P_2，价格为 P_1 时，市场需求超过企业的供给，引起**需求过剩**。这时，企业非常满意（因为它

们卖光了想要销售的商品），但消费者就不同了。价格为 P_1 时，消费者希望能购买的商品或服务的数量为 Q_3，但市场上的数量只是 Q_1：一些消费者的需求没得到满足。当企业的商品快速而热切地被消费者购买时，它们意识到市场有大量的需求。这就导致价格上升。当价格高于 P_1 时，需求量开始收缩而供给量扩张。然而，只有当价格达到 P_2 时，市场中的需求过剩才完全消除。从这一分析中我们也可以得出重要的含义：

> 任何价格低于 P_2 时都有价格上涨的趋势。
>
> 需求过剩会使得企业抬高价格直到供需达到均衡。

此外，如图 2-7 所示，P_2 是市场上独一无二的均衡价格。所有其他可能的价格都会引起供给过剩或需求过剩，最终又都回到市场供需均衡价格。（读者应该注意到我们已经假设当供给量与需求量相等，市场达到供需均衡时就可以确立均衡价格。在第 9 章我们会看到讨论失业的原因时，一些经济学家认为在劳动力市场中，当劳动力供给过剩，市场供需达不到均衡时，均衡价格也会出现。但是在这一章我们姑且认定分析市场行为时，均衡价格与市场供需均衡的价格是等同的。）

☐ 对均衡价格和市场均衡的思考

现在我们来分析在市场活动过程中消费者和企业是如何和谐作用的？我们通过三个"现实世界"市场中的供需相互作用来进行个案分析：T 恤市场、金枪鱼罐头市场和黄金市场。尽管每个案例最后得到的结果不同，但这些分析显示市场有能力在不断变化的市场环境中达到均衡状态。

T 恤市场

让我们从实验开始。我们知道实验结果，但不是非常确定，所以请包涵。你现在阅读的这段话是我在利物浦约翰摩尔大学的书桌上所写的。一会儿我们要走 5 分钟路，进入利物浦中心去买件男士 T 恤。我们打算花多少钱呢？当你停下来思考这个问题时，

我们购物去吧。

好，现在我们回来了。我们买了件 Primark T 恤，花了 2 英镑，很便宜。在别处买可能更贵。如果你上英国著名时尚品牌 Paul Smith 的网站（www.paulsmith.co.uk），你会发现 T 恤价格从 35 英镑起，有的还要 100 多英镑。可见，Paul Smith T 恤 100 英镑一件，是 Primark T 恤的 50 倍，这是市场提供的两种选择。我们先前的市场分析怎么能理解 T 恤价格差异如此巨大呢？都是 T 恤，不是吗？事实上没那么简单。这里是两个独立的市场，销售不同的产品。如果不是这样的话，人们不会花高达 50 多倍的价格去买一件 T 恤，Paul Smith 也不可能成为时尚的象征。

Primark 声称其衣服与配饰在高街上价格最便宜，这源于其采用批量购买形式，以及不费成本的口口宣传。Primark 的低价还因为它在全球购买产品资源，使其能够利用一些地方的低劳动力成本。这在趋于采用劳动力密集型生产方式的服装产业非常典型。由于劳动力是最大的成本投入，世界上许多服装都在工资水平较低的国家生产。Primark 似乎采用的是成本驱动的贸易模式：看准了它认为能够销售得很好的时装以后，最快、最便宜地大量购进。

Paul Smith 的销售模式不同。其产品分为 12 个不同的系列，主要在诺丁汉与伦敦设计。材料来源以及生产主要在英国、意大利和法国。它追求的主要不是控制成本，而是服装设计、产品质量以及消费者的赞誉。Paul Smith 生产的商品相对有限。

现在你可能明白了整个情况。一方面是批量生产厂商，全球采购资源，追求最迅速地购入和卖出具有价格优势的服装。结果很清楚：2 英镑一件的 T 恤，10 英镑一条的裙子：这是适合普通大众的高速流通的服装。另一方面是设计密集型的西欧厂商，其品种和数量都相对有限。这就导致了其销售的 T 恤每件 100 英镑，鞋子每双 300 英镑，裙子 650 英镑一条。这是眼光独特的富裕人群的选择。Primark 的竞争市场中，需求量相对较大，反映了其很低的价格以及 Primark 预计消费者品位的能力。在 Paul Smith 的竞争市场中，由于设计、面料以及制作的成本都较高，供给的商品较少，因而价格较高。显然，在设计密集型市场中较高的价格会约束需求，但重要的一点是，富裕和时尚阶层保证了这个市场可以承受 100 英镑一件的 Paul Smith T 恤。这两个市场都在图 2-8 中显示出来。图 2-8（a）显示了商品相对较高的供给和需求以及相对较低的价格 P_1，与此形成反差的是图 2-8（b）显示的有限的供给和需求以及导致的相对较高的价格 P_2。

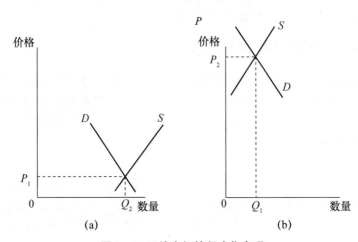

(a)　　　　　　　　　　(b)

图 2-8　T 恤市场的程式化表现

金枪鱼罐头市场

在 20 世纪 80 年代和 90 年代英国的金枪鱼罐头市场经历了在较长一段时期的高需求增长。该产业研究发现，消费者把金枪鱼视为一种低成本、高蛋白的食物，是肉类的具有吸引力的替代食物。图 2-9 中需求曲线由 D_1 右移至 D_2 显示了消费者需求的增长。市场的结果是均衡价格从 P_1 增至 P_3，以及更高的均衡量 Q_2 被买进卖出。为满足日益增长的需求，多数主要金枪鱼罐头厂商大量投资新型的现代工厂和设备。市场中的技术改进使得生产曲线右移（从 S_1 移至 S_2）。如果我们把这些都放进图 2-9 中，我们可以看到 D_2 与 S_2 的交点：均衡价格 P_2 与均衡量 Q_3。这大致与金枪鱼罐头市场的情况相符：供需均衡量的显著增加与价格的相应上浮。

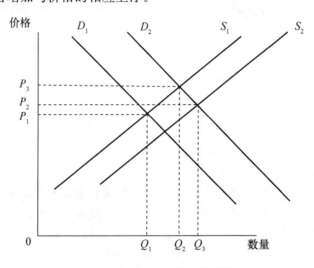

图 2-9 英国金枪鱼罐头市场最近发展的程序化展示

最近供需情况还算稳定，但仍有一些担心：新一轮供给不足可能开始驱使价格上涨。这里的主要问题是 2005 年以来，质量较高的黄鳍金枪鱼的捕获量急剧下降。冷冻库存弥补了一些数量短缺，但冷冻库存将近销售殆尽，导致了新一轮的价格压力。图 2-9 中，这种可能性反映在供给曲线左移至 S_1，均衡价格增至 P_3，需求与供给均衡量为 Q_2。

黄金市场

2008—2009 年的世界经济萧条中黄金投资者所经历的极度恐慌严重限制了最近世界黄金市场的发展。黄金是一种强劲的、价格昂贵的金属。其持有形式主要有三种：大约一半黄金用于制作珠宝；还有 10% 用在牙齿保健以及其他方面，如电子产业；其余的就在于个人投资，或为世界中央银行和其他官方机构所拥有。

图 2-10 显示了自 1971 年以来世界金价每月的走势，以美元为单位。值得注意的是 2008 年一盎司黄金的价格首次突破 1 000 美元。这是因为世界经济萧条，股票和房地产价格急剧下滑，投资者继而转向风险较小的黄金投资，黄金的需求高涨。当不断上涨的需求与相对稳定的短期供给相矛盾时，价格上升。

黄金价格会一直维持在 1 000 美元/盎司以上吗？有人认为这是可能的。一方面，假如世界经济从 2008—2009 年的低迷中复苏相当缓慢，那么投资者对于黄金的需求仍

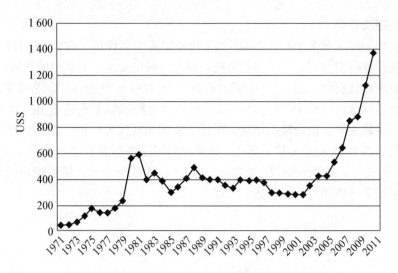

图 2 - 10　1971—2011 年的黄金价格（每年的 1 月）

然可能十分强烈，因为其他投资的风险仍然存在。另一方面，世界经济前景迅速好转可能引发人们对宏观经济出现通货膨胀现象的担心，通货膨胀会降低货币的购买力。这样，黄金作为避险资产对于消费者来说具有巨大的吸引力。此外，新一轮经济增长也会促进基于珠宝的黄金需求。

　　仔细分析图 2 - 10 我们发现，在其他不稳定时期，黄金一直是较佳的避险资产。例如，黄金价格在 20 世纪 70 年代增长了 7 倍，这可能反映出在那段时期里世界经济增速持续放缓，加之全球通货膨胀这一明显棘手的新问题的出现。反之，2001 年黄金价格跌到每盎司 300 美元以下，其中原因可能是相对稳定的世界经济增长，以及没有任何通货膨胀压力——简单来说，投资者对避险资产的需求不大。

2.5　应用市场分析 1：欧盟经济一体化

　　假如市场就是按照目前我们理论讨论的那样运作——在各种不同的变化与干扰中都会达到均衡——那么我们就会期待市场在"现实世界"的各种情况下被促进与支持。以欧盟对市场组织所采取的政策为例，我们来看看情况是不是这样。事实上我们的研究显示欧盟对自由市场的态度有些模棱两可。一方面，它引进所谓的**单一市场计划**和一种全新的货币——欧元——意欲以一种积极的方式控制市场机制，协调欧洲许多商品和服务的生产和消费，使得欧洲劳动力和投资市场运行更加有效。然而，另一方面，在农产品市场中，

> **单一市场计划**：是尝试在欧盟成员国内创造一个商品、服务、资本以及劳动力的联合市场。从经济意义上来说，在 1992 年末，欧盟内部的经济边界就已经取消了。
>
> **自由放任**：在市场经济中，没有政府干预的一种状态。所有的决定都由个体企业和消费者做出。

欧盟采用干预政策，而非**自由放任**或不干预政策。下面我们运用供需原理来解释这种模糊的态度。

欧盟目前由 28 个成员国组成。其中西欧的 15 个国家最早加入。2004 年东欧原先的 10 个社会主义国家以及两个地中海岛国马耳他和塞浦路斯加入。欧盟还在扩大。

欧盟的中心目的就是要增强其成员国的经济前景。通过将各成员国独立的领土汇集在一起，欧盟形成了欧洲单一市场，创建了统一的经济空间，以期能够使分开的国家经济形成一种凝聚力。消费和生产决策、人们在哪里生活和工作的决策以及在哪里投资的决策，所有这些都可以在整个欧盟中进行。单一市场自 1992 年年底就已经建成。然而，建立市场框架只是一方面：单一市场实际的发展程度将取决于欧洲企业、消费者和国家机构的行为。在这一过程中，19 个欧盟成员国目前已经加入欧元区，使用统一货币。你知道为何欧元的使用可以大大提高 19 个欧元使用国的市场化进程吗？答案之一如下。

欧元的主要争论就在于其在不同国家间的**价格透明度**。想想你最后一次打开价格比较网站。你能够知道某商品或服务的许多信息，因为你看到了一系列的价格选择。英国人看到的价格单位是英镑，俄罗斯人看到的价格单位是卢布，中国人看到的是人民币等。这时候市场是某国市场，使用其他货币报价的意义不大，因为理解起来不容易。

> **价格透明度**：在这里是指一国的消费者了解他国商品价格的容易程度。

这个解释起来很容易。你想要台新笔记本电脑吗？我们卖 3 000 匈牙利福林，成交吗？我们知道你在犹豫什么——这相当于多少英镑呢？太晚了，我们不卖了——刚才笔记本电脑只卖 10 英镑。

现在对于欧元区国家来说，情况就不一样了——19 个国家之间的价格都是一目了然的，而它们的价格比较网站的影响范围会更广。这就意味着消费者更多的选择和企业更多的机会。

20 世纪 70 年代和 80 年代早期，当时欧洲存在的所谓的"共同市场"无法充分帮助其成员国与其他发达国家，特别是美国和日本的经济进行竞争。当时人们认为问题源于欧洲经济日益分散。这种情况促进了欧洲单一市场的建立。共同市场是一个为其成员国间的商品和服务提供自由流通的经济空间。作为《罗马条约》的一部分，其创建于 1957 年。欧洲所有成员国中的居民可以自由买卖，不受到像关税等任何障碍的制约。理论上这种商贸自由应该带来可观的利润。德国人不再只是主要购买德国企业的商品或服务，他们可以非常方便地购买到法国企业的商品或服务，如果其物美价廉的话。同样，比如意大利和荷兰公司也可以在整个欧洲市场销售其产品。这样，更加开放的欧洲市场可以让欧洲的消费者买到最合适的商品。此外，由于优秀的企业总是吸引更多的消费者，它们在竞争中战胜了劣等企业后经济发展更加繁荣，随着企业规模的扩大，**规模经济**会给它们带来更多的效益。因此共同市场的长期效果就是鼓励和促进了优秀企业：欧洲将成为更具生产力与竞争力的地方。

> **规模经济**：指产量增加时生产成本没有同比例地增加。在单一市场里，随着已取得成功的企业在规模上的扩大，它们可以通过批量购买生产要素或是在欧洲国家分享营销等商业服务来使生产更有效率。

那么人们对欧洲经济解体的忧虑源自何处呢？问题就在于，直到 20 世纪 70 年代末和 80 年代初，欧洲经济在一些重要的方面似乎重新回到国家经济状态。例如，人们日益感到商品和服务的自由流通越来越受到各种我们所称的"行政"贸易障碍的限制，如与某些商品的国家标准相关的条例。如过去有段时期，丹麦和德国政府禁止其公民从国外进口没有达到国内生产标准的啤酒。除此之外，尽管很多国家政府表面上许诺遵守欧洲一体化，但显然它们的政府采购倾向于民族主义的路线。英国政府通常购买英国企业的产品，法国政府购买法国企业的产品，等等。在这种背景下，1992年开始的单一市场就是为了重整整合计划而进行的努力。其目的是要扫清商品和服务市场中的各种形式的贸易壁垒，以及使得劳动力与资金在整个欧洲自由流通。人们希望通过以这样的方式来增加经济发展机会，希望单一市场能够重新确立欧盟在整个世界经济中的竞争优势。

目前单一市场已经发展了20多年，欧元也存在了10多年，那么这一切又发展得如何呢？真正的欧洲单一市场是否存在呢？当然我们可以说欧洲比世界上任何国家集团更像一个单一市场。表2-1显示了世界主要地区内部以及地区之间的贸易程度，欧洲产品的69.7%出口到其他欧洲国家。与之相反，加拿大、美国、墨西哥只有37.5%的产品出口到北美内部。此外，欧洲整合的速度看上去比北美整合速度要快。在北美，加拿大、美国和墨西哥也共享市场，其间没有商品和服务的内部边限。表2-2显示了美国于2000—2007年间出口至北美其他地区（即加拿大和墨西哥）的年出口增长率是3%。同期欧盟成员国的年出口增长率是11%。注意，尽管美国和欧盟成员国向中国的出口增长甚至更快，但相对于其总出口值来说还是不太多。2007年美国向中国的出口占其总出口值的4.9%，欧盟成员国2007年向中国的出口只占其总出口值的2.7%。

表2-1　　　　　　　　世界商品出口中各地区的贸易流动份额，2008年（%）

来源地 ＼ 目的地	世界	北美	中南美洲	欧洲	独联体	非洲	中东	亚洲
世界	100	100	100	100	100	100	100	100
北美	13.0	37.5	28.3	5.5	3.1	7.3	9.7	9.6
中南美洲	3.8	6.2	27.2	1.8	1.7	3.4	1.9	2.6
欧洲	41.0	17.6	16.6	69.7	45.4	40.5	30.5	12.5
独联体	4.5	1.3	1.7	6.0	26.1	2.3	4.0	2.0
非洲	3.5	4.5	3.2	3.2	0.3	11.7	2.3	2.9
中东	6.5	4.3	1.2	1.9	1.4	8.0	19.8	14.6
亚洲	27.7	28.6	21.9	11.9	21.0	26.5	31.8	55.9

资料来源：International Trade Statistics, 2008, courtesy of WTO.

表2-2　　　　　　　　美国和欧盟的商品出口国，2007年

	价值（亿美元）	份额（%）		年百分比变化（%）		
	2007	2000	2007	2000—2007	2006	2007
美国						
世界	909.3	100.0	100.0	5	13	10
北美	307.4	38.0	33.8	3	9	3
中南美洲	78.4	7.5	8.6	7	21	18
巴西	21.7	2.2	2.4	6	27	27
欧洲	222.2	24.0	24.4	5	13	14
欧盟	205.8	22.4	22.6	5	12	15

	价值（亿美元）	份额（%）		年百分比变化（%）		
	2007	2000	2007	2000—2007	2006	2007
独联体	8.4	0.3	0.9	22	32	49
俄罗斯	5.8	0.2	0.6	23	31	56
非洲	15.4	1.1	1.7	11	23	14
中东	38.7	2.3	4.3	15	22	17
亚洲	238.8	26.8	26.3	5	15	9
中国	44.5	1.9	4.9	20	30	18
日本	44.0	7.2	4.8	−1	8	2
东亚贸易六成员	104.6	13.6	11.5	2	13	4
欧盟						
世界	4 249.1	100.0	100.0	11	12	16
北美	349.8	11.0	8.2	7	7	6
中南美洲	65.6	1.9	1.5	8	14	21
巴西	25.9	0.7	0.6	9	10	31
欧洲	3 093.7	72.5	72.8	11	12	16
欧盟	2 842.6	66.9	66.9	11	13	16
独联体	153.8	1.2	3.6	30	31	33
俄罗斯	106.8	0.8	2.5	30	28	36
非洲	108.4	2.4	2.6	12	3	21
中东	115.3	2.3	2.7	14	4	18
亚洲	344.2	8.0	8.1	11	10	17
中国	84.4	1.1	2.0	22	22	23
日本	48.8	1.7	1.1	5	2	5
东亚贸易六成员	116.7	3.3	2.7	8	7	13

资料来源：International Trade Statistics，2009，courtesy of WTO.

尽管欧盟致力于从其单一市场的自由贸易中赚取利润，但在其他领域还是选择对市场进行干预。例如，欧洲的农业生产深受政府干预，并提出"黄油和牛肉成山"的口号，这是最明显和臭名昭著的实例。这里我们也可以用供需理论来看看实际发生的情况。

欧盟的农业受到共同农业政策（CAP）的调控。CAP 实际上致力于阻止市场力量对欧洲农业生产的影响。当然这就意味着欧盟不希望出现农业自由市场可能导致的结果。CAP 尽量保护本地化生产类型，而欧盟要将这种生产类型在其单一市场计划中彻底清除。假如 CAP 被废除了，欧洲农业的自由市场会使效率不高的农民被淘汰。而在追求规模经济的过程中，由更多的大型农场产生。欧洲之外的低成本食品厂商在自由市场情况下能够出口更多的商品以满足欧洲的需求。为了与它们竞争，自由市场是非常必要的。那么欧盟为什么希望保留相对较小规模的、分散的、效率不高的本地化生产呢？其中的历史原因是保证第二次世界大战后欧洲食品供应的需要。而现在是因为欧盟想要

第 2 章 市 场

31

保护其农民的工作与收入。我们来看看它是怎样达到这个目标的。

图 2-11 显示了欧盟的特定农产品市场，例如糖。供给和需求曲线分别代表了欧盟厂商和消费者的倾向。假设欧盟和世界其他地区之间没有贸易的可能性，那么该市场中的均衡由价格 P_e 和数量 Q_e 决定。现在我们假设世界其他地区糖的生产成本更低（通常这是事实）。这就意味着糖的普遍世界价格低于 P_e。但假如欧盟与世界其他地区的自由贸易成为可能，欧洲消费者将愿意按照更低的世界价格购买糖。在这种情况下，需求量是 Q_4，但欧洲生产者只能提供 Q_1。因此在世界价格之下，进口到欧盟的糖的数量会达到 Q_4-Q_1。在糖的完全自由市场中相对较低的世界价格会使欧洲消费者受益，他们花费更少的钱，消费更多的商品。同时，欧盟的糖的产量会下降，欧盟糖市场中农民的数量也随之下降。

这意味着 CAP 为实现其既定目标——保护欧盟农民的工作和收入——它就必须保护欧盟市场不受世界其他市场的干扰。它会制定保护农产品的干预价格。在图 2-11 中，显然可见糖的世界价格和欧盟干预价格 P_2 的巨大差距，这意味着必须对进口到欧盟的糖征收关税，以阻止欧盟消费者以较低的世界价格购买糖（否则，他们就不会够买欧盟的糖）。关税是对贸易商品所征收的税。在该案例中，征收关税能够使欧盟进口糖的价格提高到和干预价格差不多的程度（如果进口商不得不为它们运送至欧盟的糖支付关税，那么它们就会抬高商品价格，把关税成本转嫁到消费者身上）。

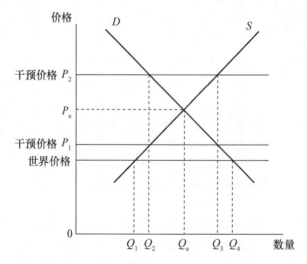

图 2-11　市场干预：共同农业政策的案例

在图 2-11 中我们注意到，干预价格为 P_2 时，欧盟糖市场供给过量。如我们所见，这种不均衡价格是不稳定的。不断积累的没有卖出去的库存使得农民以较低的价格售卖，直到达到均衡价格 P_e 为止。为阻止此类情况发生——以及欧盟农民离开市场——欧盟自己购买掉干预价格引起的过多的供给量，在图 2-11 中表示为 Q_3-Q_2。欧盟因为这种购买行为而被谴责，因为这种过剩的农产品没有市场需求，只是被无限地储存起来，以欧盟自身利益为代价。

简言之，CAP 的影响就在于提高欧盟农产品的价格。这使得农民的数量比自由市场中农民的数量更多，以及与世界其他市场充分融合。因此，该政策的积极结果就在于

商务经济学（第二版）

更多的农民享受到了补贴收入。而其弊端在于欧盟消费者要支付更高的价格购买农产品，该政策的纯成本（它消费了欧盟总预算的大约40%）及其对世界贸易的扭曲（例如，世界其他地区向欧盟出口的能力被限制）。

由于 2004 年欧盟增加了东欧 10 个主要农业国家为其成员国，从而使其成本日益上升，再加上人们对 CAP 所进行的经济学的批评，改革已势不可挡。对于一些商品，如牛肉、玉米和橄榄对农民的补贴已经与生产不需要的食物的义务脱钩，因此干预库存问题也不再像过去那样（尽管这些问题仍然存在）。在糖贸易中，干预价格下降了 1/3 多，欧盟糖市场对最不发达国家的出口商更加自由开放。这意味着图 2-11 中世界价格和干预价格的差距变小。如干预价格为 P_1 时，欧盟糖的产量更少，为 Q_2，而进口量为 $Q_3 - Q_2$。

就本部分我们回顾的几个案例来看，欧盟似乎对市场机制的作用所持观点前后不一致。它希望通过最广范围的市场进程的整合，能够提高欧洲在世界市场的竞争力。然而，对于农业来说，相同的市场进程在一定程度上被认为是不利的。为何会有这种差异呢？原因就在于欧盟的工业和农业状况与世界其他地区相关。欧洲工业的总体竞争力与世界最高水平相当，目前已经与世界市场融合，而美国和日本等国工业也是采用相同的方式与世界市场融合的。欧洲工业的进一步发展可能通过现有高度可信的市场表现进行预测。

然而，与世界其他地区相比，欧盟的农业发展普遍相对较弱。那么欧盟很难接受欧洲的农业与世界市场进行融合，因为一旦融合，欧洲农民的薄弱的竞争力就会显现出来，许多农民将被驱逐出市场。这种现象为什么没有发生呢？这与欧盟农业利益的政治力量与游说能力有关。例如示威的农民用卡车或者绵羊将欧洲首府城市堵得水泄不通，这样壮观的场景司空见惯。农业部门支持 CAP。而 CAP 的取消能够让欧盟的消费者享受到更低的食品价格，但他们往往不能发出统一的声音。

2.6 市场中的弹性

弹性概念是分析市场运作的又一个元素。何为弹性？在 2.2 节和 2.3 节中，我们分别分析了商品或服务的需求决定因素与供给决定因素。例如，假设其他条件不变的情况下，较高价格会减少需求量，而低价格会促进需求量（我们所使用的分析术语是需求量收缩和扩张）。那么这种反应力量到底有多大呢？例如，如果某商品价格增长了 5%，需求量的收缩程度会是多少呢——也是 5%？或者更多，多得多，还是更少呢？显然，对于想了解和认识市场运作规律的经济学家们，特别是积极参与其中的企业来说，这都是一个重要的问题。如果企业想要对其生产的商品进行价格调整，它就想要知道调整可能引起的变化。降低价格可以多卖出很多产品吗？还是只会多卖出一点点？而对于整体收入又有何影响？弹性的概念就可以回答这样的问题。

我们将其他经济变化所引起的供给和需求反应概念化为供给和需求弹性。当供给量和需求量对于某种激励，如价格变化，没有相对反应时，我们认为就是无弹性的。反之，如果引起了相应的反应，产生了显著变化，我们认为就是有弹性的。下面我们具体分析。

2.7 需求的价格弹性

最常用的弹性形式就是**需求的价格弹性**。它可以测量商品或服务价格变化引起的需求量的反应。商品或服务的价格弹性等于需求量的变动比例除以价格的变动比例：

> **需求的价格弹性**：是指市场商品需求量对于价格变动做出反应的敏感程度。

$$P_{ed}=需求量的变动比例/价格的变动比例 \tag{2.1}$$

需求价格弹性可以通过图形来表示。图 2-12 显示了新汽车的虚拟市场。在众多的价格可能性中我们考虑两种价格以及各自的需求量。现在我们希望使用市场中弹性的概念。

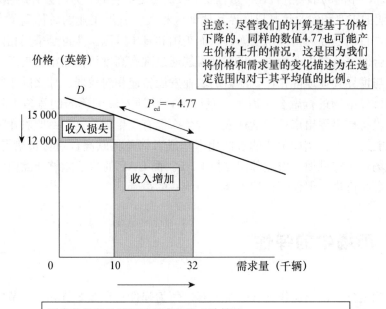

注意：尽管我们的计算是基于价格下降的，同样的数值4.77也可能产生价格上升的情况，这是因为我们将价格和需求量的变化描述为在选定范围内对于其平均值的比例。

需求价格弹性是通过需求曲线来计算的。
需求价格弹性(P_{ed})=需求量的变动比例/价格的变动比例
当价格从15 000英镑下降为12 000英镑时：

$$P_{ed}=\frac{需求量的变化/所选范围的平均需求量}{价格的变化/所选范围的平均价格}$$

$$P_{ed}=\frac{22\div[(10+32)/2]}{-3\div[(15+12)/2]}$$

$$P_{ed}=\frac{22\div21}{-3\div13.5}$$

$$P_{ed}=\frac{1.05}{-0.22}$$

$$P_{ed}=-4.77$$

图 2-12　新车的需求价格弹性

商务经济学（第二版）

也就是说，运用以上等式，我们要得到需求量以及价格的比例变化。但这里有一个问题：价格的比例变化取决于我们是考虑价格上升（从 12 000 英镑上升到 15 000 英镑）还是下降（从 15 000 英镑下降为 12 000 英镑）？价格上升时，比例变化是 1/4 或 25％（比原先的 12 000 英镑上升了 3 000 英镑）。但如果价格从 15 000 英镑下降为 12 000 英镑，那么比例变化就是 1/5 或 20％（比原先的 15 000 英镑降低了 3 000 英镑）。为解决这个问题，并达到在任一方向上比例变化都数目相等，我们把这一时期的价格变化表达为平均价格比例。在本例中，平均价格为 13 500 英镑［＝（12 000＋15 000）/2］。计算需求量比例变化时我们遵循相同的过程。

现在我们掌握了稍微复杂的方法来计算需求价格弹性。在图 2-12 中，运用等式（2.1），我们算出本例中需求价格弹性为－4.77。但这个数据告诉了我们什么呢？事实上，该数据显示，就本问题而言，需求是**富有价格弹性**的。换句话说，价格变化（任一方向）会导致需求量的更大比例的反应。还要注意，随着价

格降低，汽车销售的净收入增加。该增加量达到 23 000 万英镑/月，其来自收入减少部分（3 000×10 000＝3 000 万英镑/月）和增加部分（12 000×22 000＝26 400 万英镑/月）的结合。如果价格从 12 000 英镑上升至 15 000 英镑，净收入就会每月减少 23 400 万英镑。

图 2-13 显示了需求价格弹性的另外两个例子。在第一例中，当价格从 10 英镑降为 9 英镑时，需求被再次认为是富有价格弹性的。净收入增长与价格降低的关联在该例中也显而易见。但是当价格从 3 英镑下降为 2 英镑时，需求的价格弹性为－0.43。这就是缺乏**价格弹性**的需求的实例，因为价格变化导致需求量的更小比例的反应。注意到此处价格降低显然与收入净减少相关（由于价格降低所引起的收入减少或增加的区域分别用 L 和 G 表示）。现在我们认识了弹性的两大类型。当需求量对价格变化做出更大比例的反应时，我们认为是富有价格弹性的需求，其值大于 1。反之，当需求量对价格变化做出

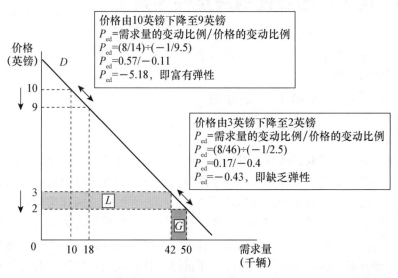

价格由10英镑下降至9英镑
P_{ed}＝需求量的变动比例/价格的变动比例
P_{ed}＝(8/14)÷(－1/9.5)
P_{ed}＝0.57/－0.11
P_{ed}＝－5.18，即富有弹性

价格由3英镑下降至2英镑
P_{ed}＝需求量的变动比例/价格的变动比例
P_{ed}＝(8/46)÷(－1/2.5)
P_{ed}＝0.17/－0.4
P_{ed}＝－0.43，即缺乏弹性

图 2-13　需求曲线的弹性变量

更小比例的反应时，我们认为是缺乏价格弹性的需求，其值小于1。在价格和需求成反比的情况下，尽管需求价格弹性值为负数，但一般我们要去掉负数符号，以避免可能的意义上的混乱。从现在起我们都遵循这一传统做法。

在需求富有价格弹性与缺乏价格弹性之外，读者们可能会预期其他的可能性。需求量可能对价格变化做出比例反应。此处 $P_{ed}=1$，即为**单位弹性**，如图2-14（a）所示。注意，此处由价格和需求量所引起的收入增加量和减少量是一样的。当然也可能是需求量完全不对价格变化做出反应，这种情况下我们说需求**完全无弹性**。反之，在某一独一无二的价格时，需求量

> **单位弹性**：需求量和价格的变动比例刚好相等，弹性为1。
>
> **完全无弹性**：需求量并不能反映价格的变化，弹性为0。
>
> **完全弹性**：需求量对价格变化的反映是无限大的，弹性为正无穷。

无限大，而所有其他可能的价格时，需求量为零，这种情况被称为完全反应，此处的需求被称为**完全弹性**。图 2-14（b）和图 2-14（c）就显示了这两种情况。注意，对于垂直完全无弹性的需求曲线，不管这条曲线上的价格为多少，需求量始终为 Q_1，此处 $P_{ed}=0$，需求量对价格变化始终完全不做反应。在完全弹性曲线中，价格为 P_1 时，引起商品或服务的无限弹性需求，但在其他可能的价格之下，需求量则完全消失了。此处 $P_{ed}=\infty$（无穷大），与需求量对于价格变化无限大的反应相一致。

总之，需求价格弹性的值变化幅度为从 0（完全无反应）到无穷大（完全反应），总结如下：

完全无弹性需求——需求量对于价格变化没有反应（$P_{ed}=0$）；

缺乏弹性需求——需求量反应比例低于价格变化比例（$P_{ed}<1$）；

单位弹性需求——需求量反应比例等于价格变化比例（$P_{ed}=1$）；

富有弹性需求——需求量反应比例大于价格变化比例（$P_{ed}>1$）；

完全弹性需求——需求量对于价格变化的反应无穷大（$P_{ed}=\infty$）。

2.8 需求价格弹性的决定性因素

需求价格弹性最重要的决定性因素是：

- 替代品的可得性；
- 用于购买某商品或服务的收入比例；
- 时间。

替代品的可得性

拥有相近替代品的商品或服务具有相对富有价格弹性的需求结构，反之，如替代品相差很大，其趋于缺乏价格弹性。例如，欧洲有许多品牌的巧克力销售，因此巧克力的定价趋同。厂商通常不愿意抬高价格，因为它们担心客源会流向其竞争者。这就默认了巧克力需求是富有价格弹性的，为此消费者享有更多的选择。在具有高度选择和价格弹性的市场中，厂商更加有动力发展品牌忠诚度。品牌忠诚度确立了某商品或服务在消费者心目中优于其竞争品的地位，并且降低了价格弹性：人们可能会愿意为其较优的质量花费更多的钱。在巧克力产业，Mars Bar 就享有这样的声誉。

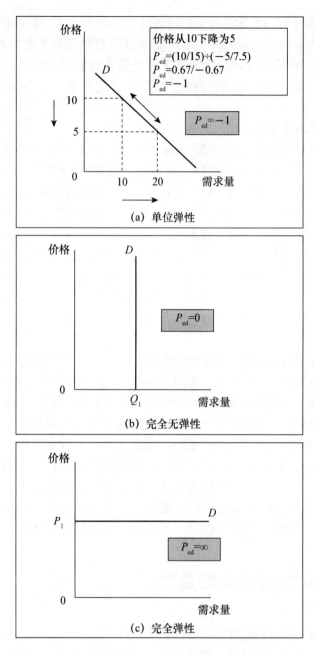

图 2－14　单位弹性，完全无弹性，完全弹性

　　石油通常被认为是不大具有相近替代品的产品（至少近期是这样），因而具有缺乏弹性的需求结构。在 1973—1974 年和 1979 年，一群世界领先的石油厂商——欧佩克（OPEC，石油输出国组织）成员国——使得石油价格翻了两番之后又翻了一番。工业化的非石油生产国别无选择，只能接受这高昂的石油价格，因为其发展高度依赖石油。这当然使得石油进口国的收入大量流向石油出口国。在 2.10 节我们还会详述石油市场。

　　烟酒的需求缺乏价格弹性也是众所周知的，政府选择对这些商品征税，以增加收入。厂商抬高商品价格，将增加的税收摊到消费者身上。此时的设想是：较高的价格由于遭遇缺乏弹性的需求，因而并不会严重降低消费量。对于吸烟者和饮酒者来说，烟酒几乎没有相近的替代品，这种情况下缺乏弹性的需求会出现。政府对薯片或花生征税不会遭遇市场困境：人们可能会选商店里的其他上千种零食来代替薯片或花生。

用于购买某商品或服务的收入比例

如果消费者只需要花收入的小部分来购买某商品，且我们认为他们真的需要该商品的话，他们对于该商品价格的变动就不会太在意：这种情况的需求就更加缺乏弹性。以鱼和薯条店里的小酱包为例。其价格只要几便士。假如其价格从 4 便士涨到 5 便士，涨幅达 22%，需求量会不会大大减少呢？应该不会。酒馆和饭馆都关了门之后，人们购买薯条或其他食物时，这涨价的 1 便士不会影响他们的点单。此时的需求就是缺乏价格弹性的。然而，假如洗衣机的价格也上涨了同样的比例，其需求又会有怎样的反应呢？洗衣机的价格通常为几百英镑——这是普通人收入的可观的一部分。涨价后购买同样的洗衣机可能要多付 100 英镑左右。这就会大大地影响其需求量：也就是说，如果该商品的费用占了消费者收入很大的一部分，则反应更加富有弹性。

时间

需求模式通常不会立即对价格变动做出反应。以国家报纸的需求为例。报纸有新闻媒体等其他一些替代品，如收音机、电视和网络。这就意味着报纸需求是富有价格弹性的，事实也是如此。然而需求并非即时弹性的。如果某报纸价格上涨，经常购买该报纸的消费者不会立即察觉，或许因为他们的报纸是送货上门，每周付一次款，或许他们对此不太警觉。他们会继续购买该报纸，或许还因为该报纸反映了他们的观点，他们喜欢某位评论员的报道等。但是也会有些消费者察觉到价格变化，一两天后，或下次付款的时候，他们开始考虑其他报纸，或决定不再订阅报纸。这种缓慢变化意味着需求价格弹性在价格上涨之后的短期比一段时间后更小。消费者一旦有时间意识到了价格变化，他们就会开始寻找该商品或服务的最近替代品。

2.9 企业为何需要知道需求价格弹性？

如果企业想要知道消费者对某市场价格结构的反应的话，那么企业获知需求价格弹性是非常重要的。企业如果误解市场状况，后果是非常严重的。例如，如果定价高于均衡水平，市场就无法达到均衡：市场中供过于求，企业就会有卖不动的库存。然而，随着需求价格弹性上升，供过于求的程度也会上升。这就意味着如果企业无法理解市场中弹性的本质，即使是在看似有利的市场环境中，它们也会做出不正确的商务决策。反之，正确理解弹性可以得到可观的回报。

下面的案例阐释了这种可能性。该个案回顾了 2010 年的蓝格子超级联赛中曼斯菲特的定价结构。该俱乐部允许球迷支付任意他们愿意支付的价格。假如人们支付的价格比平常要低，而比赛的出席人数没有太大变化（因为这是价格无弹性的），那么曼斯菲特可能经历一次小型经济危机。但事实是一切运作得非常良好。俱乐部的判断是非常精明的，其认为这场比赛的门票需求很可能是富有弹性价格的。

▶ 商务案例研究

观看曼斯菲特的比赛，想花多少就花多少

每一位足球球迷都曾体会过失败的挫败感。当你想到你花了好大一笔钱观看这样一场让你沮丧和屈辱的比赛时，这种挫败感就会加倍。有时你甚至会想："到此结束，我不会再来了，这种花费太大了。"

足球俱乐部对于球迷用于观看比赛的票价并非无动于衷。一些英超联赛俱乐部抬高价格以显示比赛日程的重要。例如当曼联加入时，它们不用担心抬高价格会导致观看人数减少。此时球票的需求被认为是缺乏价格弹性的。

反之，如果是会在电视上播出的联赛杯首轮比赛，一个英超俱乐部主场对阵一支排名垫底的球队，时间又定在下雨的周三晚上，那么英超联赛的票价可能导致需求量的瓦解。俱乐部意识到这点，所以通常票价会定得很低，尽量避免观赛人数大幅下滑。此时的需求是富有价格弹性的。

足球俱乐部了解一些需求价格弹性的知识，尽量使其定价合理，有助于其获取利益。但是蓝格子超级联赛的曼斯菲特俱乐部比别的俱乐部走得更远一步，它把定价权留给球迷。

2010年2月与 Gateshead F. C. 的一场比赛中，球迷们可以愿意花多少就花多少，获取入场券。这是个冒险的策略吗？可能吧。俱乐部做出此举措是为答谢广大球迷的支持，也为了吸引更多的人为这场重要的比赛呐喊。

曼斯菲特先前的主场比赛的观看人数曾达3 368人，每赛季的平均人数为3 159人。但是在那场比赛中人数达到7 261人。尽管大多数人所付价格低于平时的票价，但其总收入比平时的比赛更高。这场球赛的需求显然是富有价格弹性的。

但不幸的是，在这场比赛中，曼斯菲特输了。

2.10 应用市场分析2：欧佩克与石油市场

在2.8节中我们提到，由于石油几乎没有相近的替代品，石油被认为是需求缺乏价格弹性的商品。20世纪70年代，大家普遍认为石油储量丰厚的国家具有绝对的经济优势。注意到1973—1974年，以及1979年，欧佩克精心策划了石油价格的大幅上涨。图2-15描述了两次"石油危机"。在图2-16中我们可以看到价格是怎样被逐步抬高的。欧佩克通过减少生产，减少世界石油的供给量，使石油的世界价格上涨。图2-16还显示随着价格上升，该危机还导致石油需求（消费）减少，但减少的比例不大。例如，第二次石油危机中，石油需求从1979年的每天6 400万桶下降到1981年的每天6 000万桶，而且价格增长相对更大，每桶从22美元涨至37美元。

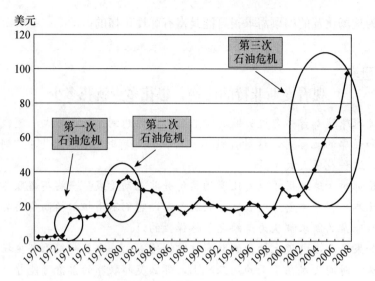

图 2-15　原油价格，1970—2008 年

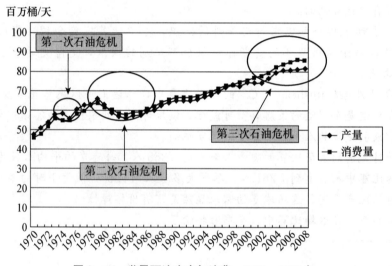

图 2-16　世界石油生产与消费，1970—2008 年

　　石油价格升高，使得欧佩克成员国更加富有，也使极度依赖石油进口的国家产生了严重的问题。首先，石油进口国要为这个重要的商品支付更多的金钱。但这还不是全部。石油市场往后的发展很好地阐释了市场进程是如何渐渐地约束强大的石油生产国的。获取石油对于现代工业经济的发展是至关重要的。但这也不能使厂商逃避供需定律的最终制裁。

　　图 2-15、图 2-16 和图 2-17 就显示了欧佩克国家面临的问题的实质。前两次石油危机发生之后，石油消费市场发生了重要的改变（见图 2-15）。石油进口国节约使用石油的意识越来越强：它们开始开发自己的石油（原先欧佩克的石油价格较低，这样的举措不合算），也进一步开发其他的能源。一段时间以后，随着石油需求的减少以及新型非石油能源供给更加经济，欧佩克石油的相对无弹性价格需求结构开始瓦解。在1973—1974 年和 1979 年欧佩克试图将自己的意愿强加于石油市场，希望石油永远处于高价。不幸的是，市场不会受制于这种操控。欧佩克的所为只是在其辖区之外鼓励了新

石油的开发以及非石油能源的供给。如图 2-16 所示，石油需求量在接下来的 10 年中都没有超过 1979 年的高峰。图 2-17 显示了美国——世界最大的经济国和石油消费国——在后面 20 年中的需求量都没有超过 1978 年。图 2-15 显示了 20 世纪 80 年代早期以来石油价格的持续低迷。1980 年每桶石油卖到 36 美元的高价后，直到 2005 年之前油价都没有超过这个水平。供需定律到一定时候就会发挥其自己的作用。

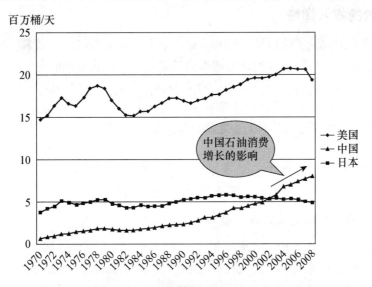

图 2-17 美国、中国、日本的石油消费，1970—2008 年

最后值得一提的是石油市场最近的发展。图 2-15 显示 1998 年油价跌到每桶 14 美元的低价后，到 2008 年 7 月为止原油价格迅速上涨至将近每桶 100 美元。世界又经历了第三次石油危机，供需双方再次对市场进行调控。自 2004 年以来，世界石油生产比较平稳，大概每天生产 8 100 万桶。另外，2007 年石油需求量达到了每天大约 8 500 万桶。图 2-16 显示了自 2004 年以来供需之间日益扩大的鸿沟。图 2-17 显示了日益增长的需求的主要来源。美国、日本和中国的需求量占据了世界石油需求的大约 50%。尽管 2008 年开始的经济萧条使得美国的石油需求量降低，日本自 20 世纪 70 年代以来石油需求量也大致平稳，中国的石油消费自 20 世纪 90 年代早期以来急剧上升。此外，巴西、俄罗斯和印度等经济大国的石油需求量也在上升，这就重新确立了石油价格无弹性的特征。金砖国家（巴西、俄罗斯、印度、中国和南非）等正在快速地进行工业化，这意味着它们目前的能源需求主要在于石油，而其他的能源还未得到充分开发，从图 2-15 中可以看到，直到 21 世纪初石油价格都相对较低，这使得非石油能源的开发失去动力。

石油价格将来会怎样变化呢？假如将以前的经验作为合理的引导，那么金砖国家很有可能会由于不断上涨的油价而降低经济发展对石油的依赖，就像西方国家在 20 世纪 80 年代和 90 年代降低石油的需求量一样。那么石油价格就会降低，其他能源的发展使得石油需求不再绝对地无弹性。但这种可能性必须基于世界石油供给的生命周期。最近的评估表明，世界石油储量可再生产 42 年。也就是说，如果继续以目前的速度消耗石油，到 2050 年石油就会消耗殆尽。只要石油需求在全世界还广泛存在，该需求就会维持缺乏价格弹性，而且油价还会继续走高。

2.11 弹性的其他形式

□ 需求的收入弹性

在2.2节我们讨论了除价格之外的其他影响商品或服务需求的因素。这些因素也可以置于弹性框架中。比如，我们认为需求会随消费者收入的变化而发生改变：在其他条件不变时，收入较高，商品的需求曲线就会右移，反之，较低的收入会使需求曲线左移（见图2-2）。那么问题是：需求量对于收入变化的反应程度是怎样的呢？我们可以用**需求的收入弹性**这一概念来回答该问题。

> **需求的收入弹性**：需求量的变动比例除以收入的变动比例。

需求的收入弹性（Y_{ed}）测算需求量对于收入变化的反应程度。其计算方法类似于我们计算需求的价格弹性的方法。需求的收入弹性的等式为：

$$Y_{ed} = 需求量的变动比例 / 收入的变动比例 \qquad (2.2)$$

一般情况下，Y_{ed} 为正值。也就是说，收入较高，需求也会较高（反之亦然）。但并不总是这样。在有些情况下，收入较高反而会使某些商品的需求量降低。例如，过去50年间英国人收入的增加改变了人们度假的方式。由于越来越多的人能够担负在国外较长时间度假的费用，而传统的海边度假村，如 Blackpool 等地的度假消费就降低了。当 Y_{ed} 为负值时，相关的商品或服务就被认为是**低档商品**。与之相反，如2.2节所言，普通商品是指收入上涨，需求也上涨的商品。我们可以将其分为两种：

> **低档商品**：指当消费者的收入上升时，消费量减少的一类商品。

- 第一种，Y_{ed} 是缺乏弹性的（<1）。最明显的例子是食品需求。在欧洲，收入已经相对较高，即使收入再次上涨，基本食品需求也不可能上升太多。消费者更可能将额外收入用于高端享受，如买车或者国外度假。当然随着收入上涨，人们也可能改变消费食品的方式，例如他们可能更喜欢在餐馆就餐，但基本食物消费的真实水平增长会相对较慢。

- 第二种普通商品需求是富有弹性的 Y_{ed}（>1）。当收入上涨时，需求的上涨比例会更大。此处的典型例子是如上文提到的高端商品的消费。在更富足的社会，大多数基本需求——如食物和住房需求——都已经完全满足，所以进一步上涨的收入会用于购买汽车、国外度假等。

□ 需求的收入弹性的应用

需求的收入弹性的概念能够有力地解释过去50年中国际经济中出现的发展模式。在此之前，国际社会有着清楚的、长期确立的**国际劳动分工**。总的来说，工业化国家生产制成品，而广大发展中国家专注于生产农产品和原材料。然而，在20世纪60年代和70年代，当时一部分新型工业化国家和地区成功地将生产资料进行重新分配，不再依赖农业

> **国际劳动分工**：指各国生产的专业化。大多数国家专攻于某种产品和服务的生产。它们通过国际贸易获得它们不愿或是不能生产的产品。

商务经济学（第二版）

和原材料生产，而是转向制造业。韩国、中国香港、新加坡和中国台湾是典型代表。现在所有这些国家和地区都已进入发达行列。其他国家也后来居上，最突出的是中国。所有这些国家的成功在一定程度上是因为它们意识到了需求的收入弹性的世界模式。尽管很遗憾，世界不同地区的经济发展差异巨大，但全世界在整体上比以前任何时候都更加富足。这意味着基本需求大多得到满足，特别是在世界经济最发达的欧洲、北美和东亚地区。这些地区的任何收入增长都无可避免地导致对收入有弹性商品需求的上升。这些商品大多是制成品：汽车、手提电脑、手机、冰箱、运动装置、衣服、孩子的玩具等。这当然也表明将资源转向这些商品的生产的决定是相当睿智的：这些商品的需求增长会高于世界收入的增长。同时，仍然依赖农产品和原材料出口的国家通常发现这些产品的需求更加稳定（缺乏收入弹性），从而限制了经济的进一步增长。

□ 供给的价格弹性

> 供给的价格弹性：用供给量的变动比例除以价格的变动比例来表示。

供给的价格弹性（P_{ed}）测算供给量对价格变化的反应程度。由以下等式表示：

$$P_{ed}=供给量的变动比例/价格的变动比例 \tag{2.3}$$

图 2-18 显示了供给价格弹性的两个实例。其原理与图 2-13 中计算需求价格弹性的原理一致。从图 2-18 中我们可以看到供给价格弹性会随着一条供给曲线而变化。这

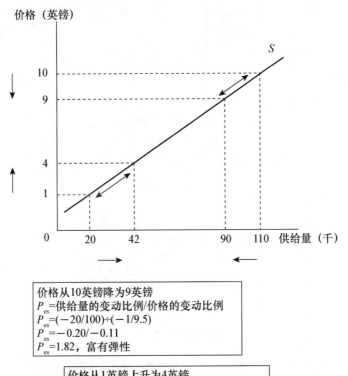

价格从10英镑降为9英镑
P_{es}=供给量的变动比例/价格的变动比例
P_{es}=(−20/100)÷(−1/9.5)
P_{es}=−0.20/−0.11
P_{es}=1.82，富有弹性

价格从1英镑上升为4英镑
P_{es}=供给量的变动比例/价格的变动比例
P_{es}=(22/31)÷(3/2.5)
P_{es}=−0.71/1.2
P_{es}=0.59，缺乏弹性

图 2-18 供给的价格弹性

里我们观察两个实例：一个是缺乏价格弹性供给，供给量的变动比例小于价格的变动比例；另一个是富有弹性反应，供给量的变动比例大于价格的变动比例。单位弹性、完全无弹性和完全弹性供给的实例也是有可能的。如图 2-19 所示，注意，在图 2-19（a）中，任何经过原点的供给曲线都有单位弹性供给的特征。在图 2-19（b）中，完全无弹性供给表明，无论价格变化的幅度和方向怎样，供给量都没有反应。最后在图 2-19（c）中，供给是完全弹性的，除 P_1 以外的任何价格都会导致供给量的无限大幅下跌。

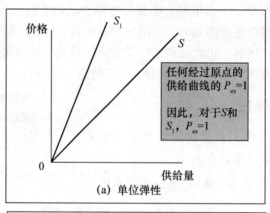

(a) 单位弹性

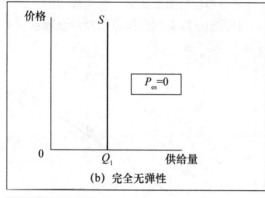

(b) 完全无弹性

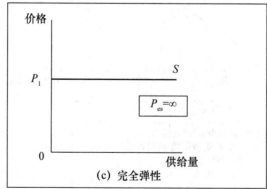

(c) 完全弹性

图 2-19　单位弹性供给，完全无弹性供给，完全弹性供给

□ 供给的价格弹性的决定因素

供给的价格弹性有两大决定因素。

- 时间；
- 供给要素投入的弹性。

时间

我们前面已经注意到许多商品和服务的需求并不会对价格变化在第一时间做出反应，供给也是如此。在一些市场，如报纸市场，产量可能会迅速增加或减少，以对新的市场价格做出反应。然而，在其他市场，情况可能更加复杂。每季足球比赛的座位供给数量就是高度无弹性的。唯一增加座位数量的方法就是扩大足球场的面积或修建新足球场，这个过程至少耗时几年。大型比赛通常的情况是：大量的需求与缺乏弹性的供给相遇。

供给要素投入的弹性

商品或服务对于价格变化的反应程度还取决于额外**要素投入**的可得程度。举一个极端的例子，梵高绘画的主要要素投入是艺术家本身的劳动投入。现在不再有任何梵高的作品产出，其供给是完全无弹性的（这一点，再加上大量的需求，导致其作品价格极高）。反之，网络内容的供给则是更加富有弹性的，因为主要的投入——有目的的供给者和接通网络——没有任何以上程度的限制。

> **要素投入**：一般来说，经济学家会识别 4 种要素投入，或者说是产品要素。商品或服务的供给需要用到部分或是全部上述要素。它们具体是：土地、劳动力、资本和企业家精神。

▌2.12 市场和信息不对称

目前在我们的讨论中，我们的假设是消费者和生产者在进入市场时，需要辨别自己的最大利益，对此他们了解得非常清楚。例如，你上次购买手机时，你一定了解所有可以购买的机型、不同网络供应商的征税等。手机的信息有大量可靠的来源：你自己的手机使用经历、朋友们分享的经历以及实体店里正在销售的型号。市场是瞬息万变的，有一点点复杂，但做出理智的选择不是什么难事。但不是所有市场都是这样。市场的一方可能看一些情况更加清晰简单，而另一方则有些云里雾里。

以医疗服务为例。有时你去牙医那里进行例行检查，牙医却给你镶上一颗牙。但你给牙医的医疗服务费可不像买手机那么清楚——消费者对于自己卷入这场交易的意识不大清楚。信息在此处**不对称**分布：牙医所知信息甚多，而焦虑的病人——张开嘴巴躺在病床上——则一无所知。但我们对牙医的话言听计从，而且会认为他们是为我们好，从我们的利益出发的，不是吗？他们是专业人士，受过良好的职业培训和严格的管理。

> **信息不对称**：在契约关系中，一方对某一产品信息的掌握要多于另一方。

实际上，自 2006 年以来，在英国国民医疗服务体系（NHS）工作的牙医必须签约达到一定的工作目标，由"牙医行为准则"（UDA）进行衡量。例行体检是 1 个 UDA，镶一颗牙是 3 个 UDA。牙医的年收入是根据他们一年中的 UDA 数量决定的。如果牙医某项业务未完成一年的工作目标，他会因为没有完成工作而退回一部分收入。合同上的工作完成的话则无须支付。

想想看，这种安排背后的动机是什么？如果过多估计了他们一年的 UDA 的数量，那么他们的治疗量就达不到。为完成合同中的任务，获得应得的收入，他们不得不进行更多的治疗。但是这些额外的治疗有必要吗？2009 年 NHS 对英国牙医服务的评论认为：牙医的动机与口腔健康的目标并不一致，因此导致 NHS 牙医业内部出现无效率的情况。同一篇评论中一位在职牙医的描述更加直白："你要想的只有两件事：我该如何尽量为病人服务？我该怎样使 UDA 最大化？"因此在 UDA 管理下，可能会提供不必要的医疗服务，并且由于牙科手术中信息是不对称的，病人无法质问发生了什么。

市场中信息不对称的重要性首先是由乔治·阿克洛夫在其著名的文章《柠檬市场》中提出来的，为此阿克洛夫获得了诺贝尔经济学奖。"柠檬"在美国的俚语中指的是破旧的二手车。阿克洛夫最初的兴趣在于新汽车的销售与整个经济表现间的关联。新汽车销售情况的变化似乎影响整个商业圈——销售较好则促进经济增长，销售低迷则威胁经济增长。那么什么决定了新汽车的需求呢？人们为什么会选择购买新车而不是便宜的二手车呢？

阿克洛夫认为这里不对称信息起着关键的作用。在二手车市场，卖方掌握所有的信息：他们知道这辆车的品质以及可靠性，而买方却所知寥寥。出于担心买到柠檬的危险，潜在的买方都纷纷离开二手车市场（出于新汽车的安全可靠性），因此市场低迷。同时这也阻止了持有较好品质的二手车卖方进入市场，因为他们会因其品质较好售价相对较高，而买方又不能接受。因此，二手车市场就由柠檬的**逆向选择**所占领。

阿克洛夫的文章还强调了在欠发达经济中的信贷融资市场的信息不对称问题。这里阿克洛夫讨论了出借方以过高的利率向当地无法从传统的金融机构获得信贷的人们放贷的事例。银行不愿意向其不熟悉的机构放贷，因为担心它们无法偿还。

有趣的是，我们可以将此例用于理解英国现在的信贷利率为何是千差万别的。**年利率（APR）**为 1 737%听

> **逆向选择：**当信息不对称问题驱逐出高质量的商品或服务时，市场就会出现逆向选择。
>
> **APR：**利息的年百分率。APR 允许对不同的利率做简单的对比。英国的金融服务提供商需要标明 APR。

起来是不是很诱人？或真的可行吗？这是 PaydayUK 在其网站 payday.co.uk 上宣传的典型利率。相反，Sainsbury 目前提供的 APR 为 7.9%。PaydayUK 怎么可能与之竞争呢？第一条线索在其名称中。PaydayUK 为解决各种不同形式的金融急用提供小额短期贷款（80~750 英镑）。其 APR 相当高，但每 100 英镑借贷 1 个月客户需要返还 25 英镑，即利率为 25%。但该利率比 Sainsbury 收取的大额资金（7 500~14 999 英镑）长期借贷（1~5 年）的利率还要高。

该差距表明，在信贷市场企业还可以在这两种形式中寻找中间点，比如提供相对较小的数额，借贷 2~3 个月，但年利率比 PaydayUK 提供的更加具有竞争性。不对称信息和逆向选择的概念帮助我们理解了为什么这在商业领域是不可能发生的。假如企业以较低的 APR 提供 PaydayUK 式的服务，它们很可能吸引大量顾客的逆向选择，但这些顾客不大可能定期还清借贷。这里不对称问题对出借方不利，它们无法辨认哪些是能够按时偿还的借款者，哪些不是。这时候大量地借出、冒更大的风险看来不是一笔好生意。

在《柠檬市场》一文中，阿克洛夫还思考了市场中产生的缓解信息不对称问题的形

式。其实例包括产品保证，通过品牌忠诚度来培养品牌声誉，建立专业化机构。所有这些形式都致力于使市场参与者相信，尽管他们对销售者、买方或产品不是完完全全地了解，但这些都不会损害其利益。

2.13　市场和消费者理性

不对称信息问题可能意味着市场无法较合理地配置资源。在二手车市场，不对称信息导致交易量更少，而如果信息对称的话，交易量会多许多。而在牙科产业这还意味着大量不必要的治疗。但假如信息不对称不存在，我们是否可以简单认为市场就会运作良好了？我们在本章前面已经提到：商品或服务的需求是基于价格、其他商品价格、品位以及收入（见图 2-3）。如果消费者对这些因素都十分了解，他们就会为了自己的最佳利益做出理性的选择。他们的行为就是理性的。

经济主体——消费者、企业、工人等——的理性行为是经济学的基石之一。假如经济学家们承认非理性行为，该原理可能存在许多潜在的问题，当然也会变得更加复杂和混乱，而经济主体的行为也不会表现出传统的以自我利益为中心。在这种情况下，他们的行为该怎样进行分析和预测呢？近年来，经济学家和心理学家已经开始研究经济主体的非理性行为。

下面的实例源自心理学家丹尼尔·卡内曼和阿莫斯·特沃斯基的研究。在前一部分的开头我们做了一个假设，上一次你购买手机时，你是基于大量信息基础做出了理性的决定。我们也希望我们都是这样的：谁都不想被视为傻瓜。现在，花一点时间想一下你支付的价格。你可能不记得其准确数字，但你应该有个大概的概念。根据卡内曼和特沃斯基的研究，行为经济学家把这个价格称为你将来在手机市场进行决策时抛下的锚。也就是说，你上一次买手机的价格会影响你下次买手机的决定，并且影响你以后一段时期内购买手机的决策。

如果你仔细想想所购买的许多东西，你可能会察觉到其他的价格锚。你会经常选择出租车而不是便宜的公交车吗？40 英镑一瓶的香水是否合理？那 7 英镑的鸡尾酒和 3.20 英镑的一大本杂志呢？如果你对其中一个或几个问题的回答是"是的"，这就部分地反映了你抛下的锚。例如，对我们来说，7 英镑的鸡尾酒看似有些荒唐。当地 2.50 英镑一品脱的啤酒又有什么问题呢？你看，我们的锚和许多人一致。最后一个例子。告诉你最年长的亲戚你最近一次的理发价格，你会看见他们的表情很不自然——又是一个不一样的锚。

但有一种决策方式并不是经济学长期以来都在研究的——品位。你或许只看得上昂贵的衣服和鞋子。实验显示左右我们选择的那支锚完全是任意的。如果你中了 50 英镑的小额彩票，这会影响你的生活吗？当然不会。但如果你用 50 英镑买了一条很好的围巾，这可能就是你接下来购买饰品选择决策时的锚。事实上，实验表明，我们头脑中只是有一个数据，不是价格，只是一个任意数据，就可以改变我们做出的经济选择，这有点奇怪。

那我们会由于锚做出怎样的扭曲的行为呢？答案是不理性行为。消费者在做决定时不会以一种冷漠和算计的方式行事，在一定程度上我们是让过去来做决定。你第一次花150英镑购买一部手机或在星巴克或 Costa Coffee 花 9 英镑买几杯饮料和普通蛋糕时，可能你自己都有一点儿吃惊。嘿，但下一次你就会觉得这是很自然的。但如果这是不理智的，那么锚也是不理智的吗？是不理智的，因为消费者的行为变得无望地混乱和不可预测。相反，我们应该是一种中间程度——有限理性，消费者的决策行为受某种特征的影响，而该特征是前后一致的。也就是说，这种特征是可预测的，经得起分析。同样重要的是，这意味着我们可以变得更加具有自我意识，如果我们对其影响不满意，我们可以调控自己的锚。

你可以访问网站 http://www.youtube.com/watch?v=9X68dm92HVI，聆听丹·艾瑞里关于行为经济学以及决策过程中的理性与非理性的激情洋溢又妙趣横生的 17 分钟演讲。

在结束本章之前，我们要介绍一下关于人类行为的内容。2005 年诺贝尔经济学奖得主托马斯·谢林研究了自我控制以及我们决定的连贯性的有趣话题。我们知道，与经济学家的理性消费者标准相反，有时候我们通过拒绝自己的消费机会使生活更加富裕。通常我们会觉得拥有更多的商品和服务，我们的生活就更富足，但我们来想想谢林给我们提供的发人深思的实例[①]：

> 当我想要香烟、甜点或第二杯饮料时，请对我说"不"。请不要把我的汽车钥匙给我。请不要借钱给我。请不要借枪给我。

但我们在选择中永远是这样意志坚定的吗？谢林的一个研究主题就是人在决策过程中的喜好总是变化的。疯狂购物总是令人愉快的，但是削减信用卡可能是解决债务问题的一种绝对有效的方式。谢林的问题就是个人的真正身份是什么——是放肆购物的人还是被追赶的债主？他是这样表述的：

> 看似不同身份的我们总是轮流出现，每一个自己都通过吃、喝、文身、畅所欲言或自杀来彰显自身的价值，并控制其他身份的自己。

谢林继续问，我们是否可以仅认为，一个自我身份得到彰显时，是否以其他身份的牺牲为代价？谢林承认，对他自己来说，这是个开放的问题。

▌ 2.14 市场：结语

从商务角度来说，市场既有趣也很有用。市场是一个重要的框架，其中企业与消费者建立联系，但消费者也通过市场向企业主张权利。任何单个企业或企业总体都不可能逃避市场中的供需定律。如果有企业有此企图——比如石油市场——消费者的权利会重新得到主张。贸易中最基本的法则似乎是：哪里市场优先权被尊重，哪里就会繁荣。而没有尊重市场优先权的地方，机会就会白白流失。

[①] Schelling, T. C. (1984) "Self-Command in Practice, in Policy, and in a Theory of Rational Choice," *American Economic Review*, 74 (2): 1–11.

许多市场都由信息不对称所扭曲或调控，但一旦真正发生时，反作用措施就会缓解市场双方的顾虑。即使在没有信息问题的市场中，消费者的行为也表现出一定的有限理性。

后面部分我们可以看到，有一些经济问题市场无法提供答案。在这些情况下，我们注意到通常政府会进行干涉，或者限制企业的贸易自由，或者规范其行为，或在一定程度上政府自己变成了厂商。但在我们进一步探索这些可能性之前，我们必须首先对企业进行细致分析与研究。

■ 总 结

- 市场就是企业和消费者为实现各自的利益而相互作用的场所。
- 需求量和供给量达到均衡的价格点就是均衡价格，所有的其他价格都表明了市场中的不均衡，因而企业和消费者都要改进自己的行为。
- 市场更大范围的联合使生产和消费决定具有更多的可能性。
- 欧盟单一市场计划是将市场分析应用于探索和解决欧洲经济增长缓慢问题的实例。
- 需求的价格弹性概念使我们能够分析价格变化与相应需求量变化间的关系。同样，供给的价格弹性概念使我们能够分析价格变化与相应供给量变化间的关系。
- 需求的收入弹性计算需求量对于收入变化的反应程度。它可用于理解当代国际劳动分工的变化。
- 信息不对称可能扭曲市场，从而破坏市场角色的信心。
- 市场中消费者行为可能表现出有限理性的特征。

■ 关键术语

- 需求
- 供给
- 均衡
- 供给过剩
- 需求过剩
- 失衡
- 单一市场计划
- 共同农业政策

- 市场干预
- 需求的价格弹性
- 需求的收入弹性
- 供给的价格弹性
- 信息不对称
- 逆向选择
- 有限理性

■ 问题讨论

1. 特定商品需求的决定性因素是什么？

2. 特定商品供给的决定性因素是什么？

3. 请解释市场中失衡价格由唯一的均衡价格取代的过程。

4. 以下因素会怎样改变某商品的均衡价格以及购买量与销售量？

（i）技术改良

（ii）该商品不再符合人们的喜好

（iii）生产成本增加

（iv）消费者收入提高

5. 运用市场分析，解释欧盟单一市场计划的本质。

6. 政府如何抵消市场趋于均衡的倾向呢？

7. 运用需求价格弹性分析，为什么政府能够不断提高烟草的税收？而对拳击比赛或打火机市场征税却是不理智的行为呢？

推荐阅读

约翰·斯坦贝克的《愤怒的葡萄》，第七章

在本章结尾我们推荐《愤怒的葡萄》和乔德家庭。推荐阅读的章节是一幕场景短剧。乔德已经决定移居到加利福尼亚州的繁华之地。他们需要购买一辆车来帮他们度过这艰难的旅程，但他们却没有很多钱。斯坦贝克虚构了他们将要进入的市场。这是个不对称信息市场。

读完以上章节，请回答下列问题：

1. 该文写作风格烘托的是一种疯狂的卖方市场。为什么会是这样？斯坦贝克想要表达此类市场怎样的本质？在此种高压环境下，谁更占优势？

2. 在此种市场中，有什么参考依据吗？这种制度在市场中有效吗？

3. 有销售者自身屈服于不对称信息的例子吗？他们是如何解决此类问题的？

第3章

企 业

关键问题

- 现代经济中企业的角色是什么?
- 为何企业一定要扮演该角色?
- 现代经济中存在哪些不同类型的企业?
- 企业发展、生存（甚至倒闭）的策略是什么?
- 企业家精神的意义是什么?

3.1 引 言

本书前两章主要探讨了市场运作的话题。市场中厂商通过满足他人的消费需求来追求自己的经济利益。然而，到目前为止，我们还没有仔细讨论过市场进程是如何实际上影响厂商或企业机构的，而它们是资本主义生产最主要的组织形式。本章和第4、5章我们将填补这一空白。本章中我们会对企业在回答基本经济问题，即生产什么、如何生产、为谁生产，过程中所发挥的作用进行总体回顾。

第4章中我们运用经济学家们常用的参数来解释和衡量企业的表现：成本、收入和利润。第5章呈现了一个共同框架，以分析企业所在的不同类型的**市场结构**。此外还考察了企业实际上在多大程度上遵循了传统经济学认为的企业应该遵循的理念。例如，在垄断企业存在的情况下，消费者主权

> **市场结构**：依据市场上竞争的程度来描述一个市场。垄断是市场结构的一个例子，在该结构中竞争完全消失。

能否占上风，本书提出了质疑。一般认为，**垄断**使得企业而不是消费者主导生产的一般进程。

> **垄断**：指在一个市场上，一个企业有能力将其竞争对手排挤到市场之外。竞争是一个赋予消费者权力的过程：在竞争性市场上，每一个企业寻求和消费者达成比竞争对手更好的交易。垄断排除了这种动机，让企业对消费者的兴趣不那么敏感。

■ 3.2 企业做些什么？

企业是一种组织形式，通过购买或租用生产要素从而生产商品或服务，再将其进行销售，以获取利润。在前面我们提到经济学理论中有 4 种生产要素，即：

- 土地；
- 劳动力；
- 资本；
- 企业家精神。

我们认为企业在生产商品或服务时，必须同时具备这 4 种因素。现在我们对其一一简要分析。

- 土地代表所有的自然资源。因此它不仅包括进行生产的物理空间，而且包括该环境中所有未进行加工的材料。经济学家认为，土地上可以建房屋和工厂，可以提取矿物、种植蔬菜，甚至还可以养鱼。
- 劳动力是企业的雇佣人员所花费的时间和努力。他们完成生产任务，以扩大企业的生产规模。
- 资本包括用于生产其他商品和服务的所有商品。于是，笔记本电脑、星巴克里的一次性纸杯、出租车、生产工具、电影院、机器、工厂都可能是资本的形式：其价值不在于即时消费，而是能够生产怎样的商品供市场使用。
- 最后，企业家精神是一种读懂市场，预测消费者需求，妥善管理土地、劳动力和资本以满足市场需求的能力，是资本主义生产的关键因素。如果企业缺乏企业家精神，它就会有破产的危险，因为其不能正确判断市场中的经济形势。这样的企业可能生产一些市场中需求较少或没有需求的商品。反之，具有企业家精神的企业必定是盈利的：它会有效地生产消费者需求的商品。懂得企业经营之道，可以使企业生产满足极其复杂的需求模式，督促企业不断改良产品，改进生产方法，所以能够不断地满足消费者需求。由于企业家精神的中心是市场进程，我们会在后面部分详细阐释。

特定的要素混合——土地、劳动力和资本投入于生产的数量——会反映出企业生产进程的实质。经济学家认为特定的**要素密集度**有利于某些特定的生产。例如化学药品生产就是资本密集型生产，因为该企业投入资本的数量比劳动力和土地都要多。反之，鞋类和服装类生产则是劳动力密集型的，大部分农业生产则是土地密集型的。

> **要素密集度**：指的是生产中强调使用一种特定生产要素，该要素的使用要高于其他要素。

最后，我们要注意到，企业要为其投入的生产要素支付报酬。分别如下：

- 土地赢得租金；

- 劳动力获取工资；
- 资本获取利息；
- 企业家精神获取利润。

我们会在第 7 章对此进行详细论述，而这部分我们重点分析的主题是利润。

如前所述，企业的企业家精神会以利润的形式获得回报。如果企业通过组织土地、劳动力和资本进行生产，对于所生产的商品消费者很愿意并且能够支付高于生产成本的价格购买，那么商品价格和生产成本的差异就是企业获取的利润。传统观念认为企业的目的就是使利润最大化。这似乎是将企业和消费者置于矛盾之中，因为为获取更多利润，企业就要抬高商品价格。然而，这一观点忽视了企业所处的竞争环境的作用。由于企业必须为争夺客源而彼此竞争，没有哪家企业敢擅自大幅抬价，它们担心其他对手企业不会效仿从而使自己失去竞争力。同时，竞争环境使企业必须考虑成本控制。每一家企业都必须尽可能高效地进行生产，它们都担心与成本意识很强的企业进行竞争时会使自己处于劣势，因此竞争环境使企业和消费者双方都受益。这也反映了前面讨论的市场对于厂商的限制。在第 2 章我们分析了石油的实例，发现强如欧佩克这样的集团也无法长期逃避供需定律的制约。

3.3　企业存在的必要性

企业存在的目的是什么？为何市场不是仅由个人生产者和消费者的集合组成？对此问题，我们先来看一下下面的例子。如果有人想要一幢新房子，他就必须亲自组织建造中的所有细节。购买土地，委托建筑师进行房屋设计，购买所需材料和工具，雇用砌砖工、泥水匠等。总的来说，该工程可能会需要一年左右的时间，还需要房屋主人花时间和精力管理、督工等。

这种利用市场建造房屋的方法是：消费者雇用有技术和经验的个人生产者，让他们完成某项特定的任务。目前英国部分房屋建造采用的是这种形式，但大部分不是。这是因为大部分新房购买者认为依靠专业的房屋建筑公司更方便、更便宜。在这一实例中，个人必须花费数月的时间进行建筑管理。其机会成本就包括这几个月可能赚取的工资收入，因为房屋完工之前，他不得不将此放弃。此外，他还必须要有有效管理和协调该工程的能力。由于很少有人认为可以在工作中请假一年去做别的事情，也由于很多人认为自己没有建筑管理能力，因此很多人宁愿请建筑公司来全权负责。

但消费者的机会成本和令人质疑的管理能力并不是妨碍市场合作生产和促使企业形成的仅有因素。作为生产组织者，企业还有其他许多优势，这些优势消费者是无法从别处获取的。其中最重要的是：

- 节省**交易成本**；
- 企业进一步扩大劳动分工的能力；
- 企业创新的潜力。

> **交易成本：**与商业活动或其他形式的经济往来的相关费用。

节省交易成本

建筑企业每年建设几千幢房屋，它们会持续不断地购买大量的建筑材料，而不是为每一幢房屋单独去采购沙、水泥和木材。这种不断进行小额购买的方式显然是效率不高的：需要花费更多时间以及书面工作。同样，企业所雇用的工人也不会因其从这幢房屋转到那幢房屋工作而签订新的合同，他们所使用的工具和设备也不会在一幢新房盖好之后而重新收回：一份合同或交易会涵盖该企业整整一年的工作或更久。相反，如果按照如上所描述的房屋由主人督工，通过市场来建造，其间涉及的交易数量会是企业生产模式的几千倍。因此，从交易成本来看，与没有企业的市场相比，企业似乎提供了更加有效的方式组织生产。企业存在的交易成本理论首先是由罗纳德·科斯提出的，他为此获得诺贝尔经济学奖。

企业进一步扩大劳动分工的能力

假如生产主要由个人组织，通过市场完成，那么过去 250 年间部分或所有生产力的飞跃都不可能发生。可能最著名的例子要数 20 世纪初亨利·福特使用流水线组装汽车。该过程将汽车的部件制造转化为简单快捷的重复工作。流水线使汽车以一定速度移动，而工人只需要待在原地重复所分配的工作。福特向大家展示，以这种方式它们生产了几百万辆汽车，而且成本之低史无前例。随后，这种生产方式——有时也被叫做福特方式——扩大到汽车生产之外许多产业的其他领域，在发达经济体中促进了生产力普遍的显著提高。流水线原理基于劳动分工基础，在企业之外是无法付诸实施的。福特至少每年要生产几十万辆汽车。显然汽车生产（以及大多数其他产业形式的生产）由企业进行效率最高。

汽车产业的实例让我们看到企业不仅可以进行内部劳动分工，同样也可进行外部劳动分工。尽管世界上大多数汽车都是由少数的大型**跨国企业**生产，但这些企业通常从其他专门厂商那里购买零部件。汽车收音机、轮胎、挡风板、雨刮器、内饰、电器元件以及其他物件都是由汽车厂商从他处购买。这种安排使得汽车企业能够

> **跨国企业**：一个企业在两个及以上的国家拥有或是能够控制资产（通常指生产设备）。

专注于如设计、车身、引擎、变速器的生产以及最后的组装等中心任务，同时，零部件厂商也可以不断改良其生产。同样，这种复杂的高度集中的生产体系也不可能在企业之外进行。

企业创新的潜力

新产品从何而来？现代社会人们可购买的商品和服务的种类极端丰富，原因何在？答案就在于创新。当然创新也可由天才个人完成。例如，使橡胶通过硫化过程而具有可塑性的发现就是由一个人完成的，他就是查尔斯·固特异（www.goodyear.com/corporate/history/history_story.html）。创新还可能源于军事需要。众所周知，第一次世界大战和第二次世界大战中的压力促使了飞机在设计和制造方面的创新。当然新产品和新程序的开发也是借助企业完成的：该书初稿的写作就是通过微软公司开发的 Word 软件进行的。

创新的来源有许多。然而最重要的是，在资本主义经济中，通常是由企业将技术进步应用于市场。确实，对于许多产品，我们现在很难想象还有其他的生产方式。尽管个人消费者还能够租用他所需要的生产要素来建造房子或修理汽车，但对于大多数人来说

采用同样的方式生产一部 iPad，那简直就是不可能的了。就如同要让这个复杂的社会以同样的方式来统一组织生产是不可能的一样。

尽管我们所指的主要是私营企业，但在资本主义经济中还有一些公共机构，如国有化产业、医院和大学，它们也担负了生产和创新的重担。然而，我们仍然有理由认为企业是市场创新的唯一重要的来源。市场创新就是将新商品或服务引入市场，从而个人可以直接付钱消费。这也使得企业从属于市场，因此必须保留消费者主权的中心原则。不考虑其他因素，无法产生足够需求的创新都是注定要被遗忘的。

3.4 不同类型的企业

这部分我们会描述现代经济中企业的主要类型。尽管我们所使用的例子和数据都主要源自英国，但其所揭示的一般模式同样适用于其他先进资本主义经济，例如北美和西欧的其他地区。

法律对企业的分类主要根据其所有制形式。主要有三种所有制类型：

- 独资企业；
- 合伙企业；
- 股份制企业。

独资企业

独资企业的所有权为某个人所有。企业主获取所有企业利润，但要上交个人所得税。企业主还要负责所有企业发生的债务和损失。事实上，他对这些损失负有**无限责任**。这意味着如果损失相当大的话，企业主的所有个人财产——存款、房屋、汽车或其他财产——都受到威胁。独资企业通常规模小，在服务业领域最常见，比如零售业、财产和商贸服务业等。

> **无限责任**：指当企业的全部财产不足以清偿到期债务时，投资人应以个人的全部财产用于清偿。

合伙企业

合伙关系将企业的所有权分至两个或更多个体所有。显然其运作方式比独资企业要复杂。该种企业的管理和利润的使用都必须经过所有合作者达成一致意见方能进行。然而，合伙企业也让其他的个体加入，他们可能带来更多的资金和更广的业务专长。合伙企业的利润也要被征收股东收入所得税。合作者也要共同负有无限连带责任。这意味着如果企业陷入经济困难，所有合作者的个人财产都受到威胁。在英国，合伙企业主要分布在零售业、农业以及财产和商贸服务业等（特别是会计师事务所和律师事务所）。

股份制企业

股份制企业是由股东所有。股东持有的股份越多，其享有的所有权就越大。私营有限公司的股份只有在所有股东都同意的情况下才能进行买卖。相对地，在上市有限公司，任何人都可以公开购买和销售股份。

股东们也享有**有限责任**的重要优势。也就是说，

> **有限责任**：一个企业遭受损失时，企业所有者的个人财产不会遭受损失。责任仅限于企业的价值。

不像独资企业和合伙企业那样，他们的财务风险仅限于公司的价值。在贸易失败、公司决定清盘的情况下，通过售卖存货、厂房和机器等仍然未能还清的债务就原地保留。债权人无权向股东索要任何个人财产。在英国，政府向股份制企业征收企业所得税（目前是其利润的28％）。缴纳企业所得税后，利润以股利的形式分配给持股股东。对股东来说，股利还要缴纳个人所得税。因此与独资企业和合伙企业只需一次纳税相比，股份制企业很明显的弱点就在于需要两次纳税。

表3-1显示了2009年这三种主要类型企业的年销售收入分布情况。从表中我们看出英国的独资企业数量超过500 000家，位居第二。大多数独资企业规模较小，56％的企业年销售收入低于100 000英镑。合伙企业数量最少——少于300 000家，但与独资企业相比，其年销售收入大的企业所占比例更大。最后，股份制企业和上市公司数量多于1 250 000家，其中年销售收入超过100万英镑的大型公司约占13％（共173 005家），而其他两种类型企业中的大型公司占比的总和才为8％（共27 240家）。

表 3-1　　　　　　　　　　**英国企业的类型和销售收入，2009 年**

销售收入（千英镑）	独资企业		合伙企业		股份制企业	
	数量	％	数量	％	数量	％
1～49	138 945	26	51 685	18	161 595	13
50～99	155 960	30	54 505	19	305 010	24
100～249	153 400	29	90 390	31	330 370	26
250～499	49 880	9	48 405	17	161 295	13
500～999	19 325	4	25 295	9	120 715	10
1 000+	7 750	1	19 490	7	—	
1 000～1 999	—		—		75 400	6
2 000～4 999	—		—		53 935	4
5 000～9 999	—		—		20 465	2
10 000～49 999	—		—		17 755	1
50 000+	—		—		5 450	—
总计	525 260	100	289 770	100	1 251 990	100

□ 不同所有制形式的优点和缺点

企业在三种形式间进行选择时，会考虑如下因素：
- 企业利润的税收；
- 企业所有人对任何可能的损失应承担的责任程度；
- 筹集资金的难度；
- 企业的管理方式。

现在我们来逐个分析每一因素。

企业利润的税收

我们已提到，独资企业和合伙企业的利润只征一次税——以企业所有人的个人收入的形式。相反，股份制企业要征两次税：首先是征收企业所得税，然后股东获取股份分红后征收个人所得税。此外，在英国，由于个人所得税比企业所得税要低，最基本的个人所得税是20％，赚取利润不多的独资企业和合伙企业所付税收的比例小于股份制企业。

责任

尽管在税收方面独资企业和合伙企业比股份制企业有利，但责任问题的利弊则刚好相反。股份制企业中股东所承担的风险只是他们在企业中所拥有的股份，而独资和合伙企业一旦瓦解，企业拥有者损失的是全部的个人财富。尽管这看似是经营企业最主要的负担，但独资和合伙企业都相对较小，因此其财务风险也较小（见表3-1）。此外，这些企业通常都是在其所有人直接监督与控制之下，不会贸然地进行任何有风险的活动。

筹集资金

新企业和现有企业都需要资金投资以助其发展。对于独资企业和合伙企业来说，额外资金主要来源于拥有者本人、他们的家庭、朋友或银行。但是，通常来说，这些来源不大会有大额资金注入。这就解释了为何独资和合伙企业规模普遍不大。相反，股份制企业筹集到大笔资金则更加容易。方法之一就是它们在股票市场公开销售股票。个人和投资机构对股票都感兴趣，因为如果企业运行良好，就会产生一系列的分红。此外，随着需求的增加，股价也会上升。有限责任的特点也增加了股票的吸引力，因为购买者承担的风险只是其投资数额。这就解释了有限责任的初衷，就是为了帮助企业获取大量资金，而使投资者的风险降为最低。

▶ **将经济学运用到商务中**

银行贷款后的信贷紧缩

因为银行是资本的重要来源，特别是对中小型企业来说，信贷紧缩后近期的全球经济衰退引起了人们的关注。

图3-1显示，2009年第一季度以来，企业偿还的债务超过了英国主要金融机构的贷款总额。

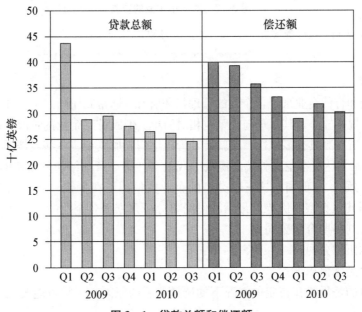

图3-1　贷款总额和偿还额

整个信贷流失在供给和需求两方面都有影响。

在需求方面，企业希望偿还在困难的交易条件下使其暴露在信贷风险中的债务。

更令人担忧的是，在供给方面，银行和其他金融机构在信贷危机之后可能只会对修复给它们伤害颇深的资产负债表感兴趣。

然而，银行迟迟不愿放贷可能严重影响英国经济复苏的速度和可持续性，尤其是小企业——非常重要的财富和就业机会的创造者——可能因为缺乏资金而倒闭。

图3-2表明，这样的担心确实不无道理，2009年对中小企业的贷款已经异常困难，只怕在2010年之后给小企业的贷款会进一步收紧。

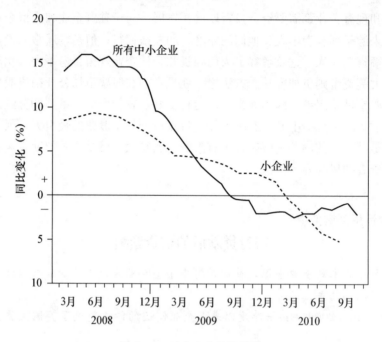

图3-2　对中小企业的贷款

资料来源：英格兰银行贷款的趋势，2010年10月和2011年1月。

企业管理

对于独资和合伙企业来说，企业的管理权和所有权通常归属同一个人或一群人。由于通常这些企业规模较小，其管理与决策也相对简单。但股份制企业的情况不是这样。其规模普遍较大，所有制具有多样性，这就使其管理结构更加复杂。一些经济学家，如加尔布雷斯，认为这是发达资本主义弊端的源头。我们会在第5章介绍加尔布雷斯的观点。

表3-1显示，在英国，这三种类型的企业数量都不在少数。这说明没有哪一类型的企业有压倒其他类型的优势。最后我们简要分析几家著名企业的法律地位：

● 约翰·刘易斯合伙公司；

● 利特尔伍兹公司；

● 桑德兰足球俱乐部。

我们的目的是反映在特定的情况下的选择背后的原因，了解可能改变一个企业地位的压力。我们从约翰·刘易斯合伙公司关系开始。

约翰·刘易斯合伙公司

约翰·刘易斯是一家拥有 70 000 名员工的百货集团（该集团包括维特罗斯超市和格林比超市）。该公司不时出现在新闻报道中，传言可能在证券交易所上市。股票上市可能带给其每位员工多达 100 000 英镑的暴利。从而一些员工愿意抛售股票就不足为奇了。该实例表明了股票上市的优势之一：能够盘活企业老板搁置的资金。然而约翰·刘易斯的管理者不断制止股票抛售，他们认为从商业的角度来说抛售股票可能产生相反的效果。管理者还指出这种合伙关系最初是由于该公司所有人斯皮丹·刘易斯的大方慷慨而产生的。瓦解他所建立的这种合伙关系，从法律角度来看是有很大困难的，而道德上也会受到质疑和谴责。

这种商业观点很容易理解。约翰·刘易斯公司具有强大的企业传统，并由于其产品较高的质量和合理的价格而深受消费者青睐。改变企业所有制会使这一切都受到影响。此外，还会使约翰·刘易斯的合伙人（也就是公司员工）自身利益受到威胁。他们一直享有不一般的优待。工作满 5 年，合伙人就可得到一份有保障的正式工作。满 25 年，他们可以带薪休假 6 个月。所有合伙人都得到以利润为基数的年工资奖金。2010 年，其奖金是所得利润的 15%。所以，股票上市可能给约翰·刘易斯合伙人更为明显直接的现金报酬，但其可能至少使合伙人的工作以及该公司整个的商业基础都受到威胁。因此企业应该采取哪种形式的问题明显地比一开始看上去的更加复杂。

利特尔伍兹公司

利特尔伍兹公司是英国最大的私营公司。该公司于 20 世纪 30 年代由琼·摩尔斯先生建立并发展为高街上的零售公司和足球博彩运营商。该企业 20 世纪 90 年代由于运作不善而被收购竞价，但摩尔斯先生的继承者选择继续维持该所有制方式，尽管当时有新闻报道说摩尔斯家族的年轻一派为了盘活公司搁置的巨额资金而愿意出售该公司。

销售的压力来自公司面临的日益激烈的竞争环境。城市周边商店日益增多，使得市中心零售业受到巨大挑战。更为严重的是，国家彩票的发行使足球博彩运营面临新的激烈竞争。最终这些压力变得势不可挡，2000 年利特尔伍兹公司的足球博彩运营以 16 100 万英镑销售出去。新的所有者选择有限责任公司形式，在股票市场上市，从而可以筹集资金，用于投资网上贸易。

2002 年利特尔伍兹公司的零售业也以 75 000 万英镑出售。但有趣的是，它还是卖给了新的私营个人，戴维·巴克利和弗雷德里克·巴克利。他们购入该公司后，侧重于网络商务和目录购物。

桑德兰足球俱乐部

对于桑德兰足球俱乐部来说，竞争压力使它们对于是否要改变所有制形式的问题做出了不一样的回答。桑德兰于 1996 年底在股票市场上市。该举动是为了使俱乐部能够与英超中传统大型俱乐部竞争。当时一些大型俱乐部已经成为上市公司。销售股票筹到的资金企图用于增强桑德兰足球队的实力，以及支持其他领域的投资，两者互为支持。如果桑德兰在足球季表现良好，那么比赛上座率就会增加，就会有更多电视台转播（可以赚取巨额资金），它们也可以销售更多的球队物品和俱乐部商品。在这种情况下，公司所有人为获取投资资金，很乐意在股票市场销售股票。

但是事情并不像俱乐部希望的那样发展。尽管公司上市筹集到了足够的资金支持阳光体育馆的运营，但球队的表现不佳。2003 年英超中创纪录的低分保级使得源自电视和比赛门票的资金流萎缩，作为投资前景的俱乐部的所有制地位受到严重质疑。2004年公司决定退出股票市场之前，桑德兰股价从最初上市时的 585 便士下跌为 60 便士。当然投资者也不再有兴趣投资俱乐部了。尽管桑德兰还是一家上市有限公司，但其在股票市场已经没有什么真正的交易了。直到 2006 年，前球员尼尔·奎因负责的某财团购买了该公司的控股权。2008 年一位美国商人埃利斯·肖特对公司进行了巨额投资，目前他掌握了桑德兰的所有权。

在这些实例中，没有正确和错误的解决办法。出于自己和企业的最佳利益考虑，企业所有人决定企业采取何种所有制形式。在约翰·刘易斯实例中，合伙人显然看到了个人利益与企业长期发展之间的一致性。对于摩尔斯家族来说，日益激烈的竞争环境使得他们投入的巨额资金受到威胁，而不得不考虑售卖利特尔伍兹公司。而最后对于桑德兰的所有者来说，他们希望看到俱乐部的股票在股市销售，从而吸引新的资金用于改善球队和俱乐部的基础设施。尽管股票上市最初还是成功的，但所预期的投资资金最终未能实现。

还有最后一点。许多证据表明，采用不同的所有制形式可以带来商业价值。例如，近年来西方经济中特许经营的实例日益增多。特许经营就是指企业向第三方出售或出租生产或销售其品牌商品的权利。据估计，英国有 10% 的零售业都出售或购买过产销权。可能世界最著名的例子就是麦当劳了。大部分麦当劳餐厅都是由特许经营获得者经营。你可以登录麦当劳网站 www. mcdonalds. co. uk，上面有麦当劳销售产销权的基本信息——可能的成本、可能的回报以及最基本的年限等。

特许经营的吸引力就在于其将大公司的资源、经验和技术与特许经营的被授权人的精力与投资相结合。被授权人所冒的风险类似于私营企业所有者。同时，授权方确信任何单个的被授权人都与该企业的发展有直接联系，因此他们会积极致力于企业发展。

■ 3.5 企业策略的思考：利润最大化、企业规模扩张、并购带来的增长

□ 企业是否都追求利润最大化？

微观经济学的传统观点是企业的目的在于追求利润最大化。企业之间互相竞争以获取消费者的青睐，利润是成功的标志。不以获取利润为动机的企业会遭受破产的危险。竞争越激烈，非利润最大化的企业在市场中无法生存的可能性就越高。以追求利润最大化为目标是企业继续生存的最好保障。利润是企业在一段时间内总收入与总支出之差。第 4 章我们会讨论企业的成本与收入，特别是在 4.8 节我们将讨论利润最大化的产出水平。

在第 4 章讨论利润最大化之前，我们有必要简要回顾一下文献中出现过的关于企业目标的其他观点。首先要讨论的是行为取向观点，该观点认为利润最大化并非企业的唯一目标，而是相对于许多其他目标而言，企业致力于取得更加令人满意的表现。

理查德·赛尔特和詹姆斯·马奇于 20 世纪 60 年代提出了企业行为理论。他们认

为，企业通常致力于 5 大主要目标——产量、销售、库存管理、市场份额以及利润。此处企业被认为是不同群体的联合，包括管理者、工人、股东、债权人和消费者。这些群体以他们各自的需求在企业中竞争。例如，工人可能想要获得更高的工资，而股东想得到更高的分红。通过设定目标，并对其进行长期复杂的改进，管理者尽可能解决企业中不同群体需求间的冲突。与传统理论不同的是，企业被认为具有不同的目标，而不仅仅以追求最大利润为单一目标。理查德·赛尔特和詹姆斯·马奇的观点与诺贝尔经济学奖得主赫伯特·西蒙的观点一脉相承。赫伯特·西蒙的主要研究领域为商务应用经济学。

▶ **将经济学运用到商务中**

赫伯特·西蒙对企业决策的开创性洞见

赫伯特·西蒙（1916—2001）因为在经济组织的企业决策过程中的开创性研究于 1978 年被授予诺贝尔经济学奖。在 1940 年出版的专著中，西蒙批判了传统的企业理论，该理论建立在全能的、完全理性的、追求利润最大化的企业家的假设基础上。在他的替代性理论中，单个企业家被决策者群体所取代，后者趋于理性，会合作找到问题的解决之道。

西蒙称，大企业不可能得到所有的信息才做出决策。因此，企业也无法实现利润最大化。相反，如果在决策中做出"牺牲"，也许能得到最满意的结果。

西蒙的决策建立在有限理性的基础上，或者叫做"受束缚"理性，得出的是最满意的、也许不是最优的结果。

现在我们来看看管理理论，该理论以最大化为目标，不强调利润动机。下面我们将阐释三种管理理论，提出者分别为威廉·鲍莫尔、奥利弗·威廉姆森和罗宾·马里斯。这些理论的基础是公司的所有权（股东）和管理（管理者）分开。最高管理者的动机决定公司的最大化目标。管理者动机最常见的影响因素是地位、权利、收入和安全性。

20 世纪 60 年代，威廉·鲍莫尔提出了企业理论，认为一些管理者致力于使销售收入最大化，这受制于所获利润的最低水平。鲍莫尔曾担任数家大型企业的顾问，他发现一些管理者的兴趣更多在于扩大销售收入，而非获取利润，基于此经验，他提出了该理论。其原因在于，最高管理者的地位、权利和收入与销售收入有更加紧密的关系，而不是将获取的利润。但是要注意的很重要的一点在于销售收入最大化的目标受制于最低利润限制。最低利润限制保障股东可以得到满意的分红，从而使他们不对管理团队的安全构成威胁。

20 世纪 60 年代早期还产生了另一种理论，由奥利弗·威廉姆森提出。该理论与管理自由裁量权有关，认为管理者致力于使自己的满足感最大化，受制于使股东满意的所得利润的最低水平。威廉姆森认为管理者从薪酬支出、自由裁量投资支出和人员支出中获得满足感。管理薪酬（如大额支出账户和公司奢华的汽车）和自由裁量投资（用于宫殿般的办公楼建设）比利润最大化更有可能提升形象。最后，人员支出的增加也可以提高地位、影响和管理者的形象。这类支出通常被认为是"帝国大厦"。概言之，据此理论，管理者花费最低利润限制之外的任何利润，用于薪酬支出、自由裁量投资支出和人员支出，以获得满足感。

20 世纪 60 年代中期罗宾·马里斯提出了另一种管理理论。根据该理论，管理者致力于企业增长率的最大化，从而提升其自身的地位、权力以及收入。由于管理者也需要工作安全感，他们要尽量减小对其安全构成威胁的兼并与收购的风险。企业被兼并的风险越高，与企业资产（例如，包括办公楼、资本设备、土地等）的账面价值相比，企业股票的市场价值则越低。假如企业被兼并的风险更高，则**估值比率**更低，那

> **估值比率**：企业的市场价值表示为股票价格除以资产的账面价值。

么管理者需要支付给股东相当数额的分红，以使企业股票的市场价值维持在较高水平。

这三种管理理论的中心在于管理者和股东利益的分歧。如此，这些理论可视为所谓委托-代理问题的实例。在 3.6 节我们会进一步阐释。

□ 企业为何扩大？

罗宾·马里斯的观点认为企业管理者都热衷于企业的发展，这一点不必过多证明。我们似乎也有理由认为以盈利能力为标准的企业的成功与企业规模的大小是有必然联系的。在第 1 章中，我们分析了乐购的营销之道，使之从原先只面向英国的零售商转变为销售各种商品或服务的日益全球化的经营者。乐购以此策略与其对手竞争，并开发国内外的各种发展机会。结果，乐购发展壮大了。图 3-3、图 3-4、图 3-5 和图 3-6 分别显示了乐购集团的利润、销售额、店铺数量以及员工数量。乐购的利润超过 30 亿英镑，销售额超 600 亿英镑，在全球拥有 4 500 家店铺，以及 50 万名员工的目标是触手可及了。这是一家巨型企业。

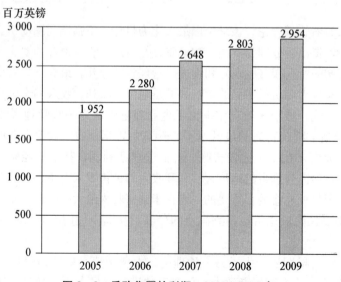

图 3-3　乐购集团的利润，2005—2009 年

所以乐购的扩大和其利润的增长是相辅相成的。此外，规模扩大还会带来其他优势。例如进入中国和印度市场是其多样化的一种形式，使其能够降低贸易风险的总体水平，因为将某一市场中的问题置于许多市场中，该问题可以得到缓解。乐购还致力于发展非食品贸易，

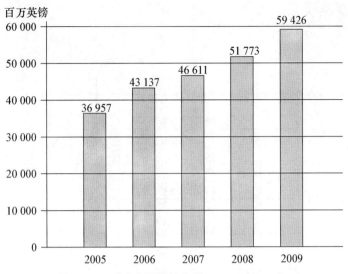

图 3-4 乐购集团的销售额，2005—2009 年

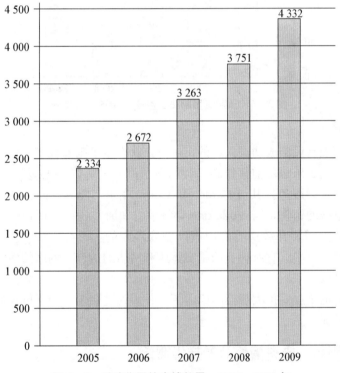

图 3-5 乐购集团的店铺数量，2005—2009 年

使其与传统食品零售一样强劲，这是另一种降低风险的多样化。

大型企业还得益于**规模经济**。乐购采取规模经济的实例是其对中欧国家（如波兰、捷克共和国）商店的自主品牌和百货进行泛欧洲采购。在整个大陆采购货物，可以节约成本，改进商品质量，只有大型企业

> **规模经济**：指产量增加时生产成本没有同比例地增加。在单一市场里，随着已取得成功的公司在规模上的扩大，它们可以通过批量购买生产要素或是在欧洲国家分享营销等商业服务来使生产更有效率。

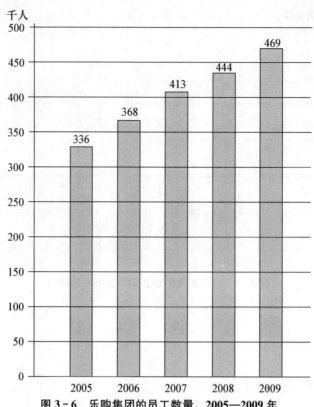

图 3 - 6　乐购集团的员工数量，2005—2009 年

才拥有这样的能力。

当企业使用现有设施成功进入新的市场时，就产生了**范围经济**。大型企业可以非常高效地做到这一点。乐购目前销售各品种的电子产品，提供手机服务和银行服务。其与 Comet 和 Curry 竞争电视机和个人电脑的销售，与 Vodafone 竞争手机和通信服务。但它并不需要开放所有的门店以获取潜在的客户，这样会产生成本。它所拥有的是实体店和网店的结合。网络的使用使其商业基础设施运行更加高效。

> **范围经济**：指企业同时提供多种产品和服务时的成本，低于分别提供每种产品和服务的总和时的状况。

现在我们知道企业要扩大规模的原因了——因为这会带来相当可观的好处。那么企业如何扩大规模呢？

□ 水平增长、 垂直增长及多样化增长

水平增长是指企业通过重复同一类型的活动而获得发展。如 1970 年的 Trailfinder 只是一家小型的陆上旅游公司。拥有 4 名员工，直到 1977 年才开始有利润记录。如今其门下旅行社有 29 家，遍布英国、爱尔兰和澳大利亚。拥有消费者 1 100 万人。通过在其熟悉的市场成功地运作，该企业日益壮大。

> **水平增长**：指企业扩展其现存的经济活动形式。
>
> **自然增长**：指企业依托现有的资源和业务而成长。
>
> **兼并与收购**：两个企业的合并或是一个企业接管另一个企业。

Trailfinder 进行的是**自然增长**。换言之，这是基于自身资源的发展。企业发展的另一

方式是与其他企业**兼并**或者**收购**其他企业。2010 年英国航空公司收购了西班牙伊比利亚航空公司。这也是一种横向发展。因为产生的新企业会继续在同一市场上与其对手竞争。

企业兼并的动机之一是在竞争性产业中减少成本。由于受到易捷航空公司和瑞安航空公司等价格低廉的航空公司的挑战，同时欧洲短途航班的运营也受到高速铁路的威胁，大型国有航空公司开始转做国际业务模式。这就使得它们以新的方式对其业务进行区域化划分。英国-伊比利亚公司的合并意味着伊比利亚分公司专管拉美线路，英国航空公司也专注于传统的长途线路。由于英国航空公司不再需要将资源用于一些拉美线路，这样便节约了成本。有人预计这种模式可以每年节约 3.5 亿英镑。

企业还可以通过进入其主要业务的市场上下游得以发展，即**垂直增长**。以农民市场为例。农民通常不知道是谁在食用他们生产的产品。而这种方式使农民扮演零售商的角色。一般来说这种增长也是自然的——农民不需要兼并或购买其他企业，只需一辆货车、一点基本设备就可以了。

> **垂直增长**：指企业在另外的有利润的生产过程或是市场中从事经济活动。

反之，当鲁伯特·默多克的新闻企业想要获得数字媒体平台以补充其报纸和电视运营时，它支付了 5.8 亿美元收购了社会网络平台 Myspace。这种纵向合并的好处之一就在于像 Myspace 网站可以通过将使用者引向更为传统的媒体（此处为电视），从而产生协同营销的作用。

最后一种企业增长方式为**多样化或企业联合增长**。企业大多经过并购以后，转向全新的市场或产业。此处多样化的企业组织内部的自然增长的简单实例还是来自农业。利用其土地的自然特征，农民有时出租池塘或河流的一角，用于修建钓鱼俱乐部，或使其变成其他娱乐场地，如骑马、射击甚至高尔夫场所。

> **多样化或企业联合增长**：指一个企业在其他的、此前并未涉足的市场或产业中从事经济活动。

与之不同，Vingin 集团是一家全球联合企业，起源于 1970 年由理查德·布兰森先生建立的邮购记录零售商。现在该集团在 29 个国家拥有 200 多个品牌公司，2008 年年收入超过 110 亿英镑。其分公司所做业务完全不同。在长长的公司名单上，有 Virgin 音乐公司、航空公司、铁路公司、金融公司和媒体公司。

□ 英国公司的兼并行为

图 3-7 总结了英国 1995—2009 年间企业的并购状况，有三个显著特点。首先，在 1999 年和 2000 年，英国公司对国内和海外企业的收购数量急剧上升。由于企业兼并花费的金额巨大，通常情况是由单一产业或领域占主导。这是 1999 年和 2000 年的大概情况，反映出全球手机市场的联合。1999 年，英国企业 Vodafone 以 400 亿英镑的价格买下美国企业 Airtouch，于是产生了世界第一大手机供应商。一年后，Vodafone 花费 1 120 亿英镑收购德国通信公司 Mannesinann，这是当时历史上最大的一次企业兼并。

其次，2005—2007 年间英国的跨国企业收购又出现了上升趋势。这是由于欧洲经济出现了良好态势，德国、法国、美国以及英国的经济都得到大幅增长（英国国外企业兼并主要来自欧洲和美国企业）。国家经济和企业经济的强劲发展态势通常会加速公司的兼并行为。

最后，2008—2009 年的经济衰退使得兼并行为也整体下降。困难的经济气候可能

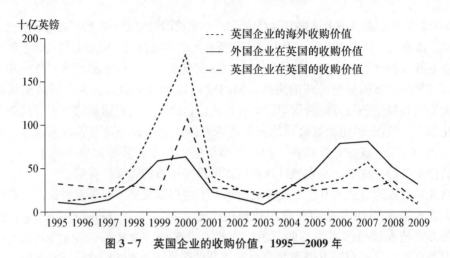

十亿英镑

- - - - 英国企业的海外收购价值
———— 外国企业在英国的收购价值
- - — 英国企业在英国的收购价值

图 3-7　英国企业的收购价值，1995—2009 年

使经济低迷的企业被适应力强的竞争企业所兼并，但通常来看，像 2008—2009 年所发生的世界经济危机会使企业对并购行为失去兴趣。

3.6　企业生存之道：解决委托-代理问题，处理信息不对称问题

□ 委托-代理问题

企业存在的委托-代理问题最基本的前提是企业并不总是如经济理论预测的那样以利润最大化为行为准则。这是因为企业通常并不是简单的组织：各不同经济实体间的关系可使单个企业分崩离析，瓦解其结构。例如，我们已经注意到企业管理者和股东之间可能的紧张关系。但委托-代理问题最常引用的实例却与公司管理者和企业工人之间的关系有关。这里企业承担委托人的角色，负责设定企业的日程，工人的角色是代理人，实行该日程的多数任务。如果企业的最大目标确实是利润最大化，那么作为代理人的工人如果不尽量去完成分配的任务，又会发生什么呢？工人可能对生产或产品质量不感兴趣，因为管理者对这些直接负责，而不是工人。此处企业的效率和利润由于两种不一致的目标——管理者（委托人）的目标和工人（代理人）的目标——而变得复杂了。

此例中的委托-代理问题的解决办法是将委托人和代理人的目标协调一致。办法有很多。例如，将股份发给个人——使他们在企业中拥有直接股份——这可能使他们全身心投入企业生产。这意味着工人和管理者拥有一致的目标，共同致力于创造企业利润。互动电子白板（Promethean World）就是这种方法的典型的实例。

▶ **商务案例研究**

互动电子白板：奖金、股票与委托-代理问题

互动电子白板是教育技术（如互动式白板）供给商，2010 年首次出现在股票市场。企业决定拿出 300 万英镑，根据员工工作年限，发放给员工作为奖金。

商务经济学（第二版）

工作满 6 个月的工人可获得 750 英镑，工作超过一年的工人可获得每年 1 000 英镑的奖金。这意味着有的工人可得到高达 3 万英镑的奖金。

媒体在报道企业慷慨之举时重点强调了企业分发现金的行为。但实际上这还不是主要部分。互动电子白板还介绍了员工持股计划，将潜在价值为 700 万英镑的股票作为奖励颁发给约一半的员工。

互动电子白板的员工当然对此欢欣鼓舞。想想你在这种情况下感觉如何呢？当然心怀感激，也感觉到自己的价值。企业明显表示，企业的上市——企业规模成功扩大的标志——与工人的努力是分不开的。

现金奖励是承认工人贡献的一种方式，但分发股票却使得多数工人成为企业的所有者。这使他们与互动电子白板的前途命运息息相关，他们的所想所为既是站在代理人的角度，更是站在委托人的角度做出的。

从作为代理人的工人的角度来说，解决委托-代理问题的另一常见的策略是工作本身的重组。特别是在制造业中，管理者尽量把更加具有自主性和挑战性的工作分配给生产工人。目的在于在工作的组织上、所生产产品的数量和质量上都给予工人更多的责任。换言之，使他们的行为更像自我组织者或委托人。解决委托-代理问题，就是试图将委托人与代理人的利益融合到一起。

汽车产业是该方法的一个很好的例子，特别是日本汽车制造商如日产的改革创举。1986 年日产在英国建立了首家汽车工厂。该工厂位于英格兰东北部的华盛顿，这个地方此前没有汽车制造的历史，这绝非偶然。日产想用英国前所未闻的方法制造汽车。日产认为在传统制造方法不需要得到挑战的地方，这是最佳方案。日产当时为其工厂在电视上做的广告标语是"这里没有罢工，这里没有任何人多余"，"工作不仅为了得到更丰硕的收入，而是我们一起的劳动产品，将让我们骄傲"。日产希望管理者和工人每天都碰头讨论改进汽车生产的可能性。它将工作视为一种成就，在产品中注入一份自豪。此外，该企业还有更加远大的抱负。它将所有的员工——包括管理者和工人——视为一个团队。日产的每一位员工都统一穿戴、统一用餐。那里没有计时，没有"我们和他们"，于是委托和代理间的距离也就渐渐模糊了。

在英国汽车工厂里，从传统工作安排和产业关系出发，这是一条很长的路。在 20世纪 60 年代和 70 年代，就汽车企业而言，汽车生产中出现了典型的委托-代理问题。许许多多的工人在监工、工头和管理者的监督和控制下，在生产线上从事着乏味的、无聊的、重复的工作。这些权威人物——委托人——的工作就是榨取流水线上工人的劳动。结果导致了汽车企业在试图组织有利可图的生产中，管理者和劳动者间的怨恨持续不断，最终化为恶劣的产业关系和产业问题。

现在，日产和其他效仿它的汽车企业是否从根本上改变了工作的组织结构，仍然是个开放的问题。在本书中我们没有机会进一步探讨了。然而，我们可以断言的是，日产个案有力地阐释了在极其艰难的背景之下，公司该怎样尝试面对委托-代理问题。

□ 企业与信息不对称

第 2 章中我们介绍了信息不对称的概念：市场信息总是不对称分布，有时候会使生产者和消费者受到严重的挫折和损失。在乔治·阿克洛夫的分析中提到，信息不对称问题对二手车买方（有时候也包括卖方）不利。由于买方不能确定汽车的质量，担心买到一辆破旧无用的汽车，他们往往放弃购买二手车，选择购买新车。同时，心存怀疑的买方还担心质量较好的二手车不值卖方较高的报价，他们也从二手车市场全身隐退，因为这里绝大部分都是废弃无用的二手车。

另一诺贝尔经济学奖得主约瑟夫·斯蒂格利茨将阿克洛夫的方法用于分析保险公司的管理风险。斯蒂格利茨探索了保险市场的信息不对称问题。该市场中，与客户本人相比，保险公司通常不太熟悉客户可能面临的风险。你很清楚你经常开快车，经常在旅途中丢三落四，有时晚间忘记开防盗报警器等，但保险公司不知道。为应对此类问题，斯蒂格利茨表示保险公司要给客户设定保单供其选择，这样他们的购买选择就与公司的喜好一致。

在信息对称的情况下，保险公司可向客户提供专门针对特定风险的保单。丢三落四的旅行者可侧重于购买财产险，以担保财物丢失。低风险的、谨慎的旅行者则不需要花费这么多购买此类保单。但由于信息不对称，谨慎和不谨慎的旅行者很难区分，保险公司提供一系列保单以供选择，不同风险人群对号入座，选择合适的保单。

斯蒂格利茨认为高风险人群获知发生损失后他们可以得到全额赔偿，他们愿意支付更高的溢价，因为他们觉得发生风险的可能性很大。（我很乐意支付 100 英镑的旅行险，它可以补偿所有的损失，因为我知道我很可能需要用到这份保单。）反之，低风险人群选择低成本保单但包括自付额和自付扣除金，因为他们知道自己的风险较小。但保费也较小，他们愿意接受此类保单。

斯蒂格利茨把这种自行选择的结果叫做分离均匀，也就是对高风险和低风险等不同消费者群体提供不同类型的保单。他还认为没有"混同均衡"，即所有的消费者选择相同的保单。这与阿克洛夫的"柠檬"分析有相似之处。如果在市场中只有一种单一的保单，那么保险公司对低风险人群的报价则会过高（这类人群最终选择离开市场），他们只能吸引高风险消费者。

保单定价还有其他有趣的离奇之处。本章最后一个案例分析将探讨电子产品零售商提供的可选择的、有时候昂贵的扩展保单。

▶ <u>商务案例研究</u>

行为经济学与选择性保险

2009 年圣诞前夕，约翰·刘易斯百货公司向电脑顾客提供 2 年期保修承诺。其中有一款戴尔电脑，售价为 299.95 英镑。约翰·刘易斯百货公司因其商品质量较高以及售后服务较好而享有盛名。戴尔电脑也具有性能良好、可靠性高等特点。

现今大多顾客购买电子产品时都会面临购买额外期限保险的选择。约翰·刘易斯百货就为这款戴尔电脑提供了这样的选择。额外一年的保险价格看似让人震惊——145 英镑——这几乎是原价的一半。假设有人购买了这笔保单，那么这笔保单的价格是如何决定的呢？答案可以从行为经济学中寻找。

多数经济学理论的前提是企业和消费者从自身利益出发而做出理性行为。从企业的角度来看，理性就是追求利润。但我们已经知道企业并不总是以利润最大化为目标，有时追求企业规模和市场份额比单纯的利润更重要。

而从消费者角度，标准假设认为是满意度和实用性的最大化，产品和服务的消费与所得收入比例恰当。

行为经济学就是关于这种动态的最大化问题。例如，它认为消费者做出市场判断的过程不像计算机般精准，而是一个大概的、简化的过程。由于企业想要从消费者行为中获取商业利益，分析消费者行为的好处就在于许多这种判断直觉看似成体系，因而可以预测。

相关实例是损失厌恶。表现之一是人们一旦拥有某种物品，就更加喜爱并对其高度重视。

现在让我们再重新想想约翰·刘易斯百货提供的额外一年的保险，但这次你自己正在商店里。你刚刚购买了一台红色的闪耀的新电脑，你对所付价格和免费的保修政策也很满意。现在店员向你提供额外一年的保险。你的这台先进的电脑可以获得更长的生命。你不需要考虑电脑损坏的可能性以及损坏之后的置换成本。突然你就开始厌恶损失了，而这一年保费也不像你购买之前看上去那么昂贵了。

企业还通过鼓励消费者将自己置身于其他市场中，以此来解决信息不对称问题。在企业不知道消费者准备为某商品或服务花费多少钱的情况下，它们的问题就是应该定价多少。价格和产品的差异有时可以揭示消费者的喜好，产生具有商业优势的分离均衡。例如，从英国飞往澳大利亚的商务舱机票大约定价为 3 000 英镑，经济舱为 700 英镑。较贵的商务舱机票能够让你享受可以平躺着睡觉的座椅以及质量更高的食物和饮料。这里关键是要吸引愿意花更多钱来获得更高享受的旅客，而同时又要向更多经济实惠型的旅客提供价格更低的旅行。只提供商务舱的航班很难满座，而只提供经济舱的长途航班可能具有强大的需求，但是其票价收入相对较低。

其他由产品和价格差异引起的分离均衡的例子包括提供首映场次和普通场次的电影院，提供行政间和标准间的旅馆，包含一等座和二等座的火车，以及不同档次的洗车服务。

第 2 章我们讨论的需求价格曲线可以显示企业分离价格均衡的优势。图 3-8 的需求曲线显示价格为 P_1 时，需求量为 Q_2。但假设市场中有 100 个不同的消费者，每人买一件商品。在这种情况下，只有购买最后一件商品的第 100 位消费者愿意支付价格 P_1，其他人都不愿意。从需求曲线来看，所有其他消费者都愿意支付更贵的价格。例如，购买第 Q_1 件商品的消费者将愿意支付价格 P_2。因为最后一位消费者所付价格比其他人都低，我们认为市场产生了一定量的**消费者剩余**，由三角形 ACP_1 表示。

> **消费者剩余**：消费者愿意支付的商品或服务的价格高于他们实际支付的价格的差额。

企业进行不同的定价，让消费者自己选择他们愿意支付的价格。回到至澳大利亚航班的例子，P_2 可能是商务舱机票的价格，P_3 为经济舱机票的价格。这样企业在市场中达到分离均衡时，就取得了一部分消费者剩余，由矩形 P_2BDP_1 表示。

这一部分我们思考了企业应对委托-代理问题和信息不对称问题的方法。潜在的假设是企业可能受到这些问题的威胁。我们接下来要探索企业在解决普遍的迫切问题失败时会有怎样的后果。其中的可能后果就包括企业倒闭。

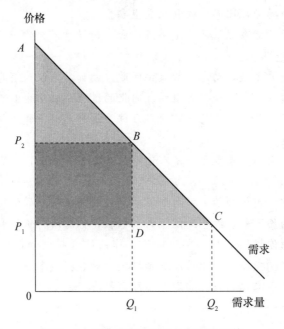

图 3-8 消费者剩余和企业的定价决策

以下我们要讨论某著名企业之死：雷曼兄弟，美国第四大投资银行。在 2008—2009 年美国次贷危机引发的世界经济衰退的背景下，雷曼兄弟公司的破产可以由信息不对称概念来解释。

3.7 企业的破产

在搜索引擎中输入雷曼兄弟，网址 Lehman.com 会带你进入美国雷曼兄弟公司的页面。雷曼兄弟公司的破产是由信贷紧缩引起的，当时备受瞩目。2008 年 1 月，该公司资产达 300 亿美元，而同年 9 月就实际破产了。这一切是怎么发生的？雷曼兄弟公司错误的商务决策可能是其主因，但其中也有信息不对称因素。

第 1 章我们讨论了经济危机中英国政府对大量银行进行国有化的意义。由于担心一家或多家银行的倒闭会引起英国整个金融系统的瓦解，政府实行了一系列银行拯救行动。美国的情况略有差异。美国政府在投入巨资 1 820 亿美元拯救像巨型保险公司 AIG 等巨头企业的同时，也目睹了雷曼兄弟公司的破产。我们在第 1 章也讲到，实际上有充足的理由允许企业破产。信贷紧缩让许多银行都深受其害，因为它们承担了过多的风险。如果它们早知道政府会采取行动帮助每家沉迷于危险行动的银行摆脱困境，那么它们限制自己采取危险行动的动机就会大大减少。因此雷曼兄弟公司的破产给华尔街的其他企业提供了道德启示。

2006 年雷曼兄弟公司决定强化"成长行业中的成长公司"的策略，这为其最终的倒闭埋下了种子。美国信贷紧缩导致金融服务业衰退，而雷曼兄弟公司却反应乐观，由此导致了其破产命运。雷曼兄弟没有为其财产和金融前景黯淡而感到担心——雷曼兄弟的野心空前强大。

在我们探究信贷危机时雷曼兄弟采取的行动之前，我们先看看这次危机本身的一个特征。信贷市场本质的一个重要特征就是信息不对称。在低利率环境中，政府积极鼓励市民扩大房屋置业，成百万的美国人首次进入房地产市场。2006 年美国一半的抵押贷款，约 1.5 万亿美元，属于次贷类型。其中有许多是三无贷款（贷款人无工作、无收入、无财产）。人们可以很简单地夸大他们偿还贷款的能力。现在抵押贷款的经纪人为他们安排的每宗按揭提供直接佣金，所以一旦达成交易，不管发生了什么，佣金都支付出去了。如果贷款人担心他们可能无法偿还贷款，经纪人为获得另一笔费用会很高兴将其财产再次抵押，假设基础是该资产价值处于上升状态。当房地产价格正在上涨时，问题没有显露出来。

这时出现了信息不对称问题。简要说来，所有次级贷款与其他贷款捆绑，一起卖给大的投资银行（如雷曼兄弟公司），这些银行将其解包，与其他财富重新打包，卖给投资者。注意次贷承担人和华尔街上打包和销售的机构之间是没有直接联系的。投资银行具有抵押贷款违约率以及房地产价格上升的保障都意味着整个过程非常坚挺。但是抵押贷款违约一旦开始爆发，房地产价格迅速下跌，整个经济大厦像是建立在流沙上一般。而这次危机的中心问题在于华尔街没能掌握成百万三无贷款人员的真实信息，换言之，就是信息不对称问题。

现在我们再次回到雷曼兄弟公司的例子。雷曼兄弟公司认为次贷危机给其提供了商业机会，它可以低价获取财产。在危机的真正程度还未显露之前，它大量买进并为购买者提供短期资金。根据破产审查员的信息，雷曼兄弟通过这种方式共筹集了 7 000 亿美元，以及等额的短期借款债务。问题是其购买的都是长期资产，并且大部分是非流动资产，不容易快速简易地售出。随着金融危机的爆发，其价值迅速下跌。但是雷曼兄弟新购买的大量债务使其每天都需要筹集几十亿美元的资金以维持顺利运营。2006 年情况尚且可以维持，2007 年就变得困难了。2008 年的信贷紧缩使其不可能再维持下去：雷曼兄弟的钱已经掏空了，没有哪家企业愿与其继续进行业务往来。

从雷曼兄弟公司的破产中我们能得出怎样的教训呢？当然信息不对称是存在的，但它也存在于美国和全世界的整个金融服务市场。真正的信息很简单：雷曼兄弟的失败在于其对于过多风险的偏好。它在低迷的楼市中看到机会，使自己完全依赖信贷市场，而没能意识到次贷危机会最终将其破坏。当雷曼兄弟公司的楼市投资开始亏损，它又陷入了糟糕的信贷危机。但这时没有信息不对称问题。雷曼兄弟公司清楚自己遭遇了危机。公司的一位管理人员回忆道："在我看来最重要的是市场信息，如果没有人愿意与你做生意，你就无路可退了。"（想继续查看关于次贷危机的信息，请进入网站 http://www.subprimeprimer.com/。）

我们讨论了公司扩大的许多动机——多样化、实现规模经济、进入新市场的需求以及可能最重要的是，危机管理。正是这最后一点使得雷曼兄弟一败涂地。雷曼兄弟的那位管理人员是对的，他们已经无路可退，在资本主义规则下，也不应该有路可退。这是奥地利经济学家们支持的观点，下面我们从奥地利人的视角探索企业与企业家精神。

3.8 企业与企业家精神：奥地利人的观点

本章前面部分我们将企业家精神定义为组织剩余生产要素的能力，包括土地、劳动力和资本。我们还认为在资本主义生产中这是个关键因素，同时也是唯一能够察觉消费者需求的因素。该观点源自奥地利学派。19世纪70年代奥地利学派产生于维也纳，代表人物为卡尔·门格尔（1840—1921）、路德维希·冯·米塞斯（1881—1973）和弗里德里希·哈耶克（1899—1992）。受纳粹主义影响，学派的主要成员转移至国外，特别是美国。奥地利学派当代最重要的人物是伊斯雷尔·柯兹纳（1930—　），他撰写了许多关于企业家精神的文章。

奥地利经济学家之前，人们主要关注企业家精神中的组织能力：他以适当的方式组织生产中的必要要素并因此而获得相应的回报，即利润。由于主流经济学的重点在于取得市场均衡（我们在第1、2章详细讨论过），其强调企业家的任务不具有任何动态性质。市场过程使得供需均衡——企业家的任务就是生产合适数量的商品和服务，在控制成本的同时，进行合理定价。企业就像是发动的引擎，只能慢条斯理地运转，企业家为其提供燃料，偶尔根据需要加大火力。

根据奥地利学派的观点，这种企业家精神的概念过于被动。他们认为，企业家——无论个人生产者还是企业——参与并帮助塑造市场，他们并不是温顺地顺从市场。我们来看看民主德国和联邦德国中的两种不同的汽车市场。在民主德国，汽车产业和汽车市场都属于国有。唯一自产品牌特拉贝特的需求总是多于供给。民主德国汽车制造商对这种状况很不满意——不管它们的产量为多少，总是销售殆尽。最重要的是没有来自西方的竞争：西方汽车无法进口。这种事态的结果就导致整个行业自满且怠倦。特拉贝特汽车部分零部件还是硬纸板制成，但在30年间几乎没有改进。然而，在联邦德国汽车市场，发展情况完全不同。联邦德国汽车制造商都是高度开放和竞争环境中的私营企业。它们必须互相竞争，还要与国内外市场竞争。这就使得它们不能只是简单地将各生产要素捆绑在一起，无止境地粗制滥造出单一的车型。它们必须不断努力，在商品质量和价格方面超过竞争对手。总之，这些企业必须具备企业家精神。最终结果是梅赛德斯奔驰和宝马汽车声誉名满天下，而特拉贝特由于德国统一之后失去了政府保护，早已经停产了。

尽管从这一事例我们能大概体会奥地利人所谓的企业家精神的含义，但该实例对其解释尚不完全。创业型企业当然必须遵守消费者主权和消费者的需求模式。但是，奥地利学派认为最重要的一点是预测消费者需求。创业型企业最关键的能力在于改革创新。例如，由于企业的企业家精神，过去20年间众多的通信工具层出不穷：个人电脑、手机等。这并不是说所有或者许多企业都要开发新产品：这些企业的贡献在于新技术产生时，要发现其市场应用。例如：谷歌没有发明因特网，它却发现了搜索网络的有效方式。事实上，创新并不一定要体现复杂的新技术。至少过去10年间英国人对厨艺非常感兴趣。所有电视台都播放名厨厨艺秀，还有厨艺杂志和系列书籍出版。这里的创业技巧就在于预测这种行为的受欢迎程度，劝说甚至教育人们烹饪给我们大部分人都带来了享受。但是不管劝说力度多大，消费者是最后的仲裁者。假如需求跟不上，该产品势必要失败。

现在奥地利版的企业家精神对于市场均衡概念有了更加有趣的含义。回顾一下我们第 2 章讲过的市场均衡概念：这是一种没有变化趋势的状态。达到均衡价格时，商品的供需量完美匹配。于是，由于消费者和厂商都对这种状态感到满意，双方都没有要改变供需量的压力。但是，奥地利学派的观点认为显然企业在任何市场都不会对现有事态满意。由于受到竞争环境的压力和利润前景的吸引，它们不停歇地力求改变市场，引进改良产品或者全新产品，唤起消费者自己都没有意识到的需求。从这一意义上说，均衡永远是遥不可及的。达到了均衡市场，其中企业家精神将不复存在：这在资本主义制度下是不可能的，但奥地利学者认为民主德国汽车产业就是这种状态。在奥地利人看来，市场是动态和不确定的竞技场，企业在市场中进行创新和相互竞争。消费者是最终的裁决者。企业家精神就是资本主义的动力。

■ 总　结

- 企业是资本主义制度的重要机构。它们将生产资料用于商品和服务的生产，然后将其销售以获得利润。经济学理论认为企业的目标是利润最大化。

- 不言而喻，利润最大化是服从企业利益的，但同时也服务于消费者利益。企业处于竞争环境中，必须生产消费者需求的商品或服务，并且合理定价。最成功、最获利的企业往往是消费者最认可的。

- 企业存在是因为它们具有生产组织者的众多优势，而这些是个体经营无法获得的。企业可以节约交易成本，可以促使劳动力分工更细。企业还是卓有成就的创新者。

- 根据所有制形式划分，企业主要有三种类型，独资企业、合伙企业和股份制企业。与股份制企业相比，独资企业和合伙企业相对规模较小，更容易管理，纳税也较少，但筹集资金方面比较难，而且其所有者对企业损失具有无限责任。股份制企业规模往往较大，管理较复杂，纳税更多。但由于股东的风险仅限于他们直接投资的数额，这使得股份制企业筹集资金更为容易。在发达资本主义经济中这三种企业类型都有一定的体现，这表明三者间优势和劣势是平衡的。

- 关于企业目标，文献中有大量不同的观点。除了利润最大化以外，还包括：在多重目标中取得令人满意的表现、销售收入最大化、管理满意度最大化以及企业增长率最大化。

- 企业扩大可能是自然的，也可能因企业兼并产生。企业致力于扩大规模，因其可以降低风险以及产生其他优势。

- 委托-代理问题表明现实中企业并不总是经济理论中认为的利润最大化统一体。对许多企业来说，解决委托-代理问题都是重中之重。

- 信息不对称是许多企业要处理的又一大难题。企业可能通过对消费者进行引导，以产生市场的分离均衡。

- 当企业的商务决策严重错误时，企业有可能倒闭。企业破产是资本主义经济中必需的和积极的特征。
- 奥地利学派认为，企业的核心特征是其企业家精神。受利润驱动，处于竞争环境中的创业型企业处于资本主义经济动态的改革的中心。这一概念使得消费者成为资本主义生产最终的仲裁者。

关键术语

- 企业
- 企业家精神
- 生产要素
- 有限与无限责任
- 企业目标

- 自然增长
- 企业兼并
- 委托-代理问题
- 信息不对称
- 奥地利学派的企业家精神

问题讨论

1. 企业的主要功能是什么？
2. 作为生产组织者，与个体生产者相比，企业的优势是什么？
3. 三种形式企业的相对优势是什么？
4. 委托-代理问题是什么？对于企业有什么意义？
5. 企业如何处理信息不对称问题？
6. 我们要为沃尔沃斯和雷曼兄弟的破产遗憾吗？
7. 奥地利经济学家关于企业家精神的观点是什么？

推荐阅读

罗迪·道尔的《货物推车》（pp. 216-231）

这是一本有趣的书，让人爆笑。故事的主人公是老吉米，讲述了他与朋友宾伯合作经营汉堡包推车分道扬镳的例子。他们的买卖被都柏林的工人阶层所嘲笑，当时正值1990 年世界杯期间，爱尔兰进入了四分之一决赛。

一个问题是：虽然他和宾伯是手推车非正式的合作伙伴，实际上，推车是宾伯用他的失业补偿金购买的，买的时候车子脏兮兮的，还没有发动机。他们在本地一家酒馆前面卖汉堡包和薯条，生意确实红火了一阵。但是老吉米开始担心宾伯的妻子玛吉不断灌输给他们的创业想法，有些他们拒绝了，有些执行了。但是主要代理问题很快就出现了，宾伯和玛吉一边，老吉米一边。

最后警告一下：如果你被人咒骂了，你可能想跳过这本书。

其中有一句是"玛吉很有头脑，打出了'宾伯汉堡包'的传单"。读后请思考下列问题：

1. 赫伯特·西蒙的企业决策过程怎样很好地概括了老吉米、宾伯和玛吉的合作关系？

2. 老吉米与宾伯串通破坏了玛吉想让他们向通勤的人们卖早餐的想法。玛吉是怎样保证她的策略能够实施的呢？

3. 你能举几个老吉米意识到他正逐渐成为代理人的例子吗？

4. 老吉米努力去化解其逐渐成为代理人的问题，却失败了。他是怎样做的？为什么要这样做？最终，你认为他失败了吗？

第 4 章

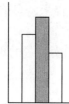

企业的成本与收入

关键问题

- 企业短期成本的决定性因素是什么？
- 生产规模如何影响企业的长期生产成本？
- 什么因素决定了企业的收入？
- 产量达到什么程度时企业利润最大？

4.1 引 言

前一章中我们探讨了企业在现代发达经济中的作用，解释了企业存在的原因，是因为作为生产组织者，企业具有个体生产者无可企及的优势。我们还讨论了作为资本主义经济中重要机构的企业，如何购买和雇用生产要素以生产产品或服务，通过销售赚取利润。利润是由总收入与总成本之差决定的。本章中我们要讨论企业的成本与收入。由此我们可以获知企业实现利润最大化的产出水平。

在讨论企业成本的实质之前，我们首先要区分企业面临的两大时期：短期与长期。

4.2 短期与长期

为阐释短期与长期的区别，我们设想一家制造床具的企业。该企业具有生产空间、适当的生产机器，还雇用了一定数量的工人。假设这家企业只用到两种生产要素：劳动力和资本。在所有的生产设备都投入使用，所有劳动力都充分劳动的情况下，假设企业想要提高其目前的生产水平。短期内企业可以吸收更多劳动力——或者通过雇用更多工人，或者延长现有工人的劳动时间并付报酬——以此来生产更多床具。短期内企业不能做的事情是购买装备新机器，建造新工厂。因为这些事所需时间更长。**短期**就是指在一定时期内，一些生产要素——如资本和土地——是固定的，而其他要素——如劳动力——可以改变。

与此相反的是：**长期**就是指一段时期内所有的生产要素都可以变化。如果床具制造企业想增加生产，它可以既扩大厂房，装配新机器，又雇用更多劳动力。它还可以选择在另一个地方建造和装配新的厂房。在区分短期与长期时，我们还要注意时间的长短是根据企业而变化的，取决于其生产过程。

> **短期**：指生产要素如资本、土地都是固定的，而其他要素如劳动力可能发生了变化的一段时间。
>
> **长期**：所有生产要素都可能发生变化的一段时间。

以下两节我们将探讨短期生产和短期成本，然后在4.5～4.6节讨论长期生产和长期成本。

4.3 短期生产函数与边际报酬递减规律

从短期来看，企业的生产能力要受到边际报酬递减规律的制约。为了理解这一规律，让我们思考企业的产出和生产过程中投入的成本之间的关系。这种关系就是**生产函数**。

> **生产函数**：指生产过程中，生产的产品和服务的产量与投入量之间的函数关系。

让我们继续之前的例子，从短期来看床具生产企业的资本储备——包括厂房和设备——是固定不变的，而唯一可变的生产要素是劳动力。企业雇用的员工总数和一段时期之内生产的床具总量之间的关系可通过表4-1中所假设的数据体现出来。

表4-1　　　　　　　　　　短期劳动总产量、平均产量和边际产量

L	TPL	APL	MPL
0	0		
			30
1	30	30	
			40
2	70	35	
			50
3	120	40	
			60
4	180	45	
			70
5	250	50	
			50
6	300	50	
			36

续前表

L	TPL	APL	MPL
7	336	48	
			32
8	368	46	
			19
9	387	43	
			13
10	400	40	

表 4-1 的头两列显示了随着企业雇用工人数量越来越多，床具生产发生了怎样的变化。当企业所雇用的员工数为零时，工厂和工厂里的所有设备将会被闲置，总体的生产数量将是零。当企业雇用了第 1 名员工，企业的总产量或者说是**劳动总产量**从 0 增加到 30 张床。当企业雇用了第 2 名员工，总产量从 30 增加到 70 张床，依此类推。这些数据向我们展示了，因为每名工人在生产过程中擅长的任务不同，在一开始，随着工人数量的增加，生产的效率会不断提高。然而，虽然随着雇用的工人数量不断增加，总产量会得到提高，可到了一定的点（比方说到了雇用 5 名工人的时候），随着**边际报酬递减**，产量会增加得越来越缓慢。这是因为在生产空间和资本设备固定的情况下，生产过程的有效性会越来越低，工人的生产率也将会下降。

> **劳动总产量**：由一定的劳动者生产的产品总量。
>
> **边际报酬递减**：指在短期生产过程中，在其他条件不变（如技术水平不变）的前提下，增加某种生产要素的投入，当该生产要素投入数量增加到一定程度以后，增加一单位该要素所带来的效益增加量是递减的。

换言之，随着任务专门化的可能性不断降低，额外雇用的工人开始重复工作，同时也会相互妨碍，这就导致了边际报酬递减。

利用这些数据我们可以画出总产量和雇佣工人数量之间的关系图。这种关系也被称作短期生产函数，并可以通过图 4-1（a）来描述。同时表 4-1 的第 3、4 列以及图 4-1（b）也展示了与短期生产函数相关的两个重要术语：劳动平均产量和劳动边际产量。

劳动平均产量（APL）等于总产量（TPL）除以所雇用员工的数量（L）：

> **劳动平均产量**：每名受雇劳动者生产的平均输出量。

$$APL=TPL/L \tag{4.1}$$

举例来说，如果雇用的工人数是 4 名，总产量是 180 张床，那么这 4 名工人的劳动平均产量就是 45 张床，也就是 180 除以 4。从表 4-1 和图 4-1（b）可以看出，最开始劳动平均产量有所增加，而在雇用了 6~7 名工人之后开始降低。

劳动边际产量（MPL）是指每增加一名工人（ΔL）所带来的总产量（ΔTPL）的变化：

> **劳动边际产量**：每多雇用一名劳动者所引起的产量增加量。

$$MPL=\Delta TPL/\Delta L \tag{4.2}$$

在这一公式中，希腊字母 Δ 表示的是某个变量产生的变化。

例如，当工人数量从 0 增加到 1 时，总产量从 0 增加到了 30，即一个人的劳动边际产

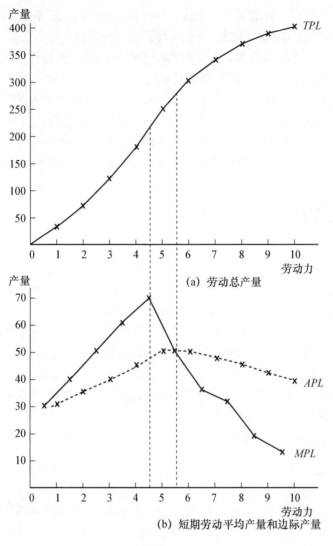

(a) 劳动总产量

(b) 短期劳动平均产量和边际产量

图 4-1

量是 30。如果再雇用一名工人，总产量就从 30 增加到 70，也就是说，第 2 名工人的劳动边际产量是 40。一开始随着工人数量的不断增加，劳动边际产量不断上升，在雇用了 4～5 名工人之后劳动边际产量达到了最大值 70。在那之后，工人数量的增加导致了边际报酬递减。请注意在表 4-1 的第 4 列和图 4-1（b）中，劳动边际产量的数据是通过图表中其他数据的参考值来表示的。这是因为劳动边际产量所表现的是每增加一名工人引起的总产量的变化。例如，第 9 名工人的劳动边际产量是 19，也就是 387 减去 368。

在我们研究企业的短期成本之前，图 4-1（a）、图 4-1（b）中所列数据的两个相互关系值得我们注意：

● 短期生产函数的斜率是劳动边际产量的度量。当劳动边际产量处在它的最大值的时候，短期生产函数的曲线斜率最陡。在这一点之后，随着边际报酬递减规律的介入，劳动边际产量减少，短期生产函数曲线越来越趋向平滑。

● 当劳动边际产量大于劳动平均产量时，劳动平均产量增加。反之，当劳动边际产量小于劳动平均产量时，劳动平均产量减少。只有当劳动边际产量和劳动平均产量相等时，劳动平均产量没有变化，这时，劳动平均产量处在峰值。

一个简单的例子可能会帮助大家理解边际值和平均值：假设你去参加一个辅导班，班里同学的平均年龄是 20 岁，后来比班级平均年龄大的同学加入这个班级，那么这个扩大了边际的班级的平均年龄会如何变化呢？很明显班级的平均年龄会增大。相反，如果后来者的年龄比班级的平均年龄要小，班级的平均年龄将会降低。只有后来者的年龄和班级的平均年龄相同的时候，班级的平均年龄才能保持不变。

了解了短期的生产和边际报酬递减规律，我们现在来看一看企业的短期成本。

4.4 短期成本

从短期来看，企业的生产成本是由它所使用的生产要素的成本和工人的生产率所决定的。例如，我们假设床具生产厂家使用两种生产要素：短期内可变的劳动力和短期内固定的资本。这就使我们得以区分可变成本和固定成本。

可变成本（在本例中为劳动力成本）随产量的变化而变化。相对地，**固定成本**（在本例中可以是任何和租用厂房相关的成本以及设备成本）并不随产量的变化而改变。

一个企业的**总成本**（TC）包括它的总固定成本（TFC）和总可变成本（TVC）：

$$TC = TFC + TVC \qquad (4.3)$$

这些术语可以通过表 4-2 中的数字来表示，其中前 4 列和表 4-1 中的数据一致。大家可能可以注意到表 4-2 的第 2 列总产量一栏是以大写字母 Q（表示床的总产量）而不是表 4-1 中的 TPL 表示的。为了简单起见让我们假设：

> **可变成本**：价格随着产品产量的变化而变化，也指直接成本或是可避免成本。
>
> **固定成本**：不随着产品产量的变化而变化，有时指营业间接成本或不可避免的成本。
>
> **总成本**：用于生产企业产品而投入的成本。总成本可以划分为总固定成本和总可变成本。

- 无论产量水平如何，固定成本总额为 500 英镑（见表 4-2 的第 5 列）。
- 企业在一定时间以内付给每名工人 100 英镑。例如，假设生产 250 张床，企业的可变成本总额为 500 英镑，即雇用了 5 名工人。

表 4-2　　　　　　短期劳动总产量、平均产量和边际产量与企业成本的关系

L	Q	APL	MPL	TFC	TVC	TC	AFC	AVC	AC	MC
0	0			500	0	500				
			30							3.3
1	30	30		500	100	600	16.7	3.3	20	
			40							2.5
2	70	35		500	200	700	7.1	2.9	10	
			50							2.0
3	120	40		500	300	800	4.2	2.5	6.7	
			60							1.7
4	180	45		500	400	900	2.8	2.2	5.0	
			70							1.4

续前表

L	Q	APL	MPL	TFC	TVC	TC	AFC	AVC	AC	MC
5	250	50		500	500	1 000	2.0	2.0	4.0	
			50							2.0
6	300	50		500	600	1 100	1.7	2.0	3.7	
			36							2.8
7	336	48		500	700	1 200	1.5	2.1	3.6	
			32							3.1
8	368	46		500	800	1 300	1.4	2.2	3.6	
			19							5.3
9	387	43		500	900	1 400	1.3	2.3	3.6	
			13							7.7
10	400	40		500	1 000	1 500	1.3	2.5	3.8	

注：5～11列以英镑计，其中8～11列保留至小数点后一位。

这样一来，企业生产250张床的总成本（第7列）即为1 000英镑，总固定成本（第5列）为500英镑，总可变成本（第6列）为500英镑。

这些术语也可以通过图表来展示，然而，我们并没有将表4－2中5～7列的数据用繁复的比例图的形式呈现出来，相反我们绘制了这三种短期总成本的曲线图。而读懂企业的各种短期总成本曲线就显得至关重要。

总固定成本 TFC 曲线是一条水平的直线，这是因为不论产出水平如何，这一成本都是固定的。总可变成本 TVC 曲线从原点开始（产量为零时可变成本也为零），并随着产量的增加而上升。TVC 曲线的形状是由边际报酬递减规律所决定的。最初随着雇佣工人数量的增加，产量增加得越来越快。因此在边际报酬递减规律介入之前，由于相对企业的工资而言，额外的产出需要的成本越来越少，可变成本曲线上升得就越来越缓慢。一旦边际报酬递减规律开始介入，可变成本曲线上升变快，即曲线变陡。总成本曲线的形状和总可变成本曲线完全一致，这是由于总成本曲线是将总可变成本曲线加上固定成本之后垂直上移，即和等式 $TC = TVC + TFC$ 一致。

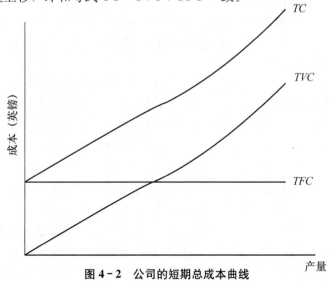

图4－2 公司的短期总成本曲线

我们再来看一看企业的短期平均成本和边际成本。这些成本包括：平均成本、平均固定成本、平均可变成本和边际成本。表 4-2 中的 8～11 列例举了这些成本的相关数据。让我们先来看一看第 10 列中的平均成本。

生产一定数量的产品所需要的总成本除以生产数量就得到了单位产量的**平均成本**（AC）：

> **平均成本**：总成本除以总产量的商，平均成本可分为平均固定成本和平均可变成本。

$$AC=TC/Q \tag{4.4}$$

举例来讲，生产 250 张床的总成本是 1 000 英镑，那么每张床的平均成本就是 4 英镑。同样地，我们也可以把总成本分为总固定成本和总可变成本；把平均成本分为固定平均成本和可变平均成本。单位产量的固定平均成本可以通过总固定成本除以生产数量来得到：

$$AFC=TFC/Q \tag{4.5}$$

例如，企业生产 250 张床时总固定成本为 500 英镑，因此生产每张床的平均固定成本为 2 英镑。而单位产量的可变平均成本可以通过用总可变成本除以生产数量来得到：

$$AVC=TVC/Q \tag{4.6}$$

比如，企业生产 250 张床的总可变成本为 500 英镑，这也就是雇用 5 名工人所需要的工资。那么，生产每张床的平均可变成本是 2 英镑。大家可能已经发现：

$$AC=AFC+AVC \tag{4.7}$$

我们最后来看一看边际成本。所谓**边际成本**（MC）即增加一个单位产量所产生的总成本的变化。换句话讲，也就是增加一个单位产量所增加的成本：

> **边际成本**：表示在一定的产量下，多生产一单位产品所引起的总成本的增加量。

$$MC=\Delta TC/\Delta Q \tag{4.8}$$

举个例子，假设床具生产厂家在一段时间内的产量是 250 张床，如果将产量增加到 300 张床，相应的边际成本就是 2 英镑，也就是 100 英镑除以 50。

虽然使用表 4-2 中的假设数据能够帮助我们形象地说明这些术语，然而和总成本曲线相似，平均成本曲线和边际成本曲线在短期内的变化对我们来讲尤为重要。在图 4-3 中我们可以看到这些曲线的图形变化。

从图中我们可以看到，平均固定成本曲线是持续下降的，这是因为随着产量的增加，总固定成本被分配到越来越多数量的产品中。平均可变成本的曲线是由劳动边际产量所决定的。一开始平均可变成本逐渐随着劳动边际产量的增加而降低，但最终会随着劳动边际产量的减少而增加，这就形成了一个 U 形的平均可变成本曲线。由于从短期来讲劳动力的数量是生产过程中的唯一可变因素，因此在图 4-1（b）中的劳动平均产量曲线和本图中的平均可变成本曲线是相关的。当劳动平均产量增加的时候，平均可变成本（单位产量的平均可变成本或平均劳动成本）降低，反之亦然。

图中平均成本曲线也呈 U 形，这是由于平均成本是平均固定成本和平均可变成本的一种纵向的叠加（见公式（4.7））。然而由于平均固定成本曲线随着产量的增加而不断下降，平均成本和平均可变成本曲线之间的差异会随着产量的增加而不断减少。

图中呈J形的边际成本曲线是边际报酬递减规律造成的。最初随着雇佣工人数量的增加，边际成本降低。然而，一旦边际报酬递减规律开始介入，随着单位产量的成本不断增加，边际成本不断上升，也就是说，在边际报酬递减规律介入之后，边际成本曲线将会快速上扬。

最后，当讨论短期成本的时候，我们有必要回顾一下平均值和边际值之间的关系。之前在4.1节中我们曾通过辅导班同学的平均年龄做例子讨论过二者之间的关系。而在图4-3中我们可以看到，当边际成本小于平均成本的时候，平均成本将会降低，而当边际成本超过平均成本的时候，平均成本则会升高。如图4-3所示，边际成本曲线和平均成本曲线相交于边际成本的最小值，此时边际成本和平均成本相等。边际成本曲线和平均可变成本曲线之间的关系同样如此。

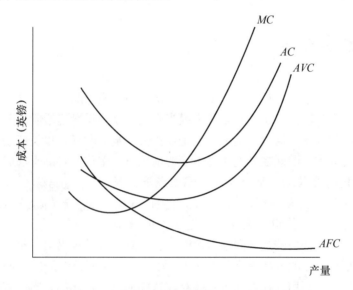

图4-3　企业短期平均成本和边际成本曲线

在接下来的两节，我们将会讨论当生产的所有因素可变的时候，产量和成本将会受到怎样的影响。

4.5　长期产量

和短期的情况不同，从长期来看劳动力和资本都是可变的。就长期而言，企业的投入和产出之间的关系取决于生产规模。比如假设床具生产厂家决定通过将资本存量（包括厂房和设备）和劳动力翻倍来增加生产规模，在这种情况下产量无疑会增加，但这种增加也要取决于规模报酬，因此有三种可能的情况：

● **规模报酬递增**：当所有生产要素以一定的比率增加时，产出以更大的比率增加。以我们的床具生产厂家为例，当劳动力和资本加倍的时候，床具的生产数量增加不止一倍，也就是增产大于100%，这就是所谓的规模报酬递增。

> **规模报酬递增**：所有生产要素增加一个规定的百分比导致产出更大幅度的增加。

● **规模报酬不变**：这种情况出现在当所有的生产要素以一定的比率增加时，产量以同样的比率增加。在我们的例子中，如果资本和劳动力加倍，床的产量也加倍，规模报酬就没有发生变化。

● **规模报酬递减**：即当所有的生产要素以一定的比率增加时，产量增加的比率与之相比较小。比如当床具生产厂家将资本和劳动力的投入翻倍以后，床具产量的增幅达不到100%。

一家企业的规模报酬是递增、不变还是递减和企业的长期成本之间有着至关重要的关系。接下来我们将重点了解企业的长期平均成本曲线。

> **规模报酬不变**：指所有要素投入增加一定的百分比，带来产出的同比例增加，即产量增加的比例等于各种生产要素增加的比例。
>
> **规模报酬递减**：要素投入增加一定百分比时，带来产出更小百分比的增加。

4.6 长期成本

通常情况下当一个企业扩张的时候它会依次经历规模报酬递增、规模报酬不变以及规模报酬递减三个阶段。对于一家企业来说当它进入规模报酬递增阶段时，产量的增长率要大于成本的投入率，这也就是说，当企业扩大产量的时候，单位产量的增加所使用的成本小于单位成本。因此在其他条件不变的情况下，单位产量的平均成本将会降低。在这种情况下我们可以说这家企业处于**规模经济**。规模经济的产生可以有许多原因。例如，随着生产规模的扩大，专业化的分工使得工人完成指定工作的效率

> **规模经济**：企业的产量增加时，其单位成本下降。

提高，相应的工人在任务转换之间浪费的时间就会减少（见本书第3章亨利·福特使用流水线装配并细化分工的方法提高生产力）。另外一个规模经济的潜在原因在于对一些不可见的投入的高效利用。在农业中可能存在这样的例子，比如，当一家农场扩大种植面积的时候更为集中地使用现存设备，如联合收割机。这样，生产规模扩大了而单位产量的平均成本却降低了。更多单一市场下潜在的规模经济的例子见2.5节。

随着企业的继续扩张，当产量达到一定的水平时，经济可能会放缓，这时企业的规模报酬不变，并且此时其单位产量的平均成本也将是一个常数。如果企业继续发展，它可能会进入规模报酬递减阶段，在这种情况下，由于规模不经济，单位产量的长期平均成本将会升高。这种**规模不经济**情况的产生可能是由于企业规模的扩大超过了一定的点就会越来越难以管理和协调。

> **规模不经济**：随着企业生产规模的扩大，单位产量的平均成本增加。

图4-4描述了长期平均成本曲线的形状。和短期平均成本曲线一样，长期平均成本曲线也呈U形，但长期平均成本曲线比短期平均成本曲线要扁平。然而，长期平均成本曲线呈现此形状不是由于边际报酬递减规律的介入，而是由于在产量达到Q_0之前企业处于规模报酬递增阶段，在Q_0和Q_1之间企业处于规模报酬不变阶段，而在产量达到Q_1之后处于规模报酬递减阶段。

图4-5显示了短期和长期平均成本曲线之间的关系。短期平均成本曲线1（$SRAC_1$）描述了企业在较短一段时间内相对于一定产量的成本。大家可能还记得，在

商务经济学（第二版）

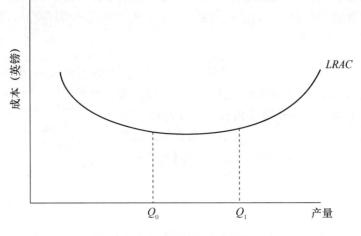

图 4-4 长期平均成本曲线

短期内由于劳动力的边际产量递减，平均成本最终将会升高。而从长期来看，企业可以通过扩建厂房、增加设备、雇用更多劳动力来提高生产规模。生产规模扩大以后，企业的短期平均成本曲线可能由短期平均成本曲线 1 改变至短期平均成本曲线 2（$SRAC_2$）。而随着企业生产规模的进一步扩大，企业的短期成本曲线可能会变为短期平均成本曲线 3（$SRAC_3$）。从图 4-5 中可以看到，处在下方的长期平均成本曲线将会把一系列可能的短期平均成本曲线包括在内，也就是说，长期平均成本曲线和短期平均成本曲线是一个正切的关系。

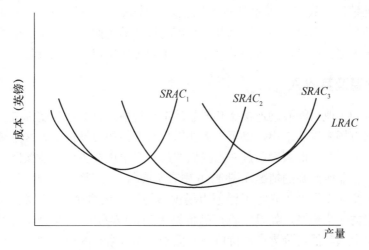

图 4-5　短期和长期平均成本曲线之间的关系

在讨论了企业的短期和长期成本之后，我们回过头来看一看企业的收入。

4.7　企业的收入

讨论企业的收入，我们要区分企业的总收入、平均收入和边际收入。

- **总收入**（TR）指的是企业在一段时间之内通过出售产品所获得的收入总额。例如，如果一家企业以每件 10 英镑的价格（P）出售 100 件（Q）商品，那么它所获得的总收入就是 1 000 英镑。

$$TR = P \times Q \qquad\qquad (4.9)$$

- **平均收入**（AR）是指出售一件商品所获得的收入额。例如，如果一家企业通过出售 100 件商品（Q）所获得的总收入（TR）是 1 000 英镑，那么每件商品的收入就是 10 英镑。换句话说，平均收入就是产品的价格。

$$AR = TR/Q = P \qquad\qquad (4.10)$$

总收入：企业出售产品所获得的全部收入，也就是企业的产品价格乘以出售的产品数量。

平均收入：总收入除以出售的产品数量，平均收入也就是产品的价格。

边际收入：企业每多卖出一件产品所获得的收入。

- **边际收入**（MR）是指在一段时间内企业每多出售单位数量的产品所获得的收入。例如，当企业的销售量从 100 件增加到 110 件（$\Delta Q = 10$）之后，收入从 1 000 英镑增加到 1 100 英镑（$\Delta TR = 100$），这样每多出售一件产品企业的收入就会增加 10 英镑（MR）。

$$MR = \Delta TR/\Delta Q \qquad\qquad (4.11)$$

虽然这三种不同的收入——总收入、平均收入和边际收入可以适用于所有企业，然而对于单独的企业来讲，其收入也会因其市场影响力的不同而有所变化。为了说明这种情况，我们来考察两种不同企业的收入曲线，这两种企业分别是：不能影响其产品市场价格的企业——也叫价格接受者或**受价者**；以及能够决定其产品市场价格的企业——也叫价格决定者或**定价者**。

定价者：能够决定自身产品价格的企业。

受价者：只能被动接受市场价格作为自身产品价格的企业。

□ 受价者及其收入

一个受价的企业只能被动地接受其产品的市场价格。企业作为受价者的原因是单个企业相对总的市场来讲非常小，以至于无法影响其产品的市场价格。这是被称为完全竞争的市场结构的一个关键假设，这一点我们在第 5 章中也会更详细地探讨。

一家受价企业所面临的情况在图 4 - 6 中有所展示。如图 4 - 6（a）所示，在市场供需关系曲线的交互作用下，确定了保证市场供需均衡的价格是 10 英镑。受价企业必须遵守市场制定的这个价格。如果它将产品价格抬到 10 英镑以上就会失去顾客需求，因为此时顾客将会从其他定价为市场价格（或低于市场价格）的企业购买产品。而由于所有的企业都能以市场价格销售其产品，因此将价格定于 10 英镑以下也不符合企业的利益。相对于整个市场来说，单个的产量非常小，不足以影响市场价格，因此在这种情况下，一家企业的需求曲线（D）将会是一条价格为 10 英镑的水平线（完全弹性的），这一点我们在图 4 - 6（b）中可以看到。一家企业可以先前的市场价格 10 英镑每件制造并销售 100 件、150 件、200 件以及其他任意件数的产品。每额外生产一件产品的售价也都是 10 英镑。也就是说，在完全竞争市场中，对受价企业来讲：

$$D = P = AR = MR \qquad\qquad (4.12)$$

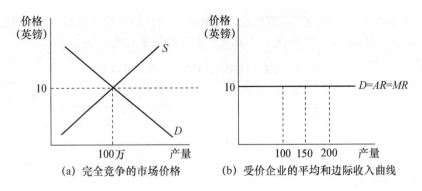

（a）完全竞争的市场价格　　　（b）受价企业的平均和边际收入曲线

图 4-6

那么受价企业的总收入又如何呢？因为每件产品的售价是 10 英镑（市场所定），随着所售产品数量的增加，企业的总收入将会以固定的比率上涨。如图 4-7 所示，总收入曲线将会为一条从原点出发的射线。当所售产品数量为 0 的时候，总收入也为 0；当售出 100 件产品的时候，总收入为 1 000 英镑；当售出 150 件产品的时候，总收入增加到 1 500 英镑，当售出 200 件产品的时候，总收入是 2 000 英镑。

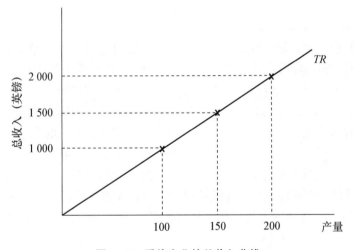

图 4-7　受价企业的总收入曲线

□ 定价者及其收入

对于定价企业来讲，三种收入曲线呈不同的形状。对整个市场来讲，如果生产某种产品的企业所占的份额相当巨大，那么该企业就有一定程度的市场影响力，此时它将拥有一条逐渐下行的需求曲线。接下来让我们来探讨作为市场上唯一的对某种产品可以实行垄断的企业，它的收入曲线如何变化。对于垄断企业，市场和企业的需求曲线是重合的。企业就是市场。在第 5 章中，我们将更为详细地探讨这种特殊的市场结构。我们可能会逐步地认识到，完全竞争型的市场结构和垄断型的市场结构分别处在市场影响力的两个极端。

由于定价企业——在本例中为垄断企业——面对着一条下滑的需求曲线，因此它不得不降低产品的价格才能够销售更多的产品。表 4-3 前两列中假设的数据显示，如果企业要卖掉 100 件产品，每件产品的价格将是 10 英镑（从之前的讨论我们已知 $P=$

AR）。那么如果企业想卖掉 150 件产品，它就必须将价格降到 9 英镑，依此类推。在图 4-8 中，我们利用这些数据得到了一条向下倾斜的需求曲线（$D=AR$）。

表 4-3　　　　　　　　　　定价企业的平均收入、总收入以及边际收入

Q（单位）	$P=AR$（英镑）	TR（英镑）	MR（英镑）
100	10	1 000	
			7
150	9	1 350	
			5
200	8	1 600	
			3
250	7	1 750	
			1
300	6	1 800	
			-1
350	5	1 750	
			-3
400	4	1 600	

　　接下来让我们思考企业的边际收入曲线。之前我们把企业的边际收入定义为企业每多卖出一件产品所获得的收入。从公式（4.11）中我们可以知道，用总收入的变化除以产量的变化就得到了边际收入。当企业以 10 英镑每件的价格卖掉 100 件产品时，所获的总收入为 1 000 英镑（见表 4-3 第 3 列）。若想卖掉 150 件产品，则企业必须将价格降低到 9 英镑每件，此时的总收入为 1 350 英镑。由于边际收入等于总收入的变化（1 350-1 000=350）除以产量的变化（150-100=50），因此得到边际收入为 7 英镑（=350/50）。需要注意的是，由于垄断企业的需求曲线是一条下滑的直线，因此若要增加销售量，所有产品的售价将会降低，因此边际收入曲线相对于平均收入曲线而言更为陡峭（见图 4-8）。为了测试大家对这一部分的分析理解，请试着判断表 4-3 中第 4 列有关边际收入的数据是否准确。

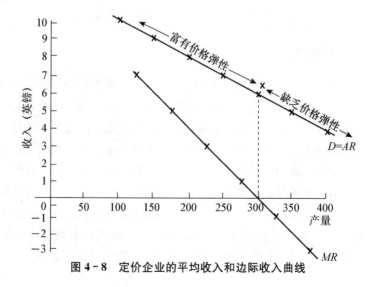

图 4-8　定价企业的平均收入和边际收入曲线

最后，图4-9描述了定价企业的总收入曲线。和受价企业直线型的总收入曲线不同，定价企业的总收入曲线升高到一定程度之后开始下降。从图4-8和图4-9我们可以看到，当产量为300时，总收入曲线达到其峰值（见图4-9），边际收入为0（见图4-8）。聪明的读者可能会注意到边际收入、总收入和需求价格弹性之间的关系。大家可能还记得在第2章2.7节中我们谈到，当需求有价格弹性时，价格降低将会带来更大比例的需求数量的增加以及总收入的增加。相反地，当需求缺乏价格弹性时，价格降低将会导致更小比例的需求量的增加以及总收入的降低。换句话讲，当需求有价格弹性时（也就是在图4-8需求曲线的 X 点的左侧），边际收入为正值，同时总收入随着产量的增加而增加，如图4-9所示。而另一方面，当需求缺乏价格弹性时（图4-8需求曲线的 X 点的右侧），边际收入为负值，同时总收入随着产量的增加而减少。当边际收入为0时（图4-8中产量为300件时），总收入达到峰值（图4-9中产量为300件时）。

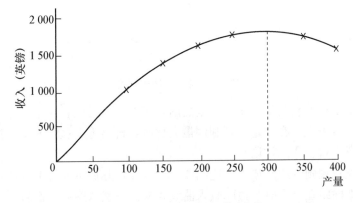

图4-9　定价企业的总收入曲线

讨论了企业的成本和收入之后，现在我们就可以确定在产量达到了什么水平时企业可以实现利润最大化。

4.8　利润最大化

无论是定价者还是受价者，任何企业都想通过实现边际收入和边际成本相等，追求利润最大化。接下来我们将主要解释这条规则并且分别说明在完全竞争市场（受价者）和垄断（定价者）的情况下，企业如何使产量达到利润最大化。

在图4-10中可以看到受价者的利润最大化产量。由于本章之前谈到的原因，受价者的需求曲线是水平的，即价格＝平均收入＝边际收入。图中也可见一条 J 形的边际成本曲线。但产量达到 Q_3 时，边际成本和边际收入曲线相交，利润能够实现最大化。为了说明造成这种情况的原因，让我们思考其他产量的情况。在产量为 Q_1 和 Q_3 之间的任意值时，边际收入大于边际成本，此时企业会继续扩大生产直到产量达到 Q_3，这是因为任何产量上的增加所带来的企业的边际收入大于边际成本的消耗，即增加企业的利润。与之相比，产量超过 Q_3 时，任何产量上的增加所使用的边际成本都要超过企业的边际收入，造成成本相对于收入的增加从而降低利润。例如，当产量为 Q_4 时，边际成本大于边际收入，因此如果将产量降低到 Q_3，企业的利润将会增加。边际成本和边际收入曲线的交点成为产量的增加是促进还是降低利润的临界点。换句话讲，两条曲线的交点决定了利润最大化的产量。

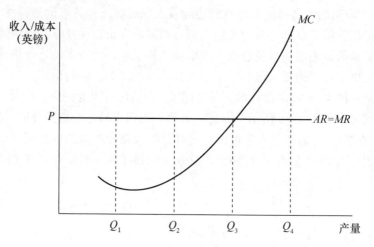

图 4-10　受价者利润最大化的产量

在我们考量定价者利润最大化的产量之前，有两点值得注意：

● 对于定价者来说，在产量达到利润最大化时，价格等于边际成本（这一点的重要性我们在下一章中将会详细讨论）。

● 利润最大化规则（边际成本＝边际收入）仅在边际成本曲线上升时适用；也就是说，当边际成本曲线在上升时与边际收入曲线相交。虽然从图中我们看不到边际成本曲线的全部，然而实际上边际成本曲线与边际收入曲线相交于两点，在第一次相交时边际成本处于下降趋势。

对于定价者来讲如何确定利润最大化时的产量呢？出于完全相同的原因，边际成本等于边际收入时的产量可以实现利润最大化。利润最大化的规则对于任何市场结构下的任何企业都适用。对于定价者和受价者来讲，它们之间的区别仅在于平均收入和边际收入曲线形状的不同。图 4-11 向我们展示了垄断者的平均收入、边际收入和边际成本曲线。利润最大化时的产量（Q_m）出现在边际成本和边际收入曲线相交的时候。从图中可以看出，垄断者在达到利润最大化时的价格（P_m）要高于它的边际成本，这和受价者价格等于边际成本的情况有所不同。在下一章中我们将深入探讨这一区别的重要性，同时我们也将分别讨论受价者和定价者在实现利润最大化的产量下企业的利润值。

在我们即将进入的下一章中，让我们来看一看企业在不同的市场结构下的不同行为，在这一过程中我们将重点讨论市场的集中化以及市场的支配力。

■ 总　结

● 企业购买和雇用生产要素来生产产品和服务。从短期来讲，企业只能通过雇用更多的劳动力来扩大生产，其他的生产要素——如资本和土地——是固定不变的。最终，

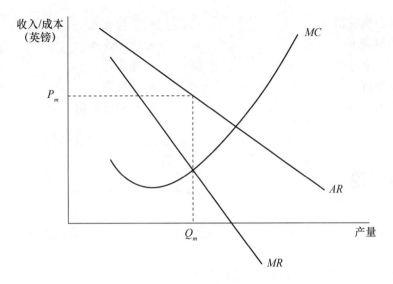

图 4 - 11　定价者利润最大化时的产量

随着越来越多的工人被雇用，边际报酬递减规律介入。随着这种情况的出现，每多雇用一名工人带来的总产量上面的变化比前一名工人要少。

● 短期来讲，企业的生产成本是由其使用的生产要素的成本以及劳动力的生产能力决定的。本章中我们区分了企业的可变和固定成本。短期来讲，企业的平均成本曲线为U形，边际成本曲线为J形。

● 长期来讲，企业所有投入的要素都是可变的，企业的生产规模决定了企业的投入和产出之间的关系。企业是否处在规模报酬递增、规模报酬不变或是规模报酬递减阶段对企业的长期成本来说有着至关重要的影响。从长期看，企业的平均成本曲线呈U形，但比短期平均成本曲线平滑。

● 企业的收入取决于它是定价者还是受价者。一个受价企业只能被动接受产品的市场价格，它可以既定的市场价格出售任意数量的产品。受价企业有着平行的、完全弹性的需求曲线。定价企业可以决定自身产品的价格。为了提高销量，企业不得不降低产品价格，因此它的需求曲线向下倾斜。

● 无论是定价者还是受价者，任何企业都追求利润最大化，当实现利润最大化产量时，最后一件产品的成本与出售这件产品所获得的利润相等。

关键术语

● 短期
● 长期
● 生产能力
● 劳动总产量
● 边际报酬递减规律
● 劳动边际产量

● 劳动平均产量
● 可变成本
● 固定成本
● 总成本
● 平均成本
● 边际成本

- 规模报酬递增
- 规模报酬不变
- 规模报酬递减
- 规模经济
- 规模不经济
- 总收入
- 平均收入
- 边际收入
- 受价者
- 定价者
- 利润最大化

问题讨论

1. 短期来讲，一家典型企业的边际成本和平均成本曲线为什么分别是 J 形和 U 形的？
2. 定价者和受价者之间的区别是什么？
3. 为什么企业要实现边际成本和边际收入相等的产量，从而实现利润最大化？

推荐观看

易捷航空是一家低成本的航空公司。这到底是什么意思呢？我们通过做两件事情来帮助你理解易捷航空的商业模式。首先看一个介绍该企业的 7 分钟的视频短片，可以登录网站：http://corporate. easyjet. com/investors/video/instruction-to-easyjet. sapx。

我们要思考的是易捷航空整体的商业行为，因此，我们的目的是让你思考需求、收入和成本相关的话题。

观看视频，回答下列问题：

1. 易捷航空确定航线的因素有哪些？
2. 你能举出易捷航空运用范围经济学的例子吗？
3. 快速周转空港能降低某条航线上每张椅子的边际成本吗？
4. 易捷航空的最大可变成本是什么？它怎样降低成本，以及在哪些方面受限？

参看易捷航空 2009 年年度报告和账目（http://corporate. easyjet. com/～/media/files/E/easyjet/pdf/investors/result-center/easyjet_AR09_180109. pdf），回答下面两个问题：

1. 易捷航空在投资昂贵机型时是如何降低成本的？
2. 为何易捷航空要把维修外包？

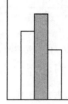

第 5 章　市场集中度和市场势力

关键问题

- 市场势力的主要来源是什么？
- 现代经济中主要的市场结构有哪些？
- 不同的市场结构对竞争有什么意义？
- 我们可以怎样通过博弈论来分析企业的战略行为？
- 现实世界是由竞争的市场结构还是非竞争的市场结构主导？

5.1 引　言

本章介绍了企业运作的不同市场类型或者说市场结构，回顾了每一种结构对于企业、消费者以及社会的意义。四种市场结构如下：

- 完全竞争；
- 不完全竞争（垄断竞争）；
- 寡头垄断；
- 垄断。

我们将会看到，尽管主流经济理论主张将企业作为生产的有效组织者，但一些现实世界的市场结构对企业有效地配置稀缺资源的能力有明显的限制。就消费者和社会而言，企业似乎不会总是做得很对。而且，由于企业在某些市场结构下可能生产过多或过少造成资源错配，政府可能选择用不同的方式来调控。这可能会导致企业和政府之间的特殊关系，大概的形式详见第 1 章。

5.2 市场势力及其来源

市场势力指的是一个企业影响商品或服务的市场价格的能力。换种说法就是，有市场势力的企业能够掌控更多而不会吓走它的顾客。在第4章我们已经区分了两种企业：受价者和定价者。受价企业必须接受既定的市场价格。一旦它们把价格定在了市场价格之上，那么它们在同质产品中的需求一定会遭遇严重滑坡。

> **市场势力：** 一个企业影响市场上商品或服务的价格的能力。

对于能够定价的企业，情况就有点不一样了。它们有这样一种特点，就是它们能够在一定限度内设定自己的价格，而不用担心顾客会流失。相应地，定价者有市场势力，尽管这可能表现出不同的强度。我们可以辨认出以下市场势力的来源。

竞争企业的缺位或缺失

2010年有媒体报道说，一个不知名的商人购买并采取实物交割整个欧洲的可可豆（巧克力的原材料）供应。为什么试图垄断可可豆的市场？原因可能在于接下来世界市场的可可豆价格将会上升。如果一个企业控制世界上某种商品供应的巨大比例，它将因竞争对手的稀少而享有一定的市场势力来提升价格。它可以根据自己的判断，即买方几乎没有这个商品的替代品，来制定可可豆的价格。当然，这也不是说可以随意制定价格。所有作为定价者的企业仍然要面对向下倾斜的需求或平均收入曲线（参见图4-8）。这就意味着价格若定在需求曲线上面的区域，需求就会减少。谁会愿意买40英镑或者是50英镑一条的巧克力？正如我们在第2章讨论欧佩克石油价格上涨所强调的那样，甚至是最强大的生产者也要受到市场环境的限制。

消费者的偏好

一些企业建立了不同层次的消费者偏好或忠诚度，这一点其他企业可能很难发展。消费者权益竞选组织 Which? 把2010年最佳航空公司奖颁给了新西兰航空，因为98%的乘客说他们把这家公司看成自己的朋友。另外，另一家和 Which? 差不多的澳大利亚企业 Choice 开展的2010年的一项针对9 000人的满意度调查显示，从澳大利亚到英国的11强的运营商中英国航空公司被标记为最差。受访者尤其对英国航空公司的飞行服务感到不满。这些结果对于市场势力又暗示了什么？这可能说明如果作为高质量的航空公司英国的声誉维持不变，新西兰航空公司就能够小幅上涨英国路线的票价而不会在需求上有很大的减少。对于澳大利亚的英国航空公司来说，即使英国航空现在保持相对较低的价格，也不会得到相同的机会。

产品的可得性

公司提供的产品的可得性也可以成为市场势力的一个来源。晚上很晚时你可能在哪里购物？可能是当地的一个便利店或者是加油站。当你的牛奶全部用完或者需要一点面包的时候，这些店铺是相当棒的。它们的售价可能不会像大型超市那么低，但是消费者还是愿意在一个下着雨的星期三的晚上11点多付一点钱的。

再举个例子，假设你坐在家里很无聊，突然想起要买你朋友推荐的一本书。假设这本书就是罗迪·道尔的《货物推车》，也就是你在第3章末尾要读的。不管怎么说，如

商务经济学（第二版）

果你需要这本书，你去哪里购买？我们刚刚查过，在亚马逊网站上尽管要花几天的时间才能收到，但可以以 5.03 英镑的价格免邮收到。但是如果你今天就需要得到这本书，我们现在就要离开利物浦约翰摩尔斯大学的书桌前，徒步到水石书店去找这本书。对，这本书现在找到了，定价是 7.99 英镑。是现在付 7.99 英镑呢，还是几天后付 5.03 英镑？现在就买你将会多花 2.96 英镑，这个额外的费用正是水石书店处在繁华商业街的市场势力的反映。

有趣的是，不断发展的科技使得书的产生和消费迅速颠覆了我们的这个例子。亚马逊最近宣布说，在美国电子书的下载量超过精装版书籍的销量，即时获取可能不再是高街店铺的专利，相反传统零售商的市场势力开始降低。

产品差异化

那些能够积极地使自己的产品或服务和竞争对手的不同的企业很有可能制定更高的价格，因为消费者愿意为更高质量、更耐用、更先进的设计、更吸引人的服务或一些其他的特质来支付多一点的钱。你是不是更喜欢去哥斯达黎加咖啡或者星巴克？是谷歌、雅虎还是必应？是 Primark 还是 Topshop？你的其他家庭成员呢？有没有什么显著的倾向？以下是我们的偏好，不分先后：星巴克，约翰·刘易斯，Volkswagen，Craghoppers，利物浦的 Renshaw 街上的 Indian Delight，还有街角的 Roscoe，一个相当不错的酒馆。这里的一些或者所有的企业的适中的价格也许不会把它们的顾客赶到别的地方去消费。

5.3 市场结构、市场势力以及价格与非价格竞争

市场结构是一种通过参考市场中企业之间的竞争水平和激烈程度来确定市场特征的方法。思考以下这些市场中的商品或服务在企业之间的竞争：

- 理发；
- 杂货店；
- 新车；
- 火车旅行。

实际上，这些市场的竞争形式和激烈程度差别很大。让我们简单地按顺序来看一下。

理发

理发店和美发厅无处不在，它们提供统一的服务。是的，消费者可能会选择定期惠顾固定的一家，但是如果那家店关门了，就要从许多别的店铺中挑选一家。因为这些店铺数量很多且分布又不集中，理发店竞争非常激烈。这在某些方面也许能够彰显它的特色，比如在家具和陈设的布置上做得更加吸引人。然而，最明显的是，理发店在价格上必须非常具有竞争力。在任何一座城市或者地区，总会有一个"行价"，很少有理发师能够超过这个价。这么做可能会使顾客流向竞争对手。这里我们最主要的关注点在于，一方面，大量的理发店在市场上竞争，另一方面，广阔的消费市场和持续的需求迫使整个市场保持价格具有竞争力。当然，这从另一个方面说明了理发店相对来说不具有市场

势力。

杂货店

那么杂货的销售市场又是怎样的呢？在许多大城市，由于零售商越来越多，消费者选择余地扩大的同时，零售商的竞争也越来越激烈。但是，正如我们在第1章看到的，杂货零售越来越多地是由少数的大型零售商提供的：比如，乐购、阿斯达、英国的塞恩斯伯里和莫里森，以及法国的勒克莱尔和猛犸，这样的供应方式确实是变得越来越集中。虽然这样的发展趋势还没有完全淘汰街角小店，但是，在过去的20年

里，这样的店确实是在逐步减少。关于杂货零售的竞争程度，我们有什么样的看法呢？会不会因为零售商的减少以及越来越集中的销售方式而导致竞争没有以前那么激烈了呢？我们只能说这样的竞争只是在形式上有所改变。至少在英国，主要的杂货零售商在大肆宣传它们的价格竞争力的同时，还提供各种积分卡、加油卡、打折卡等，以吸引顾客经常光顾——对于传统的街角小店来说，由于它们太小了，致使没有办法使用这些新奇的经营手段来经营自己的店铺。似乎非价格竞争在逐渐地取代价格竞争。这样就可以解释为什么零售商在减少、销售越来越集中，但是非价格竞争却逐渐加剧。

新车

小汽车在全世界范围内被几家大公司（福特、宝马、丰田、雷诺等）生产。很明显，这些公司是相互竞争的，但是由于这些公司总共也不到20家，所以市场高度集中。这意味着与拥有成千上万的汽车制造商的情况相比，竞争的方式可能会有所不同，竞争的强度也没那么激烈。那么汽车制造商之间的竞争是怎么表现的呢？不像杂货店，汽车是高度差异化的商品，有许多独特的设计。大多数车型都有几个不同的版本，另外还有一系列可选的附加功能。由于它们数量很少，也因它们生产的是高品牌的产品，汽车制造商在价格方面竞争较小，而在汽车的内在价值上的竞争则更多。宝马不会想卖得比丰田和雷诺便宜，它的广告就表明它是车中的上品。因此，汽车制造商很少有价格方面的竞争，但它们要通过广告来说服消费者。同样，非价格竞争的流行似乎部分基于该行业中有限的公司数量，也很可能由于可以确认有限的消费选择和有限的价格竞争之间的因果关系。

在这里要强调我们不是说价格在汽车制造商看来不重要。确实，在汽车市场的某些领域，比如家庭轿车或者经济型掀背车，制造商有时候会把它们自己的汽车拿来和竞争对手的进行价格比较。然而，我们这里更要强调的是车的可靠性、多功能性、是否让人愉快、适合什么性别、性别自信、环境保护以及安全性等。你可能会使用这些条目来衡量汽车。这个普遍的方法往往把价格作为制造商竞争的一个因素。

火车旅行

通常来说，火车旅行的提供者没有直接的竞争者。当然，铁路公司在更宽泛的旅游市场中竞争，它们的替代形式有大巴、飞机和私人汽车。然而，正是即时竞争对手的缺失使得火车运营商相对不受价格竞争的约束。火车运营商往往为它们的速度、服务标准还有舒适度做广告，而不是直接和其他的交通工具比价格。这样，在只有少数几家运营商的市场中，价格竞争表现得最不明显，而非价格竞争则占据主导。

那么，我们如何将市场分为不同的类型？经济理论概括了四种主要的市场结构。这

商务经济学（第二版）

些由于价格和非价格竞争的强度而不同。尽管刚才我们看到的例子不是每一种市场结构的直接解释，但它们之间有一些共同点。这四种市场结构是：

- 完全竞争：这是一个其他市场结构用来比较的基准或者说是理想的类型。它的特点是无限强烈程度的价格竞争，因此所有的公司都被迫制定同样的价格。市场上完全竞争的公司数量很大，正如我们在例子中看到的，这对普遍存在的竞争方式和强度上都有重要的影响。

- 不完全竞争：该市场上公司的数目依旧很多。价格竞争的相对强度，由于略有差异的产品的存在而比较适中。差异化的产品能够使公司制定与竞争对手不同的价格。选择要价高的公司可能会认为消费者对特定产品的偏好将会从某种程度上保证需求量。

- 寡头垄断：寡头垄断市场被少数几个公司控制，每个公司相对于市场来说都很大。寡头垄断公司往往不参与激烈的价格竞争，而是专注于非价格竞争。

- 垄断：单纯的垄断存在于只有一家公司的市场，该市场销售一种商品或服务，而且没有相近的替代品。可以预料，在这里，价格和非价格的竞争形式都相对较弱。

为了便于分析，我们在这一章把讨论范围缩小到对比完全竞争和垄断这两种市场结构。尽管我们也会考虑不完全竞争和寡头垄断，但我们在这里所要阐述的对于公司的理解可以简单地参考竞争最激烈和最不激烈的市场结构。

5.4 完全竞争

完全竞争市场的定义是在一连串的假设基础上，我们会告诉读者这确实是一个假设案例，而不是试图描述一个实实在在的市场结构。这些假设具体如下：

- 完全竞争市场由很多利润最大化的公司组成，每一个相对市场来说都很小。这样，它们就都不能影响市场的状况。市场上有许多消费者，每一个相对市场来说也都很小。

> **完全竞争**：该市场结构最显著特征是一个产业中的公司都是受价者，且可以自由地进入或退出这个产业。

- 任何公司都可以选择离开市场，其他公司可以自由进入。
- 生产要素流动性强。这意味着土地、劳动力、资本和企业能够自由流动。
- 市场信息完全性。所有的生产者和消费者都对现行的经济状况很了解。
- 完全竞争下的公司生产同质化的产品。也就是说，没有可以辨认的品牌。这个假设意味着对于特定公司的偏好不可能存在。

这些假设不可能在任何典型市场全部存在。前两个可能在现实世界中比较显著，完全流动性和信息完全性同时存在似乎很遥远。而且，最后一个假设可能和具体的企业实践对立。实际上每一家公司都试图说服消费者它们的产品或服务在某种程度比其竞争对手要优越。一个典型的例子就是脸谱（Facebook）网站，在英国有超过 2 300 万的活跃用户，大约是人口总数的三分之一。

□ 作为受价者的完全竞争企业

完全竞争也许不存在，但它仍然是一种评估实际市场结构的有用的手段。那么我们刚刚概括的这些受限制的假设的含义是什么呢？最重要的一点就是完全竞争市场中的企业是受价者。在第 4 章我们已经介绍过受价者这个概念。所有的完全竞争企业必须承认市场制定的单个均衡价格。任何为其产品设定更高价格的企业都将很快停业，因为它将立即失去所有的需求。因为消费者将立即意识到他们可以以更低的价格在别的地方买到同样的商品。任何企业为了提高需求而降低价格（低于市场价）也是不可行的，因为它可以以统一的市场价卖完所有产品。

□ 完全竞争企业的收入和成本曲线

回忆第 4 章的内容，作为受价者，完全竞争企业面对一个完全的弹性需求曲线。这是因为，假设每一个企业都能够尊重既定的均衡市场价格，意味着企业的需求是具有完全价格弹性的。企业的需求曲线等同于平均收入曲线。平均收入表示企业获得的销售每单位产品收入。企业在完全竞争中的平均收入曲线也是它的边际收入曲线。边际收入曲线是指增加一单位产品的销售所增加的收入。图 5-1 复制了完全竞争企业的收入曲线。你可以回到第 4 章，查看 4.7 节，来确认为什么平均收入曲线和边际收入曲线都是企业的需求曲线。

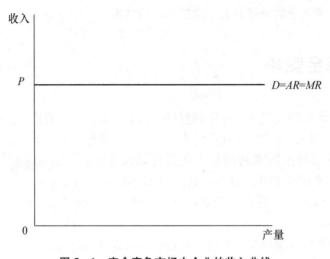

图 5-1　完全竞争市场中企业的收入曲线

如果我们假设企业的目标是利润最大化，那么企业的产量将确定在边际收入和边际成本相等的点上。图 5-2 描述了一个典型的企业在完全竞争市场下的平均收入曲线和边际成本曲线。你要再次回到第 4 章的 4.3 节至 4.4 节，确保你知道这些曲线是怎么得来的。开始时平均成本下降是因为企业刚开始生产，尽管总成本会增长，但固定成本被大量的产出所分摊。最后，尽管产量会进一步上升，但由于规模报酬递减规律，平均成本开始上升。规模报酬递减规律是指在一定的生产技术水平下，当其他生产要素的投入量不变时，连续增加某种生产要素的投入量，在达到某一点以后，总产量的增加额将越来越小的现象。

图 5-3 是图 4-10 的复制。目的是准确显示企业的利润最大化。图 5-3 描述了企业的边际收入和边际成本曲线。当产量达到 Q_1（边际成本 MC 和边际收入 MR 相交于点 A）的时候，利润最大。

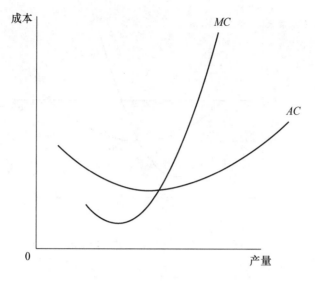

图 5 - 2 完全竞争市场中企业的成本曲线

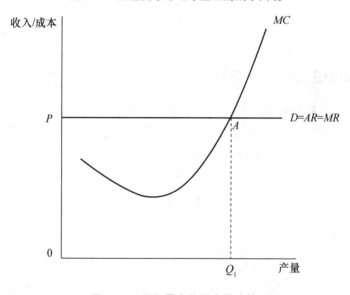

图 5 - 3 利润最大化的产量决策

□ 完全竞争企业的短期情形

图 5 - 4 是我们说的完全竞争企业的短期情形。企业的产量决定反映了其利润最大化的目标，相应地，在 Q_1 处 $MC=MR$。从纵轴来看，很明显在这个产量水平下平均成本在 A 点，平均收入就在 P_1，总成本就是矩形 $0ABQ_1$，而矩形 $0P_1CQ_1$ 代表总收入。这样阴影部分 AP_1CB（总收入减去总成本）就是在 Q_1 点获得的最大收入。后面我们会介绍，这个点的利润也被称作**超额利润**。

> **超额利润**：是指一个企业获得的超过其留在该产业中所得的最小收入的那部分利润。

正如我们看到的，这是一个企业的短期情形。记住在短期情形中，只有像劳动力这样的生产要素才能改变。长期来看，所有的要素都是可变的，这也就意味着，企业可以自由进入或者退

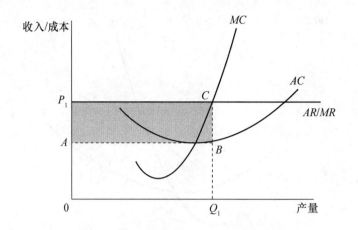

图 5-4　完全竞争企业的短期情形

出市场。问题在于，它们为什么选择进入市场？当然是因为超额利润。鉴于我们拥有完全信息的假设，其他企业将会意识到市场的利润水平，它们可以通过获得必要的生产要素而进入市场。由于新企业进入市场，情况就改变了，短期均衡就要给长期均衡让位了。

□ 完全竞争企业的长期情形

图 5-5 概述了从短期均衡到长期均衡的一些细节。在图 5-5 (a) 中，我们看到了新企业进入市场的效果。供给曲线从 S_1 右移到了 S_2，这就导致了市场均衡价格从 P_2 下降为 P_1，均衡的需求和供给从 Q_1 上升到 Q_2。对于代表性厂商来说，市场状况的这种变化是很明显的。相应地，在图 5-5 (b) 中，需求曲线从 AR_2、MR_2 下移到了 AR_1、MR_1。

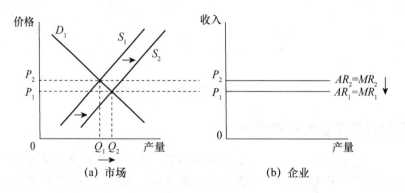

图 5-5　完全竞争市场中企业的长期和短期情形以及受价企业

剩下的问题是，这对于短期内企业赢得的超额利润有什么影响？在图 5-6 中，代表性企业的 AR/MR 已经降到和图 5-5 (b) 一样。企业仍然寻求最大利润，这样，产量固定在 Q_{PC}，在这个点，$MC=MR$。然而，在这里，我们看到总收入和总成本的矩形是重合的，都是 $0P_1AQ_{PC}$。这意味着企业现在的利润等于成本，不再获得超额利润。事实上，经济学家把这个位置看作是获得**正常利润**的点。正常利润是指企业主如果把资源用于其他相同风险的事业所可能得到的收入，它属于机会成本的性质。从长期来看，完全竞争企业赢得的仅仅是正常利润，但这已经足够保持企业的运转。注意，如果太多的企业进入市场，每个企业的 AR/MR 的值低于平均成本曲线，所有企业都会亏损。这将会刺激企业离开市场，直到利润重新产生。

> **正常利润：** 指一个企业能够留在该产业中所要获得的最小利润。

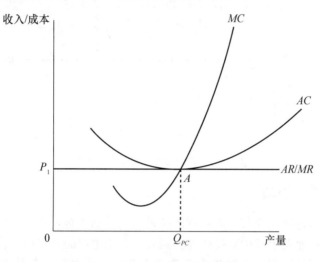

图 5-6 完全竞争企业的长期情形

□ 完全竞争企业和配置效率

最后要强调的一点是，不管是短期还是长期，代表性企业产品的价格等于边际成本。这意味着，就社会而言，企业有效地配置了资源。换句话说，企业正好生产了整个社会想要它生产的那么多产量。我们需要解释和证明这个说法。

图 5-7 呈现了一个完全竞争企业的边际收入和边际成本曲线。企业的产量为 Q_2，这个产量就是 MC 和 MR 及价格 P_2 相等时的产量。注意在产量为 Q_1 时，价格 P_2 比边际成本 P_1 大。我们的论点是，从社会角度来说，Q_1 不是一个理想的产量；如果能生产 Q_2 就更好了。考虑在 Q_1 点的产量的单位产品，社会怎么评估这个单位产品？如果我们假设企业的 MC 曲线很好地代表了社会关于产品边际成本的观点，我们就可以说，社会对于单位价格的评估在 Q_1 点就为 P_1。社会放置在 Q_1 单位产品的价值是什么？考虑到企业的 MR/需求曲线表明了消费者愿意在 P_2 点付出的价格，我们可以说 P_2 是一个社会评估的很好的近似值。现在我们知道社会对于 P_1 点的成本和 P_2 点的价值，由于在这个单位产品上的价值要比成本大，这个单位产品被看作是令人满意的。注意其他在 Q_1 以外的单位产品，比如 Q_Y，类似地也能接受。事实上，在 Q_1 以上的所有单位产品包括 Q_2 都是可以接受的。然而，在 Q_2 以外的单位产品，比如 Q_N，是不能够接受的，因为它们的生产成本超过了它们的价值。总的结论是：社会满意的产量是价格等于边际成本时的产量。我们将会看到，这个规则适用于所有企业的所有市场结构。

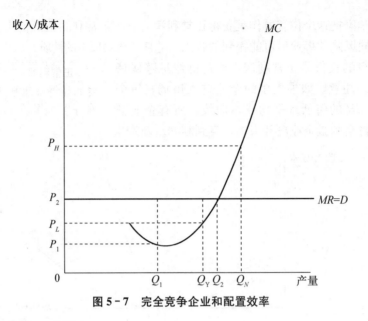

图5-7 完全竞争企业和配置效率

□ 完全竞争：小结

完全竞争市场得出了非常令人满意的结果。从长期来看，它以正常利润的形式提供足够的动力来使企业在市场中维持生存。同时，企业生产的产量可以被看作等于社会需要的水平。我们假设在自由市场里完全竞争企业是一个分配稀缺资源的有效手段。然而，完全竞争只是一个模型，它的假设在任何现实市场中都没有被完全证实。总之，它的用处在于建立判断现实市场的标准。现在让我们来比较完全竞争和最缺乏竞争的市场结构：垄断。

5.5 垄 断

垄断一词会让人想到主导市场和消费者的巨型公司。对于经济学家来说，这不是一个定义垄断的恰当的方法。垄断被定义为市场排斥。不管什么时候，只要一家企业可以利用壁垒来阻止其他企业进入市场，它就可以利用市场势力并且影响价格。这意味着企业的规模与是否垄断没有必然关系，重要的是它是否有将潜在的竞争对手拒之门外的能力。

排斥可以在多种情况下发生。火车上的餐车享有这种市场势力，因为在旅途中，乘客没有其他地方可以来吃点心以恢复精力。高速公路服务区拥有市场势力，因为对于那些长途行驶者来说这是最便捷的获取燃油的方式。在类似的例子中，市场势力在上升，因为它们缺乏相近的替代品。火车乘客可以在出发前携带一些三明治和一瓶咖啡；驾驶员可以在出发前寻找更加便宜的汽油。但是这些选择可能会延迟，或者消费者不愿意这么做，这样就给具有市场势力的提供者提供了机会。

现在问题来了：拥有市场势力的垄断者做些什么？有一种可能是，从定义上来看，市场势力包括降低竞争的强度，垄断者能够要价更高或者更低。因此，你可以想到在火车上为食物和饮料以及在高速公路服务区为汽油付更高的价钱。

商务经济学（第二版）

在具体地学习垄断的经济内涵之前，让我们先回顾一下它的完整形式。

- **完全垄断**：完全垄断是指整个行业中只有一个生产者的市场结构。在一定地理范围内某一行业只有一家企业供应产品或服务而且没有接近的替代品。与替代品相关的资格审批是一个重要条件。比如，英吉利海峡只有一条隧道。然而，它的经营者欧洲隧道公司在穿越海峡的旅行中不享有完全垄断，因为出现了许多竞争对手：轮渡公司。在英国，目前只有英国皇家邮政享有完全垄断的地位，因为政府禁止其他经营者以每件低于1英镑的价格运送邮件。这项特权已经存在了350年了。然而，在2006年市场自由化了，英国皇家邮政迎来了48家已注册的竞争对手。

- **法定独占**：在英国，垄断被定义为在法律上市场份额达到或超过25％。当企业兼并或者一家企业被另一家企业收购有可能突破25％的门槛时，这个进程就要被政府机构——竞争委员会调查。竞争委员会有权阻止合并，让大企业卖掉一部分产业，或者以其他方式来维持产业的竞争。

- **自然垄断**：一些行业，由于它们的技术特性，为了更好地提高效率，往往由唯一的企业经营。最常见的自然垄断的例子是电力、水、燃气以及通信行业。如果一个经济中有几家竞争企业可能会造成浪费，比如燃气的供应。每一家企业都有自己独立的供应网络，通向家庭或者潜在顾客的管道，这是毫无意义的浪费，因为一个供应网络就已经足够了。在英国，直到20世纪80年代，为了保护消费者利益，这些产业全部国有化了。现在它们都是私人所有的，但是要受到政府的公共管制。我们会在第6章讨论私有化问题。

□ 垄断的来源

我们已经看到，垄断的存在需要产品或服务在市场中具有排他性，产品或服务没有相近的替代品。就好像英国皇家邮政的例子，这种排他性是政府授予的。还有很多政府授予的排他性的例子。比如，可以在鼓励艺术创新或科技创新的领域建立垄断。这样，音乐家和作家自己的作品就被授予了版权，类似地，新的发明也被专利保护。这里的假设是，一段时间内如果没有对他们所创造成果的开发利用进行排他性保护的权利，创新者就没有动力把稀缺资源用到研发中。这暗示着，尽管垄断可能和一些问题相伴，但从长期利益来看，专利的持续还是可以接受的。下面的案例分析了为什么在医药行业专利保护是必要的。

▶ **商务案例研究**

医药行业的垄断势力及其发展

制药公司的领先品牌辉瑞（Pfizer）认为专利保护对其经营方式至关重要。

没有专利，公司就没有动力在研发上投入大量资金。辉瑞公司估计，它为市场带来的每种新药平均需要花费4亿英镑才能开发出来，公司必须在获得收益之前花费这笔钱。因而，对公司来说，这是一个很大的投机支出。

医学专利授予期限为20年，但这通常发生在开发阶段的早期，并不保证专利项目将在临床上得到证实并进入市场。

平均而言，当一种药物获得完全许可时，据辉瑞公司报告，其专利只剩下大约 8 年的时间了。正是这个时期使研发投资有利可图，因为生产权是辉瑞公司独有的。

专利到期后，其他公司能够根据辉瑞公司的研究生产仿制药，出于公共健康的原因，辉瑞公司有义务这么做。仿制药与原始药效果相同但药名不一样。辉瑞公司最著名的药物可能是万艾可（音译为伟哥）。辉瑞公司在世界各地拥有的万艾可专利即将结束。当专利有效期结束时，其他公司将可以自由地制造和销售仿制药。

这公平吗？辉瑞公司因研发出新的重要医药治疗方法而获得临时垄断权。但是，如果垄断持续存在，那么永久性消费者将会受到影响，因为竞争遭到扼杀。

最终，专利权的授予支持临时垄断，这提供了两全其美的办法。辉瑞有足够的动力在医学研究上投入大笔资金，尽管其中很多研究没能得到回报。消费者的利益也受到了保护，因为竞争最终会降低仿制药的价格。

一家英国政府机构——英国知识产权局，对于创新和创造给了以下四项保护：

● 专利：在上面的辉瑞公司的案例中，授予生产、销售、使用甚至是进口的专利可以持续长达 20 年时间。英国知识产权局有一张图详细描述了英国发明的里程碑事件（网址为 http://www.ipo.gov.uk/types/patent/p-about/p-funandgames/p-map.htm）。

● 商标：商标是一家公司或者一项产品区别于竞争者的标志。观察一些著名大公司的标志，你会看到一个标志Ⓡ，意思是这个商标被注册了，不能被竞争者复制。商标非常重要，因为它们代表公司的形象以及它们提供的产品和服务。世界上最有名的标志是什么呢？公认的是可口可乐的标志。有趣的是，你可以说出一个没有印名称的商标吗？耐克的"swoosh"怎么样？

● 版权：版权阻止任何人复制音乐、歌词、戏剧、图书、照片或者其他类似的别人创造的作品。J. K. 罗琳花了数年写了第一本《哈利·波特》，一经出版，连夜脱销。从此就有了各种关于哈利·波特的图书、电影、游戏和玩具。自从罗琳开启了全新的受欢迎的女巫和巫术的题材，大量的巫术类图书和随身用具开始出现。这表明很多人没有版权意识。但是罗琳的巫术——她的书和人物——被授予了版权。这个版权持续到作者去世以后的 70 年，以保护罗琳和她的继承者的财产。版权符号是©。打开谷歌，搜索页的底部就有这个标志。如果你想要开发一个搜索引擎，好的——因为想法是没有版权的，但是你不能做成和谷歌类似的。

● 设计：设计权禁止复制三维产品的视觉面貌，包括形状、轮廓和材质。设计权所覆盖的产品范围广泛，包括饼干的形状和质地，汽车、手电筒或者儿童玩具的外形等。设计权可以持续 15 年。

□ 垄断的经济含义

在讨论我们熟悉的利润最大化的假设之前，我们先回顾一下垄断者的成本和收入曲线，以便决定利润最大化的产量。注意，至于完全竞争和所有其他市场结构，垄断的利润最大化产量是边际成本曲线和边际收入曲线的交点。

我们已经看到，在完全竞争中，企业是受价者：它必须接受既定的市场价格。对于垄断者来说，这种限制不适用。在完全垄断的例子中，企业就是行业。垄断企业可以决定它自己的价格。在第 4 章我们已经讨论过这种企业为什么被称为定价者了。垄断者面对一个向右下方倾斜的需求曲线，如图 5-8 所示。需求曲线也是垄断者的平均收入曲线，因为它代表了每单位产量获得的收入（并且这一定等于销售价格）。

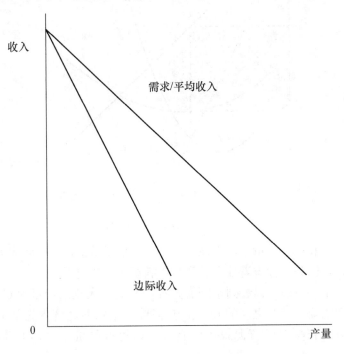

图 5-8　垄断者的收入曲线

图 5-8 也描绘了垄断者的 MR 曲线。由于垄断者面对的需求曲线是向右下方倾斜的，为了卖掉多余的单位，每单位产品的价格必须下降。因此，边际收入曲线比平均收入曲线更陡。如果你还不是很确定为什么，你可以查看第 4 章的 4.7 节。

□ 垄断者的产量决定

为了利润最大化，垄断者的生产产量必须使 MC 等于 MR。图 5-9 描述了垄断者的产量决定。图 5-9 和图 4-11 很相似。利润最大化的产量在 Q_M。在 Q_M 点，垄断者把价格定在 P_1，这是和产量相关的平均收入。平均成本在 A 点。现在我们有能力确定垄断者的超额利润。和 Q_M 有关的总收入就是产量的价格乘以产量本身。这样，总利润就是矩形 $0Q_MCP_1$。总成本就是 $0Q_MBA$。总利润去掉总成本就是阴影部分 $ABCP_1$，这就是利润。值得注意的是，由于垄断是由进入壁垒所定义的，所以这种地位（以及随之而来的超额利润）是永久的。与完全竞争市场不同，这里不会有新的进入者，所以超额利润不会被其他公司获取。

□ 垄断和配置效率

我们看到在完全竞争市场中，每个企业在价格等于边际成本的产量处获得最大利润。你将回忆起商品的价格可以用来代表社会的边际价值，而它的边际成本代表产品价格的社会观点。这样，当价格高于边际成本时，相关的产量被看作是值得的，但当边际

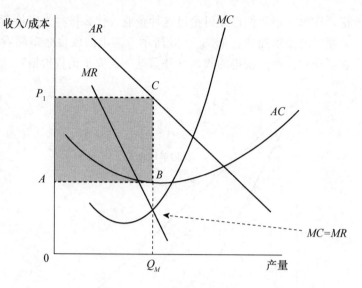

图 5-9　垄断者的长期地位

成本超过价格时，相应的产量单位不该被生产。结果就是价格和边际成本相等时的产量具有社会有效性，因为它标志着社会满意与不满意产量的边界。

在图 5-10 中，我们可以看到垄断者选择的利润最大化的产量为 Q_M。然而社会有效性的资源配置需要产量在更高的 Q_2 点。这意味着垄断的经济含义是错误地配置了资源：社会的偏好是将更多的资源投入该行业，以更低的价格（P_1）生产更多的产量（Q_2）。

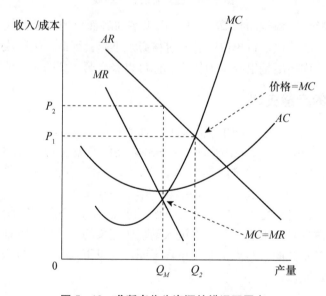

图 5-10　垄断者作为资源的错误配置者

我们必须强调，垄断的问题在于，和完全竞争的市场结构相比，它错误地配置了资源。如果一个垄断者接管了一个完全竞争的行业，可能会期待限制产量，提高价格，但这没有必要。举一个自然垄断却是完全竞争的行业的例子。单个供应商是自然垄断最有效的组织形式。在完全竞争中，产量被分给很多小企业，成本不必要地被提高，因为每家企业都要维护自己的（比如说）天然气管道基础设施。随着垄断者的出现，只要留下一套管道，行业成本就会急剧下降。

图 5-11 描述了这种可能性。在完全竞争行业，当供给（单个企业的边际成本曲线 MC_1 的总和）等于需求（AR）时才会出现均衡。完全竞争的产量 Q 和价格 P 在 $P = MC_1$ 时达到。如果行业被垄断，垄断者面对和之前相同的价格和需求状况，产量下降到 Q_1，价格上升到 P_3。然而，如果成本下降，也就是从 MC_1 到 MC_2，价格有可能下降，产量上升，这将会出现在完全竞争行业，也就是说 $P_2 = P$，$Q_2 = Q$。当然，这意味着垄断的经济效果不总是低产量和高价格。然而，垄断持续地错配资源。注意在图 5-11 中，社会有效的资源配置对于垄断行业的需求使产量为 Q_3，价格为 P_1。

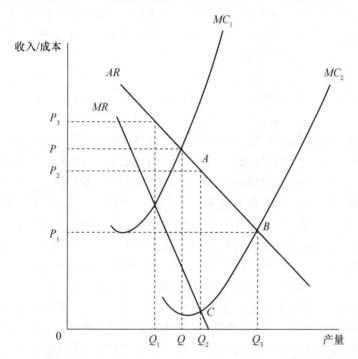

图 5-11　从完全竞争到自然垄断：更低的价格和更大的产出及资源配置不当

三角形 ABC 表明垄断在 MC_2 下的**无谓损失**。这里的净损失是垄断者强加给整个社会的一种成本，在这个意义上，Q_2 和 Q_3 之间的产量被认为其价值高于生

> **无谓损失**：在垄断的情况下，当社会未能在更优的产量生产和消费时产生的损失。

产成本的消费者拒绝。然而，他们不可能购买，因为垄断者给上述讨论的商品设置了一个过高的价格。

□ 对垄断的思考

资源配置效率低下是垄断的一大问题，但并不是唯一的问题。从定义上看，垄断包含对竞争的某种限制。这具有更广泛的意义，因为竞争是消费者主权的最终保障。在充分竞争的市场中，没有哪个厂商能定出过高的价格或提供劣等商品或服务，因为其他厂商一直在准备着更好地满足消费者的需求。如今，由于传统的经济理论的全部准则都建立在自由市场确实是由消费者需求所创造和制约这一确定的基础止，消费者主权的削弱引起了人们对经济理论本身适用性的严重质疑。那么，这些质疑有多严重呢？

对许多经济学家来说，实际上没有什么值得大惊小怪的。即使在缺乏竞争、充斥垄断的地方，在某种程度上，高利润往往会盛行。考虑以下两个例子：

- 首先，**卡特尔**石油输出国组织（OPEC）的石油定价政策在 1973 年、1974 年以及 1979 年间出现了变化。OPEC 毫无疑问是一个非常强大的垄断组织，掌控着西方发达国家所需的大量石油资源。对工业化国

> **卡特尔**：许多公司或生产者组成的团体，该团体如同一家公司或一个生产者，能够决定价格和产量。

家来说，石油是一种无现实替代品的非常重要的燃料。基于此，OPEC 在 1973 年和 1974 年间的石油收入提高了四倍，到 1979 年又提高了两倍。起初，石油进口国对此反应很平静：石油非常重要且无可替代，价格再高也要购买。OPEC 的垄断地位似乎得到了异常强化，油价进一步上涨已在意料之中。然而，虽未遇到任何竞争威胁，但它对市场事件的掌控力在 20 世纪 80 年代初期被大幅削弱，在此期间油价出现了下跌。原因何在？原来石油进口国为应对油价上涨，开始降低石油需求量，例如人们开始驾驶小排量的汽车。

这个例子反映了垄断的局限性。即使在完全垄断时，垄断者仍无法无所顾忌地设定价格，因为他们要考虑后果。需求的基本法则"价格越高，需求量越低（反之亦然）"将通过消费者的行动得到诠释。然而，虽然消费者是应对垄断的最终的权威力量，但并不代表垄断这样一个经济问题能被轻易忽视。在 OPEC 的例子中，石油价格上涨给石油进口国的政策调整带来了一些大问题。世界各国都在艰难地适应油价的变化。垄断可能在一段时期内造成严重市场混乱，而在充满竞争的环境里，这种破坏是不太可能发生的。

- 其次，政府对垄断的鼓励又是怎样的？授予专利、商标、版权以及设计权的这种政策如何与单一垄断者主导市场的观念相协调，又如何违背社会进行资源配置的偏好？这并不是说政府赞成建立垄断，而是承认它们是经济创新的重要潜在源泉。

创新是一个富有挑战性的过程。正如我们在辉瑞公司的案例中所看到的，研发一种新的畅销产品和技术是需要花费多年的努力和重金投入的。一家企业花费几十年时间投入大笔资金研发普通感冒药是毫无意义的，因为它一旦投入市场，就会有其他竞争对手生产出同类产品来销售。而如果企业能获得一段时间发明专利的使用权，将会促进产品的研发。这个论断是由约瑟夫·熊彼特（1883—1950）提出的。他还认为，垄断厂商越强大，其在资助研发上的能力将比小企业越强。由此而论，虽然垄断确实会限制产量，抬高价格，使资源配置不合理，但并不能一概而论。垄断仍是现代经济中重要的创新之源。

□ 政府管制垄断

接下来，我们来看一下垄断应当被控制在何种范围之内。如果因为缺乏竞争导致垄断者抬高价格，扰乱市场，或者因为消费者无其他商品可选导致垄断者提供劣等商品或服务，国家是否应该认为**市场失灵**而

> **市场失灵**：当市场未能提供特定的商品，或是未能以最佳或令人满意的水平提供特定的商品的状况。

采取措施纠正呢？事实上，大多数西方国家的政府是会这么做的。虽然在第 6 章中有些自由主义学派的经济学家认为国家干预控制垄断会产生比垄断本身更大的问题。

如上所述，在英国，垄断问题由竞争委员会调查。该机构有权决定一个垄断实体（或企业中潜在的垄断实体）是否有可能损害公众利益。另一家政府机构，英国公平交

易局，有权首先建议对某一特定垄断实体或合并案进行调查。这个复杂的过程旨在防止竞争委员会在某个案例中成为"法官和陪审团"。本章最后一个案例概述了一个有趣的地方垄断事件，是关于英国最大的连锁超市乐购（Tesco）的。

▶ **商务案例研究**

竞争委员会迫使乐购廉价抛货

乐购的宣传语"点滴都有用"使其在伯克郡遭遇了小波折。竞争委员会要求其将一处销售场地低价卖给它的竞争对手，希望借此达到帮助竞争对手的目的。

这片场地是乐购从公社买入并作为斯劳卖场改建期间的临时卖场使用的。

在这次改建之后，乐购告知公平交易局，公司在积极寻求将这一场所出售给其他的连锁超市的竞争者，以使当地消费者在竞争中有更多的选择权。

然而，乐购并没有在公平交易局规定的时间内将卖场售出。由于这对斯劳地区零售市场的竞争环境造成了影响，公平交易局将此事提交给竞争委员会调查处理。

竞争委员会调查了下述问题：

● 该地区其他零售商店的匮乏是否导致乐购单方面涨价或者致使其对消费者服务质量的下降。

● 该地区的封闭环境是否削弱了其他相关超市所面临的竞争压力。

该委员会最终得出结论，认为乐购购买该场地确实给该地区的竞争环境造成了威胁，原因是其他合作社的匮乏直接导致乐购各大超市失去了竞争束缚。

竞争委员会的解决方案是要求乐购出售该场地，以便让其他公司来使用。委员会同时希望乐购不要接受太低的价格，毕竟这个资产花费了不少的时间和金钱。

后来，该处被卖给塞恩斯伯里公司改为超市使用——塞恩斯伯里超市成了乐购的直接竞争对手，同时也能刺激该地零售市场的竞争活力。

在我们结束垄断的讨论之前，值得注意的是：垄断势力不仅可以产生于市场上只存在一个排他性的卖方时，也可以产生于市场上只有一个排他性或占主导的买方时。这种排他性买方叫做**买方垄断**。例如，亚马逊公司通过邮政配送大量的货物，使其成为邮政服务系统在全世界范围内最主要的买方。这就意味着，那些来自邮政服务系统的供应商们相对于亚马逊而言，尽管对它们来说能够与如此坚挺的跨国公司进行交易是幸运的，但与此同时，它们也不得不接受任何可能来自亚马逊偶尔操纵的条件苛刻的交易。

> **买方垄断**：指市场上只有一个主导性买方。

▊ 5.6 不完全竞争（也称垄断竞争）[①]

不完全竞争和寡头垄断（见5.7节）是两种中间的市场结构。此种结构介于极端的

[①] 不完全竞争有时也被称为垄断竞争，因为它同时具有垄断和竞争的因素。

完全竞争和完全垄断之间。它们共同呈现了一种相比垄断更大程度的竞争。与垄断一样，不完全竞争企业和寡头垄断企业也是价格制定者。换句话说，它们能够独立于其竞争对手而自行定价。回想那些作为受价者的企业，在完全竞争中必定都接受了既定的市场价格。

不完全竞争企业能够成为定价者的原因是它们销售差异化的产品。正如前文所说，差异化的产品之间相似却必定又有将各自区别开来的特征。例如，市中心的酒店和酒吧可能会被认为正处于这种不完全竞争中。它们有许多同行，并且大都销售相同的啤酒、葡萄酒以及雪碧等。同样这些市场也相对容易地进入和退出。这里所谓的区别性特征可能指任何特定酒吧的氛围，诸如其开业时间、特定的客户或者是其鸡尾酒或是啤酒的价格和质量。

作为定价者，不完全竞争企业面临一个正常的向右下倾斜的需求/平均收入曲线，如图 5-8 所示。它们的边际收入曲线的形状也和图中的 MR 曲线一样。更为重要的是，我们知道所有公司的平均成本曲线和边际成本曲线都与图 5-2 相似。将所有的这些信息集中到一起，并假设利润最大化，我们最终得到不完全竞争企业的一个超额利润点。这个利润点与（完全）垄断下长期经营点的利润是一致的（见图 5-9）。然而对于不完全竞争企业来说，这仅仅是一个短期经营点。一个不完全竞争市场允许企业自由进入和退出（垄断无自由进入）。因此，正是由于超额利润吸引了新的市场进入者，由此市场中所有企业的需求曲线以及 AR 曲线都转移到了左边，因为需求水平在更多的企业之间分配。这意味着，在长期情况下，不完全竞争企业只能赚得正常利润。新的企业将继续不断地进入市场直到所有超额利润被稀释。不完全竞争的代表性企业，其长期经营点正如图 5-12 描述的那样。通常，Q_1 是利润最大化的产量，由 MC=MR 规则所决定。显然，在此只能获

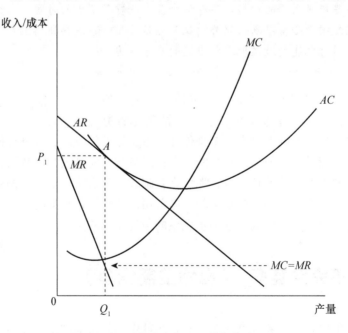

图 5-12　不完全竞争企业的长期地位

得正常利润，因为总收入和总成本是相等的（两者都由图中的矩形 $0P_1AQ_1$ 所呈现）。同样要注意的是，不像在完全竞争行业中的企业那样，不完全竞争企业在其平均成本曲线的最低点并不进行生产。

▌ 5.7 寡头垄断

当一个行业中只有少数几个企业且其规模相对于该行业的市场总规模很大时，**寡头垄断**便会出现。寡头垄断同样因为一系列的市场准入壁垒而变得尤为典型。这些市场准入壁垒使得新企业很难进入市场。这意味着，寡头垄断者所赚取的利润并不会像在不完全竞争中那样被轻易地竞争掉。另外，在寡头垄断市场中，打破那些市场准入壁垒也并不像在垄断市场中那样毫无可能。思考以下保护寡头垄断企业的市场准入壁垒的例子。

> **寡头垄断**：指只有少数几个企业相互竞争的一种市场结构。

- 由于在位企业的规模，一些寡头垄断市场可能难以进入。例如，当今的全球移动手机制造业被五大企业所主导：诺基亚、三星、LG、摩托罗拉、索尼爱立信。这五大企业一起占据市场 80% 的份额。若要有效地与这五大企业进行竞争，即使企业处在发展的中期阶段，也会相当地困难和冒险。若要竞争，任何新的企业都将要相对快速生产或销售大批量产品，并且需要无限巨大的成本，伴随着它们的经营战略随时可能失败的风险。然而需要注意的是，进入寡头垄断市场也绝非不可能。拥有必胜产品的企业——例如制造 iPhone 手机的苹果公司或是制造黑莓手机的 RIM（移动研究公司），这些企业通过**有机增长**必定能在市场中占据适度的稳固地位，并借助自身资源不断壮大，尽管它们吞并市场巨无霸——

> **有机增长**：指公司依托自有资源而成长。

诸如拥有 40% 的手机销售量市场份额的诺基亚公司——的能力在中短期之内还是有限的。

- 难以进入寡头垄断市场同样可能因为在位企业的生产和销售战略。这里有一个非常著名的例子——英国肥皂粉产业拥有的两大集团：联合利华和宝洁。联合利华品牌包括宝丝、Surf 和奥妙。而宝洁品牌旗下生产碧浪、Bold、Daz 以及 Fairy 等产品。这些产品同样以多种形式呈现——生物的、非生物的、液体状以及胶囊状。综上所述，如果一个新的市场进入者带着雄心壮志想要站在一个平等的基点与联合利华和宝洁竞争，那么从一开始，它可能就需要生产以及营销至少三种具有区别性的洗衣产品。而每一种产品都要被做成多种形式——生物的、非生物的以及其他形式。这样才能保证其产品在市场中占据 1/3 的份额。再者，如果这些在位企业不实施成熟的产品多元化战略，那么其成本和相关的风险变得更大也并非不可能。

- 一个终极的市场准入壁垒产生自寡头垄断者通过品牌的创立而赋予其产品的地位和权威。因为这些寡头垄断者是市场中的主宰并占据最有利的资源，所以在位企业能够建立各层次的品牌认知度，这种品牌认知度使得那些新的市场进入者觉得与其有效竞争或对其发起挑战都是十分困难的。有时候，品牌可以如此成功以至其品牌就可以成为产品的代表。真空吸尘器更加通常和流行的叫法是什么？胡佛（hoover）。但其实胡佛是一个企业的品牌及其注册商标，后来转化成了一个专门用语，例如下面这句话："3 岁的莱拉太饿了，她风卷残云般吃光了（hoovered up）她的意大利面。"

此外，品牌也不是不可逾越的市场准入壁垒——戴森系列吸尘器产品的成功充分证明了这一点：戴森牌真空吸尘器自产品投放后，仅在不到两年的时间就主导了英国市场。但是这必定也使得詹姆斯·戴森感到烦恼——当他听到他那具有革命性的产品被称为胡佛（hoover）时。不过，相比科技的发展，专门用语的发展更为缓慢。所以也许未来某一天，莱拉的孙辈们将要"戴森"（dysoning up）了他们的意大利面。

□ 寡头垄断和价格稳定性

寡头垄断市场的一个明显特征是其有时被认为表现出价格稳定性。尽管在同一个市场中的寡头垄断者明显是在相互竞争，但竞争有时是采取非价格形式。有无事例可言？我们以一个快速的、尽管非科学的、基于表格的调查作为开始。在调查中，影院里一部非常受欢迎的影片叫做《盗梦空间》，由莱昂纳多·迪卡普里奥主演。但是这部影片的票价如何呢？在利物浦，近期显示：7 家当地影院中有 6 家已接待了 450 000 位观众，所以这看起来像是一个寡头垄断市场。我们刚刚完成市中心两家影院的票价调查，它们的票价分别为 7.40 英镑和 7.60 英镑，没有太大的差别。余下郊区影院的票价在 7.00 英镑、6.50 英镑、6.45 英镑到 4.74 英镑不等。这里最便宜的票价与其余影院的票价的确有一点出入，但是这一影院是一个老式会场，由当地人经营，作为一个慈善和社会事业单位。毫无疑问，以这个为例，我们有 6 家影院提供了非常相似的票价，可能伴随着市中心影院的少量加价。所以这里出现了一些有关缺失激烈价格竞争的有趣的建议。

那么非价格竞争的形式如何呢？这在许多影院中很难识别，这里的服务趋向颇为标准化。不管怎样，只要你在黑暗中拿着爆米花，电影的质量就很重要。但在一些其他的寡头垄断市场中，事实却并非如此。移动电话服务提供了一个最好的例子。因为这些公司正销售着一些十分标准化的东西——电视节目播放的时间——一些企业相互竞争时通过大量广告来宣传它们借助于特定网络而提供的额外产品。Orange 漫画如何？Orange 周三漫画和二合一电影票。O2 如何？充值惊喜和优先音乐会门票，正如电影《魔戒》中的那个家伙时刻提醒着我们。沃达丰如何？有望拿到 VIP 进入《部分英国》的大事件中。所以尤其就广告而言，这是相当复杂、激烈的非价格形式的高代价竞争。

□ 为何在寡头垄断中有价格稳定的趋势？

我们到现在为止所看到的这个例子倾向于表明寡头垄断企业拥有唯一的经营问题——它们必须不断地思考并且应对甚至是预料其对手的行动。而在某种程度上，其他市场结构中的企业无须这样做。例如，完全垄断者就免受这些担忧。因为在这种情况下，企业和行业即是同一种东西，并且与之竞争的企业并不存在。类似地，我们知道那些不完全竞争企业是价格制定者，所以它们有能力做出那些可能影响到它们的竞争者的独立定价以及产出决定。但是，正因为它们各自相对于市场都较小，所以这些决定不太可能能够影响到许多对手企业的计划。在大城市中，100 家中的 1 家晒黑沙龙如果将其价格提高一倍，它很快便会被这个市场淘汰。但如果它减价一半，它便会被那些想要晒黑的人竞相选择，并且无法在短期内应对自如（短期指主要来访顾客为固定的阶段）。不管怎样，其余的 99 家晒黑沙龙将十有八九继续安稳地经营。而其他企业不论做什么都不能对这个市场产生影响。最后，在完全竞争中由于企业是价格的接受者，所以它们只能接受既定的市场价格且不能独立标价或做出任何产出决定。这里，对手企业并不要紧，因为它们也不能做任何事。

但是寡头垄断的定义特征是，少数几个企业其规模相对于市场很大，意味着每个企业的价格战略对于其竞争者来说都是至关重要的。如果 Orange 公司猜想 O_2 公司将要裁员，那么它也要这样做吗？如果 Orange 公司没有跟随 O_2 公司的领导策略，它可能在生意场上失利吗？另一方面，如果 O_2 公司料想到 Orange 或是其他网络内的供应商将要裁员，这对 O_2 来说也去裁员是否明智？虽然市场中的价格下跌了，但是相关的市场份额却未出现任何变化，所以，所有的企业都可能变差。你看到这个问题了吗？在价格竞争中什么也不做反而是最安全的经营战略，我们再次回到寡头垄断市场的价格稳定性。

图 5-13 提供了对在寡头垄断企业间出现的价格稳定性趋势的相对正式的解释。这里最关键的特征便是这条非直线的平均收入曲线 AR 或需求曲线。即低于价格 P_1 的需求曲线比较陡直，高于价格 P_1 的需求曲线比较平缓。为何这条曲线是弯折的呢？答案与我们上述参考的 Orange 和 O_2 例子中的那种战略的不确定性有关。

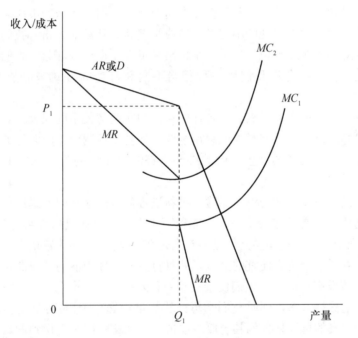

图 5-13　垄断下的价格稳定

● 一方面，任何一个正在考虑将价格调低到 P_1 以下的寡头垄断者可能会担心，它所面临的在 P_1 以下的需求曲线可能相对是无价格弹性的，那么它的一些或是全部竞争对手是否会如法炮制？这意味着价格下调将导致需求数量上的不协调增长，会使企业经营不断恶化。所以价格的降低并不见得是好事。

● 另一方面，企业可能还会担心如果它提高了价格，那么是否很少或没有竞争对手会跟随它？这意味着在 P_1 之上的需求曲线相对是富有价格弹性的。换句话说，价格的提高将在需求上促进一个不合比例的缩减，并再次使得企业经营恶化。所以价格的提高也并不见得是好事。因此，寡头垄断企业偏爱的策略可能促成了价格稳定性。

如果价格稳定性真的出现，那么这将是**纳什均衡**最好的一个例子。纳什均衡因诺贝尔经济学奖获得者约翰·纳什（他在 21 岁便完成了此项工作）创立而命名。纳什均衡发生于在已知对手的选择的情况下，经济人选择的行动的优先方案。记住这一均衡意味着无变化趋势。就寡头垄断而言，每个企业担心其对手针对它的任何价格变动做出的反应转化为价格稳定性。

纳什均衡：指经济主体在已知其他主体的选择的情况下最优化自己的选择的一种状态。

图 5-13 中有一个进一步的弯折。注意那条弯折的需求曲线在位于利润最大化产出水平的 Q_1 点的边际收入曲线上产生了一个缺口或是中断，那里 $MC=MR$。这一缺口使得企业不用采取价格或是产出方面的变化措施，就可以吸收适度的成本增长（在 MC_1 到 MC_2 的范围内）。

5.8 寡头垄断和博弈论

寡头垄断是相互依存的——其他企业在这个市场结构中所做的事在某种程度上会影响到那些在完全竞争中未出现的不完全竞争或是垄断。到目前为止，我们已经表明此种相互依存尤其对寡头垄断来说产生了一个价格稳定性。在这一部分，我们要介绍一种方法——博弈论，该方法允许我们用一种相当不同和有趣的方式来分析寡头垄断间的关系。

博弈论是一个可被用来探索各种各样的经济和非经济关系的强大工具。象棋和扑克就是博弈论最好的例子。你怎样才能赢得游戏？那就要预测对手应对你的行动的可能反应和尽你所能隐藏你的意图。生活中的许多事都能以相似的方式来应对。这里有一些例子。

● 最近你是否更新过你的汽车保险？更新进程常常以这样的方式进行：你的保险公司寄来一封邀请函，邀请你接受一个可能稍高于去年价位的更新方案。"什么？"你想，"我从未有过理赔，为何我还要支付更多？真是在开玩笑！"你非常地生气，于是在一个比较网站上找到了一个更为便宜的报价，并且打电话给你当前的供应商告知你将拒绝他们那毫无根据的报价。即刻，他们便安抚道："女士，我们并不希望失去你我在生意上的友好往来。请保持联系，同时我们会想办法尽量给您一个更优惠的价格方案。"令人惊奇的是，他们真的可以！他们甚至厚脸皮地问你从比较网站上得到的最低报价。接下来会发生什么？很好，你正是被你的保险公司套在这一博弈中了。这个博弈继而以你轻易地接受他们的原始报价而收场，或是同多家保险公司在新的或是更好的报价间几经周旋。在这一过程中，他们试图使你揭露自身或是双方的有关博弈的信息。

● 两名汽车驾驶员在一条部分被路边停车所堵塞的狭窄街道上相遇。原本应该让路的驾驶员侵略性地进行加速尝试挤过车道。那么其他的驾驶员需要慢下来，还是维护自己的权利也加速呢？这又是另一个博弈。如果第一个驾驶员开的是一辆四缸发动机和四轮驱动的汽车，而第二位驾驶员开的是一辆小型迷你车，那么这个博弈会变吗？如果第二辆车是一辆伴随许多凹痕和擦痕的老式私人雇用的出租车，而那辆拥有四缸发动机和四轮驱动的车是一辆新车，这时又可能会发生什么？（这个例子来源于托马斯·斯凯林，一位曾获诺贝尔经济学奖的博弈理论学家。）

● 近日英国政府正在斟酌一个是否要替换其昂贵的基于潜水的核武器威慑力的问题。一个降低了核武器威力的英国能使其居民在核袭击中多多少少感到安全吗？而拥有这些核武器将会使得由好战者向英国发动的袭击变得非常危险。但另外，一个无核武器能力的英国将不会成为核武器交战时的一个目标。国家核武器的防御选择也可以使用博弈论来进行分析。

一个有关博弈论最有名的例证便是囚徒困境。在这种例子中，两人皆因为一个被指控的罪行而被拘留。审问者使她们明白，她们各自有一个选择。坦白意味着她共同的被告人将看到这个已坦白的囚犯得到一个较轻的判决；而否认隐藏着重判的危险。但是这两个囚徒待在独自的小牢房内，如果她们同时否认这个罪行，她们将同时被释放。这是一个狡猾的选择。她们能够相信对方吗？她们各自问自己，如果另一方为了保证自己得到一个轻判而将其背叛怎么办？表 5－1 展示了在支付矩阵中每个囚徒的出路。

● 如果凯特否认罪行而利比坦白，那么在表格右上角可以看到利比得到一个轻判，而凯特得到重判。因为利比背叛并告发了她。

● 如果凯特坦白而利比否认罪行，那么在表格左下方可以看到判决结果刚好相反。

● 如果两人同时坦白，那么表格右下方显示双方都得到一个从轻的判决。

● 最后，如果两人同时否认这个被指控的罪行，那么两人同时被释放，正如表格左上角处所显示的结果。

表 5－1　　　　　　　　　　　　　　　　囚徒困境

		利比	
		否认	坦白
凯特	否认	被释，被释	重判，轻判
	坦白	轻判，重判	轻判，轻判

如果利比和凯特决定选择一个可以使得她们的潜在损失最小化的选项，不论他人如何做，两个人都将坦白并且接受一个有保证的轻判。这个选择即被称为**占优策略**，尽自己所能而不管他人做什么选择。

> **占优策略**：指博弈中无论对方做出什么决定，博弈的一方都采取的行为。

博弈论是如何帮助我们理解寡头垄断企业间的相互作用的呢？似乎寡头垄断企业在战略经营问题中也面临着囚徒困境中的困境。表 5－2 即为在寡头垄断市场中的两个虚构企业草拟的一些替代性的方案：红色巴士有限公司和蓝色巴士有限公司。这里企业所面对的选择是是否要提高票价的问题。我们依次进行假设。

● 红色巴士公司决定提高其票价，它将赚得每米 2 英镑的收入，那么蓝色巴士公司也会这样做吗？但是如果蓝色巴士公司保持其票价不变，那么红色巴士公司将要遭受每米 4 英镑的收入下降。

● 如果红色巴士公司决定保持其票价不变呢？那么它将赚得每米 3 英镑的收入，条件是蓝色巴士公司抬高其价格。但如果蓝色巴士公司同样保持其票价不变，那么红色巴士公司将不会经历任何收入变化。

● 结果呢？红色巴士公司有一个占优策略（一种不顾及蓝色巴士公司决定的策略），即保持其票价不变，以防止大的收入崩溃危机。

● 由于蓝色巴士公司持相同观点，如果它提高其票价，它将赚得每米 4 英镑的收入，条件是红色巴士公司跟随其领导。但是如果红色巴士公司并不照着做并且保持其票价不变，那么蓝色巴士公司将损失每米 2 英镑的收入。

● 如果蓝色巴士公司保持其票价不变，它将赚得每米 5 英镑的收入，条件是红色巴士公司提高其票价。但是如果红色巴士公司同样保持其票价不变，那么蓝色巴士公司将不会经历任何收入变化。

● 结果呢？蓝色巴士公司也有一个占优策略，即保持其票价不变并以此防止大量的收入损失风险。

表 5－2 寡头垄断者的支付矩阵

		蓝色巴士有限公司	
		提高价格	保持票价不变
红色巴士 有限公司	提高价格	＋每米 2 英镑，＋每米 4 英镑	－每米 4 英镑，＋每米 5 英镑
	保持票价不变	＋每米 3 英镑，－每米 2 英镑	相同收入，相同收入

但是作为囚徒困境中的两个公司来说，明显有一个更好的选择：它们相互信任。如果双方都提高票价，那么每个公司都将赚得大量收入。信任意味着某种共谋协议或是卡特尔。在一些特定的条件之下，这是可能的。正如我们已知的，石油输出国组织（OPEC）就是在石油生产国中的卡特尔。在本书的第 2 章中，我们已经谈论过石油输出国组织对国际石油生产的操纵以及通过国际石油的生产操纵世界石油价格。

但是对于我们的两个巴士公司来说，事情可能显得尤为不同。首先，由于它们极力抑制竞争并且为抢占消费者而工作，因此卡特尔在一些国家中是非法的。在英国，如果某个公司被发现是卡特尔的一个成员，那么它将被罚高达 10％的营业额。并且它的行政部门将被确认触犯最高可达 5 年牢狱之灾的刑事罪。其次，卡特尔的成员们大有断绝其相互关系的机会。事实上，在英国，官方积极地鼓励卡特尔成员自觉地承认它们所做的一切并且承诺可以完全免除其被起诉。所以剩余的卡特尔公司及其管理人员都会受到法律的制裁——这也是它们应得的惩罚。因此维持卡特尔的经营是极具风险性的，卡特尔尽管会让你受益，但你能信任自己的搭档们多久？

如果借用最近航空领域的一个例子来回答这个问题，答案是一年左右。在 2007年，英国航空公司被公平交易局罚款 1.125 亿英镑，原因是它和维珍大西洋航空公司串通一气要求乘客为燃油附加费买单。根据公平交易局的记录，这是英国史上针对垄断行为开出的最巨额的一笔罚单。而涉案的另一家非法卡特尔成员——维珍大西洋航空公司却因为早一步向公平交易局交代了它和英国航空公司达成的价格协议而免遭处罚。这一事件将 2004—2006 年间的燃油附加费由原先的 5 英镑推高到 60英镑。

根据这一案件，公平交易局发起了针对英国航空公司四名管理人员的犯罪调查，但这些审判在 2010 年都无疾而终。

5.9 市场结构：制度主义者的视角

　　了解了经济理论指导下的完全竞争、不完全竞争、寡头垄断、垄断这四种市场结构之后，它们在现实经济中的不同角色也引起了人们的好奇。尽管完全竞争是一种理想条件下的市场结构形式，但它的近邻——似乎拥有更多特点的不完全竞争——却被认为比寡头垄断和垄断更具普遍性。值得一提的是，非完全竞争市场拥有高度的开放性和竞争性，并且在这种市场环境下运作的公司所拥有的市场排斥权也有所削弱。因此，公司赖以生存的关键就在于保持其在服务消费者方面的竞争性。由此可以得到结论：在存在众多不完全竞争市场的经济体系里，消费者至上的理念仍然根深蒂固。这种经济体系近似于亚当·斯密的理想。那么，现代发达经济体系究竟是什么样子的？它们和不完全竞争经济是相类似的抑或寡头垄断、垄断控制了现代经济？

　　在从事经济分析的各种流派之中，制度主义理论在回答这些问题上是最有真知灼见的。这些理论主要见于加尔布雷斯的后期作品中。尽管他的作品是以美国经济为研究对象的，却适用于欧洲和东亚的一些资本主义国家。加尔布雷斯的主要观点就是，在很多方面，这些经济体愈发被少数的实力强劲的大公司所主导。这里的"实力"是指一种可以操控自身环境的能力。因此加尔布雷斯认为大型公司可以自己组织市场并且在这种市场环境下独占利益，包括榨取其他小公司和消费者的利益，其中后者的利益是被榨取最多的。

　　相对来说，这是一种新状况。18世纪和19世纪的资本主义并非现在这种形式。当时的资本主义拥有不完全竞争的典型特点，因此消费者至上的观念在当时同样适用。但在这段过渡时期，尤其是在1945年以后，资本主义的关键组成部分（包括公司这种组织形式）都在经历着巨变。战后时期不仅出现了大型公司，也出现了"大型"政府和大型商会组织。加尔布雷斯认为资本主义构成的变化不仅对其运作方式有巨大的影响，同时对其受益者也有着深远影响。下面重点关注他对公司的分析。

　　在制度主义者看来，1945年以后，发达的资本主义经济下的不同行业领域里众多大型公司的出现是由这段时期内技术进步所导致的。在第3章，我们注意到福特公司所采用的流水线组装汽车的方法，一方面让生产变得更廉价和简单，另一方面也使得汽车的总产量比以往大幅增加。随着"福特主义"在其他行业领域的逐步兴起，这些行业的商品产量也有所增加。在一些不适宜采用流水线进行生产的行业，采用其他与高投资相关的技术革新方法也能够高效地增加商品产量，相应地，公司的规模也在扩大。

　　因此，这一过程持续了多久？在加尔布雷斯看来，美国将近一半的个人产品都由大公司掌握，而这些大公司要么是寡头垄断公司，要么是垄断公司。另一半的产品则是由有着不完全竞争性质的的公司控制。消费者至上这一观念在后者中仍然是可行的：在实现利润最大化的过程中，公司必须以消费者利益为先并且要根据消费者的需求来调整生产过程。加尔布雷斯将非竞争性的这部分经济称为"计划体系"而把具备竞争特性的这部分经济称为"市场体系"。"计划性"一词非常恰当，因为在这种体系下的公司能够计划并引导自身市场的发展。这一观点立场非常鲜明并且赞同消费者至上这一传统说法。

这是如何实现的呢？

前面提到，制度主义者的分析方法表明公司的大小和实力之间存在联系。毫无疑问的是，在现代发达的经济体系下，首屈一指的公司都规模巨大。比如，近年来美国石油巨头埃克森美孚公司的年收入比挪威、丹麦、新西兰等国家的国民收入还多。但是有规模的公司是如何变得有实力的？加尔布雷斯认为大公司的措施能够影响到消费者、商品成本以及商品价格，而这些是小公司所不具备的。下面我们将更详细地了解这几个方面。

消费者

首先，消费者可以不受影响地去接受广告和公司（无论其是大是小）。很显然，占据资源优势的大公司可以在广告上花大笔的钱。但广告的作用是什么呢？用传统观点来看，广告可以让公司有机会来介绍自己的产品以期引导消费者看到商品的价值所在。福特推出"福克斯"，希望它在和丰田及雷诺的竞争中总能博得消费者的喜爱。但对加尔布雷斯而言，在消费者考虑到汽车广告的累积效应时，事情就变得复杂起来。持续不断的劝诱式营销不会告诉消费者哪辆车更好，而是告诉他们哪款车是最让人中意的。在这一情形下，私家车并不会成为人们两地往返的唯一选择。他们也可以选择乘坐环保巴士作为交通工具。但公共巴士的数量是否也和小汽车一样"车满为患"？回答是否定的，因为巴士公司总体上不如小汽车公司那样有钱和有规模。因而，大量汽车广告起到的效果就是在消费者仅需把车作为代步工具时，它们能够满足消费者的这一需求。尽管所有的公司都能（事实上也都在）做广告，但实际上计划部门的优势资源决定了只有它的成员能够让自己的产品广告信息得到认可并产生劝导效果，例如大型汽车公司就可以做到这样。但所有这些并不意味着消费者在计划体系内只会上当受骗，而是说在经济体系内的公司能改变收入并通过排挤小公司的市场来培养消费者对自己品牌的忠诚度。

成本和价格

在计划体系中，公司的规模能够决定它们在产品成本和价格上的影响力的强弱。能证明成本控制的重要性的一个例子就是英国的各大主要超市终止与厂商的合作同时也不销售它们的产品。原因就是，大型超市现在都看重销售额的比例，而这些厂商出于自身产品销售渠道的考虑会在商业关系中陷入被动。

至于说价格，我们已经充分地把不完全竞争、寡头垄断、垄断公司描述为价格制定者，但在对市场的影响力方面，前者与后两者之间有着很大的不同。不完全竞争的公司的定价权是据其在市场中产品的差异度大小而决定。即使公司在产品差异化程度上的明显优势可以让其制定高于市场标准的价格，但总体并无市场相关性：消费者可以抱着试探心理来购物或者选择购买那些买得到且便宜的商品。在被寡头垄断所主导的市场中，情况就大相径庭了。因为市场中的商品都是由少数大公司生产的，因此商品定价对整个市场来说意义非凡，因为消费者的选择权是相对受限的。在完全垄断市场条件下，上述情况会更加明显，而在寡头垄断的市场条件下，上述情况也是其典型的特点。在寡头垄断条件下，市场追求公司在竞争中保持价格的稳定性，比如它们希望免费价格形式的存在。再一次申明，计划体系下的公司所享有的市场调控措施要远超它们在市场体系下的同行们。

上述分析含义丰富。加尔布雷斯将消费者权利视为一种"接受序列"，意思是市场经济中的命令链是由消费者走向生产者的。正如我们所了解的一样，加尔布雷斯认为，至少在市场体系中，接受序列总体上在人们预期中运作并且公司是服务于消费者的。然而，如果被赋予相同的条件，在计划体系的市场中，这种市场关系会大幅度地倒置。在这种条件下，公司可以塑造和控制市场并且将公司的特权和偏好强加到消费者身上。用加尔布雷斯的话说就是在消费者至上被替换成厂商至上的过程中发生了"序列修改"。传统的经济学并未完全忽视实力这一概念——实力是由独立定价和市场排挤两部分组成的——在制度主义者看来，传统经济学的这种观点未能认识到计划部门的全部权力，同时也没有认清具有完全竞争性质的资本主义中的一些错误观念所带来的负面影响。

■ 总　结

- 能独立定价的公司在市场中也相应具备一定的实力。
- 根据相应的经济理论，有四种市场结构：完全竞争、不完全竞争、寡头垄断、垄断。完全竞争是一种理想化的观点，它描绘了在各成员公司高度竞争的情形下，市场是如何运作的。它最突出的贡献在于提出了消费者至上和资源配置的高效性的理念。尽管在现实情况下，完全竞争是不会出现的，但它提供了一种使用的标准，依靠它我们可以弄清楚各种市场结构的优点所在。
- 和完全竞争不同，垄断的特点就在于它不存在任何形式的竞争。这自然会引起资源的不当配置。然而，垄断并不总是限制产量和抬高价格的损害消费者的罪魁祸首。在自然垄断条件下，个体厂商可以提高产量和降低价格，并且这种变化幅度在竞争环境下是不可能实现的。垄断是有准入限制的，但与公司大小无关。最后，垄断是背离消费者至上这一理念的。
- 在剩下的两种市场结构中，与垄断相同，公司都是定价者。寡头垄断的特点是竞争平和，消费者主权被削弱。但保留有竞争性的不完全竞争市场结构会优先考虑消费者的利益。
- 最后，加尔布雷斯的作品认为，现代资本经济体系大体都朝向寡头垄断和垄断发展。这一趋势引起了我们对现代资本主义市场体系终极目标的追问：它究竟保护谁的利益——是消费者的利益，还是厂商的利益？

■ 关键术语

- 市场势力
- 市场结构
- 完全竞争
- 垄断
- 资源错配
- 无谓损失

- 买方垄断
- 受价者
- 定价者
- 正常利润和超额利润
- 博弈论
- 纳什均衡

- 制度主义
- 计划体系
- 市场体系

- 接受序列
- 序列修改

问题讨论

1. 为何追求利润最大化的公司总是在边际成本等于边际收入时才生产？

2. 下面的企业垄断势力如何：夜间街边小店；本地酒馆；《金融时报》；英国天然气公司；英吉利海峡隧道。

3. 垄断厂商总是抬高价格、缩减产量吗？

4. 加尔布雷斯的"序列修改"的意义是什么？

推荐阅读

约翰·加尔布雷斯《经济学和公共目的》，第 9 章 "集体智慧的本质"

这是三部曲中的第三部。书中加尔布雷斯对大公司进行了批判。第 9 章中他给出了技术结构的本质和意义。他用这个术语来描述集体掌管现代企业的代理者。

阅读该章，回答下列问题：

1. 技术结构的人员构成类型是什么？他们怎么获得所在公司的主要决定力？

2. 技术结构的动因是什么？这些动因如何影响传统经济学中关于利润最大化的假设？

3. 你怎样评价加尔布雷斯的观点？这些观点的显性意义是说公司的商业领袖或大鳄，比如说理查德·布兰森、鲁伯特·默多克，对他们各自企业的影响是有限的，你同意吗？

4. 回答了问题 3，再看一下新闻集团的网站（http://www.newscorp.com/），看一下这家企业是如何跨界延伸的：有线电视网络、电影娱乐、电视、卫星电视、出版和其他活动（一一点击）。现在你怎么想？

第6章

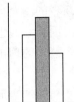

企业和政府

关键问题

- 在协调某些商品和服务的需求与供给时，市场产生的效果是否有时不够理想？
- 如果市场确实失灵了，政府可以干涉并纠正这一问题吗？
- 政府干预市场的时候，其自身是否会出现失灵的情况呢？
- 企业和政府在市场失灵中暗示了哪种关系？
- 政府应采取哪种政策帮助企业更好地发展？

6.1 引 言

本书的第1、2章讨论了自由与竞争的市场体系可以解决稀缺资源的使用与配置等基本经济问题。然而，在第5章我们看到，一旦放松自由市场必然是竞争性的这种隐含假设，自由放任主义的固有优势的确定性就会开始消失。在现实市场中，垄断和寡头的存在直接削弱了消费者主权，并可能损害一般消费者的利益。从企业的角度来看，这种明显的缺陷在以市场为导向的资源配置中非常重要，因为其为政府干预市场提供了一个理论基础。企业必须接受其将会与政府发生的各种关系。

在本章中，我们将通过引入**市场失灵**的概念，研究政府和企业之间关系的实质。传统经济学理论认为市场失灵主要有以下三种形式：

> **市场失灵**：指市场未能提供特定的商品，或是未能以最佳或令人满意的水平提供特定的商品。

- 垄断；
- 公共产品；

- 外部效应。

我们在第 5 章看到，垄断的存在，鉴于其被认为会扭曲市场的正常运行，可能会导致各种形式的政府干预。例如，政府可能会采取措施限制垄断者的商业自由（见第 5 章中竞争委员会与乐购的案例）或通过国有化取得垄断所有权。因为它们也是市场失灵的表现形式，公共产品和外部效应的存在为政府干预提供了一个额外的理由，为企业和政府之间的关系增加了新的维度。

然而，一些自由主义经济学家声称，市场失灵相对少见，与其特定形态相关的问题可能被夸大了。自由学派也提出了政府或政府失灵的问题。这里的争论是，在干预并"解决"一个市场失灵的特定案例中，政府本身经常出错，经济问题会变得更糟而不是更好。这表明，市场失灵应该被容忍，因为其在许多情况下比政府失灵更可取。实际上，自由主义经济学家认为，政府在市场活动中干预太多，他们认为，应该让商业活动不受阻碍地继续在资源配置中发挥作用。本章也考虑了这个观点。

特别是在英国，以及许多其他经济体，这种相信市场（尽管市场可能存在短板）是最好的稀缺资源配置工具的观点，引入了私有化政策。私有化涉及放弃政府对经济活动的某些影响以及随之而来的对市场优先次序的重申。我们通过对英国私有化过程的概述，来进一步说明企业和政府之间的关系问题，这就是本章的核心问题。

最后，我们还将考虑政府试图改善企业绩效的尝试，这种政府活动有两种状态。第一，主要是维护消费者利益，政府可能试图在市场中建立竞争的保护规则。在第 5 章，我们回顾了有关垄断的政府政策，在大多数情况下，垄断在经济学上是不受欢迎的，它们的形成是受到抵制的。这种**竞争政策**另一种更普遍的形式是政府控制垄断的尝试。其中，重点是促进竞争，以确保消费者被正确和公平地对待。第二，与其说政府是基于"消费者保护"的意义上提高公司绩效，不如说是基于成就感的意义。因此，英国政府可能会担忧英国企业相比其在欧洲、美国或日本的竞争对手，在企业活力方面的表现。英国政府可以通过**产业政策**的保护，减少这种担忧。

> **竞争政策：** 政府试图推动市场上企业之间的竞争。
>
> **产业政策：** 政府的政策旨在提高市场中企业的表现。

6.2 市场失灵

市场失灵是什么意思？一个成功运作的自由市场的原则由亚当·斯密在《国富论》（1776）中首次提出。这一原则提出虽已超过 200 年，却鲜有修改。亚当·斯密认为，自由市场是由许多独立的生产者和消费者组成，这形成了市场竞争和个人主义。生产者互相竞争，以此来获得个体消费者。当交易发生时，它假定生产者和消费者之间达成一种独立契约的形式，并进行一定量的商品或服务交换。这些不是老套的看法，这决定了市场按照预期运行的必不可缺的必要元素，这些元素的缺失将会导致市场失灵。

我们已经看到，竞争是市场活力的一个重要来源。没有竞争的激励，生产者创业和创新的动力将会减少；他们可以如法炮制旧商品和服务以赚取利润，根本不用担心竞争对手的活力会暴露自己的死气沉沉，因为现阶段不存在任何竞争对手。如果这种情况发生，这种停滞肯定会加快市场失灵的程度，最明显的结果是垄断。

类似地，自由市场肯定是个人主义的，因为生产者和消费者通过私人买卖商品和服务。如果市场阻碍个人独享或使用某些特定商品和服务，那么市场就不会存在。我们会看到这类**公共产品**确实存在，市场因为无法协调生产和消费而产生失灵。

> **公共产品**：一经生产，人人都能自由地消费。

最后，斯密关于市场成功发挥作用的概念建立在自由裁量权的基础上。当个人生产者和消费者参与市场交易时，他们完全是出自自愿和主动，因为他们希望通过交易获得回报。斯密认为，随着数以百万计的个人经济主体在社会中长期积累，进行越来越多的交易，回报的总量会随之增加，最终形成一个更有效率和富足的社会。然而，这里一个重要的假设是，每个交易只影响那些直接参与交易的人。但如果在交易的边缘有"无辜的旁观者"，他们是否从某种程度上受害或者受益呢？当这样的外部效应（简称为**外部性**）发生时，自由市场及其离散的个人主义假定就无法认定了。

> **外部性或第三方效应**：生产者和消费者未考虑社会其他成员的代价或收益。

因此，在潜在的关于竞争、个人主义和自由裁量权（斯密理论框架的核心）的必要假设不成立的情况下，自由市场就可能发生失灵。我们已经在第 5 章回顾了归因于垄断的市场失灵。尽管我们在讨论私有化和竞争政策的时候又回到这个问题上，但目前我们专注于另外两种形式的市场失灵：公共产品和外部性。

6.3 公共产品

各种各样的产品和服务消费具有私人性和排他性。如果我喝了一品脱啤酒，没有人可以喝同一品脱的啤酒。如果你去电影院看电影，我不能在相同的时间、坐在相同的位置和你看同一部电影。在每种情况下，商品和服务是全面、排他地被消耗掉。事实上，正如我们将看到的，如果用市场作为产品传递的框架，这些**私人产品**的特点是必不可少的。

> **私人产品（或服务）**：商品完全由个人使用。

然而，一些产品和服务不具备这种私人属性。例如，街道照明。如果我在晚上散步，消费了街道照明，但我的消费不会减少其他人的供给。因此，街道照明被称为是非竞争性消费。同时，一旦提供街道照明，很难想象如何阻止个体消费照明，否则他们出门就会一片漆黑，因此，街道照明也是非排他性消费。这两个公共产品的特征使得街道照明服务采用市场机制运行变得十分困难。

最主要的困难是众所周知的**搭便车问题**。如果一家私营公司选择供应街道照明，谁还会购买它的服务？每一个潜在的消费者都知道，只要有一个人同意支付服务，其他人就可以免费消费，照明的供应不会因为

> **搭便车问题**：指由于个体依靠他人去支付其消费的产品，而导致市场对公共产品的供给不足的可能性。

消费而减弱（非竞争性），照明提供者或支付者也无法防止他人自由消费（非排他性）。因此，公共服务的特征在于没有人会产生购买动机，每个人都想要搭便车。如果没有私人需求，就不会有私人供给。现在，因为公共产品无法通过市场获得，如果它们本质上被认为是可取的，我们就有一个由政府提供服务的经济学原理。政府有效地迫使社会集

体通过税收支付私人不会或不能购买的产品。当然，民主社会会为这种行为采取选举授权。

其他公共产品的例子包括：国防、司法系统和道路。让我们在公共产品的非竞争性和非排他性特点的背景下仔细地考虑一下这个清单。国防，在第一种情况下，有效地覆盖了任何社会群体，不管他们是否喜欢，所有英国居民都平等地受到了英国国防系统的保护。甚至那些和平主义者或核裁军运动成员，也与任何将军和元帅一样消费了军队服务。国防是一个纯粹的公共产品，因为它充分显示了非竞争性和非排他性。

同样，司法系统对于所有公民一视同仁。警察和法院保护每一个个体免受犯罪活动骚扰。然而，值得注意的是，私营公司有可能独立提供部分司法服务。私营保安公司可以为诸如个人、商店和企业提供保护，就像清洁公司提供的服务一样。这意味着司法系统中安全元素的一部分，如警察的刑事劝阻工作，具备有限的非竞争性和非排他性。在这方面，警察服务被认为介于纯公共产品和私人产品之间。但总体而言，司法管理和公共秩序维护的责任将提升其基本公共品特征。

道路又另当别论，非竞争性在这里只适用于一个地方，即：在一条交通自由的道路上，额外车辆的驶入不会对其他道路使用者造成不必要的阻碍。然而，就像环绕伦敦的M25 高速公路交通堵塞问题严重一样，这意味着，从定义上来说，消费已成为竞争。随着越来越多的车辆在特定的交通高峰期驶入 M25 公路，交通放缓，并最终停了下来。但是也有可能把交通从道路（公共产品）中排除，英国的一些高速公路延伸段，以及法国大部分地区的高速公路网络是收费的，只有付费的车辆方可驶入。因此，非竞争性或者排他性并不完全适用。

依照惯例，尽管形式上不像国防和司法系统那么纯粹，但道路一般仍然被划分为公共产品。其公共产品地位的主要原因是系统排斥和完全私有化过程中操作性和政治上的困难。因此，虽然收费系统可适用于高速公路，但几乎不可能适用于大多数道路。此外，鉴于西方社会中私人汽车的文化意义，特别是通行自由的观念，系统排斥看上去很难强制实施。也就是说，在大多数情况下，政府必须实实在在地承担提供道路的责任。

然而，目前已经出现了微变的迹象。提供公共道路有一个基本的问题：对于车主来说，道路是免费使用的。这意味着对于驾车者来说，没有消费价格限制，就可以自由消费道路网络。他们必须支付燃料和其他养车成本，这仅与行驶里程有关，并不直接关系到道路使用，因为不论车主是在拥堵的学校还是周日晚上安静的道路上行驶，这些费用都是固定的。司机还须支付道路税，但这是基于一次性征收，而不是根据汽车的使用强度。在现在英国大约有 3 000 万辆登记在册的机动车，其中 2 900 万辆是小汽车。当我们将道路的免费使用和不断上升的汽车保有量结合时，只能有一个结果，那就是拥堵的道路。

关于交通拥堵，政府可以做什么？一个明显的解决方案是修建更多的道路。从市场角度来说，这意味着增加供给以满足需求。这里的困难在于，需求还在继续上升。随着经济的发展，汽车保有量也在增长（事实上，汽车保有量甚至在 2008—2009 年经济衰退时也增加了）。拥堵无法用这种简单的方式解决。另一个方案是，设法使道路使用的市场更像一个私人市场。伦敦自 2003 年已经开始征收交通拥堵费。在撰写本书时，进入伦敦市中心特定区域的日均成本大约为每小时 10 英镑，时间从工作日上午 7 点到下午 18 点。其目的是阻止人们开车进入伦敦，鼓励他们使用公共交通、自行车或步行。收费区域由摄像机网络监管。

那么，拥堵费奏效了吗？图 6-1 提供了一些证据。请注意，在 2002 年，当司机可以开车免费进入伦敦市中心时，超过 180 000 人在工作日上午 7 点到下午 18 点这么做。拥堵费引入后，这个数字下降到 120 000 人左右。这意味着拥堵费阻止了 60 000 名司机开车进入伦敦。相反，图 6-1 表明，其中一些人可能使用了出租车、公交车或自行车，拥堵费引入后，这些交通工具的使用频率都提高了。这看起来很成功，但政府方面表示，经过一段时间的运作，伦敦市中心的交通情况又回到了拥堵费引入前的水平。如果没有引入拥堵费，情况无疑将变得更糟糕。

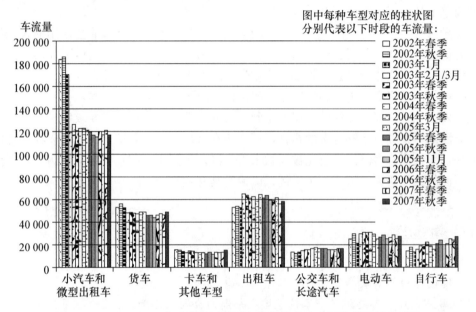

图中每种车型对应的柱状图
分别代表以下时段的车流量：
- 2002年春季
- 2002年秋季
- 2003年1月
- 2003年2月/3月
- 2003年春季
- 2003年秋季
- 2004年春季
- 2004年秋季
- 2005年3月
- 2005年春季
- 2005年秋季
- 2005年11月
- 2006年春季
- 2006年秋季
- 2007年春季
- 2007年秋季

图 6-1　2002—2007 年在收费时间进入伦敦市中心交通收费区的车流量

对于这种道路收费的一个反对意见认为，这可能是不公平的。那些能承受道路收费的人受益于更方便的交通，而贫穷的人被挡在了道路之外。与此类似的权益平等问题正在引起经济学家的关注。然而，特定政策中，权益成本是否超出了其他利益，是一个规范性的判断，必须通过政治途径解决。

6.4　外部性

很多显著市场化的个体间的私人交易影响了第三方或无辜的旁观者，导致了市场失灵的第三种形式。其结果可能是好的，也可能是坏的，但这两种情况下市场都无法解释正在发生的事情。一般来说，市场中发生的交易越多，负外部性越多，反之，则正外部性越多。在公共产品的情况下，外部性的表现为政府对市场进行干预提供了理论基础。减少负外部性，促进正外部性，是政府的目标。

□ 负外部性

环境污染是一个臭名昭著的负外部性的表现形式。如果一家公司使用一条河流作为其废物废水坑，公司的活动将显著影响使用该河流的人。鸟类学家、垂钓者和那些只是喜欢在河边散步的人都将受到公司排污的不利影响。而公司的利益显然在于尽可能有效地组织生产，因此，从自身角度来看，如果其他污水处理手段更加昂贵，公司向河里排污是明智的。同样地，对于那些消费该公司产品，并希望以更低的价格购买的人来说，也偏向于向河里排污的决定。问题的关键是，公司及其消费者都是个人主义市场中的理性的个体。其重点完全在于其所处的私人交易中的成本，而河流使用者作为第三方，其利益简单地从经济上来说不会得到满足。

这显然是一个问题，因为一条干净的河流对于使用或者未来可能会使用的人来说都是具有价值的。如果公司意识到这一点，大概会采取一个环境友好型但更加昂贵的方式处理废水。这就意味着该公司重视其活动带来的私人和更广泛的社会成本。在这种情况下，公司的产品将变得更加昂贵，更高的价格反映了更高的生产成本，只是因为污染外部性被内部化了。那么如何使公司考虑到自身的外部性呢？这就需要政府来做工作。例如，对河流污染进行足够分量的罚款，那么所有潜在的污染者都会去寻求废物处理的清洁办法，无论代价多高昂，总比被罚款来得经济。英国正在鼓励使用这种污染者付费原则。下面的案例研究提供了一个示例，以说明其有效性。

〰〰〰〰〰〰〰〰〰〰〰〰〰〰〰〰〰〰〰〰〰〰〰〰〰〰〰〰〰〰〰〰

▶ 商务案例研究

污染者再次受罚！

环境问题由英国政府下属的环保部（EA）负责。

2008年，环保部起诉了一家位于埃文茅斯的公司（名为塞沃科），因其重油污染塞文河的一条支流。塞沃科承认这些指控，布里斯托地方法院下令其支付金额超过13 000英镑的罚款。

污染是由地下管道腐蚀引起的，但环保部在法庭上称，尽管该公司在被警告后回应了问题，但因其替换吸油管道工作进展缓慢，导致重油两次泄漏通过支流流入塞文河。

可能你认为企业在污染后被罚款，吸取教训，就此结案。但这不是该公司第一次因为环境犯罪被起诉了。

2004年，环保部也起诉过塞沃科，罚款240 000英镑，其中对伪造塞文河河口排放氰化物废水记录罚款70 000英镑。这是此类污染诉讼有史以来最大金额的罚款。

此处的核心问题在于罚款和诉讼费的效应，对于污染者或潜在的污染者是一种威慑。2008年塞沃科被判罚款13 000英镑，金额并不巨大，特别是对一家跨国运作的大公司而言。

塞沃科显然没有牢记先前的教训，积极注意到其产生的外部性以及其他与塞文河口环境质量相关的利益者。

环保部的报告显示，自2000年以来，法院对违反环境保护法的行为实施的罚款介于10 000～12 000英镑。

污染者付费原则的另一种解读是，污染者持特许执照。翻看英国法庭处理此类环境犯罪的记录，潜在的环境污染者是这样回应的：因为巨额罚款的可能性很低，作为商业成本来说几乎可以忽略不计，因此公司更乐见此类污染，偶尔导致的罚款，换句话说，是允许污染的代价。

我们可以用供给和需求方法来分析污染者付费原则和此案例涉及的问题。在图6-2中，需求曲线 D 和供给曲线 S 代表消费者的偏好和企业在这一行业产生污染的空气、土地、水、噪声，形式并不是很重要。行业的均衡产出 Q 使所有的私人市场参与者都获得满足。为什么？因为在价格 P 消费者想要购买的数量与企业供给量正好相等。价格 P 分别反映了消费者和生产者对产出的价值和成本的估计。边际消费者对于第 Q 件产品愿意支付的价格是 P，因为这代表了他的估值。一个购买 Q_A 单位产品的消费者愿意支付更高的价格 P_N。这说明需求曲线是消费者估值的很好反映。同样，Q 点的边际生产者愿意提供的产品价格为 P，因为它代表了该企业的生产成本。但是生产者提供 Q_A 单位产品时会接受一个更低的价格 P_M，因为其生产成本更低。相应地，供给曲线与生产者成本是相关联的。

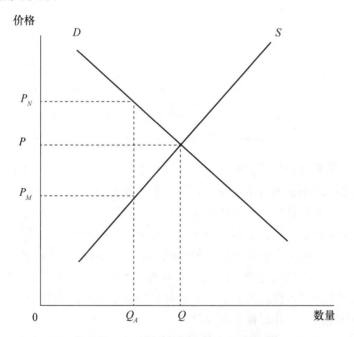

图6-2 污染行业的私营企业的决定

我们现在开始考虑这一行业活动中更宽泛的社会成本问题。市场没有这项功能，因为它只认可对价值和成本的私人估价。在图6-3中，供给曲线 S_1 代表了生产的私人和社会成本，因此，S 与 S_1 之间的距离就代表了行业对于我们无辜人群的污染外部成本。在英国，法院对于污染企业的罚款是推高夹杂在个人和社会层面的生产的私人成本的一个原因。注意到，当罚款将行业成本推高到 S_1 时，行业产量降到 Q_A，此时假设低产出会减少污染。对污染者征收罚款会促使他们及其顾客（他们必须支付更高的价格 P_N）考虑其私人活动的社会成本；换言之，旨在将其产生的外部性内部化。此案例揭示的问题是罚款有时具有讽刺意味，因其几乎不会使供给（私人成本）曲线合理位移。

尽管考虑到英国法律系统的变化性，对污染企业罚款看起来有些随意，但这不是将外部性内部化的唯一途径。全球变暖无疑是人类面临的最严重的外部性问题。怎样化解这一问题呢？一种办法是欧盟的排放权交易机制。排放权交易机制是一种总量控制和排放交易的例子，其目的是对有害排放进行绝对限制，并允许企业之间买卖排放权。

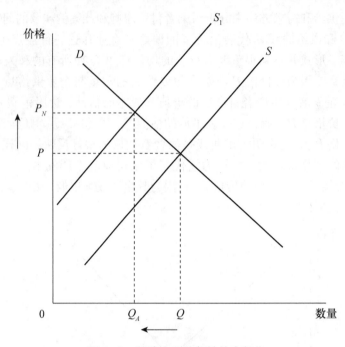

图 6-3　污染企业外部性的内部化

欧盟排放权交易机制是欧洲履行抑制全球变暖的《京都议定书》的一部分，力争到2020 年欧洲的温室气体排放量在 1990 年的基础上降低 20％。在此机制下，每一个欧盟成员都会制订一个分配计划，对重排放企业发放排放许可。在英国，这类企业主要是指发电厂、能源密集行业，如食品和饮料业、工程业、企业制造业。每年年末，企业需要购买排放许可权。理论上，那些可以以较低成本减少排放的企业可以将自身不需要的排放权出卖给那些超标排放的企业。因此，总量控制和排放交易旨在激励企业降低排放，从而其可以出卖排放许可权，或者是不需再额外购买许可权。不管交易过程如何，实行总量控制能使欧盟的二氧化碳排放量下降。

图 6-4 显示了整个过程。企业 1 的排放值是 $0E$，它的排放许可值是 $0A$，它此时拥有了排放权盈余。而企业 2 的境况就完全不同了。它的排放值 $0E^*$ 是在设定许可值 $0A^*$ 之上的。在总量控制和排放权交易机制下，企业 2 要从不需要那么多排放许可的企业，如企业 1，那里购买额外的排放许可。假如出现多家企业需要额外购买排放权，对排放权的需求会增加，较高的价格相应会激励企业减少排放。

那么，在欧盟排放权交易机制奏效了吗？事实是欧洲的排放量的确在下降。2008年的排放量只下降了 3％，到了 2009 年下降值就变成了 11.6％。遗憾的是，尽管 2009年的下降值相当可观，但欧盟承认这大半是因为 2008—2009 年经济衰退导致经济活动

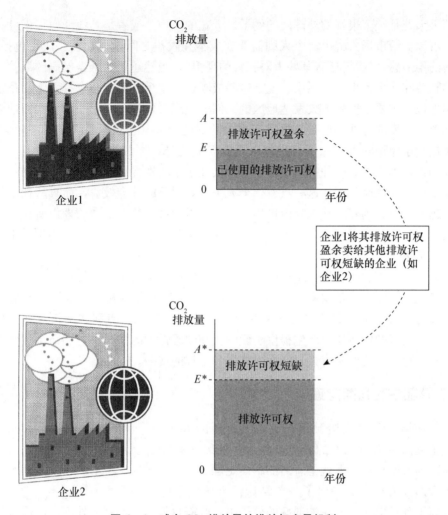

图 6-4 减少 CO_2 排放量的排放权交易机制

低迷。总体来看，此项机制产生了显著的作用，但仍有相当长的路要走。

□ 正外部性

当私人交易给非相关经济主体带来意想不到的收益时，正外部性就产生了。因为市场不承认任何超出即时性交易的东西，所以无法体现交易的真实（高）值。就社会整体而言，私人交易产生正外部性是一件好事。然而，问题在于，因为这仅仅是私人交易，完全建立在个人自由裁量的基础上。现在，一些个体可以选择不进行存疑的交易，这样，一些广泛的社会效益就丧失了——换言之，市场会阻止一些产生正外部性的交易发生。这样就为政府干预市场提供了依据，以保证额外的交易发生，实现附带的外部效益。

这里有另外一个例子。在 1958 年之前，世界上许多人面临感染天花——一种致命的疾病——的危险。在 1977 年，天花完全被消灭了，没有人再死于这种疾病。天花的消灭得益于世界卫生组织发起的一项免疫项目。世界卫生组织是由大多数政府建立的超国别的卫生促进组织。

消灭天花是一个很好的外部性的例子。天花的免疫，或者是其他任何传染性疾病的免疫，可以留给市场去解决。个人则需要在成本和收益之间做出权衡。成本包括价格、注射后的不适感，（或者还有某些人对打针的恐惧？）当然还包括感染疾病的风险。单个个体的收益在于个人将免于感染。鉴于这些成本，一些个体可能会选择不注射疫苗——更确切地说，主要指世界上欠发达地区的人们——或者负担不起免疫的费用。他们将享受不到个人免疫的好处。但是，这里有更大的好处个人（也包括市场）无法考虑在内。这就是进行了免疫的人群除了自身可以抵御疾病之外，还成为非病毒携带者，也就是说，他们再也不会受到此种疾病侵袭。其意义在于，非携带者可以让每个人受益；他们降低了疾病传播的风险。从这一点看，个人免疫有明显的社会效益，而且从社会的角度而言，越多人免疫越好。这也是由世界卫生组织承担进行政府干预的理由所在。如果政府提供免费疫苗，可以想象，感染疾病的风险就会非常小，正如在天花的例子中，直到该疾病完全被消灭。

在第 5 章，我们接触过一个广泛意义上的应用商务中的正外部性例子——个人和组织的创新让我们每个人都受益。不管是詹姆斯·戴森发明的真空吸尘器，辉瑞的万艾可，J. K. 罗琳的小说，还是约翰·列侬和小野洋子的音乐，专利和版权对新科技和艺术的保护为更多的创新作品产生提供了激励。在缺乏保护的情况下，剽窃会让创新的回馈体系不复存在，我们所有人只能面对物质和精神的贫瘠。

□ 外部性和科斯定理

我们在第 3 章首次接触到罗纳德·科斯的著作，讨论了企业减少交易成本的观点。科斯在外部性的研究方面同样有所贡献，那就是著名的**科斯定理**。

> **科斯定理**：指在无交易成本的条件下私人双方交易时，经济的外部性或非效率可以无须政府的干预而得到纠正。

本章迄今为止我们得出了一个结论：市场失灵可以由政府干预予以纠正。在外部性的例子中，政府总是试图抑制负外部性，促进正外部性。科斯定理指出了另外一种可能性。当不存在交易成本时，各方可以协商得出一种满意的结果，从而解决外部性问题，而不需要政府参与其中。

我们举一个狗便便的例子。不知道你如何看待，我们对此是很厌恶的。很可能在公园里，在狗主人中形成了一种社会责任感的传统——大多数狗主人会将狗便便用袋子装起来。这种将负外部性减小到最低的做法对公园的使用者来说都是一件好事情。这是一个延伸的例子，因为在英国的城市会有对狗随地便便进行处罚的广告标识，说明政府在着力解决这个问题。但是我们知道，这种处罚很少实施。那么为什么一些狗主人越来越意识到他们的宠物可能产生的后果呢？

答案看起来有几类：被冒犯的带小孩的人和散步者的大声抱怨，对有素质的狗主人的公开表扬，还有越来越多养狗人士的示范带动。关键是政府没有解决无处不在的外部性问题；其在某些地方减少了，可能是因为受害者和冒犯者之间直接和间接的讨价还价。然而，外部性问题是否通常都能通过已超出理性的行为规范的私人谈判予以解决——不乱扔垃圾；开车时不开着车窗大声播放音乐；在公交上不把脚放在椅子上；等等——还存在一些疑问。

6.5　公共产品、外部性和商务

　　迄今为止，我们概述了公共产品和外部性原理——或许科斯定理更简洁——通常意味着政府在某些市场上的作用明显。同时，作为推论，这可能意味着对商业自由的限制，但重要的是要认识到没有硬性规定。在本节中，我们研究两种已确立的公共服务提供形式，其中英国政府选择了向企业让步，但在不断变化的环境下，这种让步显得相当迟疑。

　　我们想到的两种情况是铁路和空中交通管制。两者的共性是公共安全。这两种服务被政府视为可以由私营部门提供。铁路在 20 世纪 90 年代中期开始私有化，空中交通管制在 2001 年开始部分私有化。

　　我们简单回顾一下政府交付这两项服务的经济原因。外部性原理在两种情形下都适用，因为它们同属公共产品。在现代经济中，两项服务都有许多好处。流动性很重要——我们需要可靠的安全铁路系统连接城镇，也希望安全地飞行。人们的看法是，如果希望有一个好的和有安全保障的铁路网络和足够的空中管制，这些服务应该由政府组织和承销。如果依靠市场，会有供应不足的风险，服务变得不那么安全；而且如果变得易于发生事故，肯定会对直接客户与第三方造成负面影响。

　　还有一种可能性，就是交付给私营部门意味着某些由铁路承担的外部性实现不了：比如当越来越多的人和企业选择铁路运输，而不是汽车、厢式货车和卡车时，缓解道路交通拥堵和减少二氧化碳排放就难以实现。相比之下，空中交通管制有一个公共产品维度。如果一家航空公司被选出经营一个空中交通管制系统，那么它会立即让所有用户受益，包括地面的人群：它具有明显的非竞争性和非排他性——把一些飞机排除在外的空中交通管制是非常危险的。

　　如果由于外部性原理，有充分的理由把两项服务保留在公共部门中，那么，为什么还要私有化呢？事实上，假设私有化应该会让铁路和空中交通管制服务较之公共部门有一个提升。在铁路的例子中，政府认为公有制与大多数形式的铁路基础设施长期投资不足有关，结果是服务质量和乘客人数均有下降。政府的观点是，私人铁路运营商将能够恢复投资网络。它们会有一个强烈的动机（利润）提供标准的服务，吸引乘客回到铁路。对于空中交通管制，类似的争论认为利润动机会吸引更多投资。

　　直到 1999 年秋天为止，这都是政府的计划。然而，在 1999 年 10 月的帕丁顿、2000 年 10 月的哈特菲尔德、2002 年 5 月的波特斯巴，火车事故致 42 人死亡，多人受伤，情况变得糟糕起来。这些悲惨的事故——主要归结为司机的培训和跟踪维护的原因——使私营公司被罚数百万英镑，并使人们的注意力重新放在公共安全上。人们达成一个共识，那就是公共部门仍然在提供有保障的安全服务方面扮演着重要的角色。实际上，外部性原理（抑制负面的外部性）——支持政府干预——被重申。虽然空中交通管制仍然私有化，但英国女王在 1999 年 11 月的演讲（阐述了政府的立法纲领）中明确表示，公共安全监管仍将在公共部门手中，（公共）民航局将保留其发展空域政策的责任。

在铁路的例子中，我们注意到政府把铁路公司——一家私营公司，负责铁路基础设施如桥梁、车站和铁轨的建设——部分重新收归国有后纳入了监管体系，因为政府不认为其有可能增加经费用于"改善英国陈旧的铁路的安全与质量网络"。在 2002 年，铁路公司被一家新机构——铁路网络公司——所取代，虽然这仍然是私营公司，但其有义务保留一切利润用于投资；它也没有预期获得股息的股东。这一安排如何与以营利为目的的公司行为相吻合——私有化背后的基本逻辑——不是很清楚。

6.6 自由主义的观点：市场失灵与政府失灵

尽管在现代经济中存在一些既定的政府干预形式，但兼顾私人和公共资源配置不是各经济学学派的偏好。例如，自由主义学派认为经济尽可能坚持自由市场原则，在本质上要优于那些允许政府大幅干预资源配置问题的看法。这种观点有三个假设：

- 政府太"失灵"；
- 政府失灵比市场失灵更糟糕；
- 自由市场的失灵，在任何情况下，总是被夸大了。

我们来一一分析这些假设。

□ 政府失灵

政府失灵的概念有一个中心主题：政府对资源的配置会破坏消费者和生产者之间至关重要的个人主义联系。我们知道市场是建立在自愿原则上的。每一名消费者进入市场都是因为自愿，都是因为市场上有他们想要购买的商品或服务。自由主义学派认为自由原则很重要。我们可以确定事实上市场是提供人们所需商品和服务的唯一途径。当政府参与到市场中来后，比如交通运输和房地产，它会在提供人们所需的运输或住房的同时对个人征税。在自由学派看来，个人对自己需求的概念被政府需求的概念所取代。这一点在自由主义看来不可逾越。政府似乎在问：谁最知道你们的钱应该花在哪里？回答是：政府知道。

从这个角度分析，政府失灵有三方面特征：

- 首先，很明显，政府对个人需求的解读可能被误读。确实，如何能指望政府准确评估整个社会的高度微妙的欲望呢？自由主义者认为只有市场可以做到这一点，因为它真实回应了个人的需求表达。但是这个推论是正确的吗：政府提供了人们所不需要的东西吗？我们来看下面的例子。在住房领域，在 20 世纪 60 年代和 70 年代，政府着力建设大量公寓来解决住房问题，这也并不是不合理。现在多数人认为，这是一个败笔，公寓也停建了，许多还被拆除，因为人们不愿意在里面居住；这些公寓可以说是政府失灵的突出例子。

- 政府失灵的自由主义解读的第二个特征是强迫。我们知道市场依靠自由原则运行：经济主体因为自愿加入市场交易。对自由主义者来说，这意味着市场强调经济和个人自由。然而，随着政府以各种方式参与到提供商品和服务中来，它必然影响个人以各自选择的方式处置自己的资源。个人发现自己被国家征税，以便它可以服务于一些被自由主义代表人物弗里德里希·哈耶克（1899—1992）称为"抽象"的概念，如"社区和谐"等。然而，尽管纳税人可能对他们的钱的使用途径强烈不满（回顾我们之前的例子：向核裁军运动成员国征税，又不顾它们的明显的反对来金融资助核武器发展），但是他们没有选择的余地。那些逃避征税的人会被罚款或面临牢狱之灾。在自由主义看来，这是不折不扣的强迫。

● 政府失灵的第三个，也是最后一个方面出现在国家干预部分市场，却影响了整个市场的有效运作。例如，100多年来，英国政府在提供公共住房方面一直很活跃。自由主义者认为，这对英国住房市场的正常运行有毁灭性的影响。问题之一就是**挤出效应**。通常认为有三种典型的住房占有形式：业主持有、私人租

> **挤出效应**：指政府支出增加所引起的私人消费或投资降低的效果。在这里，我们使用更宽泛的概念，通过相关国有部门活动的发展来描述对私有部门活动的相关抑制。

赁、政府租赁。然而，很长时间以来，英国的住房市场被业主持有和国家租赁所主导，私人租赁份额很小。为什么会出现这种结果呢？部分由于政府规定必须要有充足的集体住房。随着更多的公共住房的建成，且政府提供相对较低的租金税收补贴，结果是减少了对私人租赁的需求，于是私人租赁就更少了。与此同时，国家也对业主支付抵押贷款利息给予适当的税收减免。这样做的后果是同时增加了业主持有房地产的需求。私人租赁夹在这两种不断扩展的领域中间，被渐渐挤了出去。这种政府主导扭曲了房地产市场，也对英国经济的其他部分的有效运作产生了影响。例如，自由主义者主张，如果失业者能更好地寻找工作，可能更容易减少失业。目前这是困难的，因为房地产市场上最灵活的元素——私人租赁——份额可能太小了。

□ 政府失灵与市场失灵

自由主义接受传统经济的观点，认为市场可能失灵：垄断、公共产品和外部性等有效的概念都可以证明政府干预的存在。然而，我们也意识到政府失灵的自由主义概念。这将创建一个有趣的两难困境：如果市场不能有效运转，我们应该把这个作为国家干预的理由，伴随政府失灵的风险，或者我们应该容忍市场失灵本身？这里自由主义的观点是两个劣质选项之间的竞争。首选的情况可能是一个运转正常的自由市场，之后它就成了政府干预和可能失灵的或逐渐失灵的市场——哪一种更糟糕呢？自由主义的观点认为每种情况应有其优点。对比传统观点，自由主义者暗示，这似乎在进行一种固有的假设，即当政府去纠正市场失灵时，通常是有效的。

□ 反思市场失灵的自由主义观点

自由主义经济学家并不否认市场可能失灵。他们通常承认，因为其与生俱来的不可分割，纯粹的公共产品，如国防和公共道路网络的大部分必须由政府提供；在个人主义的基础上运行的市场不能提供必须集体消费的产品和服务。然而，除此之外，自由主义的观点是，市场失灵可能被夸大了。例如，思考一下关于外部性的问题。这里，自由主义学派认为，尽管某些外部性明确需要政府干预，但其他外部性仅仅是因为方便的原因：允许地方政府卷入市场会更好。

例如，自由主义学派的代表米尔顿·弗里德曼认为，尽管提供城市公园是一个典型

的外部性政府活动，可维护国家公园不是。城市公园不太可能涉及私营部门的利益。它们无疑为许多城市居民提供福利。有些人会直接使用它们；其他人可能仅仅是路过或生活在附近，能享受其风景。私人运营城市公园的问题是，个人不会因为直接受益而支付费用。甚至直接用户也可能不准备支付，如果他们的目的仅仅是去往某地的路上，偶尔从草地走过去。所以尽管大多数公民将从一个城市公园获益，但这是不可能盈利的。弗里德曼承认，这意味着政府会提供有用的设施，以便其外部效益可以实现。

但是，他认为国家公园就不一样了。通常来说，人们不可能仅仅是路过，或因生活在附近而享受其风景，也不会仅仅把它当成一条便捷的小路。这样一来，国家公园的使用者就变成了有目的的人群，他们可以因为从使用中受益而被要求支付门票。对于弗里德曼来说，这是有决定性意义的。因为人们需要为消费买单，一方面，如果有国家公园的需求，市场将会主动来提供它，根本不需要政府干预。另一方面，如果没有足够的需求，那么为什么国家还要提供一些人们不需要的东西而向其征税呢？这里的外部性又证明国家干预得太多了。弗里德曼认为，这种错误的情况已经在许多市场出现了，尤其是公共住房、农业支持价格（见第 2 章关于欧盟共同农业政策的讨论）和实施最低工资水平的立法（见第 7 章）。

□ 自由主义：小结

传统经济学认为，市场失灵的主要地方恰恰证明了国家干预的必要性。国家应该控制或调节垄断，安排提供公共产品并努力控制负外部性，同时促成正外部性。自由主义认为这种对国家能力的解读太简单了。自由主义者反对拿外部性的存在来为国家干预现实经济辩护。他们同样对国家纠正市场失灵的能力表示怀疑。对自由主义者来说，国家也会失败，可能比市场失败更严重。总之，国家干预因为其潜在的不良后果，应该是一种谨慎的判断和最后的手段之一。在自由主义学派看来，国家的限制行为是对市场良好分配机制最大限度的统治。

6.7 私有化

私有化意味着放弃国家对经济活动的某些方面的影响，从而重新确立市场的优先次序。有许多例子可以证明。

● 在过去 30 年里，英国历届政府都采用政策旨在使大多数国有领域私营化。英国石油公司、英国电信、劳斯莱斯、英国航空公司以及水、天然气和能源行业都曾经是公有的。最新一项列入英国私有化议程的是皇家邮政。在其他地方，这个过程的意义更深远。以前实行计划经济的东欧和东亚，经济活动是受非常广泛的国家控制的，直到1989 年，私有化运动在各国发起。

● 私有化还可以采取更微妙的形式。除了出售整个公司或行业，国家允许市场参与公共产品的供给。例如，直到最近，对英国大学的资助在很大程度上是由政府承担。但是现在的学生上大学要交学费了；对本科生来说，费用不超过 9 000 英镑。这是一年大学教育的最高价格。有些大学认为，应该完全取消这项限制，允许大学自主收费。这个提议可能会产生什么影响呢？一个结果便是该行业中的价格竞争。世界顶尖大学剑桥大学可以显著提高其学费（例如，在世界排名第二的哈佛大学，每年学费约为 20 000 英镑）。其他大学可能不会这样做，因为它们担心人们对其课程的需求更具价格弹性。但更大的问题是，大学能否从无上限的费用中有所收获？其意义让我们进入了规范领域的讨论，假设主要标准是英国大学的整体国际地位，而非其他目标如进入高等教育毕业生的比例。

乔治·奥威尔曾写道，竞争的问题是有人赢了他们。大学之间的价格竞争，获胜者将包括知名度高的机构，如剑桥大学、伦敦大学的一些学院和牛津大学。它们可能会提高学费，由此产生的高收入将允许它们进一步改善设施，吸引更多世界一流的员工，或者增加学生人数。一些名气差点的大学可能会发现在一个更具竞争性的环境下很难生存，当收入越来越多地来自学生时，在如何提高学费而不会将申请者吓跑方面它们显得无能为力。事实上，文斯·凯布尔，一位联合政府的杰出的、尽管有时候很矛盾的成员，认为大学像公司一样商业化运作也没什么不好。最终的结果可能是一个小的大学部门，录取很少的学生，但其资源更好，因为它可以利用大量的学费收入。

● 自 1990 年起，英国地方政府也开始了私有化。例如，强制竞争性招标（有条件现金转移支付）要求当地政府允许私营企业可以在以前由政府本身承担的工作中投标。如果私营企业可以以低于当地政府的价格做这项工作，它便获得了一份固定期限合同。由于有强制竞争性招标，一些服务如垃圾收集、街道清洁和提供学校膳食等服务在许多城镇和城市由私营企业提供。因为国家仍然出资并保留对于此类服务的最终责任，尽管这与非国有化的目标相左，但它确实允许私营部门在曾经完全属于公共的领域发挥影响。

最近的很多本地服务由地方政府和企业采取公私合作关系提供。其中最大的是利物浦狄拉克公司，一家由利物浦城市委员会和英国电信共同拥有的私营公司（后者持股80%）。这家运营了 10 年的公司，最初在利物浦只是推出了改进服务计划，现在与国内诸多领域的公共部门有合作关系。公私合作关系模型的社会意义在于有了某种程度的私营部门组织参与，地方政府服务供应可以更好地完成。这是因为将服务供应关系建立在商业基础上，可以保证有必要的激励和资源，确保有效的服务产品交付。必然的结果是，地方政府不用再为其失败的本地服务提供商的差名声辩解，市场压力也就没有了。

□ 私有化的理由

为何要私有化呢？这个问题的答案在我们的例子中已经思考过，就在于传说中的自由市场的优势，这在这本书的第 1～3 章节已经描述过。市场赋予了消费者权利，它促进了劳动分工，激发了追逐利润的厂商的创业热情。私有化的原因是，它把这些特性扩展到新的经济活动中，同时，它必然压缩国家主导的资源配置的低效状态边界。

那么，被压缩的国家主导的资源配置方式有什么必要性基础吗？私有化的支持者认为，从历史上看，当国家承担责任，尤其是对整个行业是这样的话，长期表现不佳和衰败是不可避免的。一般认为，一方面，国有企业会因为厂商（国家）与"现实"的市场互相孤立，容易出现一些共性的缺陷。而另一方面，私营企业必须回应消费者需求；为了保持竞争力，它们必须引入新的技术和新的工作方法，它们不会支付工人超过他们的竞争性职位允许的工资；它们不能容忍懒惰或不称职的管理。我们建议，这些限制及其他限制在国有化行业中并不适用。在公共部门，因为排除了最终市场破产的可能性，国家总是能够为其不佳的表现找到托词。

虽然国有化可能在某种程度上保护产业，但在另一层意义上讲，它也会阻碍其发展。国有化行业，像从前的英国电信（现在的BT），1984年实行私有化，募集到投资资本的能力受到严格的控制。这是因为政府通常希望限制公共开支的增长速度。与此同时，国有化行业进入外国市场的容量有限，在英国电信的例子中，在政治上显然不可能接受英国政府（以BT为幌子）在德国国内市场与荷兰电信展开竞争。现在，在一个非常动态的国际化产业如电信业，创新能力和实现规模经济是至关重要的。因此有人认为，要成为一个领先的电信提供商，BT不得不摆脱国有化所施加的限制条件；它需要筹集充足的投资资本和获得更大的市场。私有化使两这点都能实现。

到目前为止，我们已经总结了私有化在微观经济层面的好处：它给公司以激励，迫使它们到市场上展开竞争；也为它们提供了更好的资源性增长的机会。然而，在宏观经济领域，也找到了为私有化辩护的理由。自1979年以来，私有化计划在英国取得了超过600亿英镑的收入。因为这一项被视为消极的政府支出，其影响已经大幅度地减少了政府借贷——有时这被认为是宏观经济管理的一个理想的结果。

□ 反对私有化

私有化最核心的弱点是所有权的改变本身来说并没有明显的好处。只要私有化公司是垄断的，竞争的正常规则就会停止。因为它缺乏竞争对手，私人垄断与国有化行业一样远离市场现实；事实上，鉴于更加自由地利用其专属的位置，可能一家私人垄断企业比一家公共企业造成的问题更多。这意味着私有化的成功带来的严峻考验在一定程度上促进了竞争。

在英国，私有化进程伴随着许多监管监督组织的建立，如通信行业的电信办公室及天然气和电力行业的天然气和电力市场办公室。这些和其他类似机构的目的是阻止私有化垄断企业利用它们的统治地位，并巩固每个行业的竞争环境。然而，正如下面的案例研究表明的，后者一直进展不平衡，例如，英国已蹒跚于国内天然气市场的竞争行为与寡头垄断的市场结构下的超预期的价格稳定之间。再一次，这表明私有化只是在增强竞争方面是可取的。亚当·斯密肯定同意这一点。

▶ **商务案例研究**

英国国内天然气市场——价格竞争是怎样的？

我们经常被不断地狂轰滥炸的广告提示，只要我们更换天然气供应商就能省下不少钱，但现在很难想象1999年之前，英国消费者别无选择——英国的天然气只有唯一的供应商。

现在情况非常不同了。有六家主要的英国天然气供应商——英国天然气、苏格兰电力、英国可再生能源公司、英国电网、意昂集团和苏格兰南部能源。

理论上这应该对客户非常有利：垄断被更具竞争力的供应协议所取代，但六家公司的存在确实比只有一家公司时加剧了竞争并降低了天然气的价格吗？

至少有一段时间，答案似乎是肯定的。2007 年行业监管机构在对英国能源市场私有化的发展评论中说道：

> 创纪录数量的客户更换了供应商——这促使能源供应商提供更有竞争力的价格，提高客户服务质量和通过创新提供新产品，保留现有客户并赢得新客户。我们的分析揭示了一个动态的市场：供应商的竞争地位可以迅速发生变化，顶级供应商能通过提供更优质的服务和更具竞争力的价格来使市场份额显著增加。

但最近情况已经变得没有那么泾渭分明了。在 2009 年，天然气批发价格，即由供应商购买天然气的价格，惊人地下跌了三分之二。这应该是消费者的福音。在竞争激烈的市场中，批发价格下跌可能会刺激六大天然气供应商之间的竞争。

那么英国国内天然气价格发生了什么变化呢？相较于批发价格下降了 66% 而言，天然气价格只下降约 7%。六大公司宣布的降价都集中分布在这个平均水平。

你弄清楚这是怎么回事了吗？如果回过头来思考下第 5 章讨论过的寡头垄断，你可能会认为国内天然气产业已开始表现出某种稳定的价格趋势。

回想一下，当寡头垄断者试着猜竞争对手第二次的任何价格变化时，他们可能倾向于保持价格稳定。

总之，私有化可能刺激竞争，但它也可能为寡头垄断公司创造条件来弱化竞争。

6.8　竞争策略

市场上的竞争是很重要的。它保证消费者的权利，同时也是一个"好"公司（从这个意义上看，它们更擅长维护消费者的利益）挤出"差"公司的过程。在第 5 章，我们看到政府如何努力控制垄断，因为这些垄断公司对竞争过程构成威胁。许多国家的政府实际上比这更进一步——它们试图确保在所有市场中的竞争都处于令人满意的水平，而不仅仅是那些由于垄断可能造成问题的市场。

竞争委员会是英国两个主要负责维护竞争的政府机构之一，另一个是公平交易局。

□ 竞争委员会

竞争委员会的工作是对企业间的合并行为进行详细分析，审查一般市场和政府管制的市场，如能源、通信、供水和排污等。一旦发现哪个市场竞争不足，竞争委员会有广泛的权力来迫使公司采取适当形式的纠正或补救行动。我们认为第 5 章的案例即属于此种情况（乐购的案例研究）。

委员会无法针对潜在的非竞争行为启动调查。这是为了避免任何通过选择预先审查而可能对一个特定的问题形成先入为主的判断。因此，委员会必须等待事情自动纳入其注意范围。大部分推荐来自公平交易局以及通信和公用事业的监管机构。

□ 公平交易局

公平交易局（OFT）力求保证市场的正常运转，这样消费者就可以有信心使用它们。它采取各种各样的方式来达到这一目标。例如，我们在提到可能减少竞争的合并时，已经注意到公平交易局与竞争委员会的关系。另外，公平交易局本身可以执行一系列消费者保护法规，并且起诉被指控的罪犯。它还对特定市场中的公司行为进行评判，并在必要时采取补救行动。本章的最后一个案例研究提供了一个这种类型金融服务部门的例子。

下面的案例研究可能把国家描绘成一个约束商业和维护消费者利益的监护人。虽然说公平交易局负责保护消费者，但我们应该强调经济学也有保护竞争性公司的必要和责任。一家或多家公司的非竞争行为肯定会对消费者不利，而且也会削弱其他公司的满足消费者的需求和价格的努力。差公司通过从竞争中抽身而得以生存下来。在这一过程中，它们欺骗消费者和否认合法企业为相同的消费者提供良好的服务的机会。

▶ 商务案例研究

公平交易局保护储户的更好的交易

许多人想存款——为购买房子、退休和度假而存款。自1999年以来，他们已经能够用个人储蓄账户，通过税务局来保证他们储蓄的利息。

账户是免税储蓄账户。在纳税年度2010—2011年，个人可以在每个现金账户储蓄高达5 100英镑。数以百万的人拥有个人储蓄账户。

2010年，消费者保护运动机构——消费者焦点协会提出了一项对现金账户的供应商，如银行、建房互助协会和其他机构的不满意见。意见认为现金账户的利率下降到了十分微薄的水平：平均不到1%。这是因为：

● 供应商让储户把他们的账户从一个银行或建房协会转移到另一个以获得更好的利率很困难。

● 账户的利率信息通常不透明。

● 供应商先用高利率吸收储户存款，之后再降低利率。

提意见的过程也是依法进行的。这就需要公平交易局去调查是否有消费者受到不公正待遇，如果有的话将采取必要措施。

在本案例中，公平交易局调查发现这些意见是有根据的，并与金融服务业达成协议，在两方面改进其行为。

● 首先，从2012年起，所有供应商要在现金账户声明首页公布利率，以便让储户充分知晓他们账户的收益情况。

● 其次，从2011年起，现金账户在不同供应商之间转移最长不超过15个工作日——这之前是23个工作日。

公平交易局发现当储户意识到最初的利率会降低时，最初现金账户的高利率就显得不那么阴险了。

而且，当利率变得越透明，不同供应商之间的转移变得越容易，储户就不会再纠结于现金账户的不良表现，因为他们可以很容易地将钱转移到收益好的供应商那里。

6.9 产业政策

迄今为止，本章反映了企业和政府之间许多不同类型的关系。公共产品、外部性和反竞争行为的存在催生了在市场体制下的政府行为，其主要目的是取代或调整企业。在这里，我们介绍一种政府干预的形式，不是取代或调整其行为，而是激励企业，改善企业行为。正如我们刚刚看到的，竞争政策只聚焦商务世界的一些负面元素，在某种程度上能起到这种作用。相比之下，产业政策指的是政府积极地参与商务活动：作为倡导者和资源提供者，为其提供良好的环境。

许多政府行为都是以产业政策的形式出现的。在本书中我们不能一一列举。我们不是试图总结政府的一切商务行为，相反，只是简要概述由英国联合政府提出的可持续增长战略。有三个方面：

- 促进市场正常运行；
- 促进生产力的投资；
- 鼓励创业。

促进市场正常运行

此项战略认识到市场在引导投资和促进企业与整体经济的发展方面的核心地位，但它也承认，市场可能会失败，例如，当产生负外部性和出现非竞争性结构，如垄断时。因此，战略意图似乎是促进竞争和监管市场正常运行。

促进生产力的投资

这其中最突出的是两种潜在的市场失灵问题。后信贷危机时代，人们普遍担心金融部门及时应对未来的投资业务的需求的能力。政府已表明它的目的是探索金融部门如何变得更加适应经济作为一个整体的需要。第二个问题是投资高等教育和技能。政府承认，英国在教育成就方面仍然是一个中等国家。在后面的章节我们会看到，长期的经济增长确实在某种程度上受制于人力资本——劳动力的技能和能力积累。这里应该有志于提高英国的高等教育和劳动者技能。

鼓励创业

政府的观点是，小企业部门能否健康成长受制于社会创业的水平，这也是经济增长和就业的重要驱动力。政府表明，它的作用是帮助提供本地支持和信息网络，培育创业活动和小型商业增长。

□ 反思产业政策

在我们结束产业政策的问题讨论前，给予最后的警示是必要的。我们讨论的一般的策略是联合政府在 2010 年提出的。要注意，产业政策的替代观点确实存在。事实上，我们不应该感到惊讶。例如，在本章我们看到自由学派如何对大多数形式的国家干预持怀疑态度。在自由主义学派看来，联合政府的许多目标是有问题的，例如认为国家应该引导或限定本应由金融部门发起的贷款业务。如果有资本方面的市场需求，金融机构可以盈利，那么它们就会辨别和做出适当的反应。自由主义学派认为这不应该由政府来带头。自由主义者会问：政府的部长和公务员是如何了解这个或那个贷款的细节安排或投资建议的？不干涉主义的产业政策强调市场的监管以促进竞争，但它不会扩展到政府来干预市场。通过一切手段限制垄断，防止卡特尔，但不要走得太远，以至于让政府开始直接干预社会稀缺资源的配置。

总 结

- 市场失灵的存在成为国家干预自由市场的理由。
- 市场失灵的三种主要形式是垄断、公共产品和外部性。
- 并非所有的经济学家都同意这种正统的观点。一方面，一种异议来自自由主义学派。自由主义者对市场失灵的真实程度表示怀疑，并引出了政府失灵的问题。另一方面，我们在第 5 章看到，制度主义学派关于垄断提出了一系列不同的问题。在制度主义学派看来，正统的方法低估了现代经济垄断权力过于集中的程度和危险。
- 私有化似乎就是支持自由放任。然而，重要的结论是市场竞争的程度不仅仅关乎公共和私营部门之间所有权的分布。
- 政府通过竞争政策来提高市场的有效性。其主要强调预防妨碍消费者利益的卡特尔和其他市场"扭曲"行为。
- 产业政策包括由政府试图提高经济供给侧的努力。产业政策可能包括广泛意义上的干预和政府支出。这不受某些学派的经济学家的欢迎。

关键术语

- 市场失灵
- 垄断
- 公共产品
- 搭便车问题
- 负外部性
- 正外部性
- 科斯定理
- 自由主义观点

- 政府失灵
- 自由
- 挤出效应
- 私有化
- 竞争
- 竞争策略
- 产业政策

问题讨论

1. 解释搭便车问题的含义。
2. 在大多数经济体中，出租车是因外部性的原因由国家颁发许可的。那么"黑车"产生的外部性原因可能是什么？

3. 什么是政府失灵？请举例说明。

4. 在主流经济学中，政府失灵的含义是什么？

5. 为什么国有行业的私有化，如铁路网络，本身不能保证改善经济表现呢？

6. 竞争策略是什么？

7. 为什么几乎所有的经济学家都认为竞争策略是一个好主意，但不同意产业政策的有用性和有效性？

推荐阅读

米尔顿·弗里德曼的《资本主义与自由》，第6章"政府在教育中的作用"

这本书于 1962 年出版，是基于弗里德曼在 20 世纪 50 年代的讲座。虽然书是旧的，但是它所包含的思想有一个持续的相关性。弗里德曼是一名经济自由主义者，他相信市场可以有效地分配稀缺的资源，并且认为国家或政府在干涉经济生活时，通常会使事情变得更糟。

我们推荐阅读的是关于教育的一章，以及教育是由市场提供还是由政府提供更好。弗里德曼认为，教育产生了正外部性或他所说的邻居效应。然而，这些假设并不意味着他认为集体提供教育是可取的。

阅读这一章，回答下列问题。

1. 弗里德曼认为的教育外部性或邻居效应是什么？

2. 为什么在弗里德曼看来只有某些形式的教育会产生正外部性？

3. 弗里德曼认为，即使他承认国家应该支持教育，那也应该通过竞争激烈的市场过程来提供。怎样达到这一点呢？你能看到使用这种方法有何问题吗？

4. 你能在弗里德曼的关于增加他所谓的专业和职业教育学校数量的建议和英国政府关于从 2012 年起大学生将通过政府支持的贷款计划来支付教育的成本这一决定之间发现哪些一致的地方吗？

第 7 章　生产要素市场

- 生产要素市场的运作方式与商品和服务市场一致吗？
- 劳动力市场中的哪些因素决定供给和需求？
- 技能在劳动力市场的回报是怎样的？
- 最低工资会破坏就业吗？

7.1　引　言

前面几章的讨论大部分集中在商品和服务市场。本章将从已介绍的几个概念延伸至对**生产要素市场**的分析。之前提到生产有四个要素，由企业对各要素加以整合组织生产。这些生产要素是：

> **生产要素市场**：生产中某个要素的市场。

- 劳动力；
- 资本（厂房、机器等）；
- 土地（生产中使用的一切自然资源）；
- 企业家精神。

显然生产要素市场关乎生产要素本身。比如，理解劳动力市场的运作就很重要。劳动力市场出现问题就会导致失业。这种情况下就需考虑一些可行的措施（参见第 9 章）。对生产要素市场的分析有助于理解社会产生的收入是如何在社会不同群体间分配的。换言之，这种分析阐述了为什么特定的群体——工人、企业家、资本和土地所有者——会获得其相应的收入。尽管如此，由于第 3 章结合企业理论已论述过企业家精神，在此将重点论述资本、土地、尤其是劳动力市场。首先从劳动力市场的分析着手。

7.2 劳动力市场

本质上讲，生产要素市场和商品市场的运作方式一致。在供需关系中起作用的原则不仅适用于诸如办公设备、电影票或任何其他商品或服务的市场，同样也适用于劳动力市场。开始观察劳动力市场的一个有效方法是将它视为理想化运作的抽象体。正如前文以同样的方式用一个理想化的竞争模式开始分析市场结构和企业。这种方法的目的是阐明某个市场如何在理想的条件下运作，并与更大的且不确定的复杂现实世界形成对比。

现今传统经济学中一个众所周知的基本原则是自由市场出清。换言之，市场自身有一种力量，会使供需在数量上趋于完全匹配。在此情形下的市场中，由于不存在未来的变化趋势，每一个市场现行价格依照定义都是均衡价格。基于一定的假设，可以在劳动力市场环境中再现同样的分析模式。因此若我们假定：

- 不同行业间的工作质量相同；
- 劳动力是同质的（就像完全竞争中的某种商品）；
- 劳动力市场中存在完全的流动性和知识；
- 最后存在大量的独立买方（企业）和卖方（每个男人和女人）。

于是，某个经济体中的特定劳动力市场（假定暗含只有一个）就能在如下的图 7-1 中体现出来。

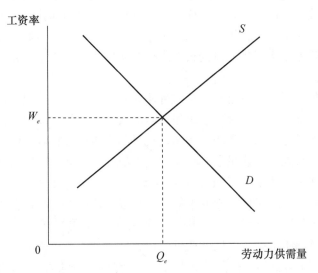

图 7-1 劳动力市场中供需的相互作用

在图 7-1 中，企业需为雇佣劳动力支付的工资率（价格要素）显示在纵轴上，劳动力供需的数量显示在横轴上。当工资率为 W_e，供需数量为 Q_e 时，市场处于均衡。有第 2 章的讨论做铺垫，读者应该可以判定工资率若是低于 W_e，必有过量的劳动力需求。当企业开始纷纷为了克服劳动力短缺提供更高的工资率时，劳动力需求逐渐变小。高工资鼓励更多的人进入市场，供给就增加了。然而同时，高工资也会导致劳动力需求紧缩。最终，供给和需求的数量会在一点达到均衡，即 W_e。相反地，工资率若是高于 W_e，必有过量的劳动力供给。换言之，部分愿意在当前工资率下工作的工人由于没有紧迫的劳动力需求将不能如愿。考虑到这些，企业开始支付更低的工资，因为这样仍然可以招到其所需的劳动力。工资继续下降至 W_e，供需数量达到均衡。后面的章节会谈到劳动力供需曲线上不同位置的影响。

现在考虑一下此分析里暗含的信息。若市场不被干涉且充满竞争，就趋向出清。就劳动力市场来说，这就意味着没有超额需求和过度供给。劳动力市场的竞争可使个体工人自由出入市场，并带来灵活的工资率。在第9章中我们将会看到，一些经济学家认为如果劳动力市场足够开放，工资足够灵活，劳动力市场的很多问题都会被克服。

下面我们将仔细研究把前面高度限制的假定放宽后是怎样的效果。首先来说第一条假设，不同行业间的工作质量显然有很大的不同。例如，相比教师、图书管理员等室内职业者，矿工和石油钻井工人的工作环境要艰苦、危险得多。这意味着如果所有工作的薪酬都是一样的话，很多矿工、石油钻井工人等就会重新选择更舒适、安全的工作。由于行业间工作性质差异很大，工资率必须有所区别，以弥补那些从事艰苦工作的人。弥补多少要受净利益原则影响。这就要求不同工作的货币和非货币利益综合起来趋于一致。在净利益原则下，工人们便不会大规模地离开不那么有吸引力的工作了。回归现实，放宽第一条假定的启示就是不存在整齐划一的劳动力市场，而是由不同薪资水平反映不同工作质量的一系列劳动力市场。

然而某些有趣的工作报酬也非常可观。这意味着现实中仅放宽不同行业间劳动质量的不同是不够的。例如在职业足球赛中，最成功的球员做着很多人宁可无偿做的事情却可以获得丰厚的奖励。遗憾的是，埃弗顿或利物浦是不会和你我签约的，就是因为第二条假定还没有在现实世界中应用。劳动力不是同质的。成为一名职业球员要具备常人没有的天赋。这意味着顶级球员的供给很有限，众所周知，供给不足将伴随强劲的需求和更高的市场价格。

为了比较起见，现在分析公交司机这种职业的能力要求。这项工作对个人天赋要求不高，即使不是大部分人，许多到了工作年龄的人经培训都可以驾驶汽车。即使劳动性质不同，对司机的潜在供给还是相当大的。充足的供给加上相对薄弱的需求就会导致较低的市场价格。尽管如此，这里还有个问题。大部分公交运营商倾向从男性劳动力市场招聘见习司机，而不是从全部劳动力市场选择。原因是虽然女性显然也能够从事这项工作，惯有的社会和行业障碍使得她们不能够最大限度地从事它。社会普遍认为"驾驶公交"是"男性的工作"。公交运营商相应地也有招聘培训男性司机的传统。还有很多类似工作的例子，倾向于不给予女性就业机会。这样就进一步将劳动力市场分离或分割成离散的部分。事实上，自然、社会、机构的异质性越强，**劳动力市场分割**的程度就越大。当然，劳动力市场中社会和机构的异质性是社会建构的，并包含所有形式的差别对待，不论是基于种族来源、宗教信仰、残障与否，还是性别或性取向；没有独立的实体存在。

> **劳动力市场分割：**产生于劳动力进入某个特定市场有障碍时。

起初第三条简化的假定是劳动力市场中存在完全的流动性和知识。前文已经否定了这条假定的前半部分，即劳动力市场中存在完全的流动性。但是除了提到的工作所需的天赋和社会行业的障碍，很多工作需要专业资格。比如，要在伦敦获得哈克尼出租车执照首先就需"做足功课"。这包括数年极其详细地学习伦敦主要街道和目的地的具体位置。同理，只有经过适当的培训，人们才能驾驶飞机或船只，从事医药、法律、会计等行业。

还有一点很重要，即劳动力市场的流动性也受地域影响。超额的劳动力需求和供给可能同时存在于同一经济体中的不同地方，只是因为失业工人不能（可能因为购买不起住房）或不想流动到有就业机会的地方。在这一点上，欧洲单一市场的劳动力流动程度就是个有趣的例子。现在所有欧盟的公民都可自由选择工作和生活在欧盟任何国家，但真正有多少人选择在国外工作是个有争议的问题（可见第2章对单一市场的讨论）。这里暗含的是劳动力市场也按地域被分割，因为个体的工作选择局限在熟悉的地方。最后，劳动力市场的分割还因信息流动的缺乏而加剧。最初的假定里包含完全理想的知识，然而工人们不会去选择他们所不了解的工作。

有良好竞争的劳动力市场的界定中最后一条假定是要存在大量独立的工人（劳动力的供应者）和企业（需要劳动力的机构）。然而，以英国为例，超过25％的工人属于工会组织，工会的目的是为其成员在劳动力市场中**集体**占据一席之地。迄今在竞争越来越强的环境中，工会成功地**协商**出高于市场承受能力的工资率（图7-1中高过 W_e 的工资率），其行为的影响是减少雇佣的数量，同时确保工作着的人群获得更优厚的回报。

> **集体协商**：涉及工会与一个或多个雇主间就薪酬和工作条件进行商谈。

有趣的是，一些国家的迹象显示从长远来看工会组织对劳动力市场的影响在减弱。图7-2提供了1960年来五国集团（简称G5，包括法国、德国、日本、英国和美国）的**工会密度**数据。工会密度估量一个经济体中工会成员所占的比例。需注意的是G5的所有国家，其工会密度均呈下降趋势。

> **工会密度**：一个经济体中属于工会成员的雇员所占的比例。

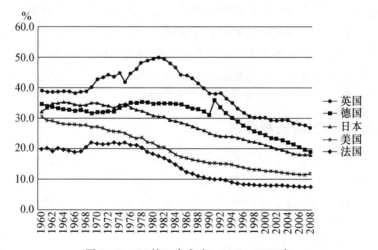

图7-2　G5的工会密度，1960—2008年

资料来源：基于OECD国家1960—2008年的工会密度。更多细节请参照 http://www.oecd.org/dataoecd/37/2/35695665.pdf。

现实世界中的劳动力市场与构建的理想化模型相去甚远。司空见惯的是体系复杂的劳动力市场之间存在许多不均衡的障碍。这些障碍包括：天赋或技能、培训、资质、年龄、差异化对待、距离、信息和工会资格。

现在回顾一下第5章有关市场势力的定义。一旦市场有进入壁垒，市场势力就增大了。这意味着在现实世界中很多劳动力市场的一个特征就是市场势力的存在。当然在那些存在最严格和最令人生畏的进入壁垒的市场，劳动力将具有较强的市场势力，同时其回报也剧增。但是对于开篇提到的劳动力市场被众所周知的供需法则支配，谈论上述观点有何意义？是不是之前关于超额供需的讨论和图7-1中均衡市场出清工资的概念在这里都是毫不相关的呢？当然不是。然而，我们需要明确的是这些概念所适用的不同的情境。每个被分割的劳动力市场中，局部的供需状况会决定这个市场局部均衡的工资率。本章接下来的两节会更详尽地阐述劳动力供给和需求的决定因素。通过审视现实世界中一些劳动力市场的运作，这一分析可以使我们得出关于所讨论的劳动力生产要素的结论。

7.3 劳动力需求

企业对劳动力的需求，以及事实上对任何生产要素的需求都是**派生需求**。这意味着企业雇用劳动力是为其生产提供服务。需要劳动力是因它能协助制造产品和服务，产品和服务被出售后产生企业收入，即利润的来源。接下来分析如何推导出单个企业对劳动力的需求曲线。

> **派生需求**：指生产中某个要素，由于该要素有助于生产所需求的产出。该要素本身不产生需求。

回顾第4章（4.8节）中企业通过生产某个产量使利润最大化，在这个产量下伴随上年度产出的边际成本（*MC*）等于上年度销售获得的边际收入（*MR*），即符合 *MC*＝*MR* 原则。这个原则可适用于企业对劳动力的需求。先来分析一下企业对劳动力的短期需求。短期内，假定生产中某些要素的数量是固定的，其他是可变的。于是企业可以通过雇用更多劳动力相对轻松地增加产量，但同时需花费时间购买和安装新设备。在这个假定的前提下，劳动力通常被视为短期生产过程中的可变要素，而资本则是短期内的固定要素。长期来看，生产中的所有要素都是可变的。

□ 企业对劳动力的短期需求

短期内一个企业需要多少劳动力取决于每个额外的工人能对利润做出多大贡献。换言之，对每个额外的工人，企业总要考虑：这个工人能否带来收益而不是增加雇佣成本？如果答案是肯定的，他就会被雇用；反之则不会被雇用。一个额外的工人对于企业利润所做的贡献取决于以下三点：

1. 他能创造多少额外的产出。
2. 额外产出的价格。
3. 他的工资。

第一点中他能创造出的额外的产量叫做**边际实物产品**（*MPP*）。第4章规模报酬递

商务经济学（第二版）

减规律提到，在既定数量的固定生产要素条件下，随着企业启用可变要素的追加部分，可变要素的边际产品会开始逐渐减少。规模报酬递减规律运用在这儿暗示着随着额外工人被雇用，MPP 则下降。第二个问题是额外工人的产出以什么价格销售。假定该企业处于完全竞争状态，这个价格将是：这个完全竞争状态的企业以现行市场价格销售任意多的产品，即 $MP=P$。合并第一点和第二点，可以得到：一

个处于完全竞争的企业随其所雇用的额外工人带来的额外收益等于额外工人的 MPP 乘以该产品的市场价格。这个额外收益被称为劳动力的**边际收入产品**（MRP）。

图 7-3 展示了单个完全竞争企业的边际收入产品（MRP）。取市场工资 W 为例，对劳动力的需求就落在 Q_2 上。一方面，在这一点上，额外工人对企业利润的贡献就等于他的工资（W）。这意味着之前超出 MRP 线范围的工人除去成本对企业利润贡献更多。比如在 Q_1 点，工人的成本或工资仍是市场工资 W，但 MRP 是 0B。该工人的"利润"就是 $0B-0W$。另一方面，若工人超过 Q_2 点，MRP 就低于市场工资。显然企业不愿超过 Q_2 点扩大雇用，因为这个范围内的工人增加了更多成本而不是收益。正如在 Q_3 点，工资 W 高于 MRP，超出部分为 $0W-0A$。MRP 曲线是单个企业对劳动力的需求曲线。其他条件相同的情况下，工资的下降将引起所需劳动力数量的增加，而工资的增长将伴随着劳动力数量的缩减。

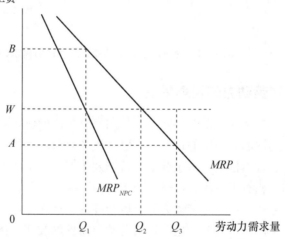

图 7-3　单个企业的劳动力需求

对于一个完全竞争的企业，随着市场价格增长，劳动力的边际收入产品也相应增加。简单来说，每个工人生产的产品带来了更多收益，这使得 MRP 线右移，导致企业对劳动力需求的增加。图 7-4 描绘出 MRP 曲线从 MRP_1 移到 MRP_2。因而当市场工资是 W 时，所需劳动力的数量从 Q_2 增加到 Q_3。相反，同等市场价格下，完全竞争的企业产出降低将使得 MRP 线左移（图 7-4 中从 MRP_1 移到 MRP_3），导致劳动力需求降低。在市场工资 W 下，劳动力需求从 Q_2 减少到 Q_1。

如果假定企业不再处于完全竞争的环境下，它对劳动力的需求会是怎样的？本质上

的不同涉及前面所讲的第二点，即企业产出的售价。第4章和第5章提到，非完全竞争的企业面临向下倾斜的需求曲线，因为它制造非同质产品。如同完全竞争企业那样，相对于整个市场而言，非完全竞争企业微不足道，但是它却不能以既定市场价格销售任意数量的产品，因为它得以更低的价格吸引消费者购买更多它的某种产品。对于非完全竞争企业，额外的产出意味着更低的销售价格。这意味着额外工人的额外产量会降低企业整个产出的价格，由于所有雇佣工人的 MRP 曲线回落，企业 MRP 曲线的坡度变得陡峭。图 7-3 中，非完全竞争企业的 MRP 曲线记做 MRP_{NPC}。在市场工资 W 点，非竞争企业劳动力需求的数量就是 Q_1。需注意的是，假定非完全竞争和完全竞争企业拥有相同的技术（即效率等同），在同一工资率下，前者的劳动力需求数量低于后者。

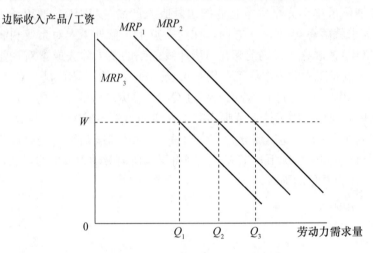

图 7-4　企业产出价格的变化对劳动力需求的影响

□ 企业对劳动力的长期需求

如前所述，短期与长期的不同在于长期来看生产的所有要素都成为变量。这意味着长期来看企业会增加其使用的资本。随之产生的对劳动力需求的影响有两点。

● 首先，若资本价格相对于劳动力价格发生变化，企业将调整其劳动力需求。如果其他条件相同，相对于劳动力价格，资本价格下降，企业会以劳动力为代价而选择引进机械化的生产方式，那么，劳动力需求就会降低。反之亦然。

● 其次，生产技术的变化也会导致劳动力需求的改变。例如能引起劳动力边际实物产品增长的技术改进，将会增加对劳动力的需求。

7.4　劳动力供给

□ 一个经济体中的劳动力供给

人口的改变和国际移民对一个经济体中的总劳动力供给有重要影响。例如，目前英国的人口每年约增长 40 万人，同时又有约 20 万移民涌入。除人口增长的一般约束外，制度和社会因素也将影响一个经济体中劳动力的供给。例如在校年龄的延长或退休年龄的缩短会压缩劳动年龄的人口。同样地，更长的假期和更短的工作周也会减少劳动力供给。这些因素从传统意义上说是国家层面上决定的，然而值得注意的是，对于欧盟成员国来讲，它们正越来越为欧盟本身所决定。工作周的长度就是一个例子。《马斯特里赫特条约》的社会章规定，绝大部分欧盟成员国的工作周长度要限制在 48 小时之内。

如上所述，工作人口受社会认可或机构决定的进入和退出年龄，及工作周持续时间和假期的限制，然而这些因素并不完全决定实际的劳动力供给。处于工作年龄是一回事，属于从事劳动力市场中**经济活动**的人口又是另外一回事。从事经济活动是指那些要么正被有偿雇用，要么正在积极寻找工作的人。

> **经济活动人口：**处于工作年龄的要么正在工作要么在寻找工作的人。处于工作年龄失业且没有在寻找工作的人被认为是非经济活动人口。

表 7-1 显示出英国 2000 年、2007 年和 2010 年女性和男性的经济活动。从表中可以看出这一时期女性的经济活动参与率由 72.8% 上升到 74.1%，而男性则从 84.5% 下降到 82.6%。这意味着女性在劳动力市场中的**参与**率增长，同时男性参与率降低。更多劳动年龄的女性或正在从事工作或正在寻找工作，参与到劳动力市场中来，而更多的男性则退出了劳动力市场。

> **参与率：**在某一特定人群中经济活动人口所占的比例。

从表 7-1 中也可以看出 2008—2009 年经济衰退期间特定性别劳动力供给的动态变化。一方面，劳动年龄的女性数量 2007—2010 年间增长了 0.8%，尽管由于经济衰退，从事经济活动的女性增长了 1.7%。不幸的是，劳动女性数量下降了 0.1%，意味着失业女性从 5.3% 缓慢增长到 7%。

另一方面，2007—2010 年间劳动年龄男性总数增长了 1.9%，而男性参与率只增长了 0.6%。这从某种程度上缓解了男性失业率，然而男性失业率仍增长迅速，从 5.9% 上升到 9.3%，同时劳动男性数量下降了 3 个百分点。

总而言之，看来经济衰退给男性带来的不利影响大于女性。女性参与率增长得更快，劳动女性数量基本保持稳定，失业女性虽有增加，但幅度较小，只有 1.7%。男性参与率增长速度很慢，劳动男性数量几乎减少了 50 万人，失业男性占到将近十分之一。

表 7-1　英国经济活动：劳动年龄的女性和男性（16～59/64 岁）

每年春季（按照季节调整；单位：千人）

	2000 年	2007 年	2010 年	2007—2010 年百分比变化（%）
女性（16～59 岁）				
合计	17 329	18 007	18 160	0.8
经济活动人口	12 622	13 236	13 463	1.7
经济活动参与率（%）	72.8	73.5	74.1	
就业	11 958	12 537	12 522	−0.1
就业率（%）	69.0	69.6	69.0	
失业合计	665	699	941	34.6
失业率（%）	5.3	5.3	7.0	
未参与经济活动人口	4 706	4 771	4 697	−1.6
经济活动未参与率（%）	27.2	26.5	25.9	

续前表

	2000 年	2007 年	2010 年	2007—2010 年百分比变化（%）
男性（16~64 岁）				
合计	18 438	19 505	19 875	1.9
经济活动人口	15 582	16 304	16 407	0.6
经济活动参与率（%）	84.5	83.6	82.6	
就业	14 609	15 342	14 879	−3.0
就业率（%）	79.2	78.7	74.9	
失业合计	973	962	1 528	58.5
失业率（%）	6.2	9.9	9.3	
未参与经济活动人口	2 855	3 200	3 468	8.4
经济活动未参与率（%）	15.5	16.4	17.4	

资料来源：*Labour Force Surveys*，Office for National Statistics.

□ 个人劳动力供给

第 2 章介绍过供给的普遍规律，即供给一定随价格而变化。我们可能会不假思索地认为劳动力市场中遵循同样的关系，即工资回报越高，个人就越乐意工作更长时间。然而我们也要意识到个人必须有闲暇时间，这即是工作的机会成本。个人劳动力供给的问题现在变成了一个复杂的问题，即需要在工作报酬与他对闲暇时间的主观价值定位间做出权衡。

下面以一个失业人员的处境为例。这样的人显然有大量闲暇时间，但收入相对较低，可能包含某些形式的福利收益。这意味着他很可能倾向于从工作中获得额外收入（这是他们缺少的），这好过享有几个小时的闲暇时间（这是他们富余的）。因此若有超过福利水平的工资提供给此人，其明智的决定是开始工作。当然，福利水平与工资率间的差距要足够大，使其认为工作是值得的。

图 7-5 显示了个人劳动力供给。供给曲线和纵轴相交于每小时 5 英镑的点。这是**保底工资**，即诱使一个人开始工作的最低工资。每小时 4 英镑就不足了。这太接近福利水平了，故而工作机会成本（失去的闲暇时间）的价值远高于每小时 4 英镑。

> **保底工资**：诱使一个人接受某个工作的最低工资。

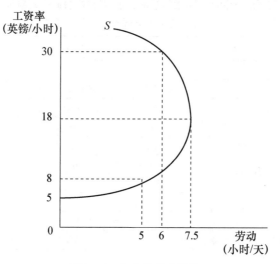

图 7-5　个人劳动力供给

商务经济学（第二版）

若工资是每小时 8 英镑，个人愿意每天工作 5 小时。他赚的 40 英镑（＝5×8 英镑）比失去的 5 小时闲暇时间的主观价值定位要高。到现在为止，工资与劳动力供给的关系是预期中的正相关：工资越高，工作时间越长。尽管如此，理解这里产生的两条效应很重要。

● 随着工资率的增加，与闲暇相比，工作的边际收入增加了，人们有工作更长时间的积极动机，这就是替代效应。

● 另一方面，工资率的增加也会抑制人们工作更多小时，因为更高的工资降低了获得一定收入所需的时间，这就是收入效应。

替代效应占主导时，越高的工资使人们越愿意工作更长的时间。工资率是每小时 18 英镑时，每天工作 7.5 小时代表了个人想要工作的最长时间（此时个人赚得 18 英镑 ×7.5，即每天 135 英镑）。工资率此后虽然继续增加，但他希望工作更短的时间，供给曲线呈现负向或向后倾斜的形式。这种情况下，收入效应主导替代效应。很简单，个体已到达一个临界点，他逐渐减少的闲暇时间具有很高的主观价值，工资的再提升使他可以在维持令人满意的收入的同时减少工作时间。换句话说，相对较高的收入和高工资刺激个体要得到所有产品和服务，包括闲暇时间：实际上他现在可以少工作同时有钱"购买"更多闲暇时间。图 7-5 中，当被支付每小时 30 英镑时，个人希望每天工作 6 小时。值得注意的是，在这个工资率下，即日工资 180 英镑使得个人获得更多闲暇时间而不是保留其收益。

☐ 特定职业的劳动力供给

讨论了整个经济体的劳动力供给和个人劳动力供给之后，接下来考虑特定职业的劳动力供给。这里需要注意两个问题。

● 首先，不同职业会提供不同性质的工作，正如在石油钻台上工作要比朝九晚五的办公室工作危险且不舒服得多。因此为了留住工人，提供低质量工作的职业必须给出更高的金钱上的补偿。这暗含了不同职业间一定程度的分割，即其他情况相同的前提下，危险的工作应得到更高的工资。那么很显然不同的职业将会有不同的劳动力供给曲线。职业间的供给条件也会因其他原因而改变。前文提过，比如天赋、培训和工会资格等变量都会限制劳动力供给。

● 其次，某种职业供给曲线的走向基本和图 7-1 中的供给曲线一致。为使这种职业的劳动力供给数量增长，就要增加工资率。

☐ 劳动力供给弹性

劳动力供给弹性衡量工资率变化时劳动力供给数量的反应程度。特定职业供给的弹性随着技能程度、涉及的培训和需考虑的时间而变化。对于一些诸如医药行业等对技能要求较高的职业，很难或不可能因为工资增长使供给数量即刻增加。这些职业的劳动力供给曲线相对不那么富有弹性。另外，诸如店员等对技能要求低的职业，工资率上升后供给数量反应得更敏感。

> **劳动力供给弹性**：估量工资率变化情况下劳动力供给数量的反应。

7.5 劳动力市场的问题：统一供需

□ 技术工人和非技术工人

图 7-6 中供给曲线 S_1 代表非技术工人的供给。注意，它的斜率为正，表明劳动力供给并不具有完全弹性。在工资率 W_1 下，非技术工人的供给量是 Q_1。工资率从 W_1 到 W_2 很小比率的增长引发了劳动力供给量从 Q_1 到 Q_2 相对很大比率的增加。因此，在这个工资范围内，供给是富有弹性的（回顾第 2 章中供给的价格弹性等于供给量的变动比例除以价格的变动比例，此情况中价格的变动比例即工资的变动比例）。

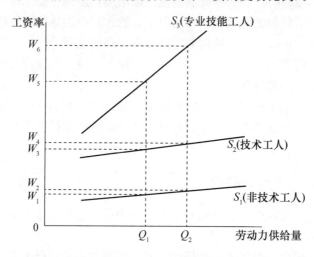

图 7-6 技术工人和非技术工人的供给

接下来考虑供给曲线 S_2，它代表技术工人的供给。S_2 曲线比 S_1 稍稍陡峭一些且位于后者之上。这是因为 S_2 曲线的位置反映了技术工人要求更高的工资。倘若技术工人和非技术工人被支付同等的报酬，人们就没有动力去获得技能。为了鼓励工人们花费时间和金钱获得技能，就不得不给予其充分的报酬，有些技能的获得需要离开劳动力市场一段时间且其间得不到工资。因此要想获得 Q_1 的技术工人供给，就需要 W_3 的工资率。斜率很小的 S_2 曲线暗示出技术工人的供给弹性与非技术工人的供给弹性没有很大差别。尽管如此，需注意的是工资变化带来的劳动力供给反应不能简单地从供给曲线的斜率上"读出"。每个具体情境下，这都是关于工资率的特有变化与随之而来的供给的特有变化的问题。

最后供给曲线 S_3 代表高度专业化劳动力的供给。它位于 S_1 和 S_2 曲线之上是因为专业技能的获得需要花费更多而且更难获得，故需要更高的工资率使专业技能的获得是值得的。为了有 Q_1 的专业技能工人供给，就需支付 W_5 的工资率。斜率很大的 S_3 曲线暗示出专业技能工人的供给弹性在相同时期内远不如另外两种大，虽然图中显示它仍是有弹性的。

接下来将需求考虑进来。7.3 节叙述了劳动力需求如何反映劳动力边际收入产品（MRP）。追求最大利润的企业会雇用额外的员工直到 MRP 与工资率相等。MRP 曲线实际上就是企业的劳动力需求曲线。若将某个市场中所有企业每个工资率下的劳动力需求数量相加，就会得到这个市场的需求曲线。

我们也可辨别市场对技术工人和非技术工人的需求。前文提到对劳动力的需求是派生需求。企业看重劳动力对生产过程的贡献。因而事实上技术工人更被看重，因其边际收入产品中显现出更强的能力。会计人员提供价值很高的专业服务，他们理应拿到较高工资。而酒吧工作人员以较低价格提供服务，相应地这个职业缺少创造性，他们的工资就较低。总的来说，对技术工人的需求曲线会在非技术工人之上。

图 7-7 阐释了这一点。曲线 D_1 代表对非技术工人的需求。在工资率 W_1 上，需要 Q_1 的工人。对技术工人的需求反映在曲线 D_2 中。技术工人更多的边际产品理应得到更高的工资 W_2，在这个点上对技术工人的需求也是 Q_1。因此支付给技术工人的工资溢价就是 $0W_2 - 0W_1$。

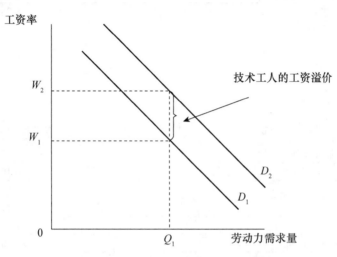

图 7-7　对技术工人和非技术工人的需求

接着把供给和需求的分析结合起来。图 7-8 再现了图 7-6 中对非技术工人和专业技能工人的供给曲线，并增加了两条市场中对这两类劳动力的需求曲线 D_U 和 D_S。非技术工人较低的生产率和弹性供给条件产生了一个均衡的工资率 W_2 和数量 Q_2。另外，专业技能工人较高的生产率、对技能的工资补贴及较低的弹性供给产生了相当高的均衡工资 W_5。

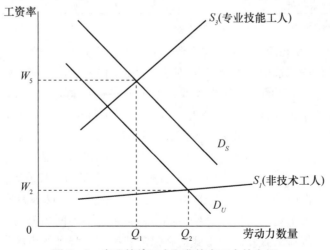

图 7-8　专业技能工人和非技术工人的市场

表 7-2 提供了很多不同职业的工资收入作为佐证支持这个理论分析。表中显示高收入的工作多在医药、法律和经济行业。报酬反映了两点：一是医生、律师和会计师为其服务索要更高的价格，即他们具有更高的边际收入产品；二是由于他们所受的培训既耗时又花费高，因此他们在劳动力市场中比较紧缺。诸如服务员、酒吧工作者等收入低的职业，没有强劲的需求和供给条件，低边际收入产品、低技能和相对富有弹性的供给压低了工资率。

表 7-2　　　　　　　　　　　　　2009 年英国部分高收入和低收入职业

全职员工的成年利率支付，在调查期间没有受缺勤的影响	平均年薪总额（英镑）
高工资	
1. 大公司的董事和首席执行官	172 716
2. 公司经理和高级官员	122 280
3. 财务经理和特许秘书	78 926
4. 医师	73 598
5. 矿业和能源业经理	67 153
6. 空中交通管制员	64 045
7. 警察（督查及以上）	56 421
8. 律师、法官和验尸官	55 723
9. IT 战略和规划专家	51 015
10. 医院和医疗服务经理	42 850
11. 火车司机	40 469
低工资	
1. 焊接行业	25 119
2. 农民	21 037
3. 公交车与长途汽车司机	20 492
4. 医院搬运工	17 618
5. 秘书及相关职业	15 944
6. 图书馆辅助人员/办事员	11 975
7. 零售收银和结算员	8 167
8. 服务员	7 639
9. 酒吧工作人员	7 372
10. 休闲主题公园服务员	6 062

资料来源：*Annual Survey of Hours and Earnings 2009*，Office for National Statistics.

最后来看图 7-9 和图 7-10。这些数据汇集了一些关于英国的工资分布，以及我们在劳动力市场运作中形成的一些理论原则的证据。图 7-9 是英国工资的频数分布。它显示了在英国略超过 5% 的人每年收入不到 10 000 英镑；同时 3% 的人每年的工资超过 61 000 英镑。在两个极端间，大部分人（占到 63%）每年的工资在 11 000～30 000 英镑，这之后图中右边的一小部分人归入高收入范围。图 7-10 显示了英国劳动力市场状况的一些代表形式。市场类型 1 意在表明非技术工人的供需状况。这个市场的均衡收入粗略估计是每年 8 000 英镑。从英国工资率的频数分布中得知，170 万全职员工（占英国大约 3 000 万工人的 6%）年收入不到 10 000 英镑。这并不意味着具有代表性的劳动力市场仅仅包含 170 万劳动力群体。这些劳动力跨越现实中不同的劳动力市场下的很多行业和地区。这些市场有大致相同的形式。在供需状况相对强劲的市场类型 2 中，均衡收入是 25 000 英镑。频数分布显示 30％的英国员工（约 890 万人）处在 5 000 英镑内的收入水平。需求状况强劲而缺乏供给弹性的市场类型 3 中，代表性的均衡收入是 55 000 英镑。频数分布表明 5％的员工（约 150 万人）每年工资在 51 000～60 000 英镑。

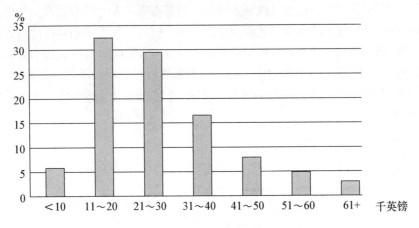

图7-9　英国的工资分布，2009 年 *

* 雇员是超过一年从事同一职业的；以百分比表示。
资料来源：*Annual Survey of Hours and Earnings 2009*，Office for National Statistics.

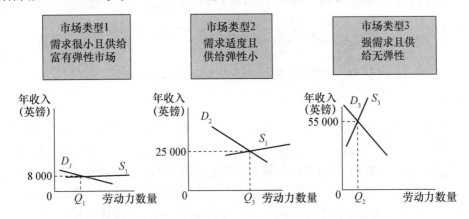

图7-10　反映英国工资分布的代表性劳动力市场状况，2009 年

□ 人力资本

人力资本是工人具有的技能和知识储备。截至目前所做的讨论表明，人力资本可以从供需两方面提高工人工资收入的潜能。需求方面，工人变得有能力做更具挑战的工作会提高其边际收入产品。供给方面，这使得工人成为特定的一群人，这群人的数量很少且不易增加。那些未对其人力资本进行投资或是投资错方向的人，他们的收入和就业前景都不容乐观。

> **人力资本**：工人具有的技能和知识的总和。值得注意的是，一些形式的人力资本相较其他更有价值。关键决定因素仍是供需，即你所能做的工作的需求强烈程度，以及也可以做这项工作的其他人有多少。

这个观点在英国过去 20 多年来变化的就业模式中得到例证，正如图 7-11 阐释的。图中最显著的变化是制造业工作岗位的急剧下降。1978 年制造业中的 650 万个工作岗位到 2010 年消失了约 400 万个。与此同时，某些行业的就业迅速扩大。例如，人类健康行业和社会工作活动中新增了 200 万个就业机会，专业和科技活动中新增了 150 万个，教育领域增加了 50 万个。这表明英国和其他发达国家的劳动力市场供需状况已逐步有利于那些不仅投资了人力资本且投资于已被证明是正确的人力资本的人。制造业中就业缓慢但持久的下降又使很多传统工艺和简单的"工厂技巧"变得多余，而健康、科技、教育领域增加的服务活动继续强化对那些具有高人力资本含量的所谓专业技能劳动力的不断需求。依据图 7-8，英国或其他地区的劳动力市场可以被分成两类：一是朝着以曲线 D_S 和 S_3（含恰当的高人力资本）为代表的形式发展，二是更接近 D_U 和 S_1（含逐渐要被取代的低人力资本）。

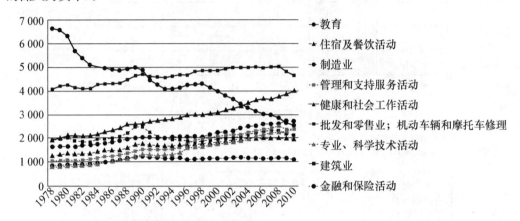

图 7-11　英国经筛选行业的劳动力工作岗位，1978—2010 年

资料来源：数据源于英国国家统计局。

在受教育阶层和专业技术人员变得过于安逸之前，美国经济学家艾伦·布林德强调的另一个复杂情况值得我们注意。他提醒，美国全部 1.4 亿的工作中 3 000 万～4 000 万的工作容易外包，这些工作可以由世界上很多地方的工人去做，价格低廉，服务质量不会差，并通过数字传输给美国的消费者和企业。布林德的分析指出目前尤其是在发达国家被视为有用的人力资本由于互联网开辟的可能而处于向国外转移的状态。

回过头再看图 7-11。服务性工作的增加比较普遍。近几十年来，在很多欧洲经济体、日本、美国，服务性工作在总就业中所占份额已逐步上升。但这些工作中的很多存在潜在的风险。接着来看布林德给出的以下两个例子。一方面，医学专业人士对自己的职业选择感到满意。但大多数人可能不会对远程咨询感到满意，外科或牙科治疗不接受数字传输，医生必须在现场。那么大学教师的工作又怎样呢？我们可能认为在教室里面对面授课是不可或缺的，但不难看出高品质的数字远程学习和教学也是可能的，并越来越受欢迎，尤其是在高等教育成本急剧上升的一些经济体中。这些倾向和可能性暗示人们认真考虑选择相应的教育或培训，以获得既有收益又持久的人力资本。值得一提的是，投资于那些不绝对要求直接与客户个人接触的技能，可能会是不明智的。

结束人力资本这个话题前，我们需要考虑最后一个问题，这个问题回溯到第 2 章介绍过的不完全竞争市场信息和逆向选择。接下来通过专栏"将经济学运用到商务中"回顾劳动力市场背景下的信息不对称。

劳动力市场中的信息信号

第 2 章中介绍过乔治·阿克洛夫对信息经济学所做的探索性研究工作。阿克洛夫著名的文章《柠檬市场》中谈到，若信息不对称，市场就不能良好运作。

简单来讲，信息不对称意味着市场中某些群体比其他群体消息更灵通。

劳动力市场中，劳动力的供给者，即工人，掌握一些不为人知的信息。他们知道自己的长短板，知道自己能做什么不能做什么。雇主却不能很好地了解工人的能力大小，很难辨别不同的准雇员间的生产潜能。

这就产生了一个问题。若雇主由于辨别不出具有高生产力的个体而不予以其充分的酬劳，劳动力市场就会出现低生产力工人逆向选择的局面（正如阿克洛夫的汽车市场被"柠檬"逆向选择主导）。

基于阿克洛夫的独创性贡献，迈克尔·斯宾塞指出，雇员用受教育程度向潜在雇主传递其能力的信息，以克服劳动力市场中的信息不对称。

他还指出，劳动力市场中的不同群体的教育成本不尽相同。特别是，高生产力个体的教育成本（以付出的努力、时间或费用计算）比低生产力个体要低。

这表明高生产力工人有获得教育并展示给潜在雇主其独特性的动机，既有成本动机，又有回报动机。

斯宾塞还认为雇主关于受教育程度与生产力相互促进的看法很重要。雇主只要相信其收到的信号可靠，就会实施有差别的报酬体系，事实上这对已经投资教育的收入过低的工人没有用。

整体来讲，这意味着信号可以维持斯宾塞所称的"多重平衡"。换言之，可靠的市场信号的存在能够有效阻止劳动力市场的分离崩溃，从而克服了逆向选择问题。

斯宾塞因其在市场信号方面做出的贡献获得诺贝尔经济学奖。

□ 最低工资问题

在几乎所有的发达国家，政府都会设定法定最低工资率以干涉劳动力市场。在英国，2010 年 10 月劳动力年龄在 21 岁及以上的人最低工资是每小时 5.93 英镑，年龄在 18～20 岁的最低工资是每小时 4.92 英镑。

为什么设定最低工资？有关最低工资的争论显然有些规范经济学方面的问题。一方面，很多人认为雇主支付工人相对低的工资是不公平的，对那些在劳动力市场中没有技能进行提升的工人来说，较低的工资率是对他们的剥削。另一方面，有些人则认为政府干涉就业安置是不合适的，工人和企业都有进出劳动力市场的自由。尽管如此，从实证经济学角度看则不尽然。这里的关键问题是：

- 国家设定的最低工资率会提高低收入工人的收入吗？
- 最低工资对就业层面的影响是什么？它会破坏就业吗？

这些问题是紧密相关的。首先来看在国家强加最低工资背景下的经济案例。这个问题要放到实际情境中。我们面对的不是单个劳动力市场，而是由职业、地域、行业、性别等分割的许多劳动力市场。回顾图 7-9 中的频数分布，英国大部分全职工人不在相对较低收入主导的市场中。这意味着若合理地假定最低工资意在提高处在工资范围底层工人的收入，最低工资对于许多劳动力市场就显得无关紧要了。

即便如此，持反对意见的人认为最低工资在哪里实施，就会在提高一部分低收入工人工资的同时，使另外一些低收入人群丢掉工作。这个结论来自简单的市场分析。任何一个给定的劳动力市场中，若有相对低的均衡工资率，则任何提高工资的尝试都会缩减劳动力需求同时增加劳动力供给。工资提高的代价势必是就业的减少。参照图 7-1，可以判定工资率只要高于 W_e，就会有超额的劳动力供给。此外，最低工资超过 W_e 越多，就会产生越多的过量劳动力供给。因此评论者的核心结论就是，在最低工资起作用的市场中，它会破坏就业，提高那些仍在工作人群的工资，同时降低失业人员的收入。

最后，我们需注意一些雇主关于劳动力市场中实施最低工资却没有正式影响的观点。前文提到技术工人以更高的工资要求对其获得技能的花费进行补偿。这在技术工作和非技术工作间产生了一个**工资差异**。

> **工资差异**：产生于某些特定种类的工作有工资溢价。最常见的工资差异存在于技术工作和非技术工作之间。

当非技术工人的工资因为最低工资而提升时，技术工人享受的工资差异就会缩小。这种情况下，技术工人会要求雇主进行补偿。若其要求得以实现的话，最低工资的影响就会波及那些不存在低收入问题的劳动力市场。

关于制定最低工资产生的主要经济影响是破坏就业的基本观点也存在问题。首先，它假定劳动力是以其边际收入产品的价值被支付工资。然而也有例外。图 7-12 中企业的 MRP 曲线不是预期的从左到右的平滑曲线，而是遵循一个直上直下的路径。这反映了劳动力雇佣的不可分性。当不太可能增加较少数量的劳动力时，不可分性就产生了。肖（参见图 7-12 的来源）认为这种限制性情形特别适用于小企业。

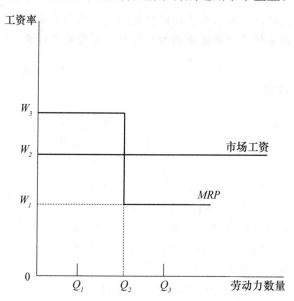

图 7-12　劳动力需求的不可分性和最低工资的影响

资料来源：Figure 3.3 in G. K. Shaw（1997）"How Relevant is Keynesian economics today?" in B. Snowdon and H. R. Vane（eds）*Reflections on the Development of Modern Macroeconomics*（Cheltenham, UK and Northampton, MA：Edward Elgar Publishing Ltd，p. 69.

商务经济学（第二版）

以一个只雇用两人的企业为例。这两人都有很多年的工作经验。这就设定了他们对企业边际收入产品的贡献是既定的。如果企业要再招聘一个没有经验的员工，这个员工的 MRP 低于前面两个人，如之前假定的，不仅仅是处于一个向下倾斜的 MRP 曲线上面。反映在图 7-12 中，如果前两名员工的 MRP 在 W_3 的话，第三个员工就在 W_1。如果市场中的工资水平设在 W_2，这个企业的需求就在 Q_2，并因为第三个员工的 MRP 低于其工资而不会雇用他，这个员工的雇佣成本会高于其带来的收益。需要注意的是，前两名员工的 MRP 高于市场工资水平。这里要说的是，最低工资可设得高于市场工资甚至直到 W_3，也不会使企业减缩其对劳动力的需求。

那么最低工资已给英国带来的影响是什么呢？评定它有两条准则，分别是它对低收入人群和可能破坏就业的影响。首先来看破坏就业的问题，大多研究表明几乎没有证据显示它会引发就业缩减。政府数据显示，自 1999 年实施最低工资以来，低收入占主导的领域里工作总数量的增长率与整个经济体中的增长率大体一致。其次，有数据显示最低工资已经缩减了尤其是女性低收入工人的数量。图 7-13 显示收入低于最低工资标准的女性比例从 8.4% 下降到了 2009 年最低工资实施前的 1.1%。同一时期收入低于最低工资标准的男性比例从 2.9% 下降到了 0.8%。

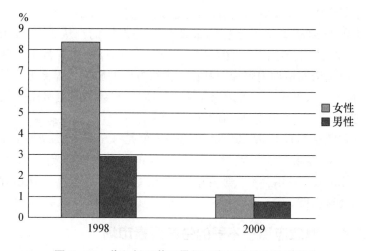

图 7-13 收入低于英国最低工资标准的女性和男性

资料来源：数据来自商业创新和技能部。

7.6 生产要素收入和经济租金

在详细地讨论了劳动力市场后，最后简要叙述一下资本和土地市场的运作。正如在本章开篇指出的，很多主要的原则可适用于所有生产要素市场。因此，对资本和土地的需求，就像对劳动力的需求，也是派生需求。这意味着研究单个企业对资本和土地需求时，边际收入产品的概念（额外追加某个要素后企业总收入的改变）也是相关的。所以一个追求利润最大化的企业对资本和土地的需求量就取决于这个有关要素的 MRP 与其价格（表示为资本利息和土地租金）的比较。如果企业追加一台机器后的盈利高过这项投资借贷的资金利息，就应进行这项投资。换言之，资本的 MRP 目前若高于资本的价格，企业就可以通过增加对资本的需求而获得额外的利润。另外，一个农民多租用了可生长更多农作物的土地后，若发现农作物的销售收入低于这块地一季的租金，就会终止租赁协议。由于土地的 MRP 低于其价格，对土地的需求就会下降。

既然可用基本的供需分析来研究劳动力市场，所有的生产要素市场也可通过**经济租金**这个概念进行探讨。这与土地收益的租金不同。经济租金可通过任何生产要素获取。它的定义是某个要素超过和高于要维持现有的使用所需支付的费用。

> **经济租金**：支付给某个要素的高于要维持现有的使用所需的费用。

以最好的专业艺人（指顶级演员、球星和音乐人）为例，他们收入不菲，然而他们真的需要这么大笔的钱以继续从事目前他们可能很喜欢的工作吗？若收入降低，他们还愿意工作吗？这个降低的程度是怎样的？如果降低太多，他们可能会想能不能干点别的工作赚更多钱。但是他们除了表演还能做什么？假定他们资质相当，若从事一份普通的工作，在英国可获得平均大约 25 000 英镑的收入。这意味着像哈利·波特男孩丹尼尔·雷德克里夫、韦恩·鲁尼、谢丽尔·科尔这些专业艺人赚得的数以百万英镑中的绝大部分都是经济租金。其他工作的收入对于他们来说太低了。

如果租金是某个生产要素赚得的收入，且高于维持其在既定职业中所需的水平，那么这个要素所需的继续从事这项工作的最低收入是怎样的？从表 7-2 中可以看到，2009 年焊接工的收入接近英国平均收入 25 000 英镑。这反映出焊接工边际收入产品需求方面的影响，以及诸如培训内容和净利益等供给方面的影响（焊接工不是一个舒适的职业）。如果焊接工收入低于 25 000 英镑，他们中的一些会考虑更吸引人的建议，比如去驾驶公交车或客车。这意味着他们的（生产要素转作他用时的）**转移收益**可能接近 25 000 英镑，也就是

> **转移收益**：某个要素要维持现有的使用所需支付的费用。

说，若跌破这个工资界限，他们就会换一个其他的职业。所以当收入从数百万降到 25 000 英镑时，谢丽尔·科尔会不会放弃唱片和名人光环？她会不会从事焊接？按照净利益原则，她不会这么做。

□ 将经济租金概念应用于不同的生产要素市场

图 7-14 描绘了三个生产要素市场，它们分别针对非技术工人、金融资本和土地。首先来看非技术工人市场。因为假设备选的工人数量是相当大的，所以假定供给是有完全弹性的。可以想象供给增加的话，曲线会向上倾斜（就像图 7-10 中第一组供给曲线那样），但出于需要，我们使其在相关范围内保持水平。在这种情况下，付给工人的工资总额（工资率 W_1 乘以工作小时数）就用矩形 $0W_1AQ_1$ 表示。这里工人的所得都是转移收益，没有经济租金产生。这是因为工人提供 Q_1 小时的劳动，得到的工资数必须是精确的 $0W_1AQ_1$。考虑到供给是完全有弹性的，若被支付更低的工资，就没有工人会从事该工作。

而金融资本市场的供给和需求曲线通常是倾斜的，分别是 S 和 D。当均衡利率为 r_e 时，资本的供给和需求是 Q_1。这一定量的资本（在 r_e 利率下）为提供者产生的收益就是它的盈利。然而需注意的是，只有在资本投资的最后一单位，利率 r_e 才诱导供给。所有前面的资本是以 r_e 到 r_1 间的利率供给的。这意味着，除了最后一单位，所有投资的资

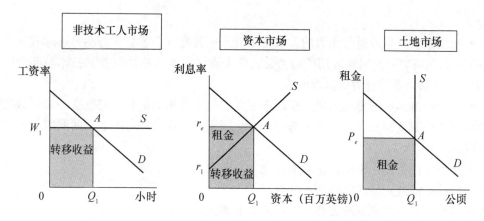

图 7-14　市场非技术工人、资本和土地的经济租金

本以不必需的高利率赚得经济租金。这种情况下转移收益就是利率和与其对应的刚好足够产生的供给 Q_1 的结合，图中用矩形 r_1AQ_10 表示。而经济租金用三角形 r_1Ar_e 表示。

　　最后来看土地供给。给定的一块土地的供给就是固定的，不因租金多少而变化，因为土地是被供给的。这意味着土地的价值完全取决于需求，它所有的收入都是经济租金的形式。这就是相比英国其他地方，伦敦地区土地价值相当高的原因。在伦敦，源源不断的强烈需求来自商界、政府和相对富裕的居民；而在其他地方，这些来源的需求要低得多。图 7-14 中在一块给定土地的市场中，均衡租金为 P_e，供给是 Q_1，那么矩形 $0P_eAQ_1$ 就是纯经济租金。即使租金减半甚至为零，土地仍在供给中，所以没有产生新供给的转移收益。

　　经济租金的重要意义在于它对生产要素潜在收益的影响。在没有经济租金的情况下，以非技术工人市场为例，生产要素的盈利只需考虑转移收益层面上的供给。供给状况发生改变，它才会有变化。另一个极端，即所得都是经济租金的情况，盈利就完全是由需求驱动。如果需求增加，相应地经济租金就会增加。现代（英格兰）足球超级联赛的球员知道，这非常有利。即使一个天赋平平的超级联赛的球员现在都是百万富翁。几年前这样的报酬都难以想象，现在是怎么实现的呢？答案是球员的工资绝大部分是经济租金，因此是由需求驱动的。错综复杂的情况中最后也是最重要的一点是，由于海量的电视公司愿意出钱获得顶级赛事转播资格，对超级联赛球员的需求就激增了。如果诸如英国天空广播公司等不再关心足球，顶级球员的额外巨额收益将逐渐消失。

▌总　结

- 生产要素市场，就像商品服务市场一样，受供需法则的支配。生产要素市场中的需求是派生需求：它取决于生产要素制造产出的需求。
- 由于劳动力流动的障碍，劳动力市场被分割。因为存在特别技能或技术要求、天赋需要、工会资格、距离、信息缺乏和差异化对待，劳动力不能在细分市场中自由

第 7 章　生产要素市场

流动。

- 短期来看，企业对劳动力的需求受工资水平调控。企业会在劳动力边际收入产品（MRP）与工资等同的时候雇用劳动力。长期来看，资本价格的改变和技术革新会影响MRP，这也是企业劳动力的需求曲线。
- 一个经济体中的劳动力供给总的来说受人口增长率的限制。它也受一系列改变参与率的社会或制度因素影响。在大部分工业化国家，女性的参与率上升的同时男性的趋于下降。
- 市场中的劳动力供给是正斜率变化的。劳动力供给的弹性取决于新员工获得进入市场必需的技能或资质的时间和可能性。
- 那些有强烈需求同时无弹性供给的职业得到的工资率最高。
- 投资恰当类型的人力资本使工人有机会赚得高工资。当然企业为其员工投资也是可行的。
- 如英国这样的工业化国家，最低工资的设立与很多劳动力市场没有相关性。理论上最低工资能帮到低收入人群但同时破坏就业，而实际上没有证据显示最低工资较大程度上妨碍了市场进程的运作。
- 经济租金概念可以帮助我们理解缺乏弹性供给的生产要素为什么可以获得较高的收益。

■ 关键术语

- 净利益
- 劳动力市场分割
- 议价能力
- 派生需求
- 边际收入产品
- 经济活动人口
- 参与率
- 保底工资

- 替代效应和收入效应
- 劳动力供给弹性
- 人力资本
- 工会密度
- 最低工资
- 工资差异
- 经济租金
- 转移收益

■ 问题讨论

1. 为什么劳动力市场分割的概念可用来解释不同职业间的工资率变化？
2. 为什么劳动力需求是派生需求？这是怎样影响对企业劳动力需求的分析的？
3. 一个经济体中哪些因素决定劳动力供给？
4. 哪些因素决定德国建筑业的劳动力供给？（提示：这里考虑劳动力迁移。）
5. 你可以阅读本书是小学老师教给你阅读技能的一个反映。那么为什么像教育孩子这样于社会、文化、经济都很重要的职业，相比大卫或维多利亚·贝克汉姆所做的工作，收入微薄得多？

推荐阅读

罗伯特·特莱塞尔的《穿破裤子的慈善家》，
第2章，"尼姆罗德：耶和华面前强大的猎人"

该书小说化地描述了20世纪初英国一小群建筑工人的生活。这本书既滑稽又悲惨，同时又是振奋人心且充满刺激的。该书的主题是资本家和工人间的冲突，资本家拥有生产产品或服务所必需的土地、资金和机器，而工人除了可以干活一无所有。

特莱塞尔读过马克思的著作。读者会发现其第21章"恐怖时期。惊人的金钱把戏"就是对资本和劳动力这对马克思主义基本关系的很好解释。这里我们关注的是第2章。该章介绍了书中的一个反面人物，工头亨特，并分析了他的权力来源，部分原因在于Mugsborough镇（故事发生的地方）盛行的劳动力市场环境。

请阅读该章后回答下面的问题：

1. 我们如何知道市场中劳动力供给过剩？

2. 亨特是怎样使其工作对企业有利的？至少有三点。

3. 该书把亨特刻画成一个冷酷无情的角色，那么他和他所监管的那些人的境况有什么不同？通读全篇，你会发现亨特的结局很悲惨。

4. 这个劳动力市场存在于100年前。书中描写的各种关系仅仅是历史上的奇闻轶事吗，还是仍有某些当代意义？

5. 这个市场也是一个基本不受国家或工会制约的市场。当代国家或工会在劳动力市场中的影响与当时有何不同？

6. 最后一个问题：这本书的书名是什么意思？你可能需要登录谷歌寻找答案。

第8章 宏观经济、宏观经济政策和商务

关键问题

- 什么是宏观经济政策的主要目标？
- 怎样衡量宏观经济政策的目标？
- 无法实现每个目标的代价是什么？
- 宏观经济政策的主要目标之间存在的潜在冲突是什么？

■ 8.1 引言：商务宏观经济政策的背景

本书的前半部分主要讲述的是微观经济学。你可以回忆之前的内容，包括学习微观经济学的特点和经

> 宏观经济学：把经济作为一个整体进行研究。

济方面独特的或者个别的表现，例如单一市场、消费者、企业或员工。**宏观经济学**，本书后半部分的主题，是关于将经济的特点和行为作为一个整体来学习。因此，举例来说，宏观经济是把微观经济中对个体经济的产出的研究放大到宏观层面的、全面的或总体的经济中的产出的分析。类似地，微观经济分析单一市场中雇员的数量，宏观经济则转变为关注经济中总体的就业和失业状况。

宏观经济学绘制了经济的整体走势，但必须清楚地认识到在全面认识的同时会有细节的丢失。举例来说，针对整体失业率的研究不可避免地会掩盖分布的不平衡。因此，把英国和欧盟作为整体来考虑，对不同地区的失业率的巨大差异的关注由来已久。这样的问题不会很快地从对失业汇总数据的检查中显现出来。类似地，当我们夸奖国家出口的增长时，我们也可能关注其他不同经济领域的相对表现，例如制造业和金融服务业。宏观经济在追求总产出的同时会忽略这些。

商业盈利受到企业经营所处的宏观经济环境的严重影响。用图解的方式，想象国内经济活动在经历上升趋势时的景象。在上升阶段，出口增长，失业率下降，企业增加收益的可能性上升。但是，随着经济中需求的上升，工资开支和价格上升的压力可能分别对生产和销售的成本及企业盈利能力造成严重影响。

同时，当本国产品的价格上涨时，消费者可能会购买更多的进口商品。本国企业因产品在国外的竞争力下降而出口下降，进而损失部分客户。这些变化在宏观经济领域可能会有更进一步的后果。因为未来收益和利率（正如政府对高通货膨胀的反应）的极大不确定性使企业越来越谨慎，长远的投资决定可能会受到不利影响。

考虑到宏观经济环境对商业的重要性，学生们学习像经营研究和管理类的学位课程非常重要，从而理解宏观经济变化的原因和在宏观经济环境中影响政府政策的因素。**宏观经济政策**所关注的是政策制定者们试图通过影响宏观经济总量行为从而提高经济的总体运作。有许多围绕着提高经济运作的政策组合是否恰当的争论，这些争论将在随后的章节中厘清。

> **宏观经济政策**：政府试图影响整体经济表现的政策。

本书的余下部分安排如下。第 9 章和第 10 章分析宏观经济中失业和通货膨胀问题，尤其是研究其成因和解决方案。第 11 章将研究长远的经济增长的决定因素，以及不同的理论经济学家提出的针对总体经济活动中的短期波动的解释。第 12 章将继续讨论在当局是否有必要、能够以及应该稳定宏观经济这一问题上不同经济学家的见解。第 13 章思考国际贸易收益、贸易模式改变和政策贸易环境的影响等主要问题。第 14 章将仔细思考国际收支与汇率的本质和意义。最后，第 15 章将讨论全球化和商务的问题。

当前的章节是为接下来的第 9 章到第 15 章的宏观经济内容的详细讨论提供背景。尤其是我们将审视政府宏观经济政策的四个主要目标，如下：

- 稳定且令人满意的经济增长率；
- 较高且稳定的就业率；
- 较低且稳定的通货膨胀率；
- 中期的国际收支平衡。

在每种情况中，我们将描述目标的性质及必要性。我们也会简要讨论这些政策目标可同时实现的程度。本章以第二次世界大战结束以来在宏观层面政策重点的改变的历史小结结束。

8.2 经济增长

经济的稳定和繁荣是一个唯物主义概念。在微观环境中，我们可以看到个体消费的商品和服务的数量符合常规的满意度标准：越多越好。在宏观经济层面也有一个类似的逻辑：经济中的产出和消费的层次越高，特定人群的生活水平就越高。衡量总体经济表现的一个标准是加总一国在一个特定的时间段内所生产的商品和服务的价值，这个时间段通常为一年。这一价值总量就是**国内生产总值**，即 **GDP**。

国内生产总值是一个国家用该国生产要素所生产的商品和服务的总值，不论这些生产要素的拥有者是谁。可以从三个等效的方面来衡量：基于产出、收入和消费。

> **国内生产总值：**在一个特定的时间段内一个国家所生产的商品和服务的总值。

□ 生产法

衡量 GDP 的生产法指将通常为一年的特定时间段内生产的新商品和服务（包括机械装置、电脑、杂志、在餐馆的消费、文身、培训沙龙会议等）的价值进行加总。我们关注**最终产出**是因为重复计算的问题。以生产一辆汽车来说明，它的主要成分包括钢铁、塑料和玻璃，但是如果我们统计了钢铁、塑料和玻璃的价值，也统计了在专卖店售卖的汽车的价值，我们就重复统计了汽车的价值：一次是汽车本身的，另一次是组成汽车的部分的。

> **最终产出：**出售给所有人的商品和服务的总和。

考虑到这一缺陷，生产法计算了经济中每一个生产环节的附加价值。附加价值是企业的投入成本和产品的产值间的差价。所以福特的附加价值是它生产的汽车和货车的价值减去生产这些车辆的材料的价值。注意，尽管当福特购买金属压铸机时，这被认为是最终产品而被记入国内生产总值，但当钢铁被组装为成品中的一部分时，它并不是中间成分。

进口被排除在 GDP 之外是因为一方面，进口商品是利用非本国的经济资源制造的。另一方面，出口商品是利用本国的经济活动制造出来的，因此被作为 GDP 的一部分。

生产法以生产要素成本来计算 GDP。可以简单地认为是生产者和消费者在生产过程中的各级消费的实际成本总和。

□ 支出法

GDP 也可以通过计算所有在商品和服务上的最终产出的支出总和得出，包括外国人的支出。在进口的服务和商品上的支出也被包括在内，因为进口的是其他经济体的最终产品。

支出法最初是用市场价格来计算 GDP 的，也就是商品和服务被购买的价格。但是很多商品的市场价格被政府扭曲了，因为政府征收了间接税，例如对很多商品和服务征收增值税（VAT）。增值税通常是商品和服务价格的 20%。想象一下为什么这会使 GDP 的计算出现问题。当政府将增值税税率定为 22.5% 时，市场价格通常也会上升 2.5%，但是这并不意味着商品和服务的产量的增加，所以市场价格并不能较好地反映经济体中的产量。所以在用市场价格（按照生产法）来计算 GDP 时应先排除所有的间接税。政府的生产补贴也会扭曲市场价格。举例来说，2008—2009 年经济危机中，英国政府为了支持汽车产业，推出了旧车换现金计划，降低了顾客购买新车时的价格。因为补贴通常会降低市场价格，所以必须将其加总算在 GDP 中来抵消它们的影响。

□ 收入法

GDP 最终衡量包含所有经济生产要素的收入。每年度经济中的生产行为为生产的参与方提供收入。所以支付给劳动者的工资反映其贡献，类似地，资本得到利息，土地挣得租金，企业获得利润。这些收入都被计算在生产要素成本中，例如，企业劳动力的成本基本上是其所付薪酬的总和，这使得收入法在政府价格因素被排除之后相当于支出法和生产法。

正如国内生产总值是一个国家的产量总值，不论这些产值的拥有者是谁。但是，我们也试图从国家生产要素的意义上来分析哪些产品是英国、法国或者澳大利亚的生产的。**国民生产总值**

> **国民生产总值**：本国生产要素所生产的商品和服务。

（GNP）衡量的是本国生产要素所生产的商品和服务。GNP 是从 GDP 中去除国外的净财产性收入。国外的净财产性收入是指国外拥有或持有的资产和财产性收入，减去海外居民的等额支付。

这三种衡量 GDP 的方法间的关系可以用图 8-1 来表示。为了便于论述，我们假设最初没有国家或者国际贸易，在我们高度简化的经济中，只有两个部门对商品和服务的流通做出贡献：企业和家庭。家庭消费一系列的企业生产的商品和服务。为了制造出这些商品和服务，企业会通过家庭要素市场雇用生产要素（劳动力、资本和土地）。企业创造的报酬（工资、利润和租金）流入家庭。随后，家庭在商品和服务市场上花费其收入以购买企业生产的商品和服务。家庭的支出就以企业向家庭销售其所生产的最终产品获得收入的方式流回企业。

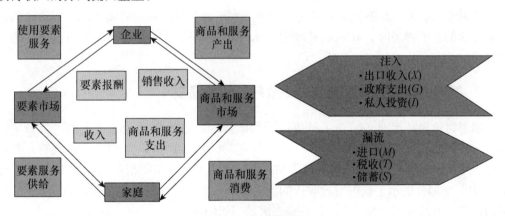

图 8-1 收入循环流

图 8-1 展示的是一个真实"物理的"要素服务流程，经济中所有的商品和服务都在家庭和企业之间顺时针反复循环。这个循环过程中企业创造的商品和服务通过货币在家庭和企业间逆时针方向运行。如果家庭将它们所有的收入都花费在企业生产的商品和服务上，而企业将它们得到的所有的资源都用于生产新的商品和服务，那么整个资源就会在经济圈里保持不变，一直循环。

最后值得注意的是，图 8-1 演示了三种计算 GDP 的方法。商品和服务的产出与商品市场中相应的支出水平一致，这些与家庭的收入水平相当。

现在我们放下最初的假定，认真思考在同时有政府政策和国际贸易的影响下，一个经济体内的资金如何循环。资金在循环中的注入和漏流是一个更加复杂的流程。

□ 收入循环流中的注入

图 8-1 展示了三种主要的资金投入循环流的方式。

● 首先，公司会进行一些出口，这些出口收入（X）作为注入资金投入循环中。

● 其次，政府对商品和服务的开支（G）也注入循环中。政府不仅承担当前的支出，如支付给公共部门的雇员的薪酬，也承担资本投资，如国民健康保险制度中的医院的建设。政府负责薪水的运转，资金在不同的社会领域运转，例如求职者津贴，这些投入不会从商品和服务的生产中得到回报。

● 最后，私营部门的投资支出（I）以注资形式进入循环。投资支出包括像仓库和机器类的固定资产购置，企业增加商品库存时的存货投资，以及采购住房时的住宅投资。

□ 收入循环流中的漏流

图8-1也显示了三种主要的从循环流中的漏流。它们是：

● 首先，企业和家庭都会购买进口的商品和服务（M）。这些支出就是收入循环流中的漏流的一种。

● 其次，因为要给政府交税，所以家庭和企业都不能花费它们从循环流中得到的所有收入。

● 最后，通过储蓄（S），一部分收入从循环中漏流。

完整的收入循环流的漏流由进口（M）、税收（T）和储蓄（S）组成。

如果收入的注入比漏流多，经济体的收入水平就会提高，反之则下降。当资金的注入和漏流的水平相当时，收入在循环中的水平不变。第9章会重点讲解均衡条件的重要性。

□ 循环流中的注入和漏流——政府干预的意义

结束讨论循环流前必须要了解政府干预的程度。这个程度是相当大的（且有争议的），包括在英国。举例来说，2010—2011年度英国GDP预估为14 740亿英镑，其中6 960亿英镑（约47%）是英国政府干预的结果。主要的支出类型在图8-2中展示。图8-2中下半部分展示了政府财政收入的组成部分。值得注意的是，政府收入为5 480亿英镑，意味着政府需要借1 480亿英镑来满足当年的支出。

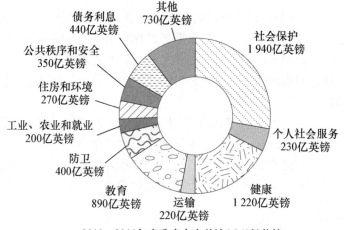

2010—2011年度政府支出总计6 960亿英镑

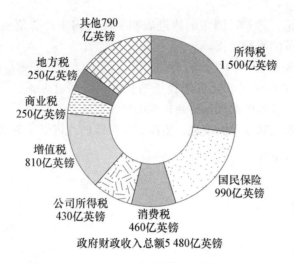

其他790
亿英镑

地方税
250亿英镑

商业税
250亿英镑

增值税
810亿英镑

公司所得税
430亿英镑

所得税
1 500亿英镑

国民保险
990亿英镑

消费税
460亿英镑

政府财政收入总额5 480亿英镑

图 8-2　2010—2011 年度英国政府收入和支出

资料来源：英国财政部：www. hm-treasury. gov. uk；资料的使用得到公共部门信息控制办公室（OPSI）的允许。

再来回顾一下图 8-1 的循环流图。尽管政府的注入和漏流在循环表中有所描述，但是必须认识到政府所做的很多方面只是其中一部分。举例来说，尽管图中标明雇用生产要素和生产产品的是"企业"，但应该更准确地标为"企业和公共部门机构"，像医院、中小学、大学、警察机关等雇用劳动力和提供服务的机构都包含在循环流中。

循环流、微观经济学和宏观经济学

循环流图也清楚地表明了微观和宏观经济学的联系。一般来说，图中显示了宏观经济的实质在于作为一个整体：比如，企业总产出，或家庭在商品和服务上的总支出。但同时循环流也表明了宏观形势的微观经济基础。举例来说，花费在商品和服务上的总支出，最终表现出的是数千万经济个体的消费偏好和上百万的企业的投资偏好，以及被上千的中央和地方的当权者、部门和机构掌控的资金。

关于 GDP

经济学家们对**实际国内生产总值**比较感兴趣。一方面，实际国内生产总值是以特定基年的主要商品价格——不变价格计算的产量。实际国内生产总值只有在实际生产的商品和服务总量发生变化时变化，所以实际国内生产总值的增长意味着更多的商品和服务被生产出来。另一方面，**名义国内生产总值**衡量国内生产总值时使用的是即时价格，也就是当前价格。名义国内生产总值可能会由于商品和服务总量及/或价格的变化而逐年变化。这就意味着名义国内生产总值会单纯因为价格增长而增长，并不是因为更多的产出，因此实际国内生产总值更受关注，因为它明确指出了产量的变化。

图 8-3 描绘了 1948 年以来英国经济的实际国内生产总值的变化（按 2005 年不变价格），显示了商品和服务产量的真实变化。我们可以得出两个关于这一时期实际国内

> **实际国内生产总值**：以特定基年的主要商品价格，也就是固定价格计算的国内生产总值。也被理解成是不变价格的国内生产总值。
>
> **名义国内生产总值**：以某特定时期的价格来计算国内总的商品的价值，也叫当前价格的国内生产总值。

生产总值变化的结论。首先，图中的轨迹表明实际国内生产总值确实是增长了。这表示，产量和收入在英国不断增长。

　　经济增长指的是实际国内生产总值的增长，实际国内生产总值的年度百分比变化也叫经济增长率。可以看出，在大多数经济体中都可以看到长期的经济增长，这反映了生产要素的变化，包括新的资本设备的形式和技术的改进、生产组织形式的改进以及劳动力供给的增加。

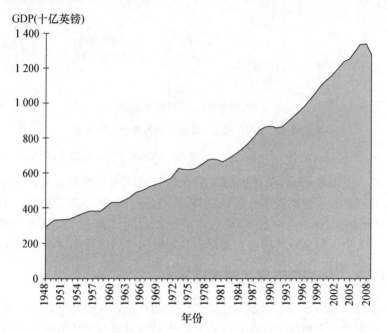

图 8-3　1948 年以来英国的实际国内生产总值的变化（按 2005 年不变价格）

资料来源：英国国家统计局网站，www. statistics. gov. uk。资料的使用得到公共部门信息控制办公室的允许。

　　其次，从图 8-3 的轨迹中可以看出实际国内生产总值的增长轨迹脱离长期趋势的时间点。有时候实际国内生产总值实际上是下降了，标志着产出总量较前期总量的下降。对英国来说，经济负增长的时期为 1974—1975 年和 1980—1981 年，伴随着石油输出国组织（OPEC）在 1973—1974 年将油价提高 4 倍和 1979 年石油输出国组织提高油价，同时也由于 20 世纪 80 年代保守党政府开始的抑制通货膨胀的政策。最近的英国**经济衰退**发生在 1991—1992 年和 2008—2009 年。另外，英国也出现了经济增长迅速的时期，实际国内生产总值的增长极大地超过了趋势。以 1985—1988 年期间为例，英国的实际国内生产总值增长率达到平均每年 4.4%。

　　一方面，长期增长趋势是由短期波动组成的，这带来了一个问题：令人满意的经济增长是什么样的？如果经济快速增长，人们生活水平提高，追求经济增长率越快越好是否应该成为政府政策的一个主要目标？类似地，假定经济严重衰退，生活水平下降，产出的商品和服务减少，难道政府不应该不惜成本地避免这一情况吗？回答这些问题前，应该弄明白哪些确定的约束会对政府政策产生长期或短期的影响。如前所述，长期经济走势反映出生产的技术和组织的复杂性，以及其所能支配的生产要素，如劳动力的总量。因为它们的本质，政府可以通过减税而刺激生产和投资，逐步影响生产要素。这意味着经济增长的趋势只能有条件地逐步建立。

另一方面，短期增长更容易受到政府政策的影响。因此，政府为了在选举中赢得更高的支持率而尝试在执政期规划更高的经济增长率。为什么政府不能长时间维持高增长率？其中一个答案是它们也受其他宏观经济政策目标的约束。例如，高增长率导致高收入，其中的一部分会用于购买从国外进口的商品和服务。如果高进口支出无法和增长的出口创汇持平，收支逆差问题就会浮现。收支逆差问题必须被校正，所以必须寻找一个更为平缓的经济增长率。快速扩张时期往往伴随着高通货膨胀率，为了将通货膨胀率控制在可接受的范围，政府政策会降低经济扩张的速度。20 世纪 80 年代后期，英国历史性的高经济扩张速度也伴随着国际收支失衡和通货膨胀问题，随后在 1991—1992 年英国迎来了经济衰退。

尽管政府不能使短期经济增长率远高于长期增长趋势，但是显然低于这个趋势的经济缓慢扩张同样不可接受。较低的短期增长速度只会使整个经济的产出和收入略有增长，结果会带来极低的生活水平的提高。而且如果经济增长变得非常缓慢，会带来较高的失业水平，因为产出下降导致企业缩减雇员的数量。

如果存在能使经济增长在短时间内提高的约束条件，而且意识到缓慢增长可能带来的不利影响，那么关于经济增长的宏观经济政策的目标应该是怎样的呢？总体上说政府应该追寻一个令人满意的经济增长率。作为政策目标，"令人满意的经济增长"可能是一个不准确或者含糊不清的概念，让我们简短地回顾一下之前讨论的背景。经济增长率一般在快速增长和严重经济衰退之间摆动，快速增长会受不利的通货膨胀或者国际收支平衡问题影响而降低，经济衰退则伴随着失业率的上升和生活水平的下降。这些说明了一个令人满意的经济增长率是鉴于宏观经济目标边界框架的经济的可持续发展模式。

对发达的工业经济体进行比较时尝试评估一个给定的增长率很重要。表 8-1 对比了世界上最大的工业经济体，即五国集团（G5，包括德国、日本、美国、法国和英国），1990 年以来的实际国内生产总值。从表中可以看出，1990—2007 年这些经济体的年均经济增长率，美国为 2.5%，日本为 1.1%。可以推测出平均增长率长期低于 2% 是无法接受的。当然，日本在最近的 20 多年里经济增长一直很缓慢。2008—2009 年的经济危机也在表中显示出来。日本的经济衰退规模在 2008 年达到 1.2%，在 2009 年更是达到了 5.2%，是 G5 中最差的。不过 2009 年对所有的经济体都是灾难性的一年。图 8-4 显示了 2009 年经济大衰退的长期背景。对每一个 G5 成员来说，2009 年的实际国内生产总值都出现了大幅下降，事实上，这是自 20 世纪 30 年代经济大萧条以来主要经济体最差的经济表现。

表 8-1　　　　　　　　　　　　　G5 经济增长率

	1990—2007 年年均（%）	2008 年（%）	2009 年（%）
美国	2.5	0.4	−2.4
日本	1.1	−1.2	−5.2
德国	1.6	1.2	−5.0
法国	1.7	0.3	−2.2
英国	2.0	0.5	−4.9

资料来源：国际货币基金组织的世界经济展望数据库。

图 8-5 比较了 G5、俄罗斯和中国（现今世界第二大经济体）的长期经济增长表现。中国在整个时期的增长率一直维持在 10％以上。俄罗斯自 2000 年以来也一直快速增长，但是在 2009 年经济也出现了大幅度衰退，降低了 7.9％，比 G5 还要糟糕。中国和俄罗斯一直保持相对较高的经济增长率成为备受关注的问题。答案是它们的市场经济基础相对不发达。同英国从 1750 年工业革命就成熟的经济相比，中国和俄罗斯还相差很远。所以中国和俄罗斯在资源配置的过程处于一个稳定的状态并且毫无疑问地持续上升，意味着它们的经济比 G5 有更大的上升空间。

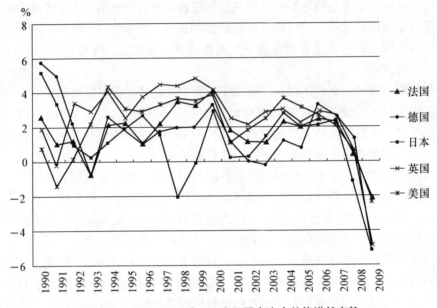

图 8-4　1990—2009 年 G5 实际国内生产总值增长走势

资料来源：国际货币基金组织的世界经济展望数据库。

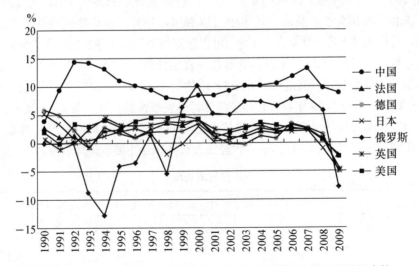

图 8-5　G5、俄罗斯和中国 1990—2009 年实际国内生产总值增长走势

资料来源：国际货币基金组织的世界经济展望数据库。

商务经济学（第二版）

在这一节，我们关注了实际国内生产总值作为生活水平间接或直接指标时的条件或限制。正如我们看到的，实际国内生产总值依据一个国家的总体产量来衡量这个国家的总体经济表现。但是，人均实际国内生产总值可以更好地衡量人均生活水平。人均实际国内生产总值是实际国内生产总值除以该国的总人口。当实际国内生产总值一定时，人口越少，平均到每个人的商品和服务就越多。只有当实际国内生产总值增长率和人口增长率持平时，人均实际国内生产总值才能保持不变。当一个国家的实际国内生产总值增长率低于人口增长率时，人均实际国内生产总值就会下降，反之亦然。

此外，人均实际国内生产总值只是显示了一个粗略的人均生活水平指标，我们无法了解一个国家的收入分配或者这些分配是如何变化的。当使用人均实际国内生产总值作为人均生活水平的指标时，上述问题必须牢记在心。假设一个国家的收入被平均分配给每一个人，人均实际国内生产总值才能作为一个可靠的标准。

除了这些条件外，我们还需要仔细思考具体时间点的实际国内生产总值和人均实际国内生产总值，整体描绘一个国家的生活福利和质量。我们关注两个主要问题。首先，实际国内生产总值数据并不包括非市场活动，比如闲暇。人们并不满足于物质上的追求，同时也需要享受闲暇。其次，实际国内生产总值数据并不包括生产的负外部性，像污染、交通拥堵和噪声，这些都会影响人们的幸福感和福利。我们必须明白忽略了这些因素，实际国内生产总值只能粗略地衡量国民经济福利。

8.3 失 业

国际公认的对**失业者**的定义是那些能够工作并且在积极寻找工作的没有被雇用的处于工作年龄的人。需要注意的是，该定义中的失业者需要积极参与劳动力市场：失业者的状态对整体市场进程产生影响。如果失业者整天坐在家里，不去寻找工作，那他就不会对劳动力市场产生影响。失业者如果定期提交就业申请，并且参加面试，就能对劳动力市场产生影响。他们当然可以找到工作，尽管这会花费一些时间，但是他们积极地参与会对雇主和工人都产生影响，雇主会意识到有值得雇用的求职者，工人们会明白有人正在和他们竞争他们得到的薪酬。

> **失业者**：希望找到工作并且在积极寻找工作的没有被雇用的人。

失业率是失业者占全部劳动力的比率，全部劳动力包括被雇用的人和正在失业的人。失业率是在固定时间点上统计得来的。本书写作的时间（2010年春天），英国的失业率为 7.8%。但是这些准确的数字不能反映一个现代经济体中劳动力市场内在的动态变化。了解失业率背后的变化过程的一种方法是，对整体经济来说，失业者概念化为一个储备池。这个储备池会因为失业者的流入而变大，也会因失业者的流出而变小。失业率的上升或者下降受储备池流入或者流出的相对强度的影响。

> **失业率**：失去工作的人们所占的比率。

图8-6显示了上述储备池。它有6个主要的流入渠道。4个是因为雇员被解雇了，或者被临时解雇了，或者是自愿离职。另外两个是新的成员的流入，包括学校毕业生，或者是需要养家糊口而重新寻找工作的人。

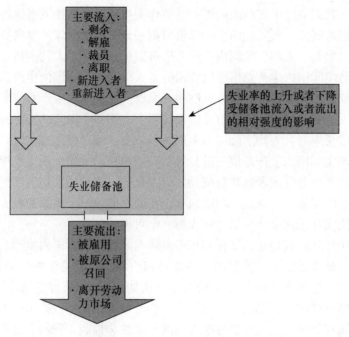

图8-6 失业储备池：流入和流出

储备池有3个主要的流出渠道：一些失业者寻找到新的工作，一些被临时解雇的人被公司召回，还有一些人因为退休或者对寻找工作丧失信心而放弃寻找新的工作，离开劳动市场。

图8-7总结了近来G5成员的失业率。图中可看出3个明显的趋势。首先，日本的失业率数据最好也最连贯。整个时期日本的失业率始终保持在6%以下，这使我们对图8-4和表8-1中给出的日本缓慢的经济增长速度产生了疑惑。其次，在20世纪90年

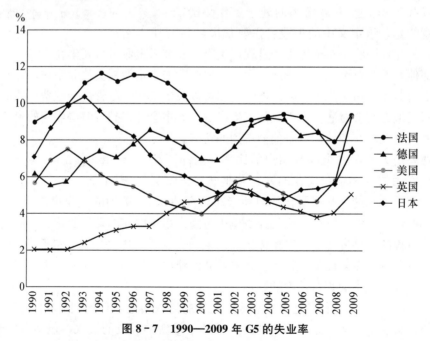

图8-7 1990—2009年G5的失业率

资料来源：国际货币基金组织的世界经济展望数据库。

商务经济学（第二版）

代中期，德国和法国的失业率持续走高，而美国和英国的则向日本靠拢。最后，在2008—2009年，金融危机使得 G5 成员的失业率都大幅提高，其中美国最高。需要注意的是图中只是广泛地反映了每个国家的失业率数据。还有很多如年龄、性别、社会地位以及地域等分布的细微差别必须留待更细致的分解分析。

失业是由经济和社会因素引起的严重的政策问题。经济跟资源配置相关：社会会利用哪些资源？它们被有效利用了吗？失业意味着一种最特别也是最重要的资源，人力资源，并没有被利用起来。这种浪费需要投入更多的资源进行调和，比如将资金投入福利系统以缓解失业者的困境，及出于失业者不用交税而损失的税收。如果所有愿意工作的人都能得到工作，那么经济的远景就会更好。在这种情况下，失业率下降，福利就会上升。

对于整体社会来说，一方面，就业形势越好就意味着更多的产出，国内生产总值提高。从图 8-7 和表 8-1 可以看出，英国和美国的经济自 1990 年以来一直持续良好的增长环境，与低失业率是相吻合的。另一方面，低就业率意味着更少的劳动者生产更少的产品，实际国内生产总值也会随之下降。

社会和经济问题与失业的联系可以归到两大类：一是直接影响到失业者本身，一是由整个社会承担。经济困难是失业者最明显的负担。尽管主要的欧盟国家福利水平有明显的提高，但给失业者的失业救济还是比平均工资要低。低收入预示了失业者和他们的家庭的困难：健康和教育水平下降，长期失业会带来严重的心理问题，例如精神压力增大及自尊心受挫。

失业是一个严重的宏观经济问题，而政策主要是试图保持较高并且稳定的就业率，这些在本章开始时已经谈到。但是，**充分就业**的概念并不是指所有的就业人口都有工作。在动态变化的经济中，伴随着产业的新旧交替，就业机会会出现周期性的重新定位。**结构性失业**指的是在旧的工业体系内工作的工人，无法满足新的工业体系内的就业需求。随着时间的推移，人们能学会所需要的技能，重新找到工作。从这个意义上讲，结构性失业在动态的经济中是不可避免的。类似地，可以预期，尽管经济结构没有任何变化，但有竞争力的劳动力市场会接受一定程度的流动性，人们可以自由变换工作、谋求升职或者选择新的工作环境。在经济不断发生变化的过程中，许多工作发生了变化，一些人发现自己在短期内暂时失业或者暂时赋闲在家，这就是所谓的**摩擦性失业**。

> **充分就业**：所有失业都是摩擦性的、结构性的，不能通过增加总需求量而减少。
>
> **结构性失业**：在经济不断发生变化的过程中，许多工作发生了变化，一些人发现自己在短期内暂时失业或者暂时赋闲在家。
>
> **摩擦性失业**：该失业的引起是由于工作者在寻找合适的工作时花了许多时间，也就是求职性失业。

在一个充满竞争和不断变化的经济中，失业有时是不可避免的，问题是有多严重。以英国为例，20 世纪 50 年代和 60 年代，英国充分就业的时候，失业率在 2.5%～3%。但是，20 世纪 70 年代初期，英国和其他经济体同样经历了失业率大幅增长的时期。在第 9 章我们会探讨为什么失业率会上升，怎样实现充分就业以及政府为降低失业所采取的政策。

8.4 通货膨胀

通货膨胀是一个价格不断上升的过程。经济中的**通货膨胀率**表示在一个给定的时期内商品和服务的平均价格的上涨幅度。尽管负通货膨胀有时会出现，但是 1945 年以来几乎所有时间内所有的经济体都出现了通货膨胀。

> **通货膨胀率**：衡量通货膨胀的比率。

□ 通货膨胀的衡量

通货膨胀是由**价格指数**来衡量的。英国主要衡量通货膨胀的指数是消费者价格指数（CPI）。消费者价格指数通过衡量一年里一篮子商品和服务的价格的增长来衡量通货膨胀。习惯性的做法是，试图确定一个典型家庭把收入花在什么地方，并根据每一项开销确定一篮子商品和服务的比重。图 8-8 展示了

> **价格指数**：一组商品和服务的平均价格水平与特定基年该组商品和服务的价格水平相比得出的结果。

2010 年英国广义的家庭和个人实际购买的详细开销信息，包含了大约 650 种单独的商品。

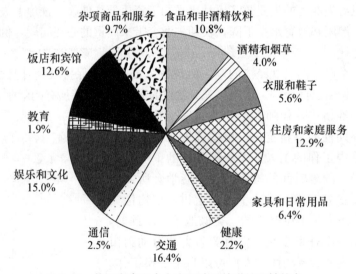

图 8-8 英国家庭和个人实际购买的详细开销信息

资料来源：英国国家统计局网站：www. statistics. gov. uk。公共部门信息控制办公室（OPSI）授权公布信息。

交通支出是 CPI 中所占比重最大的，达到 16%。交通支出包括购买车辆、维护费用和燃料支出，还包括各种公共交通费用。相比之下，教育和医疗所占的比重最少，各占 2%。因为英国的教育和健康服务都是由政府提供，消费者并不需要买单。

经过一个较长的时期，消费者价格指数就可以反映消费者偏好的改变。显而易见，英国人越来越趋向于自己治疗轻微疾病，现在花费更多在抗过敏药上。

□ 通货膨胀目标

政府希望保持低且稳定的通货膨胀率。一些政府也希望制定一个精确的通货膨胀目

商务经济学（第二版）

标。以英国为例，政府希望每年的 CPI 通货膨胀率保持在 2%。瑞典的目标也是 2%，欧洲的目标是小于但是接近 2%，波兰的目标是 2.5%，加拿大的目标是 1%～3%。

为什么保持低且稳定的通货膨胀很重要？我们稍后将讨论一些与通货膨胀相关的具体问题，但是首先我们想从一个广泛的商业角度简要回顾一下通货膨胀。我们在第 2 章学习了市场如何被价格信号影响。价格激励生产者和消费者以特定的方式行事。例如，一方面，较高的价格会给企业一个强烈的信号，鼓励它们扩大产量。另一方面，消费者会因为价格过高而放弃消费。但是怎样来定义一个好的信号呢？其中一个重要的特征是稳定。想象一下如果交通信号灯（另一种信号形式）是随机设定时间的，道路上的交通流会怎样。你在红灯的时候停下，但是你并不知道你会停在这里多久，是 1 分钟、3 分钟还是 10 分钟？其他的司机面临相同的问题。这样不久就会发生混乱，人们会违反信号灯从而导致交通事故。当交通信号是可以预见的，人们信赖交通信号时，交通信号才是有效的。在市场中，如果价格信号是可靠的，人们可以依靠它做出理性的选择，那么价格信号就是有效的，这种情况多发生在通货膨胀较低且稳定的时候。

□ 通货膨胀的相关问题

首先假设经济活动的参与者，消费者、雇主、工人、政府以及其他人，都知道未来的价格走势，在这种情况下，通货膨胀率可以说是被**完全预期**，它可以影响其他名义变量，但实际的经济情况保持不变。因此，如果将来一段时间预期的价格通货膨胀率为 15%，货币工资的价值也会相应地增加 15%，人们的购买力并没有增加，人们的实际购买力不变。即使通货膨胀率出奇地高，也不会带来实际的影响。实际上，尽管通货膨胀可以被完全预期，经济体还需要面对两个问题：皮鞋成本和菜单成本。

> **完全预期**：实际的通货膨胀率和预期的相同。

皮鞋成本

皮鞋成本上升的原因是，在通货膨胀面前，货币不断丧失购买力。这会使人们持有越来越少的现金，将他们的钱放到能赚取利息的银行或者其他金融机构。但是，因为人们每天都需要现金购买需求品，所以人们会穿上皮鞋，到银行或者自动取款机取少量现金。当然，皮鞋成本只是现金支取不方便管理的一个比喻。

菜单成本

菜单成本指在商店、自动贩卖机、停车计费器等地方按照当前的通货膨胀率对商品和服务不断重新定价所付出的时间和资源。

大多数西方经济体自第二次世界大战以来保持相对适度的通货膨胀率，人们普遍认为皮鞋成本和菜单成本相对很低。但是，当通货膨胀率上升时，这些成本也变高了。

假设通货膨胀被完全预期，现实中的通货膨胀是**不完全预期的通货膨胀**，若实际通货膨胀率高于预期，皮鞋成本和菜单成本还是会上升，其他重要的成本随之也会上升。这些成本有：恶性通货膨胀的危险、市场扭曲、日益恶化的国际竞争力以及收入再分配反映出的问题。

> **不完全预期的通货膨胀**：实际的通货膨胀率和预期的不同。

恶性通货膨胀

通货膨胀激增，如果不加以遏制，其可能会形成自己的势头，并最终导致极高的通货膨胀率，这就是

> **恶性通货膨胀**：当通货膨胀率极高时出现。

恶性通货膨胀。最著名的恶性通货膨胀发生在 1923 年的德国魏玛政府时期，通货膨胀率达到了惊人的百分之十亿。现在，假定市场是资本主义的中心，这个市场是受价格信号控制的，那么因通货膨胀率上升引起的价格上涨会挑战资本主义制度的完整性。

换一种方式，设想货币持续迅速贬值的情况。一旦收入到手，人们会在购买力下降前将它花掉。同时，所有社会群体都面临着巨大的压力，他们需要通过谈判取得更多的收入，试图以此抵消实际收入大幅下降的影响。随着通货膨胀变得更高，经济和社会走向崩溃的激烈化的过程并不难想象：最终，薪酬制度会崩溃，将被物物交换所取代。

这些曾真实发生于德国魏玛政府时期。通货膨胀严重侵蚀了货币的真实价值，人们不再用货币购买东西，只能拿来给孩子当玩具。

市场扭曲

通货膨胀不需要达到"超高的"水平就会扭曲市场运作。现代美国经济学家米尔顿·弗里德曼提出，随着通货膨胀率的上升，其不确定性也随之上升。在一定时间内，实际通货膨胀率波动越大，通货膨胀产生的不确定性就越大。对经济活动的参与者来说，区分不同商品和服务的一般物价水平的变化和**相对价格**水平的变化会变得更困难。于是他们会犯错。

> **相对价格**：一种商品对另一种商品的价格的比率，具体表达为一单位另一种商品能够购买该商品的单位量。

设想一种商品 X，价格为 30 英镑，另一种商品 Y，价格为 10 英镑。那么 X 和 Y 的相对价格为 3∶1。现在若所有的价格都上涨了 10%，那么 X 的价格变为 30.3 英镑，Y 的价格变为 10.1 英镑，相对价格并没有变化。但是，X 的相对较高的价格使得商家希望获得更高的利润。市场中产出的整体水平因此而增长，但是如果价格的上涨发生在整个经济中，没有新的或者额外的需求出现，那么 X 可能会卖不出去而产生大量库存。

这类错误会导致人们对价格信号的不信任，经济活动参与者不得不花费更多的时间和资源徒劳地试图了解到底发生了什么。最后，与没有高通货膨胀的时期相比，市场会变得缺乏效率，弗里德曼认为产量下降和失业上升是必然结果。弗里德曼也指出，高通货膨胀率带来的不确定性使得经济人更加谨慎，他们不愿进行在价格稳定时期可能会有的消费和投资。

日益恶化的国际竞争力

与高通货膨胀率相关的另一个主要问题是其对国际竞争力的损害。一个经历了价格迅速上涨的经济体会很难和通货膨胀率平缓的贸易伙伴进行贸易。很简单，国外市场上，出口商品的价格上涨速度快于进口商品，国内商品的价格也比进口商品上涨得快。其他条件不变时，对于处在高通货膨胀的经济体来说，商品和服务的贸易平衡在恶化。贸易逆差，也就是进口大幅超过出口的情况，在中期以后是无法维持的，这些我们将在本章的下一节解释。因此这里的关键不是通货膨胀率本身，而是不同国家的通货膨胀率的相对比较。

收入再分配

通货膨胀不被完全预期时会产生一系列再分配问题，是因为它对社会不同群体的人们会有不同的影响。例如在金融市场，通货膨胀会帮助借款人而使贷款人受损。因为通货膨胀会降低货币的实际价值，所以会降低债务的实际价值。对于负债的人来说，这显然有一个实质性的好处：我们可以借钱并在现在使用，但是将来需要还钱时，这笔钱的真实价值会根据通货膨胀率而成比例地减小。类似地，当通货膨胀比预期的要高时，一笔债务的利息的真实价值会缩水。对于贷款机构来说，这种影响是相反的：通货膨胀使它们在贷款中的资本的实际价值变少。总之，通货膨胀会带来借款人和贷款机构之间的收入再分配。

未预料到的通货膨胀也会对其他社会群体产生再分配效应。例如，在较低的通货膨胀时期，对那些收入固定的人来说是很不利的。尽管他们为退休生活准备了存款。如果通货膨胀使他们的存款价值和他们能通过存款得到的一切收入都缩水，他们会因为无法得到像工资一样的其他收入而陷入困难。同时，依靠工资收入的人，如果他们的收入增长能高于通货膨胀率，那么他们处在一个足够强大的谈判地位。这时，再分配就会从非工资收入者转向工资收入者。总的来说，从再分配的角度可以得出，通货膨胀会使那些无法保证或者提高自己实际收入的人受损，但会有利于那些负债或有能力改变自己实际收入水平的人。

□ 通货膨胀的表现

图 8-9 显示了 G5 成员 1990 年以来的通货膨胀表现。通过图可以看出，在这一时期 G5 成员在控制通货膨胀的问题上并没有遇到太大的困难：通货膨胀总体上处于较低且稳定的状态。实际上，日本出现了通货紧缩问题，总体价格出现了周期性负增长。当价格下降时，消费者的需求可能会变得脆弱。人们倾向于在价格更便宜的时候购买商品和服务。但是，当消费者都这样做时，整体需求会下降，经济增长会放缓。

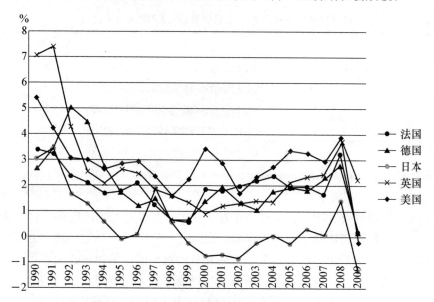

图 8-9　1990—2009 年 G5 成员的通货膨胀

资料来源：世界经济展望数据库，国际货币基金组织。

8.5 国际收支

　　国际收支是在一个给定的时间内（通常为一年）一国居民与世界其他地区的居民进行交易的记录。国际收支交易有多种类型。最明显的类型是商品和服务贸易。商品的进口和出口是有形的贸易，服务贸易是无形的贸易。其他国际收支贸易包括：对外借款和贷款；购买和出售金融资产，如外国股票；在国际市场上企业买卖实物资产。在第 14 章将会详细介绍国际收支的各种类型。

> **国际收支**：一国居民与世界其他国家居民在一年内的商品交换的记录。

　　为什么国际收支是宏观经济学的一个重要因素？为了回答这个问题，想象一下你今天要使用或者购买的商品的范围。例如，你的许多衣服可能是国外生产的，可能来自东亚或者欧盟国家。你正在看的播放美国电影的电视机可能是日本产的，睡觉的床是瑞典生产的。这些例子使我们明白这个世界实际上是如何相互依存的。我们生活在一个越来越开放的国际经济环境中。总体而言，随着市场相通性的上升，会有更快的经济增长和更多的消费选择，因此开放被视为是非常积极的。

　　表 8-2 列出了战后世界主要经济体的开放程度。这些数据是以进出口的价值占名义 GDP 的百分比来表示的。名义 GDP 是指按当年价格计算的最终产品的价值。虽然美国和日本对外贸易依存度较低，但是开放度还是上升了。欧洲的德国和法国的上升尤为明显。这些显示了从 20 世纪 50 年代开始的经济一体化的漫长过程。

表 8-2　　　　　G5 成员目前的开放程度，年总贸易额占 GDP 的百分比（％）

	1950 年	1960 年	1970 年	1980 年	1990 年	2000 年	2007 年
法国	28.4	27.0	32.2	44.0	43.8	56.2	55.4
德国	19.7	29.0	33.5	44.4	49.6	66.4	86.4
日本	18.2	21.1	20.4	38.3	20.0	20.5	33.5
英国	45.0	41.9	43.9	51.8	50.3	57.8	55.2
美国	8.1	9.5	11.2	20.8	20.5	26.3	29.1

资料来源：Alan Heston, Robert Summers and Bettina Aten, Penn World Table Version 6.3, Center for International Comparisons of Production, Income and Prices at the University of Pennsylvania, August 2009.

　　我们可以发现两个关于为什么开放会在下一个十年及更长远的时间里持续加深的主要原因。首先，经济一体化正在迅猛发展。世界的某些地方，不论是独立的经济体还是经济集团都逐渐凝聚形成了统一或单一市场和自由贸易区。例如在欧洲，单一市场为欧盟所有的成员提供自由流通的商品和服务及生产要素。1957 年欧洲经济共同体（EEC）建立之前，欧洲国家对于其公民从事跨国交易有很多限制。现在至少是为了经济目的，这些国家的居民都是单一市场而不仅仅是各自经济体的公民。同样地，1993 年签署的《北美自由贸易协定》（NAFTA）将美国、加拿大和墨西哥的经济联合起来成为一个统一的市场，交易没有内部障碍，虽然生产要素市场诸如劳动力市场还存在。专栏"将经济学运用到商务中"揭示了国家间的贸易协定所能提供的商业机会。

自由贸易区和商业机会

世界上大多数经济体都在实施各种各样的贸易保护，例如，通过关税（对贸易商品征税）限制进口，为本国生产的商品保留更多的本国市场。

但是同时，政策制定者们也意识到，由于限制竞争和消费者的选择，关税对经济有害。这就是为什么2010年超过250项区域贸易协定（RTA）被制定。这些协定在伙伴经济体之间创造了自由交易。

为了签署一项区域贸易协定，签约国通常会同意消除所有关税和其他限制互惠贸易流动的贸易政策。

实际上，区域贸易协定将国内市场规模扩大到所有伙伴国，因而显著增加了商业机会。例如，当2007年保加利亚和罗马尼亚加入欧盟时，它们和25个欧盟成员彼此开放国内市场。

对于罗马尼亚和保加利亚的企业来说，这是一个积极的发展。这些企业可以在一个巨大和富裕的市场出售商品，促进良性竞争，激励它们不断改进。

区域贸易协定也可以带来其他的商业机遇。例如，日本汽车企业丰田在墨西哥巴哈半岛有一个卡车生产基地，每年可以生产约5 000辆坦途皮卡。丰田在加拿大也有工厂，年产卡罗拉和锐志200 000辆。但是丰田并不只在墨西哥和加拿大出售这些车。

《北美自由贸易协定》允许丰田自由地将在墨西哥和加拿大生产的汽车出售到北美的三个经济体中的任意一个，这意味着墨西哥制造的皮卡可以装船运输到加拿大和世界上最大的经济体——美国，加拿大生产的汽车也一样。《北美自由贸易协定》签订后，丰田才在墨西哥和美国开设工厂。

《北美自由贸易协定》给了丰田商机，同样也有助于墨西哥和加拿大的经济。这两个国家都吸引了大量的海外投资，部分原因是它们可以进入富饶的美国市场。

促进世界市场加速开放的第二个因素是一些国家的转变，如中国、越南和东欧国家。这些国家的市场正逐步向西方国家的投资和商品开放，而西方国家本身也为这些快速发展的经济体的出口提供了潜在的有利可图的市场。例如，像斯洛文尼亚和斯洛伐克这样的东欧国家已经与欧洲单一市场紧密结合，并积极参与到欧元区的经济活动中。

因为国际市场越来越开放，国际收支变成了一个重要的宏观经济问题。那么在这方面会产生什么样的政策目标呢？为了简化讨论，这里将关注以商品和服务贸易为代表的国际收支。首先，一个经济体的国际收支状态会有三种可能性：

- 逆差，进口商品的总价值超过了出口商品的总价值；
- 顺差，出口收入大于总进口支出；
- 平衡，出口和进口的值是大致相等的。

在出现贸易逆差的情况下，国内居民对进口商品的需求与他们向国外销售商品的能力不匹配，即该国为净进口国。在这一点上，国际贸易中涉及不同货币的事实被凸显出来。出口就是为了支付进口所需的外币或获得外汇储备。如果一个国家是净进口国，其居民需要购买国外的货币来支付进口的商品，因为出口所得到的外汇收入不足，换句话说，这就是外币"缺口"。

这个缺口可以通过两种方法弥补。居民可以利用他们以前积累的外汇储备或者是借入他们需要的外币。外汇储备和友善的贷方都是有限的。国际收支逆差不能在中期持续，因为为其提供资金的外汇储备已经用尽：持续的国际收支逆差是一个政策问题。

另外，国际收支顺差会增加国内经济中持有的外汇储备。因为本国是净出口国，出口所得到的外汇超过了进口的外汇需求。净出口产生的外汇盈余（由于暂时使用不到）简单地添加到现有的外汇储备中。因此，国际收支顺差十分有吸引力，特别是考虑到强劲的出口需求对经济增长和国内就业水平会产生积极的连锁效应。然而，这并不是故事的全部。连续的顺差以及外汇储备的积累也代表着消费机会的丧失。国内居民可能更多地利用出口产生的收入来消费进口产品，提高自身的福利水平。或者他们可以增加国外投资或提供更多的海外援助。

尽管国际收支顺差可能代表了本国出口的活力，但这并没有实际的成就。顺差也可能是相当大的经济疲软的标志。在经济衰退期间，实际国内生产总值增长缓慢，进口能力由于收入放缓而下降。同时，假设出口市场不受影响，那么出口市场的强劲在一定程度上是外国收入的作用，国际收支可能因此大幅改善，但是这根本算不上什么成就。我们会在第 14 章中进一步探讨国际收支顺差。

鉴于逆差是一个问题，而顺差几乎不值得称赞，因此，国际收支方面的政策目标是实现中期平衡。收支平衡指国内居民的进口外汇需求与他们从出口获得的外汇收入相等。这就意味着没有外币"缺口"，也没有任何潜在的消费或投资机会被放弃。收支平衡重点指的是中期而不是每年，因为个别年份的逆差和顺差可以相互抵消。

本节最后，我们简要讨论国际收支与其他宏观经济政策目标之间的关系。在某种程度上，前面的讨论已经涉及这一点。我们已经指出，可以通过实施国内紧缩措施来改善国际收支状况：如果国内居民在经济衰退开始时变得更拮据，他们就无法像之前一样购买那么多进口商品。我们在讨论经济增长问题时也注意到，一个收入不断提高的经济体迅速扩张时，通常伴随其国际收支的恶化：走向或进入赤字。国际收支和其他宏观经济目标之间的这种联系，使国际收支平衡有了更广泛的定义。我们认为，如果在不需要放慢经济增长速度的情况下达到国际收支平衡，而又不会为此付出种种代价，那么国际收支将在数年内达到理想的平衡状态。在第 14 章中我们将对这个定义做进一步的修订。

8.6　1945 年以来的宏观经济政策小结

人们普遍认为经济思想是多变的，会随着新的宏观经济问题而改变和发展。广泛地说，如果我们已经讨论过的宏观经济目标在一段持续的时间内在许多经济体中实现，那么寻找新形式的理解和政策的压力就会变小：经济体和政府就会看起来"做对了"。另外，当目标没有实现时，就需要修改宏观政策的行动和其背后的思维。

这种在宏观思维和行动上的转变的重要实例最初发生在 20 世纪 30 年代的大萧条。

在**萧条**期间，在世界上大多数工业经济体中的产出和就业都急剧下降。例如，美国的实际国内生产总值从1929年到1933年下降了35%，失业在1933年达到顶峰，为25%。以前，虽然经济增长在快和慢之间循环，但经济发展总体上进行得比较顺利，基本上处于不间断的上升趋势之中。这意味着当时盛行的正统**古典主义经济学**并没有面临真正的挑战。大萧条为不同理论和政策的发展提供了巨变的环境和机会。

> **萧条**：严重且持续时间长的经济衰退。
>
> **古典主义经济学**：指前凯恩斯主义的方法，基于的假设是通过工资和价格调整可以达到市场出清且货币政策不能影响实际的变量，如产量、就业。

针对20世纪30年代产生的"新"的经济问题，英国经济学家约翰·凯恩斯撰写了《就业、利息和货币通论》。这本书于1936年出版，引发了宏观经济学中的一场革命，它也被看做是有意识的宏观框架内的第一部作品。凯恩斯认为政府通过管理一个经济体的**总需求**可以战胜萧条，实现充分就业（第9章对这一问题有更详细的描述）。

> **总需求**：买方购买最终商品和服务的总的计划支出，包括消费支出、投资支出、政府支出以及净出口。

凯恩斯的成果不管是在学术还是在政治领域都是非常有影响力的，20世纪50年代和60年代宏观经济的思想和政策都显示出对他的观点的信任。此外，他的影响并不仅限于英国，而是在所有西方发达经济体中都占主导地位。为了避免失业带来的社会、经济和政治成本，**凯恩斯经济学**或者凯恩斯主义制定的目标坚定地维护高且稳定的就业。因此，采纳凯恩斯主义思想并付诸实践的政府，战后时期最主要的短期政策目标便是充分就业。因为更高的就业水平和更快的短期经济增长之间的相关性，这也成为与凯恩斯主义的一个目标。但是，长期来看政府政策对经济增长的影响较小。

> **凯恩斯经济学**：主张政府必须运用积极的财政与货币政策，以确保足够水平的有效需求的经济学。

凯恩斯主义盛行的时期与被称为战后繁荣时期是同一个时期。这个时期从第二次世界大战结束后持续到1970年。大多数国家的战后繁荣都具有高经济增长率、充分就业和低通货膨胀等特点。1970年后经济增长有所放缓，经济增长率下降，失业率高于平均水平，特别是通货膨胀上升。此外，西方主要经济体在20世纪60年代末70年代初的通货膨胀与凯恩斯主义主导的渐进比率大不相同，这开启了宏观经济的思想和政策的第二次全面修订。

1970年后经济环境的变化暴露出凯恩斯学说的两个主要弱点。首先，在失业率的观点上，凯恩斯主义倾向于忽略通货膨胀，无论是将其作为需要解释的现象还是要解决的政策问题。其次，作为一个有限的理论，凯恩斯主义把通货膨胀作为一种对失业的"替代"，换句话说，经济体可以承受高失业或者高通货膨胀，但是不能同时承受这两点。20世纪70年代新的**滞胀**现象带来了一系列问题，这些都是凯恩斯主义没有分析和解释的。

> **滞胀**：通货膨胀达到了非常高的水平，失业率也非常高。

一个新的理论将会在经济领域挑战凯恩斯主义，该理论可以解释致命的通货膨胀和高失业的现象。这就是米尔顿·弗里德曼主张的**货币主义**的复活。弗里德曼认为通货膨胀是由货币增长相对实际产出增长的比率决定的，并强调对抗通货膨胀的货币调控的重要

> **货币主义**：反对任何形式的国家干预，特别是反对战后凯恩斯主义的理论和政策主张，认为除了货币之外，政府什么也不必管的经济主张。

性。同时，如果政府通过政策把通货膨胀控制在较低且稳定的水平，市场可以通过本章介绍过的其他三个宏观经济变量产生有利的结果。在很大程度上，在最近几年许多政府得出的经验是，宏观经济政策应该优先考虑通货膨胀。

最后，20 世纪下半叶的经济先后被两种宏观经济思想统治，从而产生了两套政策规则。战后繁荣时期凯恩斯主义提供了强调失业的政策问题的观点；弗里德曼的观点则将政策的重点转移到坚定的控制通货膨胀上。这种政策的调整摒弃了凯恩斯主义的总需求管理，转而支持通货膨胀目标，并对经济的供给侧进行管理，这将在随后的章节中进行详细说明。

总的来说，本章是从宏观经济的思想和政策上了解 2008—2009 年大衰退的影响。记得本节开篇讲到经济思想是多变的，会随着新的宏观经济问题而改变和发展。某种意义上这不完全正确。2008—2009 年大衰退中宏观经济的思想和政策实际上回归了，意味着大衰退导致宏观经济学回归到旧的理论——凯恩斯主义。

这就需要重新审视这一观点，政府可以通过刺激经济中的总需求水平来遏止和扭转经济下行。政府可以通过两个主要的方法管理需求：即使承担更多债务也要花费更多自身资产；通过减税和降低利率来鼓励个体和企业消费。

在应对全球经济衰退方面，世界上很多国家已经做了所有这些事情，甚至更多。如英国直接或通过英国银行间接采取了如下措施：

- 开始在 2009—2010 年增加政府支出，相当于 GDP 的 5％；
- 2009 年削减增值税税率，从 17.5％降到 15％；
- 把利率降低到最低水平，0.5％；
- 发行了 2 000 亿英镑的货币，相当于 GDP 的 12％，为英国私营企业注入活力，鼓励企业消费和投资。

这些凯恩斯主义的措施有效果吗？广义的答案是肯定的，英国和其他经济体开始在 2009 年年底慢慢地走出衰退。没有出现 20 世纪 30 年代的长期萧条。但是，正如货币主义者不断提出的，太多的政府支出可能存在引发通货膨胀的危险。在本书写作时，通货膨胀的具体影响还并不清楚。

■ 总　结

- 宏观经济是把经济当做一个整体来研究。宏观经济政策关注的是政策制定者为影响四个关键变量所做的努力，这四个变量是：经济增长率、失业水平、通货膨胀和国际收支状态。我们必须意识到有关这四个变量的宏观政策目标不是独立实施的。例如，短期内努力提高经济增长率的同时，要考虑可能会带来通货膨胀和国际收支方面的负面影响。

- 宏观经济目标未能实现会产生很多后果。未能达到预期的缓慢的经济增长率只会带来生活水平的小幅上涨而且可能与失业率上升相关。相应地，失业会带来社会和经济成本的上升。它浪费了稀缺的人力资源而且造成了失业者的贫困和无助。

- 通货膨胀是不受欢迎的，它会扭曲和破坏资本主义的资源配置：价格机制。它会损害那些靠固定收入生活的人，并从整体上威胁一个经济体的贸易地位。

● 国际收支失衡可能会损害其他目标的实现。例如，国际收支逆差通常会使经济增长率降低。

● 新的宏观经济问题的出现与宏观经济思想和政策的发展有很强的相关性。1945年来，宏观经济政策先后受多个思想的主导，首先是凯恩斯主义，然后是货币主义，之后又回到凯恩斯主义。凯恩斯主义促使国家广泛参与到经济的诸多方面。而货币主义则要求更慎重的国家干预。

关键术语

- 宏观经济学
- 国际收支
- 宏观经济政策
- 均衡
- 经济增长
- 凯恩斯主义
- 失业

- 战后繁荣
- 完全就业
- 滞胀
- 通货膨胀
- 货币主义
- 恶性通货膨胀
- 国际收支顺差和逆差

问题讨论

1. 宏观经济政策的主要目的是什么？
2. 为什么快速的经济增长是不可取的？
3. 失业的主要代价是什么？当经济中的失业水平上升时，企业有没有可能从中获利？
4. 控制通货膨胀的重要性是什么？
5. 什么时候提高通货膨胀率会对公司产生不利影响？
6. 为什么国际收支顺差会产生不良后果？
7. 宏观经济政策的主要目标中存在哪些潜在的冲突？
8. 经济表现与经济学思想和政策之间有什么联系？

推荐观看

登录 http://www.pbs.org/newshour/bb/business/july-dec09/economy_12-08.html，有一个 12 分钟的保罗·克鲁格曼（Paul Krugman）和布鲁斯·巴特利特（Bruce Bartlett）关于美国政府试图走出 2008—2009 年经济衰退的电视辩论。克鲁格曼提出了一个凯恩斯主义的理论，认为美国的经济衰退程度和高失业率使美国需要快速做出反应。美国的失业率在 2009 年底达到 10%，是 25 年来最高的。巴特利特则对此表示怀疑。他觉得政府做得已经足够了，而且大量增加美国政府赤字的风险太高。

这场辩论之前有个短讯，奥巴马总统解释了为什么他希望政府做得更多，但政客们觉得他在忽视美国政府赤字问题上犯了错误。

这里提到一些 TARP（政府的问题资产救助计划）的信息，大概有 7 000 亿美元用于救助美国的金融体系并对抗衰退。

看完电视辩论后回答下列问题：

1. 奥巴马总统所说的在弥补赤字与创造就业和经济增长之间做出的选择是错误的，他具体是什么意思？

2. 克鲁格曼和巴特利特谁更关注短期效应？短期效应更令人担心的是什么？

3. 辩论中多次提到对日益增长的赤字问题的关注。迅速膨胀的赤字带来了什么样的宏观问题？

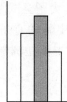

第 9 章

失业：原因及对策

关键问题

● 失业的原因及对策存在于劳动力市场之内还是之外？

● 经济学家提出的解释失业的主要理论是什么？

● 政府怎样降低失业率？

● 经济学家是如何解释自 1970 年来欧洲不断攀升的失业率的？

9.1 引言：对失业原因和对策的讨论

  本书前面提出商业盈利情况在很大程度上受企业运行的宏观经济环境的影响。例如失业和通货膨胀的改变持续影响着企业的经营。本章旨在通过经济学家提出的主要理论来解释失业问题，并考虑这些理论背后的政策含义。而接下来一章将讨论通货膨胀的原因及政府降低通货膨胀率的对策。

  第 8 章讨论了失业的性质和测算，及其在经济、社会和政治层面的代价。一方面，人们就维持稳定且较高的就业水平是宏观政策的一个重要目标达成了共识；另一方面，关于失业为什么存在及政府应采取什么对策却争论不断。首先需要强调的是，这些不断的争论背后暗含的核心问题是，失业的原因主要在劳动力市场内还是在其外。第 7 章提到在现实中劳动力市场是非完全竞争的。如果失业本质上是由劳动力市场内部的缺陷导致的，政府降低失业率的政策就在于消除这些缺陷。而如果失业原因主要来自劳动力市场外部，由商品市场消费不足导致，政府政策就应倾向于刺激总需求。

  历史上，经济学家运用过很多形容词定义失业，包括自发性/非自发性、古典的/实际工资的、摩擦性/求职性、结构性/错配性、需求不足型/周期性等。此外，一些经济学家关注自然失业率，另一些倾向于关注非加速通货膨胀失业率（NAIRU）。给出这么多的定义和概念，难怪学习者感到失业问题非常难以掌握了。为了尝试阐明失业的原因和对策，我们追溯 19 世纪到现在的经济学家是如何不断提出新的有争议的理论来解释失业的。以这种方式回顾失业理论的历史，就要识别以下主流经济学中的五种流派的发展：

- 古典主义学派；
- 正统凯恩斯主义学派；
- 货币主义学派；
- 新古典主义学派；
- 新凯恩斯主义学派。

9.2　古典主义学派

古典主义学派从 18 世纪中期到 20 世纪 30 年代中期广泛流行，支持古典主义学派的经济学家众多，他们主张只要货币工资和价格是有弹性的，并可以自由调整，劳动力市场就会连续处于均衡之中，即被连续出清。在一个完全竞争的劳动力市场中，任何一个能够和愿意工作的人在市场出清的**实际工资**率下都可以这么做。

> **实际工资**：货币工资除以价格指数；货币工资可以买到的商品和服务的数量。

图 9-1 可以阐释这种状况。图中在市场出清实际工资率 $(W/P)_{mc}$ 点上，劳动力的总需求量 (D_L) 等于总供给量 (S_L)，就业情况 (N) 是充分就业 (N_F)。如果实际工资率被设在 $(W/P)_1$，高于市场出清水平，劳动力供给 (N_2) 就超过劳动力需求 (N_1)。过量供给的非雇佣工人 (N_2-N_1) 之间的竞争就会导致货币工资的降低，继而实际工资率（假定价格保持不变）也跟着下降，直到恢复充分就业。

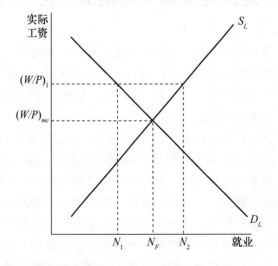

图 9-1　古典主义学派

古典主义分析中，**萨伊定律**（以法国经济学家让-巴普蒂斯特·萨伊命名）保证了总需求会足够吸收充分就业情况下制造的产出。根据"供给创造自己的需求"这一定律，生产过程产生收入，收入又足以购买任何数量的产出。在一个充分就业为正常状态的竞争性劳动力市场中，萨伊定律排除了总需求不足的可能性，总需求会完全吸收充分就业情况下制造的产出。伴随劳动力市场中供需状况的变化，实际工资率自动调整到新的市场出清水平的过程中，会产生一些临时短暂的失业，除此之外，古典主义学派认为失业的唯一来源是自发性失业，出现这种情况是因为一些有能力工作的人出于这种或那种原因不去工作。

> **萨伊定律：**认为供给会创造自己的需求。

那么古典主义经济学家是如何解释 20 世纪 30 年代欧洲国家的大规模失业的？古典主义经济学家将其归因于工会行为引起的货币工资（和实际工资）的向下刚性走势，并认为当货币工资（和实际工资）削减到市场出清水平时，就会恢复充分就业。图 9-1 中，古典主义的失业，或有时被称为实际工资失业，发生在实际工资率过高时，在 $(W/P)_1$ 点产生了过量的劳动力供给 $N_2 - N_1$。这种情况下失业超出了现行的市场出清实际工资率 $(W/P)_{mc}$ 的水平。

英国著名经济学家约翰·梅纳德·凯恩斯（1883—1946）抨击了古典主义关于失业的原因及解决方法。他在 1936 年出版的《就业、利息和货币通论》中提出了一个当时全新的、革命性的理论，这个理论就当时严重的失业提出了不同的解释和补救措施。与古典主义经济学家不同，凯恩斯认为 20 世纪 30 年代大规模失业的原因来自劳动力市场之外，事实上根源是商品市场的消费总量不足所致。依据他的观点，应对失业就要求政府干预来增加需求总量，从而将经济恢复至产出的充分就业水平。我们接下来将详细探讨针对就业的凯恩斯主义分析方法。

9.3　正统凯恩斯主义学派

凯恩斯依照惯例把失业分为三种主要类型，分别是摩擦性失业、结构性失业和需求不足型失业。

新近失业的人需花费时间获取工作空缺信息并找到新工作，在此就产生了**摩擦性失业**。由于摩擦性失业多发生在个人换工作或找新工作的过程中，有时也被称为**求职性失业**。该过程虽然会产生求职消耗（诸如收入损失、邮资、通信费用等），而这些行为是完全合理的，因为新近失业人员需要时间熟悉现有工作的货币和非货币特征。

> **摩擦性失业：**此类失业发生在工人花费时间寻找合适的就业机会时，故也被称为**求职性失业**。

要降低这种类型的失业率，政府能做些什么呢？减少工作变动中的求职时间会降低摩擦性失业数量。减少求职时间的一个办法是加大提供就业机会信息。这项工作在英国由就业中心完成。但是这不仅是政府在其中起作用，在劳动力市场中创建信息网也存在商机。比如就有像 Reed、Adecco、Randstad 这样的职业介绍所，代表英国和世界其他地方雇主提供数以万计的工作。

结构性失业产生的原因是经济是动态的实体，各种经济活动处于不断变化中。回想一下近几十年来通信业的发展。20年前主要通信方式包括固定电话、信件和纸质备忘录，而现在有移动电话、网络电话、电邮、脸谱网以及海量的网上订购和付费服务。通信的基本结构已经发生了根本性的改变。

> **结构性失业**：此类失业是由于现存的工作职位所需的技能或地域与失业人员具备的技能或地域条件不匹配，故也被称为**错配性失业**。

这对通信行业的影响是什么呢？首先用马克思的话说就是，全新的事物如雨后春笋般涌出地面，创造了大量新的就业机会。但是与此同时其他一些行业开始衰落，特别是像传统的邮政服务业，邮政工人的工作岌岌可危。以英国为例，近几年邮件数量几乎每年减少10%。邮政工人离开一个衰败行业后发现自己缺乏进入新的工作领域的技能和资质，这种情况下结构性失业就产生了。在邮政行业工作了30年的一个邮递员可能会发现到网络通信行业做事并非易事，必须经过再培训，还要有一段调整时间，人们必须接受旧的工作形式正在消失，被新的冲击所取代。

结构性失业会发生在任何开始萧条并削减工人的行业。英国结构性失业与那些逐渐消失的行业如采煤、炼钢、造船、纺织和服装业等密切相连。更糟糕的是大部分这些行业集中于一些地域，这些行业的衰落严重影响到这些特定的地区。采矿需在有煤炭储备的地方，造船得在主要河流经过的城镇。耐人寻味的是，有结构性失业的邮政业就分散得多了，邮政工人遍布全国。

结构性失业发生在技能和地域性就业机会不相匹配的情况下，伴随着供需的潜在变化，故有时也称其为**错配性失业**。政府为降低这种类型的失业有何举措呢？一种降低结构性失业程度和持续时间的方法是制定政策来提高劳动力的职业流动性（如实施再培训方案）和提高劳动力的地域流动性（如提供财政扶持以补偿区域间流动的花费）。

此外，鼓励企业投资高失业率地区的政策举措也会帮助降低结构性失业。比如2010年英国政府斥资3.6亿英镑给汽车制造商福特公司，赞助其低排放引擎的研发，以此保住了2800份工作。政府也资助日产2000万英镑支持其新型电动汽车聆风的研发。而日产公司在过去失业问题严重的桑德兰雇用了4000位员工。政府还担保贷款2.7亿英镑给沃克斯豪尔，其设在利物浦附近的埃尔斯米尔地区的工厂提供了2000个工作机会。

由于汽车制造业不断变化的经济情况，这些案例很耐人寻味。汽车行业仍具有大规模生产的特征，在其生产流水线上雇用大量的员工。但它现在再也不是曾经的大规模雇主了。1960年福特在利物浦的Halewood工厂雇用了16 000位员工；而日产有4 000位员工的桑德兰工厂是英国现在最大的工厂。汽车制造商近几十年来在不断关闭生产设施、削减工人。政府资助日产、福特研发绿色环保型汽车是延长汽车产业生命的一种方式，使其保持国际竞争力，保证生产出来的汽车在未来市场中仍有需求。英国汽车制造以这种方式避免其不像采煤或造船业那样没落，及由此引发的结构性失业。

接下来探讨失业的第三种主要类型，即**需求不足型失业**，有时也被称作**周期性失业**。依据凯恩斯的理论，实际国民收入/产出水平及其就业率很大程度上由该经济体中的总支出或总需求决定的。照这样看，由于总支出不足，经济就会停在小于充分就业均衡的状况。

> **需求不足型失业**：此类失业是由于需求总量不足以提供就业机会给愿意在现行实际工资下工作的每个人；也被称作**周期性失业**。

与古典主义模型相悖，凯恩斯认为小于充分就业均衡是常态。下面来看为什么是这种情况。

总支出或**总需求**（AD）是以下几种主要支出之和：消费支出（C）、投资支出（I）、政府支出（G）和净出口支出（X－M）。可由以下公式表达：

> **总需求**（AD）：所有购买者对最终商品和服务的计划支出总和。

$$AD=C+I+G+X-M \tag{9.1}$$

为了以简单凯恩斯模型解释为什么实际产出水平及其就业率本质上由总需求决定，并解释为什么经济会处于小于充分就业均衡的状况，我们首先需要简要探讨一下是什么决定了总需求的这几个组成部分。

□ 消费支出

凯恩斯主义模型中总消费支出的主要决定因素是国民收入水平，国民收入水平越高，总的消费支出水平就越高。总消费与总收入的关系，准确来说是消费函数，表现在图9－2中。

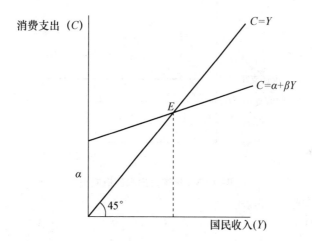

图9－2　消费函数

图9－2中消费支出（C）和国民收入（Y）分别表示在纵轴和横轴上。图中倾角45°的直线上每一点距离两轴都相等。因此当消费函数与这条倾角45°的直线相交于E点时，消费等于收入（C＝Y）。为了简化其后的讨论，我们绘制了一条线性的消费曲线，从而就可以用如下直线方程的形式表达总消费支出与国民收入的关系：

$$C=\alpha+\beta Y \tag{9.2}$$

式中，截距（α）表明总消费支出水平独立于国民收入水平。这种支出被称为外源性或**自发性消费支出**，取决于财富水平等因素。需要注意的一点是自发性消费支出不由国民收入水平决定。回到直线方程，消费函数中的斜率（β）暗示了消费支出随国民收入变化的

> **自发性支出**：不依赖国民收入的支出。
>
> **边际消费倾向**：额外一单位收入的增加引起的消费支出的改变。

程度，经济学家称其为**边际消费倾向**。

□ 投资支出

什么决定了经济运行中的投资支出水平？投资支出的主要决定因素包括：

- 企业过去和目前的销售情况；
- 未来销售情况和生产要素价格预期；
- 资本设备的成本；
- 利率。

在其他条件不变的情况下，投资成本随以下情况趋于上升：企业增加目前的销售，企业上调未来投资的收益性的商业预期，资本设备成本下降，或是为支出提供资金的借贷成本下降。反之亦然。

在简单凯恩斯模型中，投资支出被认为是外源性或自发决定的。这是因为，如图9-3所示，投资支出是独立于国民收入水平的，它被描绘成一条水平线。

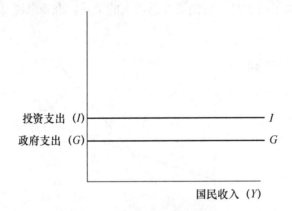

图9-3 投资支出和政府支出

□ 政府支出

简单论述了消费支出和投资支出的主要决定因素之后，接下来解释政府支出。政府支出正如投资支出一样，被认为是独立于国民收入水平的。了解了这一点就足以帮助我们构建凯恩斯模型。这种支出取决于政府政策。所以在图9-3中，政府支出也被描绘成一条水平线。

□ 净出口支出

最后，我们需要考虑是什么决定了净出口支出。决定进出口支出水平的三个主要因素如下：

- 收入；
- 相对价格；
- 非价格因素，如偏好等。

这些决定因素会在第14章中进一步讨论。而这里我们主要关注收入是如何影响进出口支出的。进口相关的变量是国内国民收入。随着国民收入增加，其中一部分会用来购买更多国外进口产品。图9-4显示了这种进口与国民收入的正向关系。进口函数的斜率描绘出**边际进口倾向**，显示了随国民收入的变化进口支出变化的程度。与此不同的是，出口相关的变量不是国内国民收入，而是世界其他地区的收入。在其他条件不变的情况下，随着世界收入增加，对某个国家的出口需求就会增加。由于出口不取决于国内的国民收入水平，出口情况在图9-4中就被描绘成像投资支出和政府支出那样的一条水平线。

> **边际进口倾向**：额外单位收入的增加引起的进口支出的改变。

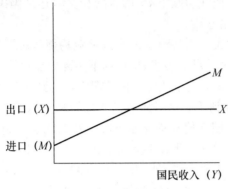

图9-4　进出口支出

□ 凯恩斯模型中国民收入的均衡水平

简单探讨过总需求各组成成分的决定因素后，接下来研究什么决定了凯恩斯模型中的国民收入均衡水平，和为什么经济会处于小于充分就业均衡的状况。这一分析在图9-5中得到说明。

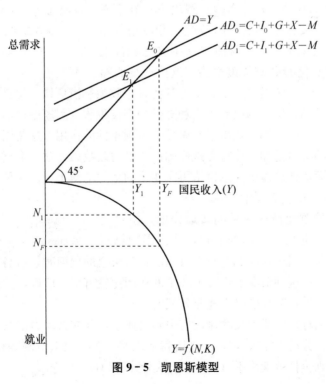

图9-5　凯恩斯模型

图 9-5 上半部分倾角 45°的直线上每一点都是总需求（纵轴）和总产出或国民收入（横轴）之间的等距点。总需求和总产出相等时（$AD=Y$），企业会卖出其生产的所有商品，在这种情况下收入无改变的倾向。我们研究的这种均衡状况与第 8 章稍有不同，第 8 章中解释了仅当注入（$G+I+X$）与漏流（$T+S+M$）匹配时收入水平保持不变。投资支出、政府支出和出口收入这三个主要的注入是不受国民收入决定的，而随着国民收入增加，消费支出也增加。因此总需求（$C+I+G+X-M$）在图 9-5 中是一条向右上方倾斜的直线。总需求曲线与倾角 45°的直线相交时达到国民收入的均衡水平，此时总需求（AD）等于总供给（Y）。

假定经济最初是在国民收入（Y_F）的充分就业均衡状态下运作，总需求等于 AD_0，AD_0 与倾角 45°的直线相交于 E_0。参照图 9-5 下半部分显示的短期总生产曲线，得出以就业水平衡量收入水平（由总需求决定）的情况下，达到充分就业（N_F）。

假设投资支出从 I_0 降到 I_1，会导致总需求曲线从 AD_0 向下移动到 AD_1。比如下调未来投资收益性的商业预期会使投资支出下降。在《就业、利息和货币通论》（1936）中，凯恩斯指出投资受非理性的悲观主义和乐观主义潮流影响，投资者"本能冲动"的改变会给商业自信状态带来较大波动。随着投资减少和有关的总需求下降，国民收入（Y_1）的新的均衡水平被建立，即 AD_1 与倾角 45°的直线相交于 E_1。图 9-5 下半部分揭示出新的国民收入（Y_1）均衡水平所需的就业水平（N_1）低于充分就业水平。换言之，在 Y_1 处，总需求不足以为每个想工作的人提供就业机会，这就产生了所谓的非自愿性失业。需要注意的是，随着消费支出、政府支出和净出口收入的自发性减少，收入和就业会以同种方式受到影响。

政府如何介入以消除需求不足型失业，将经济恢复到充分就业收入水平（Y_F，N_F）？解决方法在于**总需求管理**：政府需要改变其关于财政政策和货币政策的立场。传统意义上来说，正统凯恩斯主义强调涉及政府支出和纳税变化的**财政政策**举措。这些改变直接

> **总需求管理**：利用财政政策和货币政策影响总需求水平。
>
> **财政政策**：包含那些改变政府支出和税收水平及其组成的各种举措。

作用于总需求水平，正统凯恩斯主义认为其比货币政策举措更快、更具预见性地作用于经济活动水平。例如，增加的政府支出和降低的直接税收（因家庭税后所得的增长刺激消费支出的增加）对收入和就业水平有着较强可预见性的作用，这是因为最初支出的增加导致其后连续的支出增加。伴随着这样的扩张性财政政策，收入会增加，并多于最初支出的增加，继而达到总需求和总供给再次相等的新的均衡水平。这种被称为**乘数**过程的现象，在第 11 章中会有详细论述。

而**货币政策**的改变被认为是间接运作的，主要是通过利率的改变引起投资支出的变化，从而影响总需

> **货币政策**：包含那些改变货币供给和/或利率的各种举措。

求。在经济衰退期，当企业降低对有利可图的投资机会的预期时，借贷资金会变少，投资支出就会降低。在这种情况下，货币政策的作用比较有限。所以，正统凯恩斯主义偏重财政政策而非货币政策举措以恢复充分就业。

当务之急是把对凯恩斯主义的讨论集中到失业上，并在劳动力市场背景下研究三种主要的失业形式。劳动力需求（D_L）包括就业水平（N）加上空缺职位水平（V），劳动力供给（S_L）则包括就业水平（N）加上失业水平（U）。

$$D_L = N + V \tag{9.3}$$
$$S_L = N + U \tag{9.4}$$

那么当劳动力市场出清时，劳动力需求（D_L）等于劳动力供给（S_L），空缺职位水平（V）就会等于失业水平（U）。在这种情况下，所有的失业都归为摩擦性和结构性失业（非需求不足型失业），需求不足型失业是零。如图 9-6 所示，这发生在 D_L 和 S_L 的交点处，此时实际工资率为 $(W/P)_0$，即市场出清。

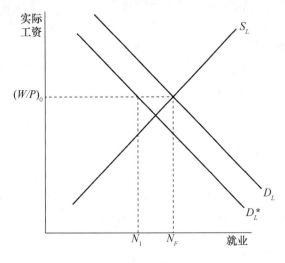

图 9-6　凯恩斯主义分析法

　　现在如之前一样假设投资支出降低，引起产出和就业下降。随着对商品和服务的总需求的下降，劳动力需求曲线会从 D_L 左移至 D_L^*，从而产生现行实际工资率 $(W/P)_0$ 下的需求不足型失业。这将是在任何现存的摩擦性或结构性失业之上的额外的失业来源。注意图 9-6 中有 N_F 的工人愿意在实际工资率 $(W/P)_0$ 下工作，然而企业方面（该案例中企业已共同削减了投资）只能提供 N_1 水平的就业。这就论证了凯恩斯的需求不足型失业发生在主导工资率下过量供给劳动力，即当实际工资率高于市场出清工资率的时候。需求不足型失业重要的一点是，它的起因存在于市场之外：想工作的人找不到工作不是因为正在找寻中（这涉及摩擦性失业），也不是因为他们要转到新的行业需要再培训（这涉及结构性失业），而是因为没有足够的工作岗位，即没有需求的支持。最后需要强调的是，在凯恩斯看来，三种失业形式当然可以同时存在。

　　凯恩斯主义对失业的分析与之前讨论的古典主义分析大相径庭。古典主义学派认为充分就业的决定因素在劳动力市场之中，正如萨伊定律排除了任何总需求不足的可能性。古典主义经济学家认为只要货币工资和价格可以自由调整，劳动力市场就会出清，迫于降低实际工资率的压力，过量的劳动力供给会被消除。那么为什么在凯恩斯理论中劳动力市场不能出清？答案在于凯恩斯做出的假设，即失业发生时工人们没有准备好接受货币工资的削减。他提出的原因是工人们关注的是维持其实际工资的相关性。工人们会强烈抵制影响他们所在领域劳动力的工资削减，因为这个削减与其他工人相比较，会给其实际工资带来不利影响。若假定货币工资进而实际工资不易向下调整，劳动力市场就不会出清。再者，削减每个人的工资不会恢复劳动力市场均衡。凯恩斯认为，工资的整体削减只会降低总"有效"需求，导致产出的进一步下降和更高的失业率。在传统凯恩斯主义理论中，失业的原因及对策很大程度上存在于劳动力市场之外。

9.4 货币主义学派

失业的货币主义分析法来自现代美国经济学家米尔顿·弗里德曼（1912—2006）的具有高度影响的著作。在1967年给美国经济学会所作的总统演说中，他创造出**自然失业率**这个术语。弗里德曼认为，自然率，或者被认为是失业的长期均衡率，取决于经济结构和其内在的制度。他特别指出自然失业率的主要决定因素如下：劳动力和商品市场的不完善、获取职位空缺和可用劳动力信息的成本、流动成本等。

> **自然失业率**：市场出清时存在且在均衡状态的失业率；包括摩擦性失业和结构性失业。

自然失业率与劳动力市场出清实际工资率的均衡有关。这个状况反映在图9-7中，在市场出清实际工资率 $(W/P)_{mc}$ 下，均衡或自然就业水平（N_N）建立。自然失业率对应的是当劳动力总供给与总需求相等时出现的失业人数。虽然货币主义者没有用不同的种类或类型总结分析失业，还是可以将自然率定义为一种非需求不足型失业的情况。由此自然失业率可以概念化为包含两种主要类型的非需求不足型失业，即摩擦性失业和结构性失业。

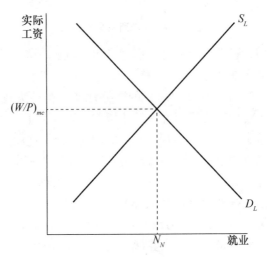

图9-7 货币主义和新古典主义分析法

政府怎样降低自然失业率以达到更高的产出和就业水平？不像正统凯恩斯主义学派推崇宏观经济（需求管理）政策，货币主义者主张政府应该实行微观经济（供给管理）政策，旨在完善劳动力市场的结构和运作（参见第7章）。劳动力市场中任何引起劳动力供给增加（即供给曲线右移）或劳动力需求增加（即需求曲线右移）的政策都会提高就业均衡水平并降低自然失业率。他们提倡的一系列的政策举措旨在增加：

- 工作动机（如通过税收和社会保障制度改革）；
- 工资的灵活性和工作实践，同时减少阻碍劳动力市场高效运作的不合理做法（如通过工会改革）；

- 劳动力地域和职业间的流动性；

- 商品和服务市场的效率（如通过私有化——参见第 6 章）及资本市场的效率（如通过废除对金融市场中各种活动的限制）。

当然这些措施很多都极具争议。例如，针对失业人员的社会保障或福利补助改革可能包括削减福利。这里的目的是减少相对"扎眼"的失业，而不是低收入工作。这个举措尽管可能会增加劳动力供给（在图 9 - 7 中使 S_L 右移），提升就业均衡水平从而降低失业率，但它也会引发对低收入人群的公平问题，以及国家面对失业人群和不负责的雇主间的公正问题。

总的来说，货币主义者认为自然失业率或长期失业均衡率本质上来自劳动力市场的不完善，降低自然率需要那些旨在提高劳动力市场竞争性的措施。

在讨论新古典主义学派对失业的分析前，需要注意的是，货币主义者认为从长期来看尽管劳动力市场会在相应地均衡或自然失业率下出清，但短期的实际失业可能要高于或低于自然率。换言之，货币主义者认为劳动力市场在短期内是不均衡的。接下来一章当讨论通货膨胀与失业的关系，涉及菲利普斯曲线时，我们会了解到短期内伴随着扩张性或紧缩性总需求政策，失业率是如何暂时减少到低于或上升到高于其自然率的。然而货币主义者认为从长期来看，通货膨胀和失业之间不能权衡兼顾。因此就业和失业的自然或均衡水平，认为是不依赖于总需求水平，而与稳定的通货膨胀率相关。

9.5 新古典主义学派

20 世纪 70 年代，一个极具争议的对失业的新古典主义分析法出现了。在美国最著名的新古典主义经济学家是小罗伯特·卢卡斯（芝加哥学院），他亦是 1995 年诺贝尔经济学奖得主；而英国的新古典主义分析法主要与帕特里克·福德（加的夫商学院）的著作关联。与凯恩斯主义和货币主义不同的是，新古典主义隐含的对失业的假定是劳动力市场不断出清。换言之，与前面讨论的古典主义一脉相承，新古典主义经济学家认为在市场出清实际工资率下，即图 9 - 7 中的 $(W/P)_{mc}$ 点，每个想找工作的人都能如愿。

第 11 章会谈到，新古典主义认为就业波动反映了愿意工作的人的数量的自发性改变。失业完全是自发性现象，失业人员在当前市场出清实际工资下自发地选择不去工作。此外，特定领域内的工会议价和更高的实际工资所产生的失业也被认为是自发性的，因为工人决定让工会为其代言。这样看来，新古典主义经济学家认为只要失业人群愿意放低眼光接受稍差一些或薪酬较低的工作，他们就能够找到工作。

如果像新古典主义所宣称的，所有失业都是自发性的，政府如何降低失业率呢？新古典主义认为，任何微观经济激励工人供给劳动力的政策举措都会降低失业。例如，他们主张通过降低失业救济的实际价值，失业率会随以下情况降低：（1）失业工人缩短寻找"合适的"工作的时间，（2）相比失业时获得的降低的救济，使某些低收入工作变得更具吸引力以确保尽量填满职位空缺。

新古典主义对失业分析的一个明显的缺陷是其无力解释大规模的失业。20 世纪 30 年代的大萧条中，美国失业率达到 25%。2010 年西班牙的失业率是 20%。新古典主义学家真的能说服人们去相信大萧条时期 1/4 的美国人、2010 年 1/5 的西班牙人是自愿选择不去工作的吗？如果这样的话，有些人干脆建议大萧条应该被重新命名为愉快的假期了。

9.6 新凯恩斯主义学派

20 世纪 80 年代，新凯恩斯主义对失业的分析兴起了，其质疑了新古典主义关于失业完全是自发性现象的论断。新凯恩斯主义广泛的文献中提出了很多模型以解释为何"均衡"实际工资率往往高于市场出清实际工资率。这些模型因此提出了长远均衡状态下的非自发性失业。接下来将简要介绍两个对实际工资刚性的新凯恩斯主义的解释，分别是效率工资理论和局内人-局外人模型。

□ 效率工资理论

效率工资理论的核心是劳动力的生产率（努力或效率）取决于支付给工人的实际工资率。因此支付高于市场出清实际工资率的所谓的效率工资，对企业来说既是合理的又是有利可图的。效率工资理论认为，即使面对过量劳动力供给，企业也不愿轻易降低实际工资率，因为这样做会降低生产率，增加成本。在讨论企业可能支付高于市场出清工资率的效率工资的主要原因前，有必要参照图 9-8 考虑一下这个分析的意义。

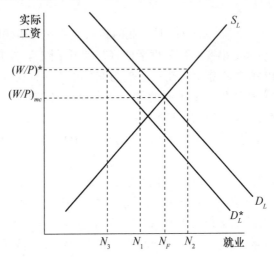

图 9-8 新凯恩斯主义分析

图 9-8 中劳动力总需求（D_L）与劳动力总供给（S_L）相等时的充分就业（N_F）发生在市场出清实际工资率（W/P）$_{mc}$ 下。而如果企业支付高于市场出清实际工资率的效率工资（W/P）* 时，就会有劳动力的过量供给（$N_2 - N_1$），非自愿性失业就会产生。假定发生了对经济的冲击，劳动力总需求从 D_L 左移到 D_L*。在这种情况下，如果效率

工资保持在 $(W/P)^*$，过量的劳动力供给就会从 (N_2-N_1) 增加到 (N_2-N_3)，非自发性失业数量就会增加。

接下来对效率工资理论的四个模型进行小结。

● 劳动力流失模型认为辞职率是支付给工人实际工资率的减函数。因此，企业愿意支付效率工资以阻止工人辞职并降低劳动力变动成本，诸如雇用和培训新员工的成本。同时，由支付的效率工资高于市场出清实际工资率产生的非自愿性失业的存在，也抑制了工人辞职。

● 逆向选择模型认为提供更高工资的企业会吸引最好的或生产率最高的工作申请者。工作申请者在被雇用前对自己的能力、信用及对工作的投入等信息比雇主清楚得多。出于雇佣和解雇成本，企业当然不愿选择那些低生产率的工人。如果工人的能力与其保底工资或最低工资（诱使其接受工作的工资）紧密相连，支付效率工资，企业就会吸引到最具生产率的工作申请者。此外，支付更高的工资也会抑制生产率高的工人辞职。敏锐的读者会发现劳动力市场是信息不对称占主导地位的市场的很好例子。有关信息不对称的逆向选择的更深入讨论请参见第 2 章。有关劳动力市场中的信息信号的叙述，请参见第 7 章的专栏"将经济学运用到商务中"。

● 偷懒模型认为对于很多工作来说，工人们可以自行决定如何完成他们的工作，一些工人很有可能会偷懒。这样的行为很难察觉或监督成本较高，尤其是在团队工作中。在企业支付市场出清实际工资率的充分就业经济环境下，解雇偷懒员工的威胁不会对其产生有效的威慑，因为他们可以在同样的实际工资率下轻松地找到另一份工作。而如果企业支付高于市场出清实际工资率的效率工资（图 9-8 中描绘的），就会对工人偷懒产生负激励，因为他们被抓到然后被解雇后不太会在其他地方找到就业机会，从而会加入非自发性失业的队伍中。换言之，企业通过支付效率工资抑制工人偷懒并提高其生产率和努力程度。效率工作除了作为惩戒策略，还可降低企业监督工人表现的成本。有关信息不对称的道德风险问题的讨论请参见第 1 章。

● 公平模型认为工人的生产率或努力程度与其道德观念密切相关，这又转而与在工资方面被公平对待的理念相关。企业支付给工人高于市场出清实际工资率的效率工资会提升工人的道德和忠诚度，工人就会更努力地工作以提高生产率。

在上述效率工资的四个模型中，是企业来决定支付高于市场出清实际工资率的效率工资的，因为对它们而言这既是合理的又是有利可图的。接下来讨论的模型中，实际工资对生产率没有积极的影响，焦点也从作为雇主的企业转向雇员，认为他们至少部分决定了工资和就业结果。

□ 局内人-局外人模型

在实际工资刚性的局内人-局外人模型中，局内人指的是在职雇员，局外人指的是失业人员。局内人的权力来自劳动力变动成本。如之前提到的，这些成本包含雇佣和解雇成本（比如广告费和解雇金）及培训新员工的费用。此外由于局内人可以拒绝与新员工合作甚至骚扰新员工，他们的权力得到进一步加强。结果就是局内人影响新雇员的生产率。在这些情况下，普遍认为局内人更有权力要求实际工资高于市场出清实际工资率而不担心丢掉工作或被局外人削弱。因为局内人的权力，局外人无法靠开出比在职雇员低的实际工资得到工作。因此，局内人-局外人模型能够解释为什么设置的实际工资引起了非自发性失业。降低源自这种模型失业的一个政策启示是增加失业的局外人的市场权力。可以是旨在帮助长期失业人员（指那些失业超过一年的人）的措施，比如政府再培训计划会有利于提高局外失业人员的权力。

□ 滞后效应和失业

到目前为止，我们讨论了新凯恩斯主义对失业的分析，主要关注的是用来解释作为均衡现象的非自愿性失业存在的各种理论模型。这个语境中的均衡被定义为一种状态，在这种状态下没有诱因使经济活动参与人改变其行为。换言之，如图 9-8 所示，均衡发生在有过量劳动力供给及存在非自愿性失业的劳动力市场。接下来研究新凯恩斯主义的滞后理论，这个理论认为从长期来讲失业的均衡水平受实际失业水平轨迹的影响。

之前讨论货币主义分析法时，我们介绍了弗里德曼用来描述长期均衡失业率的自然失业率概念。我们也注意到自然失业率与一个稳定的通货膨胀率相关（参见第 10 章，10.2 节）。对总需求的冲击会短期地影响实际失业率，而长期来看自然率由供给方面的影响决定，不依赖于总需求。很多凯恩斯主义者并未提及自然率，而倾向用**非加速通货膨胀失业率**（NAIRU）来描述与稳定通货膨胀一致的长期均衡失业。然而与货币主义者形成鲜明对比的是，新凯恩斯主义者认为自然率（或 NAIRU）受实际失业水平轨迹的影响。换言之，自然率（或 NAIRU）受总需求水平的影响。

> **NAIRU**：通货膨胀稳定中的失业率。

为了解释情况为什么是这样，假定经济最初是在自然失业率下运作的。若经济经历了一场诸如紧缩总需求的冲击，就会遭遇长时间的衰退。当实际失业率长时间高于自然率时，自然率（或 NAIRU）出于所谓的**滞后**效应就会趋于增长。这种效应就像磁石以相同方向牵引着自然率。不仅那些失业人员会遭受其人力资本（技能）的恶化，加剧了结构性失业；同时那些在

> **滞后**：一个变量的均衡值取决于这个变量的历史值。

工资议价过程中无影响力的长期失业人员的数量也很可能增加。这两股力量都会推动自然率（或 NAIRU）增长。按照我们基于局内人-局外人模型的讨论，即使面对较高和攀升的失业，局外人也无法通过协商工资进入职场。正因如此，滞后效应为当局提供了一个强大的例证，促使其刺激持久衰退期的总需求。

9.7 案例研究：欧洲的失业情况

尽管对自然率（或 NAIRU）的估算存在分歧且困难重重，大部分经济学家还是认同欧洲的自然失业率已经从 20 世纪 60 年代的 3% 左右增加到近十年来的 8% 以上。图 9-9 和表 9-1 对这个现象作了说明。图 9-9 描绘了 1970—2009 年欧洲和美国的失业率；表 9-1 列出了同一个时间跨度下，欧盟及几个欧盟成员国、美国和日本每五年的平均失业率。参照图 9-9 可以看出，20 世纪 70 年代欧盟的失业率不断上升，到

1979 年已经基本超过美国。20 世纪 80 年代伊始，欧盟与美国的失业率都大幅上涨，到 80 年代中期达到顶峰，然后到 20 世纪 90 年代初再次攀升。

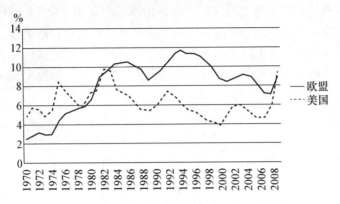

图 9-9　欧盟和美国的失业率，1970—2009 年

注：虽然所用数据可能会有些出入，且这段时期对失业率的计算也有变化，但本图还是表明了失业的变化趋势。

资料来源：OECD 经济前景，详见各期资料。

表 9-1　　　欧盟及几个欧盟成员国、美国和日本每五年的平均失业率（%）

	欧盟	德国	法国	意大利	英国	美国	日本
1970—1974	2.9	1.0	2.7	5.2	3.8	5.3	1.3
1975—1979	5.2	3.3	4.7	6.1	5.3	6.9	2.0
1980—1984	8.9	5.3	7.7	6.9	9.8	8.3	2.4
1985—1989	9.9	6.4	10.0	9.5	9.9	6.2	2.6
1990—1994	10.4	6.0	9.9	9.3	9.0	6.6	2.4
1995—1999	10.8	8.7	11.1	11.2	7.0	4.9	3.7
2000—2004	8.8	8.5	8.8	8.9	5.0	5.2	5.0
2005—2009	8.0	8.7	8.9	7.0	5.7	5.9	4.3

注：虽然所用数据可能会有些出入，且这段时期对失业率的计算也有变化，但表中数据还是表明了失业的变化趋势。

资料来源：OECD 经济前景，详见各期资料。

　　图 9-9 还揭示了从 20 世纪 80 年代初期开始，欧盟的失业率始终高于美国，直到 2008—2009 年对美国产生严重影响的经济衰退时期，两者的差距才有所缩小。接下来研究经济学家是如何解释 20 世纪 70 年代以来欧盟持续走高的失业率的。

　　他们提出了两种解释欧洲失业率升高的主要理论。其中一种依据劳动力市场刚性来解释欧洲的高失业率。一些具体的变化降低了劳动力市场的灵活性，并导致了更高的失业率，其中包括：

● 最低工资法，使得企业雇用非技术工人无利可图。

● 更强大的工会，通过使实际工资涨幅高于每个工人制造的产出价值的增长，通过限制工作实践制约了企业随经济环境改变积极调整的能力，从而提高了企业的成本。

● 更高的失业救济，影响了失业人员去找工作，尤其是那些失业的不愿从事低收入工作的非技术工人。

技术的变革使得相比技术工人，更进一步减少了对非技术工人的需求。

为了说明，我们简单思考上面的第一条。图9-10显示了2010年一些欧洲国家和美国的最低月工资。可以看出美国的最低月工资水平接近希腊和西班牙。而爱尔兰、荷兰、比利时和法国的最低月工资大约是美国的两倍。相对较低的最低月工资使美国比其他欧洲经济体的劳动力市场竞争力更强，结果就是欧盟的平均失业率在相当长的一段时间都高过美国。

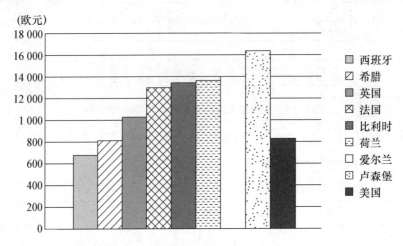

图9-10 2010年欧盟一些国家和美国的最低月工资

资料来源：数据来自欧盟统计局©欧盟。

欧洲的这种发展情况被称为**欧洲硬化症**。换言之，劳动力市场的刚性导致了欧洲经济体系的硬化（用来描述组织变硬的术语），引发了高失业率。这些因素可

> **欧洲硬化症**：此术语用来描述欧洲经历的过度的劳动力市场僵化。

能部分解释了20世纪70年代欧洲失业率的增长，然而很多经济学家质疑它们能否为20世纪80年代以来的欧洲失业情况做出充分解释，因为当时很多市场刚性已经被减弱。例如可代表工会权力的工会密度（入会劳动力所占的比例）自20世纪80年代初在很多欧洲国家都下降了（见图7-2）。

第二种解释欧洲高失业率的主要理论依据的是滞后效应，在其后相当长时期内实际失业率一直高于自然率（或NAIRU），自然率自身趋于增长。两个事件比较突出。其一，20世纪70年代随着1973—1974年和1979年OPEC石油价格上涨，欧洲国家失业率剧增。其二，20世纪80年代初很多欧洲国家纷纷效仿英国撒切尔政府，通过货币紧缩寻求降低通货膨胀，导致了经济衰退和高失业率（参见第10章）。如英国的实际失业率就从1979年的4.7%上升至1982年的11.1%。特别是，第二种理论的支持者认为欧洲较长时间的经济衰退导致了长期失业人数的增加，他们不仅丢掉了技能/工作习惯，也在工资决定中失去了影响（与局内人-局外人模型一致）。依据这个理论，长时间的失业导致长期失业的增加，继而导致自然率（或NAIRU）的上升。2008—2009年经济衰退是否会引起自然失业率的上涨还有待分析。

从对欧洲失业的论述中能得出什么暂时结论呢？大部分经济学家对前面所述两种主

要观点采取折中态度。因此他们将欧洲失业率的持续增长部分归因于以下方面：

- 劳动力市场供给方面的变化；
- 两个主要的不利（OPEC）供给冲击；
- 20 世纪 80 年代初为降低通货膨胀的需求方面的通货紧缩政策诉求。

在后者的情况中，有证据显示降低通货膨胀涉及很高的产出/就业成本（参见第 10 章），这些成本因为滞后效应得以维持。欧洲政策制定者面临的一个主要问题是减少持久的失业。一些经济学家认为这要求某些有关救济标准和救济时间的失业救济体制的改革，然而更重要的是实施旨在解决长期失业的劳动力市场政策，例如再培训计划，支付给那些聘任长期失业人员的雇主以招聘津贴等。此外，在实际失业率明显高于自然率（或 NAIRU）的长期经济衰退期，政府应该设法刺激总需求。然而要吸取的最主要教训是一开始就要防止失业率升高。失业率一旦像在欧洲那样攀升，就很难把它降低下来。

为结束对失业的讨论，专栏"将经济学运用到商务中"总结了为应对 2008—2009 年的经济衰退，英国政府采取的积极行为。认真读完材料后，请考虑以下两个问题：

1. 专栏中列出的举措是针对劳动力市场之内还是之外？
2. 如果你是对失业的几种主要分析法的提倡者，你会支持这些举措吗？

在开始第 10 章对通货膨胀原因及对策的讨论之前，你应该回顾一下本章迄今为止研究的基本思路，以此确保熟悉了书中提出的解释失业的五种观点。检验你对这个话题理解的一个途径是辨认不同流派经济学家提出的失业原因及对策是在劳动力市场之内还是之外。另一个途径是花几分钟时间把每个观点解释给你的朋友听，然后问问他是否听明白了你的解释。

▶ 将经济学运用到商务中
英国政府对 2008—2009 年的经济衰退的反应

2008 年秋季的金融危机和信用恐慌发生后，除了对银行系统进行援助外，英国政府采取了一系列措施旨在刺激消费和保护工作。这些举措有：

- 2008 年 12 月 1 日—2009 年 12 月 31 日期间，将增值税（VAT）的标准税率从 17.5％暂时降低到 15％。
- 2009 年 5 月中旬到 2010 年 3 月期间推行临时汽车报废计划。该计划规定 10 年以上汽车所有者可将旧车报废并有 2 000 英镑的新车价格优惠。价格优惠一半出自政府，一半出自汽车制造商。英国政府对该计划斥资 4 亿英镑，由此产生了 40 万辆报废汽车的上限。有趣的是，美国和德国政府也实施了类似的报废计划，力图遏制新车销量下降以支持本国的汽车工业。
- 英国央行货币政策委员会（MPC）于 2009 年 3 月宣布实施量化宽松政策，该政策旨在将资金直接注入经济以刺激消费并抑制通货膨胀率降至 2％的目标。2008—2009 年的经济衰退经历了需求的急剧下降，无论家庭还是企业都减少了开支。考虑到利率已是不能再降的历史最低水平（0.5％），MPC 决定注入额外资金以资助更高的消费支出和投资，实现通货膨胀目标。2010 年 2 月英国银行宣布"暂停"其量化宽松政策，截至那时已通过诸如政府和企业债券从私营企业购买资产，给经济注入了 2 000 亿英镑的新增款项，这些私营企业包括保险公司、抚恤基金机构、高街银行和非金融公司。截止到本书写作时（2010 年春），评论家们对于这项新政策举措的实施是否成功还没有达成共识。一些评论家认为量化宽松没能够刺激消费到需要的程度，另一些担忧这项政策会导致未来通货膨胀率的持续走高。事实上，很难确定量化宽松是否已经遏制了严重的经济衰退。尽管如此，如果英国经济逐渐从衰退中恢复，通货膨胀也在中长期处于可控的范围，那么就可能达成这个政策有效的共识。

总 结

- 关于失业的争论背后暗含的核心问题是失业的原因及对策本质上是在劳动力市场之内还是之外。
- 正统凯恩斯主义者确认了三种主要失业类型：摩擦性、结构性和需求不足型失业。每种失业要求不同的政策解决方案。凯恩斯主义认为就业水平在很大程度上取决于市场外部的经济总需求水平。总需求可能过低，不能保证充分就业，政府需要刺激总需求以维持稳定且较高的就业水平。
- 货币主义者指出自然或长期失业率独立于总需求水平之外，与稳定的通货膨胀率保持一致。自然率取决于很多因素，可以通过那些提高劳动力市场灵活性的措施来降低。
- 新古典主义学派认为劳动力市场是不断出清的。失业完全是一种自发性现象。
- 新凯恩斯主义经济学家提出了效率工资理论和局内人-局外人理论来解释作为均衡现象的非自愿性失业的存在。与稳定的通货膨胀一致的长期均衡失业率（或 NAIRU）受总需求水平影响。当实际失业率相当长时期内持续高于 NAIRU 时，出于滞后效应，NAIRU 亦会升高。
- 解释欧洲失业率升高主要有两种理论。一种理论关注导致自然率（或 NAIRU）增长的劳动力市场刚性，另一种关注随着实际失业率走高拉动 NAIRU 增长的滞后效应。降低目前欧盟高失业水平所需的是涉及总供给和总需求两方面的一系列政策举措。

关键术语

- 古典/实际工资失业
- 摩擦性/求职性失业
- 结构性/错配性失业
- 需求不足型/周期性失业
- 自然失业率/NAIRU

- 效率工资
- 局内人和局外人
- 滞后
- 欧洲硬化症

1. 摩擦性失业和结构性失业有何不同？哪些政策可以分别降低这两种失业？
2. 什么是需求不足型失业？政府如何降低这种类型的失业？
3. "自然"失业率这个术语是什么意思？哪些政策可用来降低自然率？
4. 企业支付高于市场出清实际工资率的所谓效率工资是合理的且有利可图的，为什么？
5. 滞后效应是怎样引起自然失业率的增长的？
6. 经济学家是如何寻求解释 20 世纪 70 年代以来欧盟失业率的持续增长的？政府如何降低失业率？

■ 推荐阅读

登录网址 www. economics. harvard. edu/faculty/mankiw，这是美国哈佛大学经济学教授格雷格·曼昆的网页，2003—2005 年期间他担任总统的经济顾问委员会主席。登录后点击"专栏和对话"（Columns and Talks），在 2010 年一览表下点击《危机经济学》（"Crisis Economics"），这是一篇刊登在《国事》（*National Affairs*）2010 年夏季刊的第 12 页的文章。读罢这篇文章请思考以下问题：

1. 2009 年奥巴马总统应对美国失业问题的一揽子刺激计划的背后，运用的是失业的哪种分析法？
2. 在刺激总消费方面，为什么普遍认为政府支出比减税更有效？
3. 除了带给消费者更多可支配收入外，减税还以哪些形式刺激消费？
4. 为什么曼昆教授认为宏观经济学家应该采取更加谦虚谨慎的态度？

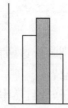

第 10 章

通货膨胀：原因及对策

关键问题

- 是什么引发了通货膨胀？
- 政府如何降低通货膨胀率？
- 为降低通货膨胀率使失业率上升是必然的吗？

10.1 引言：对通货膨胀的讨论

第 8 章中我们将通货膨胀定义为价格不断上涨的过程，并简要叙述了其测量方法。此外我们讨论了有关通货膨胀的经济、社会和政治成本。若通货膨胀是非预期的，通货膨胀的主要成本就会上升。本章我们来看对通货膨胀的原因及对策的讨论。这个讨论可以明显分为货币主义者与非货币主义者两种观点。首先来看货币主义者的解释，其中包含宏观经济学最著名的关系中的两种，分别是货币数量论和（附加预期的）菲利普斯曲线。

10.2 货币主义观点

□ 货币数量论

通货膨胀的货币主义观点在米尔顿·弗里德曼的论断中得到了最好的诠释，他提出："通货膨胀无论在哪儿都总是一个货币现象，因为只有当货币数量比产出增长速度更快时才会产生通货膨胀。"[①] 这个观念体现在货币数量论中，这是一种关心货币供应量与一般物价水平关系的学说。

传统货币数量论

传统货币数量论有很多种形式，也有很长的历史，可追溯到 17 世纪以前。接下来不讨论这个理论的某种构建，而是提供这个旧的（或经典的）数量论的一个程式化版本，这个版本可由以下方程式表示：

$$MV = PY \qquad\qquad (10.1)$$

其中，M＝名义货币供给；

V＝既定时间段内流通货币的收入周转率（与最终产出交换的经济体中货币流通的平均次数）；

P＝最终产出的平均价格；

Y＝既定时间段内生产的最终产出的实际数量。

按照定义，既定时间段内名义货币供给乘以与最终产出交换的货币流通的平均次数，一定等于最终产出的平均价格乘以最终产出的实际数量（参见专栏"经济学反思"中阐释这个关系的一个简单数值例子）。

▶ 经济学反思

货币数量论：一个数值例子

为阐释货币供给与一般价格水平间的假设关系，现假定 M、V、P、Y 的值分别如下：

M，名义货币供给＝90 000 英镑

V，流通货币的收入周转率＝4

P，最终产出的平均价格＝3 英镑

Y，最终产出的实际数量＝120 000

在数量论的程式化版本中：

$$MV = PY$$

90 000 英镑×4＝3 英镑×120 000

现在假定当局决定将名义货币供给增加 10 个百分点，即从 90 000 英镑增加到 99 000 英镑。保持 V 和 Y 不变的前提下，增加了 10% 的货币供给，为保持数量关系，最终产出的平均价格也会增加 10%。

换言之：

$$MV = PY$$

99 000 英镑×4＝3.30 英镑×120 000

[①] Friedman, Milton (1970) *The Counter-Revolution in Monetary Theory*, IEA Occasional Paper No. 33, London: Institute of Economic Affairs.

为把数量方程式 $MV=PY$ 转换成理论，就得讨论决定各个变量 M、V、P 和 Y 的因素是什么。古典主义经济学家认为当局控制着经济中的名义货币供给。因此，M 在数量理论关系中不由 V、P 和 Y 决定。货币的收入周转率被认为取决于诸如支付周期长短的体制因素，也独立于其他变量之外。由于体制因素在较长一段时间内变化缓慢，因此假定 V 是不变的。接着来看数量理论关系的右半部分，古典主义经济学家认为实际产出水平由诸如生产要素供给等实际力量决定。此外他们认为长期来看产出总会指向充分就业，因此，Y 在产出的充分就业状态下保持不变。

在这些假定的前提下，古典主义经济学家认为长期来看，P，最终产出的平均价格，就只取决于货币供给，货币供给的任何变化都会引起一定比例的一般物价水平的变化。例如，V 和 Y 不变，货币供给增长 10%，一般物价水平就增长 10%（参见专栏"经济学反思"）。古典主义经济学家因此为一般物价水平及其变化率的决定因素构建了一个纯货币解释，即通货膨胀。在后者的情况中，旧数量理论关系以变化的百分比被重写和表达。假定 V 和 Y 不变，可得到旧数量理论的推测，即从长期来看，通货膨胀率（$\dot{P}$）取决于并等于货币供给增长率（$\dot{M}$）。

$$\dot{P}=\dot{M} \tag{10.2}$$

现代货币数量论

20 世纪 50 年代中期弗里德曼重新用公式改写了旧的货币关系数量理论。虽然他对这个理论的重述起初是有关货币需求的理论，现代货币数量论还是对通货膨胀的货币主义解释提供了基础。与旧数量论中 V 和 Y 被认为一段时间内基本保持不变不同，现代数量论中 V 和 Y 长期看来是稳定和可预测的。一旦不再假定 Y 是不变的，那么长期看来通货膨胀率就取决于并等于货币供给的增长率减去实际产出的增长率。

$$\dot{P}=\dot{M}-\dot{Y} \tag{10.3}$$

从现代货币数量论得到的政策建议是当局应该寻求控制货币供给增长率，与潜在的实际产出的增长率保持一致，以确保长期价格的稳定。

我们的讨论截至目前关注的是，根据货币主义的观点，长远来看货币扩张率是如何决定通货膨胀率的。接下来要研究的是短期内，货币扩张率的改变影响着产出和通货膨胀率的变化。这就涉及针对失业和通货膨胀率关系的解释，即通常所说的**菲利普斯曲线**。

> **菲利普斯曲线**：描绘了通货膨胀率与失业率间的关系。

□ 原始菲利普斯曲线

通货膨胀与失业间的统计学关系

1958 年威廉·菲利普斯将 1861—1957 年英国失业率（U）和货币工资变动率（$\dot{W}$）之间关系的统计调查结果发表在《经济学刊》（*Economica*）上。菲利普斯发现了这两个存在了将近一个世纪的变量间有稳定关系的证据。图 10-1 描绘了失业和工资通货膨胀的负相关（非线性）关系。粗略的平均关系显示，失业率接近 5.5% 时，货币工资变动率是 0。另外失业率接近 2.5% 时，货币工资变动率大约是 2%，这个数字基本等于平均生产增长率（每位工人的产出）。因此 2.5% 的失业率与价格稳定是协调的。出于该原因，一些教材中的菲利普斯曲线的价格（而非工资）通货膨胀落在纵轴上，曲线切于横轴的失业率 2.5% 处。

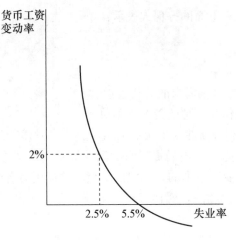

图 10 - 1　菲利普斯曲线

原始菲利普斯曲线的经济合理性

之前提到菲利普斯的研究是统计调查，而曲线的经济合理性是由理查德·利普西于1960 年在《经济学刊》连载的一篇文章中提出的。利用第 2 章首次谈及的标准供需分析，利普西认为有过量劳动力需求时货币工资就会增长。而且过量劳动力需求程度越强，货币工资的增长速率或速度就越快。用图阐释过量需求的状态是清晰易懂的，而实际测算过量劳动力需求则是困难重重。为绕开过量劳动力需求不好直接获得的问题，利普西用失业水平作为劳动力市场中过量需求的代理或替代办法。他假定过量需求和失业率间存在负相关（非线性）关系，如图 10 - 2 所示。图 10 - 2 揭示出正如第 9 章所述，劳动力供需相等时（即过量需求为零）仍有一些失业存在。随着劳动力过量需求增长，失业率会下降（如当职位空缺增加时，工作就会变得好找），但以越来越小的量下降。出于各种因素，失业永远不会降至零，比如那些变换工作的人在寻找工作过程中是短暂性失业。

以下两种假说的结合为图 10 - 1 中的菲利普斯曲线提供了经济合理性：

- 货币工资增长率正向取决于劳动力过量需求；
- 劳动力过量需求与失业率是负相关的。

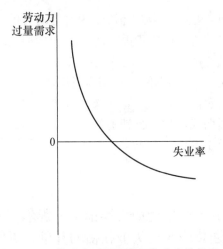

图 10 - 2　劳动力过量需求与失业率的关系

菲利普斯曲线也可由下面的方程式表示：

$$\dot{W} = f(U) \tag{10.4}$$

其中，$\dot{W}$ = 货币工资变动率；

U = 失业率（劳动力过量需求的替代表示）。

原始菲利普斯曲线作为一种政策选择菜单

20 世纪 60 年代菲利普斯曲线很快被采纳，成为当时盛行的正统凯恩斯主义经济学说的一部分，尤其是它能够给当局提供有关通货膨胀与失业的组合可能的政策选择菜单。鉴于通货膨胀与失业间清晰的、稳定的平衡，政策决策者可做出明确的选择。若他们决定以低失业水平运行经济，就得接受高通货膨胀率的代价。要么就是以高失业为代价

降低通货膨胀率。虽然一些凯恩斯主义者认为通货膨胀是由成本上升引起的（成本推动论），但大部分凯恩斯主义者坚持**需求拉动型通货膨胀**。这种理论认为当经济处于或高于充分就业时，对商品和服务的过量需求就产生了通货膨胀。

> **需求拉动型通货膨胀：**当经济处于或高于充分就业时，对商品和服务的过量需求就产生了通货膨胀。

原始菲利普斯曲线的瓦解

到 20 世纪 60 年代后期菲利普斯曲线已经开始瓦解，20 世纪 70 年代西方经济体遭遇了通货膨胀率和失业率同时增长（所谓的滞胀）。总的来说，经济学家对原始菲利普斯曲线的瓦解有两种主要反应。一些经济学家放弃了通货膨胀的需求拉动论，转而支持**成本推动型通货膨胀**（见下文）。另外的经济学家寻求完善需求拉动论，他们认为通货膨胀是由过量需求和对未来通货膨胀率的预期引起的。我们首先讨论附加预期的菲利普斯曲线及看它是如何纳入货币主义的通货膨胀观点的。

> **成本推动型通货膨胀：**成本增加引起通货膨胀，即使没有商品和服务短缺且经济处于低于充分就业水平。

☐ 附加预期的菲利普斯曲线

在第 7 章我们讨论过，正统的微观经济学中对劳动力供需的分析使用的是"实际"而不是"货币"概念。换言之，虽然货币工资是在工资协商中设置的，作为雇主的企业和作为雇员的工人真正关心的却是协商出的**实际工资**。此外，鉴于工资谈判是为随后一段时期谈的（如持续一年），合约期间的预期通货膨胀率就与协商出的实际工资密切相关。基于这些考虑，弗里德曼给原始菲利普斯曲线增加了预期通货膨胀率，作为额外变量决定着货币工资变动率。

> **实际工资：**货币工资除以价格指数；货币工资可以买到的商品和服务数量。

▶ 经济学反思

米尔顿·弗里德曼与埃德蒙·费尔普斯关于
通货膨胀与失业权衡的开创性见解

附加预期的菲利普斯曲线来自两位诺贝尔经济学奖得主的开创性工作，他们是著名

的货币主义者米尔顿·弗里德曼（1912—2006）和新凯恩斯主义倡导者埃德蒙·费尔普斯，他们分别于1976年和2006年获得诺贝尔经济学奖。20世纪60年代后期这两位经济学家分别向当时的传统观念发出挑战，该观念认为通货膨胀与失业间存在长期稳定的菲利普斯曲线反向变动关系。他们分析的主要不同是，费尔普斯提出了基于微观经济的自然失业率理论，该理论围绕着被明确为企业相对工资的下降函数的离职率。现今大部分经济学家认为通货膨胀与失业之间没有长期的权衡，但也有些值得注意的例外，比如2001年诺贝尔奖得主乔治·阿克洛夫，本书第2章中谈到他以信息不对称的分析而闻名，尤其是涉及二手车市场中质量较次的车（所谓的柠檬）。他指出通货膨胀低时显得不那么"突出"，此时通货膨胀预期在工资协商中是微不足道的角色。阿克洛夫于是认为结果就是在低通货膨胀下通货膨胀与失业间存在永久性平衡。

导出一系列短期菲利普斯曲线和一个垂直的长期菲利普斯曲线

决定着货币工资变动率的作为额外变量的预期通货膨胀率的引入修改了原始菲利普斯曲线。正如我们将要讨论的附加预期的菲利普斯曲线暗示再没有单独唯一的菲利普斯曲线，而是存在一系列短期菲利普斯曲线。每条短期菲利普斯曲线都与一个不同的预期通货膨胀率相连。随着预期通货膨胀率增加，短期菲利普斯曲线就会上移。换言之，每个失业水平对应唯一的实际工资变动率。

这个分析表现在图10-3中，为了简化分析和方便起见，图中做了两个假定：

● 生产率增长保持为零且不变，结果就是企业为了维持利润率会以价格增长的形式转移工资增长；

● 短期菲利普斯曲线都是线性的。

图10-3与图10-1的原始菲利普斯曲线中的坐标轴相同。图10-3中显示了对应不同预期通货膨胀率的三条短期菲利普斯曲线，和一条自然失业率为U_N的垂直的长期

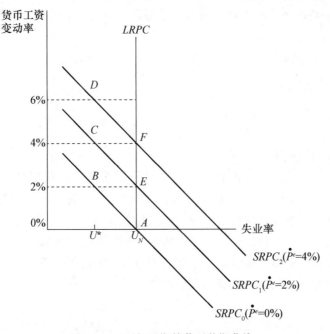

图10-3 附加预期的菲利普斯曲线

菲利普斯曲线（LRPC）。

　　假定劳动力市场最初处于自然失业率的均衡状态（即零过量需求，参见第 9 章 9.4 节），货币工资增长率为零。假设生产率增长是零，货币工资增长率（$\dot{W}$）为零就对应价格增长率（$\dot{P}$）为零，预期的价格增长率（$\dot{P}^e$）也为零。这种情况下实际工资不变，因为货币工资的增长率完全等于价格的增长率。与此同时，实际和预期通货膨胀都等于零，通货膨胀被完全预期。图 10-3 中这个最初状态由相切于自然失业率 A 点的短期菲利普斯曲线 $SRPC_0$ 表示。

　　现在假定政府决定通过着手实施货币扩张政策增加经济中的总需求以试图将失业率维持在 U_N 以下的 U^*。随着企业增加生产以满足对商品总需求的增大，劳动力需求就会增大，货币工资开始以 2％ 的速率上涨。鉴于目前为零的实际和预期通货膨胀率，工人们会把其货币工资 2％ 的增长体现到实际工资 2％ 的增长中，劳动力供给随之就会增加。随着劳动力供需的增长，失业率就会从 U_N 下降至 U^*，即沿着短期菲利普斯曲线（$SRPC_0$）从 A 点移动至 B 点。

　　假定生产力增长为零，货币工资 2％ 的增速会导致价格 2％ 的增速。根据这样的变动情况，工人们迟早会适应未来通货膨胀的预期，并在协商增长货币工资时把他们修改后的预期考虑在内。由于个体已完全将通货膨胀预期从零修改到了 2％，短期菲利普斯曲线就会从 $SRPC_0$ 上移至 $SRPC_1$。换言之，一旦 2％ 的实际通货膨胀率被完全预期（$\dot{P}=\dot{P}^e=2\%$），为达到实际工资 2％ 的提升，货币工资就得以 4％ 的速率增加，以使失业率维持在 U^*，即 $SRPC_1$ 上的 C 点。在这种情况下，当局不得不进一步提高货币增长率，为 4％ 的工资和价格通货膨胀提供资金。

　　随着个体提高他们的通货膨胀预期，短期菲利普斯曲线会再一次向上移动，从 $SRPC_1$ 上移至 $SRPC_2$。预期通货膨胀率为 4％ 时，为达到实际工资 2％ 的增长速率，货币工资不得不以 6％ 的速率增长，以满足劳动力市场中继续存在的 U^* 过量需求；即 $SRPC_2$ 上的 D 点。这种情况下当局不得不再进一步提高货币增长率，为 6％ 的工资和价格通货膨胀提供资金。

　　鉴于此，附加预期的菲利普斯曲线可由以下方程表示：

$$\dot{W}=f(U)+\dot{P}^e \tag{10.5}$$

其中，$\dot{W}=$ 货币工资变动率；

　　　$U=$ 失业率；

　　　$\dot{P}^e=$ 预期通货膨胀率。

　　当经济处于自然失业率且没有劳动力的过量需求的均衡状态时，货币工资增长率（$\dot{W}$）等于价格增长率（$\dot{P}$）和预期价格增长率（$\dot{P}^e$）。这种情况下实际工资保持不变。垂直的长期菲利普斯曲线是在自然失业率下追踪通货膨胀被完全预期（即 $\dot{W}=\dot{P}=\dot{P}^e$）的所有可能点的轨迹。垂直的长期菲利普斯曲线和短期菲利普斯曲线（$SRPC_0$）相交于 A 点，A 点代表着工资和价格通货膨胀率最初的点，并且预期通货膨胀率都为零。E 点和 F 点代表着其他潜在的长期均衡情况。

总结

货币主义者认为通货膨胀是由过度的货币扩张引发的，从而导致了劳动力市场的过量需求。这就引起货币工资的增加，企业又将这以更高价格的形式转嫁给消费者。价格进一步上涨的预期导致工人要求增加工资，结果就是通货膨胀的"工资-价格"螺旋。货币主义者认为因果链是从货币供应量（及它的扩张率）的变化到价格（及它们的增长率，即通货膨胀）的变化。很快我们就会讲到在非货币主义观点中，这个因果链是反过来的。讨论非货币主义观点前，需要探讨一下附加预期的菲利普斯曲线的政策影响。

□ 附加预期的菲利普斯曲线的政策影响

触发加速通货膨胀的危险

这个分析的一个主要政策影响是，正如图 10-3 所示，任何将失业率维持在自然率之下的尝试都会引发通货膨胀率的加速，又只能靠加速货币增长融资。如果当局不愿持续增大货币扩张率，失业率会回到 U_N 点，与货币数量理论一致，长期均衡状态下货币扩张率就等于通货膨胀率（$\dot{P}=\dot{M}$）。在 U_N 点实际工资会恢复到原来水平，劳动力市场未受到干扰。如上所述，把所有这些均衡点（如 A、E、F 点等）连接起来，就得到自然失业率下的垂直的长期菲利普斯曲线（$LRPC$）。

归纳起来，货币主义者认为存在沿着给定短期菲利普斯曲线的短期通货膨胀-失业的权衡，然而一旦经济活动者完全调整了其通货膨胀预期，权衡就消失了，就会产生在自然失业率下的垂直的长期菲利普斯曲线。失业的自然或均衡水平伴随着一个取决于货币扩张率的稳定的（或非加速的）通货膨胀率。还记得第 9 章 9.4 节论述过，货币主义者认为，如果当局想降低自然失业率，就要寻求供给管理政策而不是总需求管理政策（供给管理政策旨在改进劳动力市场的结构和运作）。

降低通货膨胀的产出-就业成本

正如我们所看到的，货币主义者认为通货膨胀本质上就是过度货币增长产生的货币现象。它遵循只有降低货币扩张率，通货膨胀率才会下降。降低货币供给的增长率，短期内会引起失业率高于自然率的增长。失业上升的程度和持续时间取决于以下两个主要因素：

- 当局采取的是快速还是逐步的货币紧缩政策；
- 经济活动参与人面对已改变的情况其后更改他们通货膨胀预期的速度。

我们可以用图 10-4 说明为什么会出现这种情况。假定经济起初在 A 点运作，此时工资和价格通货膨胀（由 6% 的货币扩张率决定）稳定率是 6%，失业率处于自然水平（U_N）。A 点既是短期又是长期的均衡位置，通货膨胀被完全预期，实际和预期通货膨胀率都等于 6%。现在假定当局决定将工资和价格通货膨胀率降低至 2%，从长期菲利普斯曲线（$LRPC$）上移至 B 点。当局的一个选择是将货币扩张率很快从 6% 降至 2% 以达到 2% 的新通货膨胀目标。这样的政策立场首先会引起失业率从 U_N 到 U_1 的较大幅度增长，即开始沿着预期通货膨胀率 6% 的短期菲利普斯曲线从 A 点移动到 C 点。随着工资和价格通货膨胀率下降，个人会降低其通货膨胀预期，短期菲利普斯曲线就会下移。最终失业率回到 U_N 点，一个新的短期和长期均衡状态会在 B 点建立。

或者当局也可以选择逐步降低货币扩张率，从 6% 降至 4%，再从 4% 降至 2%。这样的政策立场会涉及起初较小的高于自然率的失业率增长，从 U_N 到 U_2，即开始沿着预期通货膨胀率 6% 的短期菲利普斯曲线从 A 点移动到 D 点。像之前一样，短期菲利普斯曲

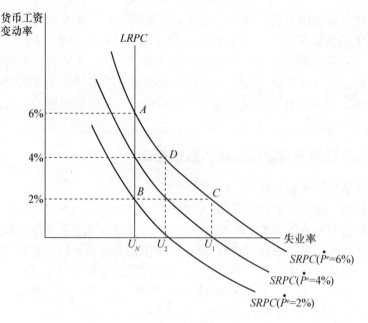

图 10 - 4 降低通货膨胀的失业成本

线就会下移，因为随着工资和价格通货膨胀率下降，个人会降低其通货膨胀预期。随着当局进一步逐渐将货币扩张率从 4% 降至 2%，通货膨胀就会降低到 2% 的目标，最终失业率水平回到 U_N。与有时被称为**冷火鸡**急冻策略的快速**反通货膨胀**政策不同，通过**渐进**的货币紧缩降低通货膨胀会需要更长时间。经济学家意识到了这点，因此提倡利用附加的政策举措，如**物价和收入政策**（见 10.3 节），来配合逐步的货币紧缩。如果这样的附加政策举措能够降低个人通货膨胀预期，就会加速更低通货膨胀率的调整进程。个人越快下调他们的通货膨胀预期，随着货币扩张率的下降，失业率高于自然率的时间就越短。这种情境中特别重要的是当局实施的任何反通货膨胀政策的**可信度**。

反通货膨胀：通货膨胀率的下降。

冷火鸡：旨在降低通货膨胀率的快速持久的货币增长率的降低。

渐进主义：涉及缓慢逐步降低货币增长率的一种反通货膨胀方法。

物价和收入政策：指导或控制工资和（或）价格增加的举措。

可信度：在何种程度上人们相信当局对未来政策的声明。

本章最后一个"经济学反思"专栏将小结 20 世纪 80 年代早期英国采取的反通货膨胀政策的情况，以此阐明降低通货膨胀的产出-就业成本。那些将其研究定位在较高水平上的学生，如那些学习 MBA 课程的学生，可参照本章的附录部分。附录含有凯恩斯主义者、货币主义者和新古典主义者涉及附加预期菲利普斯曲线的各自主要的不同观点，以及其产生的政策影响。

▶ <u>经济学反思</u>

20 世纪 80 年代早期英国采取的降低通货膨胀的政策

货币主义者认为只有放慢货币扩张率才能降低通货膨胀，这种观点对 20 世纪 80 年代很多国家寻求反通货膨胀的过程有重要的影响。例如英国 1979 年竞选上任的保守党政府就寻求逐步降低货币增长速率以实现其降低通货膨胀率的主要经济政策目标。撒切尔政府在 1980 年 3 月财政预算案中首次宣布降低货币增长的目标，将其作为中期财务战略的一部分。这些目标反映出政府明显接纳了货币主义者所持的降低货币增长对降低通货膨胀是充分且必要的观点。与此同时，提前宣布降低货币增长的目标也反映出政府暗自接受了以下这个观点，即经济活动参与人理性地形成他们的通货膨胀预期并会很快下调其通货膨胀预期，由此伴随着货币紧缩最小化了失业成本。

撒切尔政府在 20 世纪 80 年代初降低通货膨胀中取得了一定程度的成功。1979—1983 年间通货膨胀率由 13.4% 降至 4.6%，大部分经济学家一致认为采取的国内货币（和财政）政策对降低英国通货膨胀做出了重大贡献。然而大部分经济学家也认同采取的限制性的国内政策在很大程度上导致了 20 世纪 80 年代初失业的上涨。1979—1983 年间失业率从 4.7% 上涨到 11.1%。其他经济学家的初步证据显示降低通货膨胀的失业成本是不容忽视的。例如，20 世纪 80 年代初寻求限制性货币政策的美国经济也经历了一场深刻的危机。1979—1983 年间美国经济的通货膨胀率虽然从 11.3% 下降至 3.2%，其失业率也从 5.8% 上涨至 9.6%。经济学家大多认为限制性的国内政策伴随着包括第二次石油价格冲击的其他影响因素，共同导致了美国失业的上涨。

□ 通货膨胀作为一种国际货币现象

截至目前我们都是在一个无国际贸易发生的封闭的经济背景中讨论通货膨胀的货币主义观点。在一个封闭的经济体中（或者在浮动汇率下运作的开放经济——参见第 14 章），国内通货膨胀率取决于涉及国内实际产出增长率的国内货币扩张率。尽管如此，在**固定汇率**体制中，比如 20 世纪 40 年代中期至 70 年代初期运作的**布雷顿森林体系**（参见第 14 章），通货膨胀被视为国际货币现象。

> **固定汇率**：通过本国央行干预，在外汇市场上将汇率固定在一个预定水平。
>
> **布雷顿森林体系**：第二次世界大战结束时建立的固定汇率体系。这个体系在 20 世纪 70 年代初期瓦解。

在固定汇率体制下，货币主义者认为国家在世界经济中相互关联，全球货币总供给（及其变动率）决定全球价格（及它们的变化率）。国内货币扩张会影响国内通货膨胀率，只有达到影响全球货币供给增长率的程度，才会影响全球价格增长速率。全球货币扩张率的增加（源自相对于世界其他地区一个大国的快速货币扩张，或者很多较小国家同时这样）会产生过量需求并导致世界经济中的通货膨胀压力。基于这个分析，货币主义者认为，美国为给越南战争的开支进行融资提高了货币扩张率，这从根本上导致了 20 世纪 60 年代后期发生于西方经济体中的通货膨胀加速。就是这样，源于美国的通货膨胀压力通过美国的国际收支逆差传递到其他西方经济体中。

货币主义者认为，对于一个在**浮动汇率**体制下运作的经济体，与在一个封闭的经济背景下情况一样，国家的国内通货膨胀率取决于国内货币扩张率（与国

> **浮动汇率**：由外汇市场中供需力量决定的汇率，也被称为变动汇率。

内实际产出增长率有关）。如果一个经济体中国内货币扩张率比世界其他地方要快，那它的国内通货膨胀率相较于其他国家的也更高，并且其货币就会贬值。

详细讨论过通货膨胀的货币主义观点后，接下来我们研究第二种对通货膨胀有截然不同解释的非货币主义观点。

■ 10.3　非货币主义观点

□ 工资增长作为通货膨胀的启动力

与货币主义观点相反，非货币主义者认为，工资增长是通货膨胀的启动力（有时也被称为通货膨胀的成本推动或社会学解释）。而且工资增长的发生可独立于劳动力市场供需状况。这一观点的支持者认为存在各种社会压力导致大规模的外源性工资增长。考虑到这些社会压力，非货币主义分析法共有的主题是，由于工资是企业生产成本中很重要的成分，若货币工资以高于生产增长的速率不断增长，通货膨胀的工资-价格螺旋就会如货币主义观点下的模式一样发生。在没有货币扩张的情况下，由于通货膨胀降低了货币供给的实际价值，失业也会上涨。非货币主义拥护者认为，过去政府已经为防止失业上涨增加了货币供给。与货币主义观点不同，非货币主义者认为因果关系是从价格的改变到货币供给的改变，而不是反向的。

接下来简要叙述一些社会压力，这些压力被认为导致了工资增长并引发了通货膨胀。以下两个例子足以说明。

● 一些作者认为资本主义社会中阶级冲突是不可避免的，通货膨胀就是从工人与资本家的斗争中产生的，因为每个阶层都力图实现自己的收入在国民收入中占更大比例。如果工人成功地保障了工资增加超过生产率增长，资本家的利润率将减少。为了保住国民收入中的利润份额，资本家就会提升其价格。工人们则会施加压力要求增加工资，结果就是熟悉的通货膨胀的工资-价格螺旋。工人们对实际收入增加超过生产率增长的愿望越强烈，通货膨胀就越快。

● 其他学者认为通货膨胀产生于工会试图提高或保持其成员在工资排行榜上的位置。若某个工会成功地提升了其相对工资位置，其他工会为寻求恢复或提升之前的工资差异次序就会推动工资增长。这种过程就会导致交替超越，随着每个工会试图提升其相对工资位置，就出现了通货膨胀的工资-价格螺旋。

以上两个引用的非货币主义观点的例子中，共有的主题就是工会不断推动高过生产率增长的货币工资增加。这样的工资增加引起价格上涨，价格上涨又导致进一步的工资增加，如此反复。如果情况是这样，就有必要了解为什么企业愿意接受这种通货膨胀的工资要求。非货币主义观点的支持者给出的普遍回答是，协商工资增长的权利平衡倾向于支持工会一方而不是企业。这是因为增加的福利使得工人们在工资要求不被满足时采取长时间的罢工行动。再者，鉴于生产过程改变的特性，相比抑制和面对"昂贵的"罢工，企业更愿意接受增加工资的要求。随着在许多行业生产变得更加资本密集型，若整个生产过程被一小部分工人扬言罢工中断，企业会受到更大影响。除此之外，越来越激烈的外部竞争意味着罢工事件会使消费者转向外部市场，进而导致产量下降。在这些情况下，对于企业而言，相对于因罢工中断生产过程带来的严重成本，接受工资增长的要求的成本要小得多。

上述通货膨胀的非货币主义观点强调了提高工资的成本是通货膨胀的启动力。研究这个观点的政策影响之前，值得一提的是其他生产成本的增加对于引发更高价格所起的作用。一些作者已经注意到进口原材料和燃料成本的上涨，企业会将这一更高的价格转嫁给消费者。随着国内价格上涨，工会要求货币工资增加以维持其成员的实际工资水平。结果就是通货膨胀的工资-价格的螺旋式上升，及其后与之相适应的防止失业率上升的货币扩张。尤其是发生在 1973—1974 年和 1979 年的两次石油价格上涨，被突出强调引发了很多西方经济体 20 世纪 70 年代中期及 80 年代初期遭遇的高通货膨胀率。

□ 非货币主义观点的政策影响

接下来讨论通货膨胀的非货币主义观点的政策影响。鉴于货币工资增加或其他生产成本增长会引发通货膨胀的观点，引入永久的物价和收入政策无疑是控制通货膨胀螺旋最好的方式。这种政策涉及实施一系列直接控制或规则来操纵工资和价格增长的幅度。例如，为避免工资增加引发通货膨胀，要控制货币工资的增加以确保其不超过生产率的平均增长。值得注意的是，过去的政策传统上关注的是工资控制而非收入控制，部分原因是很难影响诸如股息和利息的其他形式的收入。

虽然有必要引入物价和收入政策，但这种政策也存在很多潜在的主要问题且不乏批评。以下简述有关物价和收入政策的四个主要难题：

● 有关工资和物价政策的实施有很多问题。例如工人和企业会想方设法分别逃避工资和价格控制。

● 工资政策运作于市场机制之外，就会引起资源配置不当。例如处于经济增长行业的企业可能会发现很难扩大生产，如果不允许它们增加工资以吸引更多必要的工人。

● 如果物价和收入政策伴随着过量的货币扩张，也必定是要失败的。除非极端地认为过量需求不会影响工资和价格，过量的货币扩张肯定会引起通货膨胀压力，转而势必导致试图控制工资和物价增长的政策的垮台。

● 物价和收入政策在其实施期间可能会减缓工资和物价增长的速度，然而一旦该政策放宽或者垮台，工资和物价随后会以更快的速率"迎头赶上"。

10.4 案例研究：维持欧元区价格稳定

在欧元区内，实现价格稳定是欧洲央行（ECB）的责任，自 2003 年来价格稳定被定义为保持通货膨胀率中期低于但接近 2%。就这个目标，以下四个观察结果值得注意：

● 第一，尽管 ECB 有权力支持有助于其他宏观经济目标（如高就业和持续增长）实现的政策，但它没有实现除了价格稳定之外的其他目标的直接责任。依据附加预期的菲利普斯曲线的分析，这反映了一个普遍认可的观点，即货币政策短期内虽然可以影响产出和就业，但它不能对实际变量产生任何持久的影响。

● 第二，将价格稳定目标放在首位的背后是现在大家普遍接受的观点，即价格稳定是产出和就业稳定增长的必要前提。

● 第三，提到通货膨胀率中期低于但接近2%，反映了以下达成一致的看法：避免通货紧缩（总价格水平一直下降的状况）也很重要，以及货币政策不能完全消除通货膨胀的（一些不可避免的）短期变化。

● 第四，从图10-5中可以明显得出，从2000年到2008—2009年经济衰退引起通货紧缩，欧元区的通货膨胀往往是超过而非低于2%。这使得一些评论家认为在实际操作中ECB好像已经默认2%是一个对称的通货膨胀区间的中点。

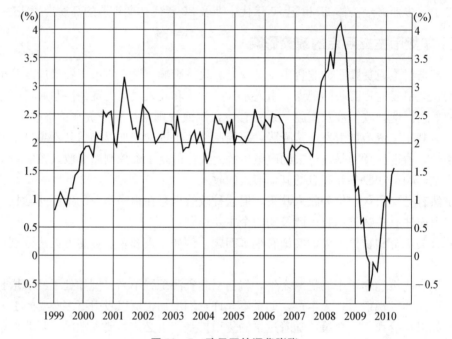

图 10-5　欧元区的通货膨胀

资料来源：ECB提供。数据可通过ECB的主页免费获得。

为了实现通货膨胀目标，ECB针对价格稳定的风险采取了"两个支柱"方法，通过：

● **经济分析**关注欧元区普遍的经济和金融状况。经济分析涉及一系列关键指标的监控，包含：产出、汇率、商业和消费者信心、工资和价格指数、石油价格和房价。它还包括对影响欧元区的任何冲击的评估和关键宏观经济变量的预测。正因如此，经济分析集中关注的是短期及中期影响通货膨胀的因素。

● **货币分析**评估广义货币总量（M3）的增长率参考值是每年增长4.5%，该指标被认为与中期价格稳定一致。依据货币数量论，前提是假定有关实际收入增长和货币流通速度，参考值的取得是与实现价格稳定相一致的。货币增长支柱反映了通货膨胀是货币现象这一共识，长期来看货币供给和通货膨胀的增长速率是紧密相连的。有大量的证据显示长时间较高通货膨胀时期往往与持续的较高货币增长相关。正因如此，一个高于参考值的持续显著的货币增长率可能意味着价格稳定面临中长期风险。然而需要注意的是，普遍认为 M3 的增长不是欧元区内短期及中期通货膨胀压力的一个理想指标。

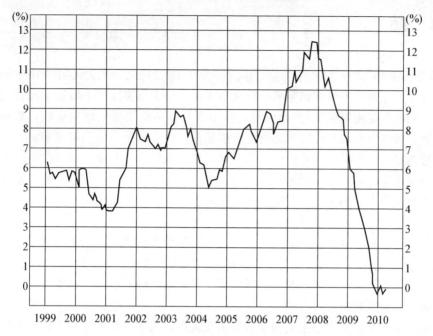

图 10 - 6 欧元区的 M3 增长

资料来源：ECB 提供。数据可通过 ECB 的主页免费获得。

通过短期经济分析和长期货币分析，两个支柱的方法对价格稳定的风险进行了核对，并为货币政策决策提供信息，使得 ECB 能够在欧元区内本着维持价格稳定的首要目标设定利率。

关于货币分析，参见图 10 - 5 和图 10 - 6 可能会有启发，这两幅图描绘了自 1999 年 1 月单一货币发行以来欧元区的通货膨胀和 M3 增长情况。这两幅图揭示了在正常环境下长期的通货膨胀和货币增长密切相关。正如人们想到的，伴随经济危机的 M3 增长的减速与温和的通货膨胀压力相关，该趋势最近已经被逆转。

10.5 结束语

本章我们探讨了对通货膨胀原因及对策的两种不分高下的解释。货币主义观点认为通货膨胀的原因是过量的货币扩张，即"太多的货币追逐太少的商品"的情况。既然政府引起了通货膨胀，在它们力所能及的范围内就要通过货币紧缩来降低通货膨胀。与此相反，非货币主义者认为产生通货膨胀主要是因为各种社会压力导致大规模的外源性工资增长。依据这个观点控制通货膨胀的最好的方式是引入物价和收入政策。本章突出强调了这两种解释的不同，而值得注意的是，一些经济学家采取让步或折中的立场，认为通货膨胀是过量货币扩张和各种成本推动压力共同导致的。事实上，大家普遍认为持久的通货膨胀不可能没有过量的货币扩张，而短期的通货膨胀主要来自经济体供给方面的非货币原因。

■ 总　结

- 对通货膨胀原因和对策的讨论可分为涉及货币主义和非货币主义观点的两种主要解释。
- 货币主义者认为通货膨胀率从长期看来，取决于与实际产出增长率相关的货币扩张率。短期内存在通货膨胀-失业权衡，长期菲利普斯曲线是一条垂直线，相切于自然失业率处。自然失业率与稳定的通货膨胀率相关，后者取决于货币扩张率。
- 短期来看，货币紧缩导致失业水平增长高过自然率。失业增长多少取决于当局采取的是快速还是逐步的货币紧缩政策以及通货膨胀预期下调的速度快慢。英国和美国20世纪80年代初经济的初步证据显示货币紧缩的失业成本相当突出。
- 固定汇率制下，通货膨胀被视为国际货币现象。
- 通货膨胀的非货币主义观点认为，独立于劳动力市场条件产生的工资增长被视为通货膨胀工资-价格螺旋的启动力。由于协商工资增长的权利平衡倾向于支持工会一方，企业更愿意接受工资增长的要求。非货币主义观点的提倡者认为，物价和收入政策被看做控制通货膨胀螺旋最好的方式。
- 一些经济学家在货币主义和非货币主义观点之间采取折中立场，认为通货膨胀是过量货币扩张和各种成本推动压力共同导致的。

■ 关键术语

- 货币数量论
- 菲利普斯曲线
- 通货膨胀-失业权衡
- 附加预期的菲利普斯曲线
- 通货紧缩

- 渐进主义与冷火鸡
- 可信度
- 成本推动型通货膨胀
- 物价和收入政策
- 折中主义者

■ 问题讨论

1. 通货膨胀的货币主义和非货币主义观点的主要不同有哪些？
2. 通货膨胀是政府还是工会引起的？
3. 通货膨胀与失业之间有没有永久的权衡？
4. 哪些因素决定了降低通货膨胀的失业成本？
5. 2008—2009年经济衰退来临之前，英国央行货币政策委员会在很多场合提高利率以缓和英国的通货膨胀压力。提高利率会给企业带来什么不利影响？
6. 在非货币主义者看来是什么引发了通货膨胀？实施物价和收入政策时会产生哪些主要问题？

登录网址 www.econlib.org/library/Columns/y2006/Friedmantranscript.html 可以获得罗素·罗伯茨（Russell Roberts）2006 年采访米尔顿·弗里德曼的采访稿（2006 年也是弗里德曼去世的那年）。罗素·罗伯茨是网站"经济和自由图书馆"（Library of Economics and Liberty）下属的经济学家论坛（EconTalk）的专稿编辑。或者也可以收听经济学家论坛上播客的对话。让人特别感兴趣的是采访的第一部分，这一部分关注的是弗里德曼对货币角色的认识，他的观点在与安娜·施瓦茨（Anna Schwartz）合著的影响深远的 1963 年版《美国货币史（1867—1960）》中可以找到。读罢或收听了采访的第一部分（弗里德曼论货币）后，请思考以下问题：

1. 大萧条时期美国的货币量出现了什么情况？从这一事件中能吸取什么教训？金融危机及 2008—2009 年衰退期间世界各地政府支持银行所产生的后果是什么？

2. 为什么弗里德曼提倡当局实施货币增长方针以保持价格稳定？

3. 实践操作中，（美国）联邦储备金监察小组是如何控制美国货币供给的？

4. 发生于 20 世纪 70 年代初期至中期，改变人们对于通货膨胀-失业权衡的认识的事件是什么？

5. 首先实行通货膨胀目标制的是哪个国家？

■ 附录 凯恩斯主义者、货币主义者和新古典主义者以及附加预期的菲利普斯曲线

本章 10.2 节研究了附加预期通货膨胀率的原始菲利普斯曲线是怎样导出一系列短期菲利普斯曲线和一条垂直的长期菲利普斯曲线的。该附录讨论凯恩斯主义者、货币主义者和新古典主义者就附加预期菲利普斯曲线的四点主要不同之处，以及产生的政策影响。

● 如今当大部分凯恩斯主义经济学家认可长期菲利普斯曲线是垂直的时，仍有一些凯恩斯主义者认为在通货膨胀与失业之间存在一个长期的权衡与兼顾，虽然这是一条不那么被肯定且比短期菲利普斯曲线更陡的曲线。于是他们认为这条长期（非垂直）菲利普斯曲线仍可以为当局提供可能的通货膨胀-失业组合的政策选择菜单。

● 不同于货币主义者和新古典主义者，凯恩斯主义经济学家倾向于利用物价和收入政策作为反通货膨胀的武器。一些凯恩斯主义者提倡临时使用物价和收入政策作为逐步货币紧缩的补充政策举措。另一些不认为工资增长源自过量需求的凯恩斯主义者，提倡永久使用物价和收入政策作为反通货膨胀的武器。在后一种情况中，如果通过采取物价和收入政策使长期（非垂直）菲利普斯曲线下移，通货膨胀与失业间的平衡就会提升，使得当局在给定失业水平目标下实现较低的通货膨胀率。

● 与货币主义者和新古典主义者形成鲜明对比的是，新凯恩斯主义者认为自然失业率（或者是第 9 章中他们所指的 NAIRU）受实际失业率轨迹的影响。换言之，新凯恩

斯主义者认为自然率（NAIRU）受总需求水平的影响。如果伴随货币紧缩，经济遭遇长时期的衰退，出于滞后效应拉动长期菲利普斯曲线右移，自然率（或 NAIRU）就会上升。

● 不同于大部分凯恩斯主义者和货币主义者所持的观点，新古典主义者认为没有必要实施逐步的货币紧缩政策来降低通货膨胀。按照新古典主义的观点，只要政策可信，伴随货币紧缩的失业成本是不存在或者为零的。如果当局宣布降低货币增长率且这一政策声明是可信的，理性的经济活动参与者就会本着货币紧缩对通货膨胀率的预期影响迅速下调其通货膨胀预期。就图 10-4 而言，通货膨胀率会从 6% 降至 2%，而失业没有增加。于是，短期菲利普斯曲线就由通货膨胀率预期 6% 迅速下移至通货膨胀率预期 2%；也就是经济在长期菲利普斯曲线上迅速从 A 点调整到 B 点。在这种情况下，当局也宣布快速降低货币供给增长率以把通货膨胀率降至目标水平。尽管如此，如果公众广泛质疑当局是否通过货币紧缩致力于制止通货膨胀，个人就不会下调其通货膨胀预期。在这种情况下，涉及调整过程的失业成本问题要比对当局没有可信度质疑的情况下严峻得多。

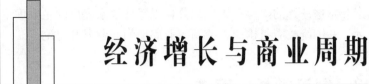

经济增长与商业周期

关键问题

- 决定经济增长的因素有哪些？
- 政府在促进增长中扮演了什么样的角色？
- 什么是商业周期？
- 经济学家提出的解释商业周期的主要理论有哪些？
- 政府机构能否控制商业周期？

11.1　引　言

在第 8 章我们已经讨论过经济增长的本质与衡量方法。你会想起经济增长——物质生活标准持续增长的源头——指的是实际 GDP 的增长。经济增长不仅对提高生活标准很重要，而且对经济中实际已有的增长率也同等重要。经济增长率之间即使存在极小的差异，也会在接下来几十年中在生活标准的提升与**潜在产量**层面产生巨大差异。一个粗略的经验法则是，一个经济体的生产能力翻一番所需年数是用 72 除以其经济增长率。例如一国经济增长率为 2％，则需要 36 年时间使其商品和服务的产量增加一倍，如果其经济

> **潜在产量**：是指不产生通货膨胀，在现有资本和技术水平条件下，经济社会的潜在就业量所能生产的产量，也称充分就业产量。

增长率为 4％，则只需 18 年时间。值得瞩目的是，1992—2009 年，中国每年的平均经济增长率都超过了 10％，即在这段时间里，中国每 7 年产出就会翻一番。

在第 8 章我们也讨论了经济在长期趋势轨迹中，如何经历产量（实际 GDP）的短

期波动，这里提及了一个现象，被称为商业周期。经济状况好转时期，产量增加，失业率下降，公司盈利的潜力增加，反之亦然。因为经历了长期发展，短期的产量波动是由潜在产量的发展支配，正如生产能力依赖于经济的发展一样。开篇以讨论决定经济发展的各种因素开始这一章的内容；第二部分将以经济学家提出的主要理论解释经济活动中的周期波动，并围绕政府机构能否控制商业周期的问题展开讨论。

▊ 11.2 经济增长：综述

我们讨论经济增长过程是从**总量生产函数**开始的。总量生产函数是总产量可以由已知的生产要素的数量值求出的函数关系，公式如下：

> **总量生产函数**：生产要素投入同产品的最大产出之间的数量关系。

$$Y = A(t)F(K, N) \tag{11.1}$$

其中，Y 代表实际产量，$A(t)$ 代表一定时期内的技术条件；F 是与实际产出相关的资本投入量 K 和劳动力使用量 N 的函数。实际产量会随着生产要素（资本、劳动力）的量的增加以及/或由于技术水平提高而导致的资本和劳动力投入要素生产率的提高（即单位生产要素投入增加的产量）而增长。

以上数量关系可以由短期总量生产函数（见图 11-1），或生产可能性边界（见图 11-2）以图的形式来说明。图 11-1 中的短期总量生产函数揭示了给定技术水平 A 时，实际产量（Y）与劳动力（N）和资本投入（K）之间的数量关系。斜率逐渐降低的总量生产函数反映出生产要素 N 的规模报酬递减。随着经济的发展，伴随资本投入的增加以及/或由于技术 A 值的提高，例如提高现有技术水平，而引起生产要素投入 K 与 N 的生产率的增长，此函数将会向上移动。

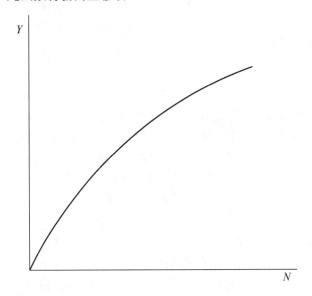

图 11-1 短期总量生产函数

包含实际产量增加的经济增长，也可以概念化为图11-2中的生产可能性曲线。图11-2展示了两条生产可能性曲线，分别为经济增长之前与经济增长之后的生产可能性曲线。每条曲线都显示了在经济资源充分利用的情况下，消费资料与生产资料的各种组合的可能性。与增长相关联的生产可能性曲线会向外扩张，从而扩充生产产品的经济容量。曲线的这种运动是现有要素投入数量增加和/或由技术进步（A 值提高）引起的要素投入生产率提升的结果。

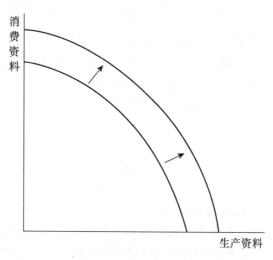

消费资料

生产资料

图11-2　生产可能性边界

以上两幅图表明，经济增长依赖于资本和劳动力要素在数量上的增长与质量上的提高。下面的专栏"经济学反思"总结了爱德华·丹尼森《美国经济增长趋势》一书中关于美国的年经济研究的成果，并指出了经济增长的多种重要原因。

▶ 经济学反思

美国经济增长的来源：1929—1982 年

有些经济增长的重要原因已经包含在爱德华·丹尼森《美国经济增长趋势》一书中，该书研究的时间段为 1929—1982 年。丹尼森关于经济增长的研究也已总结于表11-1中。1929—1982 年，美国的实际产量以每年 2.9% 的速率递增。丹尼森推断，这段时间内，美国 32% 的经济增长来源于劳动力成本的增加，68% 的经济增长来自劳动生产率的提高，而劳动生产率的提高归功于四个主要原因。根据丹尼森的推断，美国 28% 的经济增长来自技术变革（最重要的影响体现在劳动生产率的提高），19% 来自资本形成，14% 归功于单个工人接受的教育不断增加，9% 是规模经济的结果。

表 11-1
%

	%
产出的年增长率	2.9
增长的百分数中：	
劳动力投入增长	32
劳动生产率的增长	
工人的教育	14

续前表

资本	19
技术革新	28
规模经济	9
其他因素	-2

资料来源：Denison, E. F. *Trends in American Economic Growth* (Washington, DC: The Brookings Institution, 1985).

我们现在考虑政府在促进 K（资本投入）与 N（劳动力投入）数量与质量增长方面扮演什么样的角色。首先，需要强调的一个重点是，经济学家们对于政府在经济增长中所扮演角色的问题上彼此意见不一，存有很大的分歧。

让我们思考资本投入的数量问题。有形资本诸如工厂、机器及基础设施可以由投资来增加数量。政府还可以选择通过增加企业收益率，或改变企业税收降低资本成本的方式鼓励私营企业进行投资。例如，可以由改变投资和折旧备抵的方法减少资本成本。然而，改变税收在吸引私营企业投资方面能否取得成功，一部分取决于对本国税务体系的详尽了解，以确认不同性质私营企业在税收变化中所受到的不同影响。任何经济的税收体系中的投资与折旧备抵政策都有所不同，这就意味着企业间的资本成本会存在差异。此类关于**供给侧政策**举措更加专业深入的讨论不在本章讨论范围之内。政府还可以选择对公共基础建设增加投入，如公路与铁路网络建设。值得注意的是，经济学家们对于私营企业与公共部门提供基础设施建设的投入力度方面也持有不同观点。

> **供给侧政策**：通过吸引企业和个人投资改变现有条件，以增加总供给的政策。

除了增加资本的数量，还可以通过发现、发展和拓展新技术与新知识，增加研发投入以促进新技术与新知识的创新、发展、传播，从而提高资本质量。如前所述，专业技能的提高增加了资本生产率和劳动生产率，提高了单位要素投入产量。政府可以通过直接途径力求提高技术，如为研发提供资金；或者通过间接途径，如通过科研补助金政策、税收鼓励、专利权政策鼓励私营企业在研发方面的投入。后者中，专利权政策允许垄断利润归于投资者，因此，专利权鼓励了个人和企业参与到研发中来。

目前我们已经总结了实物资本增长过程的重要性，经济发展的一些理论已经强调了**人力资本**的积累对经济发展的关键作用。由于人力资本要通过教育、培训和经验获得，因此，政府可以通过例如对大学教育实行补贴的政策来增加对人力资本的投入。人力资本的投入在新产品研发的过程中被赋予了新的理念，因而也能产生广泛的社会利益。这样的理论部分上可以解释贫穷国家与工业化国家在人均收入水平与增长速度方面存在差异的原因。缺少人力资本的贫穷国家仅靠积累有形资本赶超工业化国家是行不通的。这些理论同时也指出了另一个贫穷国家不能赶超工业化国家的原因：理念鸿沟。

> **人力资本**：经济发展中一国工人所掌握的知识与技术。

11.3 索洛增长模型

研究经济增长最好的分析方法始于 20 世纪 50—60 年代，是由罗伯特·索洛提出的索洛增长模型。索洛是麻省理工学院经济学的客座教授，由于他对经济发展理论研究的杰出贡献，于 1987 年获得了诺贝尔经济学奖。

索洛增长模型可以确认哪种因素决定产出的速度，也给出了生活水平（实际人均GDP）在国与国之间差异过大的各种原因。基于模型的原理超出大一学生的知识范围，故这部分我们仅列出模型的几条主要的预言。对于其他的学生读者，例如 MBA 学生，需要更深层次的探讨，可以在本章的附录中找到此模型更为详尽的讨论。

索洛增长模型的理论根基来源于总量生产函数，我们在前面已经做过介绍。关于总量生产函数的性质的主要假设如下：

● 要素投入会减少收益。例如，资本投入在数量上增加，劳动力保持不变，会引起实际产出的增长，而产出的增长呈持续下滑状态。由于收益的减少，提高经济增长率不能由增加资本积累而获得。

● 当投入要素以某个比例增加时，实际产出将以相同比例增加。例如，如果劳动力的数量与资本投入同时增加两倍，那么实际产出也会增加两倍。换句话说，总量生产函数展现的是固定规模报酬。

你会回想起产出增长的等式（11.1）同时依赖于技术变革的速度和生产要素（劳动力与资本存量）的增长速度。索洛增长模型中一条最重要的含义是，当产出、劳动力成本和资本投入保持同一增长速度时，经济会处于长期均衡或稳定的增长速度。当经济处于了长期的**稳态**，那么工人的人均产出（也可称为劳均产出）与工人的资本劳均投入是固定的，或者在一段时期内没有任何变化。例如，如果劳动力增加了 5%，那么资本也同时增加 5%，以保持工人的资本劳均投入不变。在稳态下，增长率依赖于生产力的增加和技术的进步。

> **稳态**：工人的人均产出与工人的资本劳均投入是固定的，或保持不变。

此模型一些最重要的预测（本章附录中有更充分的讨论）如下：

● 储蓄率高的国家在单个工人的资本投入上有较高且稳定的投入水平，因此劳均产出也保持较高的水准，以保证高水准的生活水平。

● 劳动力增长率高的国家，则保持低水准的工人的资本劳均投入，从而劳均产出也较低。

● 保持劳均产出的增长需要，或者只能依靠技术的进步，因为没有技术的进步，劳均产出终究会因为逐渐减少资本积累收益而停止。

20 世纪 70 年代经济学家对经济长期增长的兴趣逐渐转淡，大部分原因是由于索洛增长模型存在很多问题。在此，我们重点强调两个问题，第一个问题在于，

> **外生变量**：指由模型以外的因素所决定的已知变量，它是模型据以建立的外部条件。

正如前文所述，技术变革是**外生**的，已知索洛增长模型没有解释或考虑技术变革的决定性因素，它没有洞悉政府政策如何长期平衡稳定地提高产出增长率。此外，尽管政府政策能够影响储蓄率（例如通过税收激励政策），此模型预计随着新的稳定的形势的获得，储蓄率（政策导向的）增长仅会出现暂时性快速增长，但不会影响长期均衡的增长率。长期均衡的增长率依赖于劳动力增长率和技术的变革，而两者都属于外因。

第二个问题在于，索洛增长模型关注的是发达的工业化国家与发展中国家人均收入层次的非**趋同性**。假定技术进步成果可以自由运用，发展中国家通过采用工业化国

家的先进技术，就能够跨越自身生活水平与发达国家生活水平的鸿沟。此外，发展中国家工人的资本投入

相对较低，因此，资本边际产出比发达国家高。在发展中国家，提高资本收益应该吸引外资，使本国资本存量在增长速度上高于发达国家，最终发展中国家与发达国家的劳均产出趋于一致。然而，现实中不仅没有趋同，发达国家的生活水平与最落后国家的生活水平间的差异反而不断加大。

11.4 新内生增长模型

20世纪80年代后期，以经济增长模型的三种新方法的发展为标志，经济长期发展理论的研究再次兴起，

经济学家的兴趣再次被激起。而所谓的**内生**增长模型技术性很强，不在本章讨论范围内，但是我们对其涉及的主要内容做一下简要概述，对于本章学习还是很有帮助的。

第一种方法——主要与斯坦福大学保罗·罗默的研究相关——通过引入资本积累的正外部性概念，放弃了资本积累的报酬递减。假设私营企业的资本投资——包括知识投资（研发）和实物资本——通过强化经济系统的知识储量增加其他公司的生产潜力，因此资本积累减少的收益可以不计算在总数里。在这个方法中，技术进步是个体企业和经济资本积累的计划外副产品，其不同的增长速度取决于生产力提高下正外部性的创造力。

第二种方法——也与保罗·罗默的研究相关——与索洛增长模型一致，把技术进步看做经济增长的驱动力。然而，与索洛模型不同的是，保罗·罗默认为技术进步是内生性的，大部分是经济机构响应财务奖励政策的个体行为。在这个方法中，技术（理念）进步至少具备"排他性"——例如专利权与版权的申请——且必须为单个企业带来利益，这样经济机构可以因为理念的创新获得奖励。总之，此方法强调内生性创新，新产品体现出的"理念"创新也被视为促进经济发展的重要途径。就其本身而论，发展中国家追赶不上发达国家的步伐的原因就在于理念差距。

第三种模型增长理论已经拓展到资本中的人力资本。这种方法强调了人力资本——一个国家的工人所具有的知识技术水平——在经济发展中的重要作用。在这些模型中，劳均产出依赖于单个工人的实物资本投入与单个工人的人力资本投入。发展中国家单个工人人力资本投入低，仅依靠积累实物资本，追赶不上发达国家经济发展的脚步。同样地，不同程度人力资本的投资——通过培训与教育——能够解释人均收入与发展速度的差异性。

总之，新内生增长模型中，内生技术进步的速度这一论点已经远远超过了索洛增长模型的基本理论。经济增长是由广义的资本积累（实物资本与人力资本）与研发获得的新知识驱动。此外，新模型还摒弃了所有国家具有同等权利获得技术机会的结论。在这种情况下，新内生增长模型解释了国与国之间生活水平差异性的原因，同时也洞察到政府政策如何通过例如鼓励教育、培训、资本形成与研发长期地影响经济增长速度。

11.5　影响经济增长的其他原因

迄今为止，我们讨论的焦点集中在总量生产函数上，用来强调经济发展的直接原因，即要素（资本与劳动力）投入积累及诸如技术进步等能够影响生产力的变量。近年来，科学家已经把视线转向经济发展的根本原因，其能够影响一国要素投入积累的能力与存量及新知识的创造。影响经济发展的根本原因还包括：

- 制度；
- 国际经济一体化；
- 地理位置。

制度

这些要素中，需要强调的是财产权、合同执行、法律制度、腐败、规章制度和治理质量。无论从私人角度还是集体角度，这些因素对人们有效率地进行储蓄和投资的能力与意愿具有显著的影响。

简单来说，人们普遍认为，好的制度与激励结构是增长与发展的重要前提。

国际经济一体化

有些经济学家认为"全球化"（见第 15 章）对经济增长有着积极的影响。经济增长中，经常被引用的一则典型实例为东亚的"虎"经济，即与积极开放的贸易体系相关联的经济。类似这样的初步判断还不足以解释单独由出口带动的增长。另外一些经济学家的观点与内生增长理论趋同，同样强调新理论对刺激技术进步起着重要的作用。他们认为，国家越开放，就越有利于本国从其他国家的研发活动中吸取新的理念并从中获利。

地理位置

地理位置透过气候、自然资源与地形对经济增长有着直接的影响，此外有些经济学家——包括 2008 年诺贝尔经济学奖得主克鲁格曼——也强调了贸易格局与经济活动的区位（统称为"新经济地理学"）的重要性。新经济地理学理论中强调的因素之一是积累效应的影响，即成功孕育成功的效应尤显重要。

讨论完经济增长的决定性因素后，我们现在转向对商业周期的思考。在讨论商业周期起因与如何控制商业周期之前，我们首先描述商业周期的主要特征。

11.6　商业周期的主要特征

商业周期（有时被称为贸易周期、经济周期）定义为经济活动模式的周期性波动。虽然可以观察到就业、消费、投资等一系列经济总量的周期性变化，但商业周期经常被定义为产出（实际国内生产总值）在长期或长期趋势路径上的变化。图 11－3 呈现的是以此为定义的程式化的商业周期，可以用来描述商业周期的主要特点。

> **商业周期：**总体经济活动的波动，特别是围绕产出的波动。

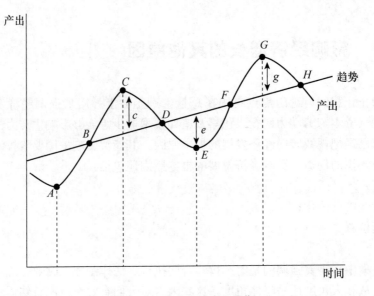

图 11 - 3　程式化的商业周期

周期的间隔，或完成一个完整周期所需的时间，可以通过周期内同等阶段任意两个时间点之间的间隔计算。图 11 - 3 中可计算时间的方法如下所示：

- 波谷，如 A 点与 E 点；
- 波峰，如 C 点与 G 点；
- 上交叉点（根据其趋势），如 B 点与 F 点；
- 下交叉点（根据其趋势），如 D 点与 H 点。

只有在假设商业周期完全符合规律的情况下（见图 11 - 3），以上各项计算时间的结果才能达到一致。周期的振幅则显示了周期震荡的激烈性，可以通过产出趋势的最高点与最低点进行计算，如 $c+e$ 或者 $e+g$ 等。值得注意的是，周期的振幅仅在产出偏差上下浮动完全相同时才能从一个时期到下一个时期保持不变（如图 11 - 3 所示）。实际上，周期在时间与振幅上一直在发生变化。

图 11 - 3 也可以用来区分周期的不同阶段。扩张阶段指的是从周期中处于低谷期或较低的转折点（如 A 点）运动到下一峰顶或较高的转折点（如 C 点）；而收缩阶段指的是从一个峰顶（如 C 点）运动到下一个谷底（如 E 点）。术语"boom"与"slump"经常用于商业周期中。这两个术语分别代表产出接近最高点和最低点前的快速扩张（boom）与收敛（slump）状态。此外，周期中关于收缩阶段需要注意的是，术语 recession 通常用于描述经济上最严重的大衰退。

介绍过商业周期的主要特征后，我们思考一下周期产生原因的其他解释。在研究周期起因与控制的五个主要方法之前，强调与程式化的商业周期（见图 11 - 3）的不同非常重要。实际商业周期是以产出/实际国民生产总值的不同长度与振幅的重复波动为特征。此外，此种模式在其他总体经济系列中也能够观察到。然而，对于周期的持久性也存在不少争议，经济学家们谈论的商业周期，通常默认为 3～7 年的短期周期。

11.7　关于商业周期起因与控制的讨论

商业周期起因与控制讨论的焦点在于基本问题的分歧，最显著的问题如下：

- 经济是稳定的吗？
- 影响经济波动的主要原因是什么？
- 经济波动后，需要多久才能恢复自身的均衡？
- 政府职能部门能够通过干预减少经济波动吗？

回答这些问题的过程中，可以在主流经济学范围内分辨五种主要研究理论。即：

- 凯恩斯主义研究理论；
- 货币主义研究理论；
- 新古典主义研究理论；
- 实际商业周期理论；
- 政治商业周期理论。

□ 凯恩斯主义研究理论

凯恩斯主义者认为，经济是不稳定的，它受制于各种不稳定的冲击，从而在迅速扩张与收缩之间移动。引起经济活动波动的不稳定冲击的首要原因是自发性支出的变化。另外，凯恩斯主义者认为，受到干扰后的经济需要很长时间才能恢复至接近充分就业或潜在产出的水平。

在凯恩斯主义的研究方法中，商业周期的扩张阶段和收缩阶段是由乘数过程与加速数之间的相互作用来解释的。现在让我们审视一下为什么经济扩张阶段与经济收缩阶段一旦开始，就倾向于产生自身的动量。先从未充分就业的角度出发，假设经济中自发性投资支出在增加。投资支出的增加将使生产资料公司的就业增加。生产资料工业新进的工人将花费部分收入购买消费品。消费品需求的增加将导致消费品就业的增加，引致新一轮的消费。结果是，自发性投资的增长首先引起了收入不合比例的增加，这个过程被称为**乘数**（见下面的专栏"经济学反思"）。收入增加成为进一步投资的诱因：需要投入新的资本设备，满足产出增长的需要。由于资本设备的成本通常大于年产量价值，所以新投资将高于产量的增长值。后一现象被称为**加速数**（见本章后面的专栏"经济学反思"）。乘数过程与加速数之间的相互作用解释了经济扩张阶段与经济收缩阶段倾向于发展自身动量的原因。首先，自发性投资增加后，由于乘数过程的作用，收入增加。其次，收入增加的部分会因为新投资的增加而得到巩固。通过加速数的作用，进一步依次产生乘数效应作用于收入，依此类推。

> **乘数**：在自发性支出变化中的收入增长率。
>
> **加速原理**：净投资水平取决于产量变化的理论。

▶ 经济学反思

乘数：代数推导与数例

思考第一个经济假设，没有政府部门或国际贸易交易。这种经济下的产出（Y）应分成消费（C）和投资（I）。

$$Y=C+I \tag{11.1B}$$

让我们进一步假设投资支出是自发性决定的，而消费支出取决于收入。如第 9 章 9.3 节讨论的，消费函数可以由一个简单线性等式表示如下：

$$C=\alpha+\beta Y \tag{11.2B}$$

如果我们替代等式，则得到：

$$Y=\alpha+\beta Y+I \tag{11.3B}$$

因式分解我们将得到：

$$Y(1-\beta)=\alpha+I \tag{11.4B}$$

最后，等式两边同时除以（$1-\beta$），我们得到：

$$Y=\frac{1}{1-\beta}(\alpha+I) \tag{11.5B}$$

等式（11.5B）决定了收入的均衡程度。乘数由 $\frac{1}{1-\beta}$ 给出，等于 1 减去边际消费倾向 β 的倒数。换个说法，在此假设经济中，没有政府和对外贸易，乘数等于边际储蓄倾向的倒数。例如，边际消费倾向为 0.8（根据定义，边际储蓄倾向为 0.2），那么乘数等于 5。下面的投资发生了变化，收入（ΔY）将随着最初改变的投资支出（ΔI）发生成倍的改变。例如，如果投资支出增长了 200 万英镑，收入将增长 1 000 万英镑，即 $\Delta Y=\Delta I \times 5$。

如果政府部门参与对外贸易，那么以上分析需要重新修订。然而，投资支出的首先增长将以同样的模式引起接下来几轮的支出增长。一些额外收入将会漏流，不仅以储蓄的形式（边际储蓄倾向），还会以进口支出（边际进口倾向）和政府税收（边际税率）的形式。乘数将取决于通过储蓄、进口和税收在循环流（见第 8 章）中获得的收入漏流的比例，概括为：

$$\frac{1}{w}$$

例如，从循环流中获取的收入漏流（w）为 0.5，那么乘数为 2。最后，很有趣的发现是，同一个乘数过程能够同时应用于改变出口或政府支出。

尽管乘数过程与加速数的相互作用能够同时解释商业周期的扩张阶段和收缩阶段，但是凯恩斯主义研究方法需要额外的"天花板"与"地板"效应来解释商业周期的转折点。快速扩张的时间不能一直不确定。当经济接近充分就业或潜在产出的"天花板"时，收入/产出的速度将减慢，导致新投资的减少，通过加速数的作用（参考下面的专栏"经济学反思"），反过来，再通过乘数过程使收入降低，依此类推。当周期从一个较高转折点向较低转折点移动时，商业周期逐渐进入收缩阶段。产出的移动最终与商业周期的"地板"持平。商业周期的收缩阶段将终止在经济触底时。为保证当前的产品销量，现存的资本设备迟早会磨损消耗，为了保持年产量，资本设备会被更换。新投资将

商务经济学（第二版）

通过乘数过程与加速数的相互作用，重新开始商业周期的扩张阶段，如此循环反复。

凯恩斯主义研究方法中对于**稳定政策**和商业周期控制的含义是什么呢？我们已知经济内部是不稳定的，也不会迅速地恢复自身的均衡。凯恩斯主义者强调了稳定经济的需要。而且他们认为政府能够也应该运用**自由裁量**总需求**政策**（尤其是财政方面的）去抵消自发性支出（如私营部门投资）带来的波动，以稳定经济（见第9章、第12章）。

> **稳定政策**：通过影响总需求使产出保持稳定、就业接近充分就业的政策。
>
> **自由裁量政策**：指为了达到既定目标，当局可以以任何其认为合适的方式自由地改变财政政策和/或货币政策的力度。

▶ 经济学反思

简单的加速数投资理论：数值例子

产出（Y）与资本（K）间的关系可以由下列数量关系表示：

$$K = \alpha Y$$

资本-产出比率（α）也被称为加速系数。为了满足增加的产出或销售量的需求，新投资（I）的投入增加了资本存量（ΔK）。

> **资本-产出比率**：资本数量与生产产值的比率。

$$I = \Delta K = \alpha \Delta Y$$

表 11-2 说明了"简单"的加速数投资理论。

第2列与第3列显示了资本设备的值是年产量与销量的3倍。资本-产出比率固定为3：1。年产量和销售量的增长需要增加新投资以增加所需的资本存量。第4列与第5列显示了新投资按照产品销售比率的变动而变动。例如，第4年到第5年销售的年产量增长了5英镑，那么新投资则需要15英镑。第4列与第5列还显示随着第6年到第7年年产量的下滑，新投资也随之降低。

表 11-2 单位：英镑

1	2	3	4	5
年份	产量（Y）	需要的资本存量（K）	产量变化（ΔY）	需要的资本存量变量（ΔK）
1	50	150	0	0
2	51	153	1	3
3	53	159	2	6
4	56	168	3	9
5	61	183	5	15
6	63	189	2	6
7	64	192	1	3
8	64	192	0	0

□ 货币主义研究理论

不同于凯恩斯主义者，货币主义者相信经济内部是稳定的，除非受到货币增长不稳定的影响。实际上大多数能够观察到的不稳定是因为政府部门的货币供给波动所引起的。进而，货币主义者认为当经济受制于一些干扰时，经济会迅速地恢复到接近自然率的产出与就业水平。在影响经济活动过程的因素中，货币的流通震荡占据支配地位，这已经体现在宏观经济学分析的数量理论方法中。在第 10 章，我们讨论过，货币主义者将货币扩张的变化的影响分成实际变量与名义变量两个方面讨论。你会想到长期影响与短期影响的区别。短期内通货膨胀与失业之间会存在平衡，而长期内则失去平衡。货币主义者认为，短期内货币增长速度的变化会引起自然产出与就业的短期波动。然而在长期内，货币增长速度的趋势只会影响价格水平与名义变量的运动。

基于两种实证证据，货币主义者认为货币冲击是影响商业周期的最主要因素。第一个实证证据是以实际观察为依据，发现货币变化领先于经济活动的变化。关于货币变化时间的研究，最早可以追溯到 20 世纪 50 年代末期，米尔顿·弗里德曼对于货币变化时间问题的研究。在他的研究中，弗里德曼将货币增长速度与经济活动转折点做了一个比较。通过研究 1870 年以来美国的 18 个不包含战争的商业周期，他发现：

- 货币增长速度的波峰平均比经济活动水平的波峰早 16 个月。
- 货币增长速度的波谷平均比经济活动水平的波谷早 12 个月。

货币主义者虽然承认，此类时机证据并不是决定性的，但他们辩称，这暗示了货币政策变化对经济活动变化的影响。

第二个实证证据用以支撑货币主义者的观点：货币冲击是商业周期的最主要原因。这个理论由米尔顿·弗里德曼与安娜·施瓦茨于 1963 年出版的《美国货币史（1867—1960)》提出，这是一部具有影响力的经济学著作。在该著作中，他们发现经济活动中，货币增长速度在周期性收缩时期慢于周期性扩张时期。确实仅在一些时期，货币存量在可预见范围内发生绝对下降，而这些时期正好跟这段时间内美国确认发生的六次经济大萧条完全吻合。审视这些经济事件发生的特殊历史环境，弗里德曼与施瓦茨推断在经济大萧条中，造成货币供给绝对下降的因素，大体上与同时期或先前发生的名义收入与价格方面的变化没有关联。换句话说，美国经济萧条中，货币发生的变化是因，不是果。例如，弗里德曼与施瓦茨讨论了美国 1929—1933 年经济大萧条就是由货币存量的戏剧性下降引起的。1929 年 10 月—1933 年 6 月，美国的货币存量下降了约三分之一。货币存量轻微下降始于 1929—1930 年。他们认为货币存量急速下降始于 20 世纪 30 年代后期，是由银行大量倒闭导致的。银行的倒闭令人们丧失了对银行和政府的信心。人们一方面不相信银行能够补偿其失去的存款；另一方面再也不愿意把存款存在银行。在弗里德曼与施瓦茨对于此次经济大萧条的解读中，联邦储备系统通过启动预备方案，阻止银行破产与货币存量急剧下降的这段时期正好与严重经济紧缩时期相一致。

鉴于相信引起经济震荡的主要原因是货币增长速度发生的政策导向性改变，货币主义者提出，政府应

> **规则**：指具体指导方针，决定政策的执行。

该推行一套货币政策**规则**，而不是随意应用货币政策。在几项提议中，最知名的是弗里德曼的货币政策规则，该规则指出，政府应制定固定的货币增长速度，与经济长期增长潜力相适应。当然，货币增长规则也并非经济活动中对应经济震荡的万灵药。当货币供给的不稳定来自内源性原因，而非管理不善时，货币主义者认为，为了避免货币政策的剧烈波动，政府可以移除经济干扰的主要根源。

即使当经济受制于由其他根源性原因引起的震荡时，货币主义者也反对随意应用货币政策稳定经济。基于以下论据，货币主义者担心随意使用货币政策会引起经济不稳定。这些论据包括：与货币政策相关的时间间隔的长度与变化；将失业率维持在自然率之下引起了通货膨胀的后果，以及自然率的精确值并不确定带来的问题（见第 10 章）。在之前的案例中，货币主义者认为现实中的稳定政策会导致经济震荡加剧，原因是当货币政策的变化影响了经济活动时，现有的经济状况发生了改变，而采取的措施此时此刻已不适合（见第 12 章）。总的来说，货币主义者认为，经济本身内在是稳定的，也具有迅速恢复自我均衡的能力。他们质疑通过经济总需求政策稳定经济的做法。进一步来说，即使需要，他们也倾向于主张经济总需求政策不能产生作用，因此并不需要用此来稳定经济。

□ 新古典主义研究理论

20 世纪 70 年代，应用新古典主义研究理论解释商业周期流行起来。这个方法大部分来源于芝加哥大学大三学生罗伯特·卢卡斯，他于 1995 年获得诺贝尔经济学奖。由卢卡斯和几位新古典经济学领军人物发展的理论与货币主义者解读的商业周期很相像。他们认为，商业周期主要是由货币冲击引起的。然而新古典主义研究方法认为，非预期的货币供给冲击是引起商业周期的主要原因。我们现在讨论的是在新古典主义均衡论中，对于其预期价格和持续的市场出清，经济主体的最优反应。

假设一个经济开始时产出与就业处于自然状态。假设政府宣布即将增加货币供给，根据新古典主义研究理论，理智的经济主体会把这种信息考虑到预期当中，而且会完全预测到货币供给的增加对一般物价水平的影响。在这种情况下，产出与就业就不会发生改变，保持在自然状态。现在假设政府增加货币供给，却没有先行通知，在这种情况下，没有获得完全信息的企业会误认为是相关价格的一般物价水平的增长，于是用分别增加产出供给与就业的方式应对变化。这种方法最核心的因素是经济主体的可用信息结构。为了解释在新古典主义的研究方法中不完全信息扮演的角色，我们把焦点集中在企业的供给决策上。

企业的生产计划的制订是以产品的价格信息为基础的。当某家企业产品的市场出清价格正在上涨时，它必须做出决定如何回应这种上涨。某种产品价格的上涨反映出对此产品需求的增长。该企业应该通过提高产量应对这种产品现行价格相对其他产品的价格上涨。价格的变化仅反映了所有市场需求的名义增加，而一般价格增长没有反映出供给的变化。换句话说，企业面临的是信息提取问题，即供给的反应依赖于其对于相对价格变化与绝对价格变化的区分。在新古典主义研究方法中，假定某家企业已知本企业产品的现行价格和有限的交易市场上的价格，而其他市场的一般价格信息也会在一段时间后得知。假设不可预见的货币冲击导致了一般价格的上涨，因而导致了整个经济所有市场的价格水平的上涨。在这种情况下，正如之前讨论的，单个获得不完全信息的企业错将该企业产品现行价格的上涨当做产品相对价格的增长，然后做出增加产量的回应。

为什么产出与就业会在一个时期内保持在自然水平之上（或之下）？事实上，任何时段的产出与就业均与其前值相关，可以由分析中的加速原理来说明。前面我们假设某一经济初始的产出与就业处于自然水平，接下来不可预见的货币冲击使价格意外增长，企业为此增加了产量。由于企业没有富余的生产能力，为了生产更多的产品，新投资以增加资本存量。增加的产量与预计的企业实际产量增加相符。已知生产资料的使用期限，一个时期的错误结果会影响到接下来几个时期的产量。

新古典主义关于稳定政策与商业周期控制理论的含义是什么？新古典主义认为，如果货币政策或财政政策的变化无法预见，只能影响产出与就业。例如，根据相关政策，假设货币供给由政府制定，公众已知相关条款，并在此基础上对预见的货币供给增长制定措施。在这种情况下，即使政府在短期内制定系统化的货币政策也不会对产出和就业产生影响。只有在偏离已知货币规则、金融当局或政策临时改变、政策有误时，才会对产出与就业产生实际的影响，因为它们是不可预见的。如前所述，任何通过任意或非系统总需求政策影响产出与就业的尝试只会在自然水平上增加产出与就业的变量时，增加经济的不确定性。稳定政策只在两种情况下有益：（1）如果政府相对私营企业具有信息优势，它会利用此信息影响经济。（2）如果政府能够比私营企业更加迅速地对经济震荡做出回应，政府会有余地酌情干预以稳定经济。然而，审视这两种可能存在的情形，属于新古典主义与货币主义者的研究方法范畴，与宏观经济学政策毫无交集。

20世纪80年代初，新古典主义研究下的商业周期重新上演了"货币惊喜"的消亡。一大批批评者掀起了批评新古典主义理论与经验的失败的浪潮。早期此研究方法的批评者把批评的矛头指向短期时滞公布的价格总水平与货币供给数据，在短时间内是可以被经济机构获得的。这些数据已知的情况下，他们对商业周期如何由假设存在的信息断层所引起的提出质疑。后期，大量实证证据表明，不可预见与可预见的货币供给冲击对产出与就业存在实际的影响。20世纪80年代，通货紧缩的货币政策公布之后，英国与美国经济衰退的严重程度（见第10章）进一步印证了批评者的观点，他们认为系统的货币政策存在实际的影响。货币惊喜批评主义的新古典主义版本引发了很多经济学家对"均衡论"的同情。他们发展了研究商业周期的新方法，认为商业周期主要由持续的实际冲击（供应侧）引起，而不是由不可预见的货币冲击（需求侧）引起。此种方法大部分由美国经济学家发展而来，其中最著名的是加利福尼亚大学的芬恩·基德兰德教授与2004年诺贝尔经济学奖得主、亚利桑那州立大学的圣·芭芭拉和爱德华·普雷斯科特。这种研究方法被称为实际商业周期理论。

□ 实际商业周期理论

实际商业周期理论的支持者认为，商业周期是由持续的供给侧冲击引起的。这些随机的供给侧冲击来源于原材料的变化、能源价格变化、自然灾害、新产品的研发和新技术的引入。尽管供给侧冲击有多种形式，但是大部分实际商业周期模型建立在主要由技术进步的巨大波动带来的冲击之上。在实际商业周期理论中，观察到的产出与就业的波动是平衡现象，也是在经济环境中，理性经济机构对不可避免的变化做出最佳回应的结果。进一步来说，观察到的产出波动被视为潜在产出的波动，而不是实际产出走向的偏离。实际商业周期理论已经抛弃了实际产出与潜在产出的区别。已知经济受制于由技术进步的巨大波动带来的冲击，产出的波动轨迹**随机游走**，随着时间不断推移，充分就业与产出保持平衡。这样，该理论将商业周期理论与经济增长理论结合起来。

> **随机游走：**变量运动的轨迹随着时间而改变，且不可预见。

实际商业周期理论稳定经济波动的内涵是什么？由于认为产出与就业的波动体现了**帕累托最优**，对于一系列供给侧对经济冲击的反应，该理论没有提出货币政策与财政政策在稳定经济中的作用。一方面，认为货币因素与这样的波动无关，货币政策对实际变量并无影响；另一方面，据称通过财政政策稳定产出与就业波动会减少社会福利，这是因为，政府税收与消费政策将使企业与工人选择的产出与就业最优值失真。

> **帕累托最优：**是指在没有使任何人境况变坏的前提下，也不可能再使某些人的境况变好的一种状态，又称为帕累托最优状态。

实际商业周期理论中商业周期与稳定政策不起任何作用的两个论点引起了高度的争议和广范围的批评。以下这两个例子足以体现，第一，大多数经济学家质疑供给冲击是否够强、够频繁用以解释在产出与就业中观察到的总体波动。除了于 1973—1947 年与 1979 年发生的两次石油输出国组织的油价冲击外，很难确认不利的供给冲击能够足以解释经济衰退，尤其是较大的经济衰退，如 1930 年美国经济大萧条。认为经济衰退是由于技术进步冲击引起的观点更是让很多批评家认为简直难以置信。第二，实际经济周期理论假设工资与物价是灵活的，因此市场明朗化、保持平衡会一直盛行。新古典主义理论的批评家们已经提出各种原因解释工资与物价黏性会阻止市场的持续明朗。例如，第 9 章讨论过的新凯恩斯主义已经提出各种对劳动力市场中实际工资刚性的解释，这些解释可以说明作为一种均衡现象的非自愿性失业的存在。实际上大多数经济学家认为，起因于货币政策变化的需求冲击，由于具有名义价格与工资刚性的实际经济特征，在短期内会产生显著的实际影响。

□ 政治商业周期理论

政治商业周期理论中，商业周期是以政治为导向的，反映了政治家想要连任或党派差异的不同目标。

> **政治商业周期：**由为了竞选获胜或党派差异操纵的经济引起的产出与就业波动。

首先考虑竞选前为了提高连任的机会，政府操纵经济影响商业周期的可能性。这种特定的方法于 20 世纪 70 年代中期与威廉·豪斯的理论联系在一起，其理论基础为：一是政党的主要目的是赢得连任；二是经济状况对投票具有强有力的影响。作为一种选举工具，政府追求扩张性政策（例如，增加支出或减少税收）以减少失业并获得选票。由于产出高于充分就业或潜在水平，通货膨胀也随着水涨船高。因此政党一旦连任，紧缩政策将被使用，以抑制通货膨胀带来的压力。随着通货膨胀消退，失业上升，政府再次搭建选台，使用扩张性政策减少失业，赢得公众好感，为下一次竞选做准备。宏观经济政策的改变是商业周期产生的原因。

尽管这个方法直觉上具有吸引力，但它也存在很多不足。以下三个例子足以证明。第一，这种方法似乎更加适合如美国一样选举日期固定的国家，却不适合选举日期会发生变化的国家，如英国。第二，这个理论暗示在两党轮流执政的政体中，两方政党将提供相似的政策以吸引政治光谱中心（所谓的中间选民）的投票，而忽视了一个事实：除了获得权力，政党可能还有意识形态或党派目标。第三，这个理论暗含了具有政治短见的选民不能从过去政客们制造的选举前繁荣中看到随之而来的是选举后的衰退。

自从 20 世纪 80 年代中期以来，政治商业周期理论重新兴起，最著名的研究者是哈佛大学的艾尔波托·艾莱斯那。艾莱斯那提出了一个党派模型，在模型中，政党不只追求简单的投票最大化策略，还区别了其施政重点与偏好。特别是右翼政党被假定比左翼政党更加强调抑制通货膨胀的重要性，而左翼政党更关注失业问题。选举人知道，获胜的政党当政后会有不同的施政纲领。在这个模型中，是什么驱动了商业周期在选举结果揭晓之前不得而知。选举前工资合约的设置要由选举后的通货膨胀预期决定。通货膨胀预期依赖于下一任政党组建的政府的决定。例如，如果工资谈判代表希望当前执政的左翼政府连任，他们将会把高的通货膨胀预期加入合同。如果右翼政党获得政权，他们会紧缩货币政策以减少通货膨胀。此时就会发生这种情况：合同不能立即重新协商，失业率将提高。如果左翼政府取代右翼政府，那么这一系列事件则发生逆转。在这种情况下，选举之后，左翼政府会扩张经济减少失业。这两种情况之下，一旦通货膨胀预期调整到新的状态，在政府任职期间，产出与就业将恢复到自然状态（见第 10 章考虑预期的菲利普斯曲线）。与豪斯预测选举前繁荣与选举后衰退的政治商业周期模型不同，艾莱斯那的政党模型预测了右翼政府当权后的衰退与左翼政府当权后的繁荣。

政治商业周期理论为那些支持中央银行拥有更大自由度、货币政策脱离选举束缚与政党影响的经济学家们提供了一个理由（参见第 12 章的专栏"经济学反思"关于中央银行独立性与通货膨胀的表现）。

11.8 结束语

本章中我们研究了决定经济增长的因素与关于商业周期的控制与原因的讨论。很明确，经济增长是极其复杂的过程的结果，涉及经济的、政治的和关于制度的思考。仅作为一个起点，在 11.3 节，我们描述了一个模型确认经济增长的几个主要要素。像其他经济模型一样，索洛增长模型化繁为简，省略了很多重要的考虑因素。然而正如我们所见，这个模型为国与国之间生活水平差异如此之大的原因提供了一些线索。经济长期增长研究兴趣的兴起，则产生了更多更为复杂的模型，模型中的技术进步为内生性的。这些模型为政府采取政策鼓励教育、培训、资本形成的研发提供了理论依据，用以增加经济生产能力；尽管更深层次的探讨，特别是政府能够并且应该扮演怎样的角色仍然是热烈讨论的话题。

商业周期的主要理论中的四种理论认为，商业周期是由需求冲击引起的。在凯恩斯的研究方法中，商业周期的起因是自发性支出。货币主义者强调货币增长速度的变化是商业周期的根源，而新古典主义研究论则强调不可预见的货币冲击是商业周期的主要来源。政治商业周期理论则认为商业周期来自政府宏观经济政策。对比这些研究方法，实际商业周期的支持者认为商业周期是由供给冲击引起的。我们展示的重点是各种竞争性解释的差异所在。重要的在于很多经济学家站在中立的立场上，他们认为没有一个单独的原因可以解读所有商业周期的原因。很多时候，需求冲击与供给冲击占有同等重要的地位。在经济活动中，政府是不是商业周期的根源、它们应该采取何种政策降低通货膨胀，仍然存在巨大的争议。在下一章中，我们会更加充分地讨论稳定经济的若干问题。

总 结

● 经济增长可以定义为实际国内生产总值的增长或生产率的提高。实际国内生产总值的年均增长百分比可以衡量出经济增长速度。

● 如果生产要素在数量上增加，则实际产出会随着时间增加。

● 在索洛增长模型中，长期保持平衡或稳态增长率发生在产出、资本投入和劳动力成本投入以同等速度增长的情况下。这个模型让我们审视劳均产出与储蓄率之间、劳动力增长与技术进步速度之间的关系。在核心条件不变的情况下，储蓄率的上升与劳动力增长率下降或技术进步会使资本投入与产出同时增加。长期的均衡增长率依赖于劳动力的增长率和技术进步，而不受储蓄率的影响。由于劳动力增长率与技术进步都属于外生性的，因此索洛模型无法提供政府的政策是如何在产出的长期均衡增长中产生的。

● 在新内生增长模型中，技术进步速度属于内生性的，它是研发过程中，由新知识的创造和广泛的资本积累联合推动的。这些模型帮助解释了人均收入水平与增长率难以趋同的原因，并提供了大量的关于政府政策如何影响长期增长率的内在解释。

● 最近的对于经济增长的基本来源理论已经强调了包括更广范围的影响，包括制度的影响、经济一体化和地理影响。

● 商业周期可以定义为产出趋势的偏离。商业周期的扩张阶段与收缩阶段，以及上、下转折点的时间与振幅都会产生变化。

● 在凯恩斯的研究方法中，商业周期的主要原因是自发性支出的波动。扩张阶段与收缩阶段可以解释为乘数过程与加速数之间相互作用的结果，而波峰与波谷用来说明周期中的转折点。凯恩斯相信政府需要也能够稳定经济。

● 货币主义者的研究理论认为，商业周期的主要原因来自货币供给增长率的变化。通过建立货币增长率规则，货币主义者论证了政府可以移除经济干扰源。

● 在新古典主义研究方法中，不可预见的货币冲击是商业周期的主要原因。对于这样的冲击，获取不完全信息的经济机构错把一般价格变化当成相对价格变化后，通过改变产出供给与劳动力供给的方法应对冲击。政府只有通过随机的或非系统的货币政策才能对产出与就业产生影响。新古典主义者声称这样的政策只能在其自然水平周围增加产出与就业的变量，且增加了经济的不确定性。与货币主义者的研究理论一致，新古典主义理论保留了对宏观经济政策不加干预的立场。

● 实际商业周期理论中，商业周期主要由经济中持续的实际供给冲击引起，主要在技术进步中产生大规模的随机波动。产出与就业波动反映了经济机构对这种冲击的最佳响应。由于商业周期来源于一系列供给冲击对经济的打击，政府在产出与就业波动中，不会通过实行总需求政策扮演稳定经济的角色。

● 政治商业周期理论指出，商业周期以政策为导向，反映了政党或在连任竞选或党派差异中的不同目标。

● 没有一个单独的因素可以解释所有的商业周期。在有些情况下，需求冲击与供给冲击同等重要。

关键术语

- 总量生产函数
- 生产可能性边界
- 要素投入的质量和数量
- 索洛增长模型
- 稳态增长
- 趋同性
- 内生增长模型
- 人力资本
- 周期阶段
- 周期振幅
- 信息提取问题

- 扩张与收缩阶段
- 乘数过程
- 加速数
- 乘数与加速数的相互作用
- "天花板"与"地板"
- 货币冲击
- 货币规则
- 不可预见的货币冲击
- 经济增长的来源
- 实际冲击
- 政治商业周期

问题讨论

1. 决定经济增长的因素是什么?

2. 在加快经济增长中,政府扮演什么样的角色?

3. 根据索洛模型,以下每项在劳均产出水平方面会有怎样的影响?

(i) 储蓄率增加;

(ii) 劳动力增长率提高;

(iii) 技术进步。

4. 解释在索洛模型中,储蓄率为什么不能影响稳态增长率。

5. 解释在索洛模型中,什么决定长期均衡增长率。

6. 根据索洛模型,解释为什么劳均产出稳态增长依赖于技术进步。

7. 索洛增长模型最主要的问题是什么?

8. 什么驱动新内生增长模型的发展?

9. 在凯恩斯主义理论中,商业周期的主要原因是什么?商业周期的扩张阶段与收缩阶段在凯恩斯理论中是如何解释的?

10. 货币主义研究方法中商业周期的主要原因是什么?

11. 比较和对比凯恩斯主义者与货币主义者对商业周期控制的政策内涵。

12. 在新古典主义与实际商业周期理论中,商业周期的主要原因分别是什么?

13. 在新古典主义与实际商业周期理论中,稳定政策分别扮演怎样的角色?

14. 政治商业周期理论中,商业周期的主要起因是什么?

推荐阅读

网址 www.stanford.edu/~promer/pubs.html 中，你可以看到《简明经济学百科全书》中保罗·罗默（新内生增长模型的主要提出者）所写的关于经济增长的非技术性概述。《简明经济学百科全书》是由大卫·R.汉德森编著，并于 2007 年由自由基金会出版。阅读之后，你应该思考以下问题：

1. 罗默认为什么才是经济增长背后的驱动力：是目标还是思想？
2. 他确认世界上的贫穷国家需要习得与接受的思想因素是什么？
3. 在发现新思想的过程中，激励政策扮演了什么样的角色？
4. 为什么罗默支持补贴教育以使科学家和工程师的数量增加的做法？
5. 罗默认为当今工业化国家面临的最主要的挑战是什么？

附录 索洛增长模型

附录中我们会更详细地分析索洛增长模型。我们从考虑总量生产函数开始，它是模型的基础。

□ 总量生产函数

总量生产函数是总产量数值的函数，可以由已知的要素投入计算得出。数量关系可以表示为：

$$Y = A(t)F(K, N) \tag{11.1}$$

其中，Y 代表实际产量；$A(t)$ 代表当时（t）的技术水平；F 是与实际产出相关的资本投入 K 和劳动力成本 N 的函数。实际产出会随着要素投入（资本和/或劳动力）的数量和/或由技术进步带来的资本和劳动力投入要素生产率（每单位要素投入增加的产量）的提高而增加。

讨论伊始，强调在索洛运用到他的分析中的新古典主义生产函数的三个属性尤为重要。

● 第一，劳动力投入因素与资本可以顺利地相互代替。换句话说，企业可以运用更多的资本投入和更少的劳动力投入，反之亦然，获得等量产出。

● 第二，要素投入遵循**报酬递减规律**。例如在资本投入保持不变的情况下，劳动力投入的增加导致实际产出增加，但产出的增长率将不断下降。同理，收入递减也是在劳动力固定情况下不断增加资本存量的结果。

● 第三，假设总量生产函数体现了**规模报酬不变**。规模报酬不变意味着所有的要素

> **报酬递减规律**：是指其他投入固定不变时，连续地增加某一种投入，新增的产出最终会减少的规律。
>
> **规模报酬不变**：所有投入要素的数量都以相同的比例增加，并导致产量也以相同的比例增加。

投入以同样的比例增长，实际产量也会以同样的比例增长。例如，如果劳动力与资本投入增长了两倍，那么实际产量也同样增长两倍。

假设规模报酬不变，技术水平已知，我们可以用人均概念表达人均总量生产函数。劳均产出（Y/N）依赖于资本劳均投入（K/N）或**劳动投资额**。数量关系可以由图 11 - 4 表示，也可以用下面的等式表示：

> **劳动投资额**：单个工人人均资本量；资本投入量与工人数量的比率。

$$Y/N = A(t)f(K/N) \tag{11.2}$$

有心的读者会注意到为了强调总量生产函数是以人均概念表达的，我们在等式（11.2）中用小写的 f 而不用等式（11.1）中的大写 F 表示。

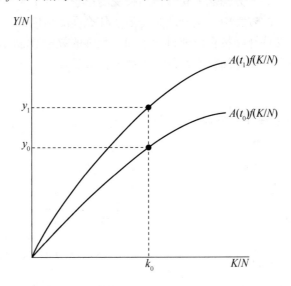

图 11 - 4　与劳均产出与资本劳均投入相关的总量生产函数

图 11 - 4 中描述的总量生产函数表示的是在某一特定时间段 t，技术水平已知，劳均产出（Y/N）与资本劳均投入（K/N）的数量关系。例如，某个时间 t_0，y_0 为其劳均产出（$Y/N = y$），可以计算出资本劳均投入 k_0（$K/N = k$）。总量生产函数斜线呈下降趋势倾斜，显示了为增加资本劳均投入数量而逐渐减少的收益增长。换句话说，增加资本劳均投入会导致劳均产出增加，但这种增长趋势呈不断下滑状态。最后很重要的一点是，科学技术随着时间推移而进步（例如，从 t_0 发展到 t_1），会使总量生产函数的曲线向上倾斜，即在资本劳均投入相同的情况下，使劳均产出增加。如图 11 - 4 所述，技术进步会使同等资本劳均投入 k_0 产生更高的劳均产出（y_1）。

□ 稳态

现在我们思考经济的长期均衡或由索洛发展的新古典主义模型里的稳态增长率。从等式（11.1）中可以看出，产出随着时间增长，既依赖技术进步，又依赖要素投入速度（资本存量与劳动力）。索洛增长模型中最重要的一个内容是经济在长期内保持稳定。只有在劳均产出与资本劳均投入保持不变的情况下，经济才能保持均衡，或稳态，简单地说，技术水平保持不变，产出（Y）、资本投入（K）与劳动力投入（N）以同等速度增长。

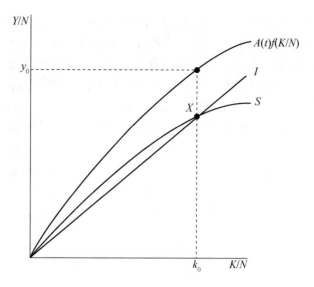

图 11 - 5　索洛增长模型的稳态

在图 11 - 5 中，劳均产出（y_0）与资本劳均投入（k_0）均保持不变，X 点代表长期稳态。稳态又是投资曲线（I）与储蓄曲线（S）的交点。沿着稳态投资曲线上的每一个点都表明了为了使把劳动力增长因素和由于折旧而带来的部分资本存量损耗因素考虑在内以后资本劳均投入的数量保持不变，单个工人所需要的投资。曲线向上延伸是因为劳动力增长（与折旧）速度加快，需要增加新工人的数量并更换折旧资本。储蓄曲线（S）显示人均储蓄与劳均生产函数曲线形状相似，这是因为在索洛模型中假设储蓄与收入是成比例的。资本劳均投入与劳均产出同时增加导致了人均储蓄的增加。假设所有储蓄流向投资，因此储蓄与实际投资一直相等，在包括商品市场上也会保持平衡。

在图 11 - 5 中资本劳均投入（k_0）的稳态在 X 点，及投资曲线（I）与储蓄曲线（S）的交点。图 11 - 5 揭示了如果资本劳均投入低于 k_0，人均储蓄就会多于保持资本劳均投入不变的需要，那么多余的储蓄会转化为资本，资本劳均投入会朝向 k_0 方向上升。反过来，如果资本劳均投入高于 k_0，那么人均储蓄则少于保持资本劳均投入不变的量，资本劳均投入则会朝向 k_0 下降的方向变动。在稳态中，投资（由储蓄决定的）在资本劳均投入方面的积极影响平衡了劳动力增长与折旧带来的消极影响。当资本劳均投入保持在 k_0 时，人均产出也保持在 y_0 不变。在这个简单例子中，产出（Y）、资本投入（K）与劳动力投入（N）以同样的增长率增长，所有的比率均保持不变，那么这种状态为稳态。

我们列出的模型能使我们审视一个国家的劳均产出与诸如储蓄率、劳动力增长率、技术进步率等因素之间的关系。我们首先考虑的是索洛增长模型的预测在国家储蓄率上涨之后发生的情况。假设经济初始状态是稳定的，资本与劳动力的增长速度相同，资本劳均投入保持稳定，这时的稳态投资曲线（I）与储蓄曲线（S_0）相交。在图 11 - 6 中初始状态在 X 点，即资本劳均投入 k_0 与人均产出 y_0 的交点。假设储蓄流入实际投资，储蓄率的上升会最终提高资本形成率。在劳动力增长率或技术进步率没有任何改变的条件下，资本形成率的上升会导致资本劳均投入的增加。根据图 11 - 6，储蓄率的上升将使储蓄曲线从 S_0 移动到 S_1，资本劳均投入也会由 k_0 上升到 k_1，直到经济又

在 Y 点上达到一个新的稳态。一旦经济从 X 点调整到 Y 点，则资本劳均投入或劳均产出将不会再增加。在新的稳态，资本劳均投入与劳均产出将保持不变。索洛模型预言，储蓄率较高的国家具有稳定的较高的资本劳均投入水平与较高的劳均产出水平，生活水平也比较高。然而此模型还预言，储蓄率的增长会导致经济短时期的快速增长（劳均产出从 y_0 到 y_1），这不会影响经济的长期平衡或稳定的增长率。一旦达到新的平衡，资本形成率与产出增长率将回到它们最初的水平，与劳动力增长率保持相同。

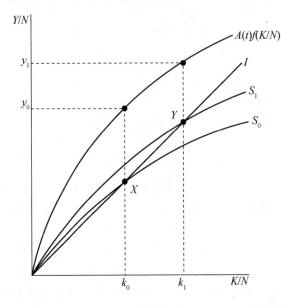

图 11 - 6　提高储蓄率对资本劳均投入与劳均产出的影响

我们最后简单地思考一下在索洛增长模型中，劳动力增长率变化（见图 11 - 7）与技术进步（见图 11 - 8）带来的影响。在图 11 - 7 中，经济最初位于储蓄曲线（S）与稳

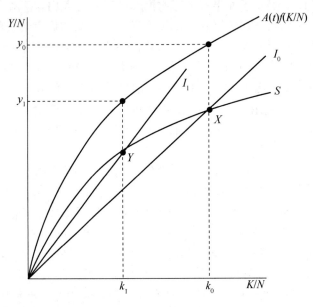

图 11 - 7　提高劳动力增长率对资本劳均投入与劳均产出的影响

态投资曲线（I_0）的交点 X，资本劳均投入 k_0 保持稳定，经济处于稳态。如果劳动力增长率上升，那么现有的劳均投入则增加，以保持资本劳均投入不变。换句话说，劳动力增长率的增加将导致稳态投资曲线 I_0 向 I_1 移动。在新的稳态 Y 点中，资本劳均投入水平（k_1）较低，导致了低水平的劳均产出（y_1）。索洛模型因此得出结果：劳动力增长率较高的国家拥有较低水平的资本劳均投入和低水平的劳均产出。

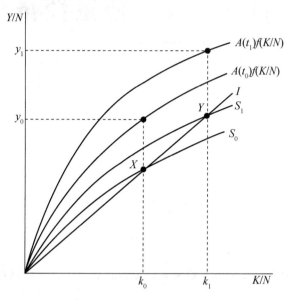

图 11-8　技术进步对资本劳均投入与劳均产出的影响

　　图 11-8 说明了技术进步对于资本劳均投入和劳均产出的影响。在图 11-8 中，经济最初位于储蓄曲线（S_0）与稳态投资曲线（I）的交点 X，处于稳态，资本劳均投入 k_0 也处在已知的稳态。如前所述，技术进步使总生产函数曲线由 $A(t_0) f(K/N)$ 移动到 $A(t_1) f(K/N)$，任何既定的资本劳均投入都会使劳均产出增加。由于假设劳均储蓄与劳均产出成比例，那么任意给定数量的资本劳均投入都会使储蓄曲线从 S_0 升至 S_1。最终新的储蓄曲线（S_1）与稳态投资曲线（I）的交点 Y 成为新的平衡点，资本劳均投入水平与劳均产出水平都达到更高的水平。在索洛模型中，不变的劳均产出只能由技术进步解释。索洛模型预测资本劳均投入与劳均产出在技术进步率相同的情况下保持稳态。

第 12 章

稳定经济

关键问题

● 为什么经济学家们在政府是否需要、是否能够、是否应该稳定经济的说法上有不同意见？

● 宏观经济政策到底应该任凭政府机构自由裁量还是以规则制度为基准执行？

● 政策制定者在执行稳定政策时的主要难题是什么？

12.1 引 言

在前面三章里，我们回顾了关于失业、通货膨胀、经济增长与商业周期的原因与适当政策的争论。鉴于我们讨论的性质，很明显，宏观经济学家对这些重要问题存在许多争议，所有这些问题都会对商业环境产生影响。本章的目的是结合第 9 章与第 11 章的主题，继续围绕**稳定政策**展开讨论。政府运用稳定政策通过影响总需求水平，力求产出与就业在充分就业或自然水平上下浮动。我们主要关注在特定的经济环境下，政府在执行宏观经济政策时，是可以灵活改变财政政策与货币政策的力度，还是应该按照规则执行财政政策与货币政策。

> **稳定政策：** 旨在通过影响总需求水平来稳定产出与就业，使它们达到或在充分就业或自然水平上下浮动的政策。

12.2 自由裁量政策与政策规则

在讨论稳定政策的各种可供选择的观点之前，我们首先需要强调自由裁量政策与政策规则的不同。

□ 自由裁量政策

自由裁量政策是政府为了达成既定目标，被授予的灵活改变财政政策和/或货币政策强度的权力。在调控经济运行的过程中，可以在下面两种情形下改变政策的强度：

- 频繁使用：为了保持产出与就业在充分就业或自然水平上下浮动，也称为"微调"。
- 偶尔使用：为了应对产出与就业与充分就业或自然水平出现巨大偏离的情况，也称为"粗调"。

□ 政策规则

相对而言，按照规则执行的政策是指，政府承诺遵照一套预定义的规则决定执行货币政策和/或财政政策。规则本身与经济环境的变化可能有关联，也可能并不相关。作为政策工具的**消极政策规则**，预定义的规则与普遍经济环境没有任何联系。例如，政府为了追求不变的货币增长率而实行的消极货币政策规则。无论处于怎样的经济状态，政府都会保持每年3%的货币增长率不变。

> 消极政策规则：与普遍经济环境不相关的、用于执行政策的一套预定义的规则。

积极政策规则是一种对经济状态有所反馈的政策工具。例如，一个积极的货币政策规则规定，如果失业率达到6%，则货币年增长率目标应设定为3%，但6%的失业率每上升（或下降）1%，则货币随之自动增长（或减少）1%。如果失业率上升到8%，货币增长率则上升至5%。反过来，如果失业率降低至4%，货币增长率则降低至1%。消极的与积极的政策规则都与政府执行预定义规则相关联，没有给予政府自由裁量权，以改变财政政策和/或货币政策的力度。

> 积极政策规则：为政策执行而预设的一套规则，与当前的经济状态相联系，也称为"反馈规则"。

正如我们将要讨论的，关于经济稳定政策的争论极度依赖于是否把经济看作内部不稳定、受制于频繁冲击而导致产出与就业低效波动，或者是否把经济看作自然的稳态。总而言之，那些同意前者观点的经济学家（如凯恩斯主义者），强调需要稳定政策，并且认为政府应该有权自由使用财政与货币政策，以缓冲经济冲击，保持产出与就业接近充分就业或自然水平。其他的经济学家（如货币主义者和新古典主义者）同意后者的观点，对稳定政策的需求提出质疑，并赞同规则大于自由裁量权。他们经常对因存在缺陷而导致产出与就业偏离自然水平的政策予以指责。

12.3　规则与自由裁量权之争：稳定政策的问题

□ 凯恩斯主义论

传统的凯恩斯主义者认为，经济内部是不稳定的，经历着频繁的冲击，导致产出与就业的低效波动。引起经济活动波动的不稳定根源在于总需求冲击。进一步说来，传统凯恩斯主义者认为，经济受制于这些干扰，不会很快恢复自身均衡，需要很长的时间恢复到接近充分就业与产出的状态。基于这些理念，凯恩斯主义者强调稳定政策的必要性。他们认为政府具备此种能力，并且应该运用自由裁量的财政政策与货币政策稳定经济。

第9章首次提到了运用凯恩斯模型能够解释怎样通过自由裁量政策采取行动，在经济受制于某种紧缩性总需求冲击和经济过热时的紧缩经济后，刺激经济复苏。在图12-1中，我们假设经济最初在充分就业水平的产出（Y_F）上运行。随后的某种紧缩性总需求冲击使总需求曲线由 AD_0 移动到 AD_1，如果依靠经济自身恢复则需要滞后一段时间才能到达 Y_1 下方。通过采取适当的纠正措施（即宽松的财政和/或货币政策），缓冲紧缩性冲击，促使总需求曲线从 AD_1 回到 AD_0，传统凯恩斯主义者认为政府能够稳定经济，达到或接近充分就业水平。另外一种情况是，经济可能会受制于扩张性总需求冲击，使总需求曲线由 AD_1 移动到 AD_0，由于总需求超过了充分就业产出水平上的国民收入，引起经济过热，其所导致的通货膨胀缺口已在图12-1中的箭头部分显示。此时则需要通货紧缩的财政政策和/或货币政策填补缺口，并缓冲扩张性冲击，使需求曲线由 AD_2 移动到 AD_0。

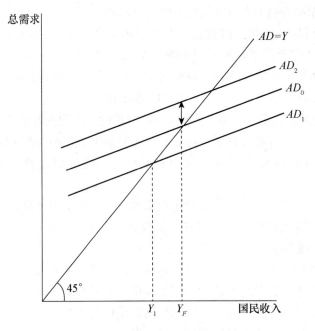

图 12-1 传统凯恩斯模型的稳定政策

在以上情形分析中，政府恰当地运用刺激或抑制政策，很明显，这是很重要的。思考前面经济经历紧缩性总需求冲击的例子，如果政府不能有效地刺激总需求，那么经济将在充分就业均衡下方徘徊。对比来看，如果政府过分刺激总需求，超出充分就业的范围，那么通货膨胀缺口将接踵而至。了解到潜在问题，传统的凯恩斯主义者认为政府能够也应该运用自由裁量的财政政策与货币政策，以稳定经济，达到或接近充分就业水平。在20世纪50年代和60年代，凯恩斯主义经济学被看做传统智慧，很多西方国家尝试采用自由裁量总需求的政策微调经济。然而，到了20世纪60年代末70年代初期，很多西方国家政府开始经历失业与通货膨胀的上升，这使一些经济学家质疑传统的凯恩斯主义经济学能否解决所谓的"滞胀"。

在讨论批评微调的自由裁量政策的货币主义者与新古典主义者观点的后续发展之前，我们需要提到新凯恩斯主义者的观点。新凯恩斯主义者对经济的看法有所不同，他们认为经济并非不稳定。然而，他们也讨论了经济确实要经历来自需求端与供给端双方的各种冲击，从而引起不良与效率低下的经济波动。由此，同传统凯恩斯主义者一道，新凯恩斯主义者承认稳定政策的必要性，且相信政府能够也应该运用自由裁量的总需求政策以稳定经济。然而与传统凯恩斯主义者不同，新凯恩斯主义者认为传统凯恩斯主义者对宏观经济的微调显得过于自信，相对来说，他们认为粗调经济却是可行的。特别是第 9 章提到的滞后效应为新凯恩斯主义者提供了强有力的证据，以证明政府应该在经济长期衰退的情况下刺激总需求。

政府对于 2008—2009 年经济衰退所采取的措施，很显然与新凯恩斯主义者的观点一致（参见第 9 章的专栏"将经济学运用到商务中"）。

□ 货币主义者观点

在 20 世纪 60 年代末 70 年代初，一股货币主义者的反革命思潮发展起来（在美国尤为著名），这股思潮也加入了一场关于稳定政策的持久争论中。如第 11 章所述，与凯恩斯主义者大相径庭，货币主义者相信除非受到不稳定的货币增长的干扰，经济内在是稳定的。进一步来说，他们认为当经济受制于一些干扰时，能够迅速恢复自身均衡，并快速回到产出与就业的自然水平周围。有了以上理论，货币主义者质疑涉及总需求管理方面的稳定政策的必要性。即使有这种需要，他们也认为自由裁量的财政政策与货币政策不能也不应该用于稳定政策。我们现在更加充分地考虑货币主义的案例与自由裁量政策。

挤出效应

货币主义者接受短期内财政政策可以用于影响就业与产出水平，他们称长期的财政扩张（例如政府增加支出）将会取代或排挤私营企业支出，因此实际收入保持自然水平不变。**挤出效应**为私营企业支出减少的部分即为政府支出增加的部分，因此长期的政府支出乘数为零。在货币主义者与凯恩斯主义者的观点比较中可以看出，通过乘数过程，政府支出的增加将导致由政府支出的某种原始变化引起的收入增加（例如乘数，见第 11 章的专栏"经济学反思"）。

> **挤出效应**：指政府支出增加所引起的私人消费或投资降低的效果。

很多原因被提出来解释挤出效应，其中两个足以说明原因。第一，为增加政府支出而进行的融资可能会直接导致挤出效应。即所谓的融资效应。思考下面通过提高政府债券销售量而增加政府支出的案例。为了引导公众购买更多的政府债券，新债券的利息将会上调。当拆入资金价格上升时，私营企业投资水平随着企业取消投资计划降低，它们需要在利率上升之前通过借贷融资。第二，挤出效应可能发生在由价格水平效应引起的**固定汇率**（见第 14 章）制度下的开放经济运营环境中。如果国内价格水平随着政府支出的增长而增长，那么在汇率固定制度下，出口产品与国外产品相比将失去竞争力；而进口产品与国内产品相比则更具竞争力（见 14 章）。换言之，政府支出的

> **固定汇率**：国家中央银行在外汇市场预先设定的外汇交易汇率。

增加将导致出口减少，进口增加。

税收改革

讨论财政政策时，到目前为止，我们仅考虑了货币主义者为什么强调长期增加政府支出将取代或排挤私营企业。下一步我们需要思考，为什么货币主义者质疑作为稳定经济的工具的税收改革可能产生的影响。对比凯恩斯主义者认为的消费支出依赖于本期收入的观点，米尔顿·弗里德曼辩称，消费支出依赖于人们期望的**永久**（长期、平均）**收入**。人们相信税收改革的影响会持续一到两年，对永久收入的影响可

> **永久收入**：未来一段时间内，人们期望得到的平均收入；也称正常收益和平均预期收益。

以忽略不计。结果是，暂时性的税收改革对消费的影响很小，而且对于稳定经济毫无用处。

最后转向货币政策，如第 10 章所述，货币主义者称自由裁量的货币政策也能够影响就业与产出，但其作用是短期的。在长期的经济运行中，货币政策只能决定名义变量及其变化率。

稳定政策的相关问题

如果财政政策与货币政策能够在短期内影响就业与产出，为什么货币主义者反对自由裁量政策呢？总结起来，货币主义者认为由于很多问题都与稳定政策有关（包括时滞、预测误差及不确定性），政府应该避免在短期内通过自由使用总需求管理政策稳定经济，以防弊大于利。已知存在时滞，我们首先分析自由裁量政策是如何动摇的。在讨论实行稳定政策的时滞时，通常分为内部时滞与外部时滞。

货币主义者认为时滞令稳定政策变得危险。内部时滞指的是一项政策开始发生改变所需要的时间，例如减税或增加货币。内部时滞由两部分组成：认知时滞与决策时滞。认知时滞是从经济受到干扰或打击时到政府意识到需要采取某种措施补救的时间差。货币政策与财政政策的认知时滞是一样的。决策时滞是从政府意识到需要采取某种措施开始到实际计划、执行、修正政策的时间差。与认知时滞不同的是，财政政策和货币政策的决策时滞是不同的。在美国，财政政策的决策时滞要长于货币政策的决策时滞。由美国联邦储备体系掌管的货币政策可以很快执行，但是大多数财政政策的改变需要获得国会两院与立法程序的支持，有时这个过程艰难而缓慢。英国政府只要能在议会上赢得大多数支持，就能通过立法程序改变财政政策，相对美国更加快速。

一旦政策改革得到执行，我们就到了外部时滞的阶段。外部时滞指的是最初发起政策改革到改革切实影响经济的时间差。与内部时滞不同，外部时滞属于分布时滞，政策改革对经济的影响随着时间展开。一项政策发生变化，如减税、改变货币供给，都不会立即改变就业与支出，它的影响一般持续几个阶段。外部时滞的时长会因不同的因素（如，政策改革执行时的经济状况、私营企业对政策变化的应对、是否在执行财政政策和货币政策改革）影响而有所不同。在后面的例子中，例如普遍认为货币政策具有相当长时间的外部时滞。货币政策通过利率变化而产生作用，从而影响经济中的投资支出。已知很多企业将预先计划新的投资，它们对利率变化反应缓慢，也许会长达数月时间。由于内部时滞与财政政策（尤其在美国）、货币政策的外部时滞变化及时长相关（见第 11 章），因此货币主义者辩称任何使用自由裁量的货币和/或财政政策稳定经济的做法都可能会对经济有害而无益。图 12-2 可以很好地说明此种可能性。

图 12-2 描绘了最初产出位于充分就业或自然水平（$\overline{Y}$）的状态。在时间 t_0 内，经济受到干扰，使产出减少，低于 $\overline{Y}$。然而已知内部时滞，直到时间 t_1，政府才确定执行经济扩张政策，随后是政策最初改革的外部时滞，于时间 t_2 开始影响经济。没有自由裁量的稳定政策，产出将于 t_3 时返回 $\overline{Y}$ 状态。应用了自由裁量政策稳定经济，产出则高出充分就业或自然水平。在 t_4 时间内，政府启动紧缩性政策，再次于一段时间之后干预经济。由于稳定政策，产出于时间 t_5 内下降，低于充分就业或自然水平。从中可以看出，在这个例子中，由于存在时滞，稳定政策使经济产生了动摇，结果导致了产出更加严重的波动。如果政府不使用自由裁量政策干预经济，可能会是另一种结果。

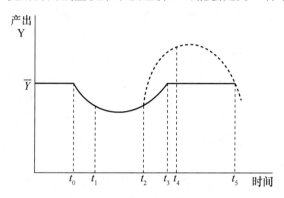

图 12-2 时滞和稳定政策

除了时滞的问题外，短期财政方面的政策乘数的大小、货币政策与自然失业率的精确值这三者的不确定性都可能使自由裁量政策发生动摇。在后面的例子中，已知长期菲利普斯曲线是垂直的，任何通过自由裁量总需求政策使失业率保持在自然率之下的方法都会加速通货膨胀的进程（见第 10 章）。结果是，货币主义者提出自由裁量总需求政策应该由货币规则的形式取代。最后，值得注意的趣事是，一些货币主义者辩称他们的立场是，政策最好通过规则来执行，而不是通过自由裁量。这样可以防止投机政客运用自由裁量权操控经济，为自己捞取政治利益。

□ 新古典主义观

20 世纪 70 年代见证了新古典主义方法研究宏观经济学的发展过程，它对传统的凯恩斯主义总需求政策能否用于提升总体经济表现和稳定经济提出了质疑。

下面是宏观经济的新古典主义模型的三个主要原则：

- 理性预期；
- 假设所有市场持续出清；
- 卢卡斯意外供给函数。

理性预期 假设经济机构充分利用现有信息——包括当前的政策与前瞻性政策——对变量的未来值进行预测或预期。例如，如果经济人相信通货膨胀率是由

> **理性预期**：假定人们在有效利用一切信息的前提下，预测未来的一种研究方法。

货币扩张决定的，他们会充分利用一切关于货币扩张率的公共信息形成对通货膨胀率的未来值的预期。卢卡斯意外供给函数阐述的是只有在实际价格偏离预期值的时候，产出

才会偏离自然水平。如第 11 章中所讨论的，由于不完全信息产生的价格意外变化缺失时，产出将停留在自然水平。理性预期假设、持续市场出清假设与卢卡斯意外供给函数结合在一起，产生了宏观经济政策很多重要的内容。下面我们列出既与新古典主义研究方法相关、又与稳定政策的讨论相关的三项真知灼见，即：

- 政策失效命题；
- 自由裁量政策的时间不一致性；
- 卢卡斯对传统的政策评估方法的批评。

政策失效命题

与货币主义者观点一致，新古典主义者相信经济内部是稳定的，当其受制于某种干扰时，会很快恢复到产出与就业的自然状态。这两种理论中，当干扰的主要来源是货币冲击时，根据新古典主义理论的观点，只有不可预见的货币冲击会在短期内（见第 11 章）影响就业与产出。进而，理性的经济人会对总需求冲击做出迅速的回应，并在很短的时间内保持经济的长期均衡。不仅稳定政策完全没有必要，即使政府也不能在短期内通过制定系统的总需求政策影响就业与产出。20 世纪 70 年代中期，首先由托马斯·萨金特和尼尔·沃伦斯提出的**政策失效命题**指出，预期的货币政策将完全失效。这个命题也暗含了只有政府随机、任意执行的政策才会产生实际影响，因为这不在理性经济人的预期之中。然而，这样的政策只能在增加接近自然水平的就业与产出的变量的同时，增加经济的不确定性。政策失效命题给新古典主义者提供了有力的论据支持规则，反对自由裁量的政策。

> **政策失效命题**：货币政策的预期变化对就业与产出毫无影响的命题。

时间不一致性

20 世纪 70 年代中期，芬·基德兰德与爱德华·普雷斯科特（共同获得 2004 年诺贝尔经济学奖）在关于政策的时间不一致性的问题上，在选择固定规则而不是自由裁量权的案例中，提供了另一种说法。在一些情况下，为了影响私人决策者的预期，政府或许会宣布制定特定政策或行动方案。然而，一旦私人决策者回应了宣布的政策，政府可能会违背之前的政策。**时间不一致性**描述了私人决策者根据公布的政策做出调整，但此政策遭遇了只在今日是最佳选择，却在接下来的时间里并非最佳选择的尴尬境遇。时间不一致性可以由一个简单的例子解释：

> **时间不一致性**：私人决策者根据政策制定者宣布的政策做出调整后发现，实际政策与公布的政策相偏离的现象。

为了鼓励学生努力学习，讲师宣布他的课程以难度很大的考试结束，当学生们以努力学习回应时，讲师却为避免花费时间编写试题而取消了考试。

在宏观经济学理论中，时间不一致性最好的例子就是菲利普斯曲线关于通货膨胀与失业之间的权衡。在第 10 章我们已经讨论过附加预期的菲利普斯曲线，当失业处于自然水平时，长期的菲利普斯曲线是垂直的，而每一条短期菲利普斯曲线都与不同的预期通货膨胀率相关。例如，随着预期通货膨胀率的下降，短期菲利普斯曲线将向右下方倾斜，因此对于任意已知的失业率，通货膨胀率将会比通货膨胀预期更低。

在图 12-3 中，假设经济最初在 A 点运营，通货膨胀率为 4%，失业处在自然率（U_N）水平。现在假设政府要降低通货膨胀率至 0，把 B 点移向长期菲利普斯曲线（LRPC）。为了降低工人与企业的通货膨胀预期，政府宣布实行紧缩性货币政策，然而

商务经济学（第二版）

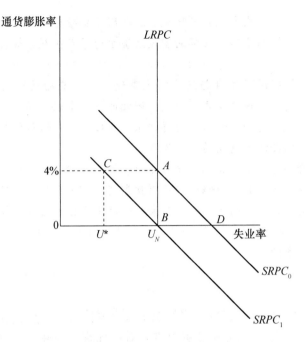

图 12 - 3　时间不一致性问题

一旦工人与企业降低了通货膨胀预期，短期菲利普斯曲线就会从 $SRPC_0$ 下降至 $SRPC_1$，政府对之前宣布的政策会食言或欺骗大众而执行扩张性货币政策，以减少失业。通过运用自由裁量权，参与货币刺激，政府能够创造一个"通货膨胀惊喜"，使 C 向 $SRPC_1$ 移动。然而 C 点只是暂时的，因为失业率（U^*）低于自然率（U_N），而且实际的通货膨胀率比预期的严重。由于理性经济人向上修订了通货膨胀预期，使短期菲利普斯曲线从 $SRPC_1$ 移动到 $SRPC_0$，经济则由于通货膨胀偏差的影响返回到 $LRPC$ 上的 A 点。只要存在政府拥有自由裁量权的情况，就会存在欺骗的动机，政府宣布的政策的公信力也会大大削弱。意识到政府可能会言行不一，工人与企业很可能不再相信政府宣布的政策。在政府宣布的紧缩性货币政策缺乏信誉的情况下，企业不会下调它们对通货膨胀的预期。如果政府切实执行了宣布的政策，失业率则高出自然率；即沿着 $SRPC_0$，从 A 点移动到 D 点。

通过分析，我们讨论过的内容暗含着：如果取消政府的自由裁量权，并承诺制定固定的货币增长率规则，那么很有可能提高经济绩效。在这种情况下，政策将被视为可靠的，经济机构也会降低通货膨胀预期，使低通货膨胀、低失业率的政策成为可能。政府被授予自由裁量权执行货币政策的过程，使一些经济学家提倡由独立于政府之外的中央银行担负起反通货膨胀政策的责任，而通货膨胀偏差也就在此时露出端倪。在下面的专栏"经济学反思"中，我们讨论了中央银行的独立性与通货膨胀表现。

▶ **经济学反思**

中央银行的独立性与通货膨胀表现

从 20 世纪 30 年代到 80 年代，发达国家中的很多经济学家开始了关于中央银行独立性与宏观经济运行之间内在联系的研究。这些研究总结为两个主要成果：

● 第一，中央银行独立性与实际的宏观经济运行毫无关联，如在平均失业率与实际产出增加方面。

● 第二，中央银行的独立性与通货膨胀表现呈现明显的反比关系。中央银行越独立，越与更低、更稳定的通货膨胀有力地紧密相连。一个国家的中央银行越独立——如美国、瑞士、德国——会经历越低的通货膨胀；相反，中央银行的独立性越低——如西班牙、意大利——则会经历更高的通货膨胀。

谨记以上结论还可以帮助我们建立对货币政策的信心。近年来，很多国家给予中央银行很高程度的独立性。如 20 世纪 90 年代初期新西兰中央银行的运行，同时被给予更多的自主权与责任。在后面的案例中，如果新西兰中央银行行长不能实现预定的低通货膨胀目标，那么他/她将下台。有趣的是，自从给予自主权（与责任），新西兰已经达到了更低的通货膨胀率的目标。

卢卡斯批评

在 1976 年，新古典主义经济学家的领军人物罗伯特·卢卡斯（1995 年诺贝尔经济学奖得主）对传统政策评估提出了更为严厉的批评，被称为**"卢卡斯批评"**。为了理解卢卡斯批评的意义，我们首先必须简单解释宏观经济学模型在预测与刺激政策变化效应方面扮演的角色。宏观经济学模型是把经济作为一个整体，用一组方程来描述。模型参数的估计值，如边际消费倾向，本身基于以往行为。一旦建立，宏观经济学模型不仅能提供宏观经济的关键变量（如产出、失业、通货膨胀）的未来趋势，还能研究这些变量在不同政策变化影响下产生的效应。然而卢卡斯论称，传统宏观经济学模型无法用于预测政策变化的结果，因为这样的模型参数可能会在应对政策变化的过程中，随着经济机构预期与行动的调整而发生变化。

> **卢卡斯批评**：论证了政策变化时，由于未把人们预期与行为可能发生的变化列入考虑范围内，使传统的政策评估产生了误导。

卢卡斯批评的一个实例关系到理性预期在决定减少通货膨胀产出与就业成本时所扮演的角色。根据新古典主义理论观点，如果政策变化是可信的，货币紧缩的产出与就业成本将不存在或可以忽略不计。如果政府宣布降低货币扩张速度，且宣布的政策是可信的，理性经济人会很快降低通货膨胀预期，同样，他们也会预期货币紧缩对通货膨胀率的影响（见第 10 章）。新古典主义者宣称，为减少通货膨胀而对产出与就业成本进行的传统估计是不准确的，因为它没有把经济人应对政策变化时调整预期与措施的因素考虑在内。传统方法与**适应性预期**结合，经济人仅通过近期的变量值，就能够形成对未来变量值的预期。例如，经济机构预期的通货膨胀仅由过去的通货膨胀决定，不会因为政策的变化而有所改变。由于卢卡斯批

> **适应性预期**：假设人们对一种变量未来值的预期，仅基于对该变量近期观察的一种研究方法。

评的影响，新古典主义经济学家论称，传统的政策评估方法过高估计了降低通货膨胀的产出与就业成本。总的说来，卢卡斯批评对政策变化对于宏观经济主要变量影响的传统评估方式的可信度产生了质疑。

货币主义者与新古典主义者不仅对稳定政策的必要性提出质疑，他们还对政府是否能够通过运用自由裁量政策干预手段稳定产出与就业存在疑虑。20 世纪 80 年代，一种与经济波动的实际商业周期研究方法联系在一起的更为激进的观点浮出水面。如第 11 章所讨论的，根据这种研究方法，经济波动是对经济的供给冲击的最佳回应。按照实际商业周期的观点，货币因素无法解释产出与就业波动，货币政策也无法影响短期或长期的实际变量。对于财政政策，此理论的追随者认为政府不应该通过稳定政策减少经济波动，因为如果税收与支出破坏由工人与企业选择的最佳数量，则会给经济带来很大弊端。简言之，实际商业周期观认为，在通过传统总需求政策稳定产出与就业波动方面，政府不扮演任何角色。

12.4　稳定经济方面的观点变化

从本章及第 8～11 章的内容来看，可以很明显看出，第二次世界大战之后，由于宏观经济问题与看待宏观经济的角度发生变化，政策制定者对稳定经济的态度也发生了变化。20 世纪 50 年代和 60 年代，西方国家政府寻求控制总需求——通过频繁改变财政政策立场与小幅度的货币政策调整——为了稳定产出和使就业处于或接近充分就业水平。这种政策反应以凯恩斯的宏观经济学观点为依据，受凯恩斯主义理论支配，且相信政策制定者能够成功调整该国经济。

20 世纪 70 年代，当逐渐高涨的通货膨胀与失业（滞胀）出现后，政策制定者不得不把注意力集中在通货膨胀的控制上。由于最著名的以米尔顿·弗里德曼（1976 年诺贝尔经济学奖得主）为代表的货币主义者提出的诸多论据以及新古典主义经济学家发展的宏观经济学，政策制定者开始把宏观经济政策的焦点从总需求管理转向总供给管理，以达成经济增长与就业目标，并强调货币政策在稳定的低通货膨胀方面扮演的角色。与此同时，人们更加关注在实行财政政策与货币政策时，政府应该运用自由裁量权还是应该遵循规则。

例如英国，从 1997 年——托尼·布莱尔领导下的"新工党"政府开始执政——直到最近的 2008—2009 年开始的金融危机和一系列的衰退，政府的宏观经济框架可以描述为"有限制的相机抉择"。

1997 年后期，英国执行的财政政策受到了两个条件的制约：

● 黄金法则，在整个经济周期中，政府致力于借款仅限于投资，而非用于当前支出。

● 可持续投资规则，整个经济循环中，公共部门债务应维持在"节俭"水平，保持低于 GDP 的 40%。

布莱尔政府也引入了一项新的货币政策框架，即给予英格兰银行更大的自由度，此政策框架的主要特点为：

● 通货膨胀目标——目前的 2%——由政府制定。此通货膨胀目标具有对称性，意味着偏离目标之上或之下都是不能接受的。

- 英格兰银行自主经营。这样使货币政策委员会（MCP）设定自认为可以满足政府通货膨胀目标的利率水平。

- 公开信系统。一旦通货膨胀偏离 2% 的通货膨胀目标，向上或者向下浮动 1%，英格兰银行行长要代表货币政策委员会致信英国财政大臣解释为何通货膨胀目标没有实现，并打算采取何种措施使通货膨胀回归正轨。

货币政策框架的理论基础为：

- 物价稳定是获得经济与就业高水平、稳定增长的前提条件。

- 长期来看，无法权衡通货膨胀与失业。

对于 2008—2009 年的经济衰退，财政规则被搁置。正如第 8 章、第 9 章讨论过的——在戈登·布朗领导下的工党政府通过扩张性的财政政策和货币政策减轻经济衰退——政策响应被很多时事评论者描述为凯恩斯经济学的复苏。财政方面，例如政府借款以筹措资金支付额外支出，达到了史无前例的水平。2010 年，由大卫·卡梅伦领导下的保守党和自由民主党成立联合政府，宣布了一项赤字减缩计划，包括了下一年度 6 亿英镑的缩减计划。现今脆弱的经济复苏（失业超过 250 万人）是否受到收紧财政政策的打击，让我们拭目以待。

12.5　结束语

在本章，我们罗列了关于稳定政策观点的各种争论。两个主要的观点为：第一，传统凯恩斯主义者与新凯恩斯主义者认为，政府需要、能够并且应该运用总需求政策稳定经济。即使在今天，大部分凯恩斯主义经济学家认为长期菲利普斯曲线是垂直的，基于以下层面，他们认为自由裁量权能够稳定经济：其一，受制于某种冲击或波动的经济，恢复失业率到自然水平需要一段时间；其二，识别并应对定期打击经济的主要冲击的潜在能力。

第二个观点由货币主义者与新古典主义者持有，他们认为，涉及总需求管理的稳定政策不必要存在，任何情况下，自由裁量的财政与货币政策都不能也不应该用于稳定经济。两个经济学家阵营划清了界限。宏观经济学关于稳定政策的争论还会持续下去，不会停止。

总　结

- 一个关键问题将宏观经济学家区分开来，即政府是否需要、能够且应该通过影响总需求水平稳定经济，使其处在或接近产出的充分就业或自然水平。

- 自由裁量权是政府在其认为的合适的时间里，通过任意方式划分财政和/或货币政策强度。相反，政府可以承诺遵循一套预定义的规则决定执行财政和/或货币政策。规则与之前的经济环境可以相关，也可以无关。

- 关于稳定政策的争论，严格来说，依赖于是否把经济看作内在不稳定或自然稳定的整体。而传统凯恩斯主义者与新凯恩斯主义者皆同意前者，并论称稳定政策十分必要。新凯恩斯主义者认为对微调经济的态度过于自信，提倡粗调经济。
- 货币主义者与新古典主义者确信经济内在是稳定的，并质疑涉及总需求管理的稳定政策的必要性。他们强调与稳定政策相关的一系列问题，大部分很明显与时滞有关。货币主义者论称，自由裁量政策可能使现实更糟，并提出自由裁量的总需求政策应该由某些货币规则取代。新古典主义者支持规则，反对自由裁量权，是基于对政策失效、时间不一致性与卢卡斯批评的洞察。
- 在实际商业周期研究方法中，稳定政策不扮演任何角色。

关键术语

- 自由裁量政策
- 微调和粗调
- 政策规则
- 通货膨胀缺口
- 挤出效应
- 内部时滞和外部时滞

- 理性预期
- 政策失效
- 时间不一致性
- 宏观经济学模型
- 卢卡斯批评

问题讨论

1. 粗调与微调的区别是什么？哪一个是更实际的选择？
2. 为什么经济学家们在政府是否需要、能够、应该稳定经济的问题上存在分歧？
3. 政策制定者在执行稳定政策时，遇到的主要困难是什么？
4. 与财政政策和货币政策相关的主要时滞有哪些？为什么时滞使政策干预经济活动产生了不稳定效应？
5. 为什么货币主义者质疑政府为长期影响经济活动，使用政府支出和税收作为工具时发生的变化？
6. 利率改变将如何影响企业？
7. "时间不一致性"是什么意思？为什么不一致性暗示了如果政府失去自由裁量权将会提高经济表现？
8. 宏观经济政策应该由政府自由裁量权实施，还是以规则为基准？

推荐阅读

保罗·克鲁格曼，现任美国普林斯顿大学经济学与国际事务学院教授，由于他对

"经济格局与经济活动区位"研究的突出贡献，于 2008 年获得诺贝尔经济学奖。除学术研究外，他为经济学发展做出的贡献影响很大。克鲁格曼数年致力于为经济学开创更广泛的视野，把自己的观点呈现给经济学家们。自 1999 年以来，他成为《纽约时报》专栏评论员，以个人角度，通俗且生动地评论当今经济存在的问题，把经济问题带到更广阔的公众视野内。他的思想发人深省，但也常常存在争议，使他同时拥有了众多拥趸与批评者。他的博客网址为 http://krugman. blogs. nytimes. com。

博客中的一篇文章推荐大家阅读，即克鲁格曼于 2009 年在《纽约时报》上发表的一篇文章《经济学家们是怎样犯错的?》，也可以通过网址：www. nytimes. com/2009/09/06/magzine/06Economic-t. html 搜索。在该文中，他讨论了宏观经济学状况，批评建构新古典主义经济学，并且恳求重返凯恩斯主义经济学对于击退经济衰退与经济萧条方面的措施的研究。读过这篇文章，请思考以下问题。

1. 为什么美国的经济学家有时会划分为"盐水"与"淡水"两个阵营？

2. 是什么引导"淡水"经济学家们——这一章与整篇文章所指的——分别于 1995 年和 2004 年获得了诺贝尔经济学奖？

3. 什么观点——特别是关于市场如何运作与市场内的机构如何运营——使"淡水"经济学家们具有自己的特点？

4. 奥巴马总统是如何应对金融危机的？其原因有哪些？

5. 作为 2008—2009 年经济衰退的直接结果，宏观经济的哪种观点再次兴起？

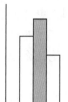

第13章

国际贸易

关键问题

- 为什么国家之间进行贸易往来？
- 是否所有国家在贸易中都能获利？
- 1945 年以后，贸易格局发生了哪些变化？
- 1945 年以后，贸易政策是如何展开的？

13.1 引 言

简单来说，国际贸易就是跨越国界扩展市场的过程：在其他国家市场出售或购买商品与服务。讨论国际贸易伊始，思考下面三个基本问题很有帮助：

- 除了对国内市场的经济活动具有约束力外，贸易还有什么优势？
- 贸易的经济基础是什么？
- 贸易是否总能使买卖双方共同获利，或者在贸易过程中是否对一些经济主体产生了潜在不利因素？

□ 贸易的优势

国际贸易最明显的优势是，它为一些国人无法享受到的商品与服务开启了一扇窗。例如德国人难以生产或购买到热带水果，同时也享受不到热带海滩带来的休闲，除非通过贸易往来；德国经济与德国生产要素无法满足这些产品的生产，因此他们必须通过国际贸易满足自己的需要。更重要的是，有些国家本国的资源几乎不能满足基本物质资料的生产。例如，很多国家的小麦基本上依靠进口。然而，贸易的消费动因并不仅仅局限于本国经济无法充分生产的问题。越来越多的工业化国家相互出售本国产品，例如，法国汽车销往英国，而英国产的汽车同样在法国销售。有些英国人更加偏爱法国汽车，而法国也有很多人中意英国汽车。这种对舶来品的喜爱超过本土产品的现象，可能只是反映了个人喜好的不同，但也可能是出于价格与质量的考虑。无论什么原因，国际贸易使我们消费时的选择多样化，这是自给自足无法比拟的。

如果贸易为消费提供了新的机遇，那么对生产又有怎样的影响？很明显，销售到国外的商品与服务为其生产者带来了收入，解决了就业。我们也看到，第二次世界大战后的二十几年中，发达的工业化国家同工业化进程较快的环太平洋国家，如韩国及最近的中国，一道享有较快的经济增长速度。这些国家有自身的发展基础，至少参与了部分国际贸易。国际市场的成功与国内经济发展速度有着密切的联系，或许"出口导向型经济增长"就是最好的表述。当然，贸易也在全球范围内提供技术和原材料。世界上即使有也只有很少的国家能够在原材料或科技方面达到自给自足，而贸易为自然资源、创造性及别国生产能力的获取提供了重要的渠道，使这些要素可以完全投入生产之中。

□ 贸易的经济基础

简单地回顾了国际贸易的优势以后，我们现在介绍经济原理部分。首先，我们从和英国古典经济学者亚当·斯密（1723—1790）与大卫·李嘉图（1772—1823）有关的专业化和交易的观点开始。

1776 年亚当·斯密的《国富论》出版，他论证了劳动分工能够带来更高的生产效率。他的著名的大头针事例证明，一组工人每个人都掌握特定技能，他们不仅精通这些技能，而且彼此互为补充，集合在一起的生产效率要超过单个人掌握所有大头针制作技巧的生产效率。换句话说，承担的任务越少，就越不容易出错。斯密声称，这个理论适用于个人，也适用于国家。国家应该把经济活动范围限制在最适合它们的范围之内。并通过国际贸易获得它们想要的、但没法生产或选择不去生产的商品和服务。

斯密也为**自由贸易**提供了理论基础，即自由贸易应该不受政府的监管与干预。他论证了个人自由地参与对他们有利的交易，因此，交易越多，所获得的利益越大。在国际层面，同样的道理也适用：交易量越大，从事贸易的人获得的利益就越大。因此，应该允许贸易不受限制地发展。注意，**国际分工**与自由贸易的论点之间存在互为支撑的关联。在自由开放的国际经济中，各国将受到激励，使生产要素以最好的方式结合，不遗余力地推动本国生产的专业化。

> **自由贸易**：政府在国际市场商品与服务交易中，不发挥作用。
> **国际分工**：国与国之间商品与服务的专业化模式。

李嘉图对此问题的研究做出了贡献，他在 1817 年出版的《政治经济学及赋税原理》一书中指出，不只是经济发展达到某种程度的国家，所有国家都能在分工及交易中获利。在此种情况下，把一般情况混淆为自由贸易是站不住脚的。我们重温了李嘉图著名的**比较优势**理论，这是他的理论核心，见下面的 13.2 节。

> **比较优势**：如果一个国家在本国生产一种产品的机会成本（用其他产品来衡量）低于在其他国家生产该产品的机会成本，则这个国家在生产该种产品上就拥有比较优势。

□ 贸易的负面影响

斯密与李嘉图发展的自由贸易理论已经成为当代正统经济学说的基石，但这并不是说国际贸易不存在弊端，或者没有人提倡要对贸易进行管理。在本章后面部分我们将提供一些国家间国际分工随着时间发生变化的事例。在这种情况下，长期拥有专门技术从事特定产品生产的国家，可以从新近出现的竞争对手中脱颖而出。

面对这种情况，对于专业化竞争力很强的国际分工，新兴的缺乏竞争力的国家可以抽离生产要素，重新分配，保留或开发新的竞争优势。然而重新配置资源，理论上能够以顺利、及时的方式进行，但现实情况却大相径庭，可能会引起产业破产和人员失业，削弱竞争力。这是因为在新行业中，资本的再投资与劳动力的再就业的机会出现缓慢，不足以弥补先前产业的衰退。这种调整问题需要政府**保护**国内产业，使其避免与国际上的自由贸易竞争。我们将在本章 13.5 节中审视这一立场的当代有效性。

> **保护主义**：对自由贸易原则的妥协。通常情况下，政府实行保护主义政策，使本国产业免受国外竞争的伤害。

13.2 比较优势理论

李嘉图的比较优势理论提出，所有国家在生产商品与服务方面，相对其他国家都具有特定优势。这意味着，每个国家都能够从专业化与贸易中获利。一国经济与其邻国相比先进或落后并不重要：每个国家总能找到适合自己生产的产品。

同斯密的著作一样，李嘉图的经济著作一经出版，就对当时风靡一时的国际贸易哲学——重商主义提出了尖锐的批评。重商主义者认为，国家富强的最重要因素是金银的积累。金银确实是财富的象征，但它也可以用于资助战争。积累金银的关键在于强有力的出口业绩（通过国际贸易收入，使流入的金银最大化）与进口管制，使金银外流最小化。重商主义者辩称，国家有责任执行政策增加出口，保护国内工业免受进口渗透。两种手段都是为了积累国家财富。这也使重商主义成为深刻的干涉主义哲学。最后，在重商主义者的观念中，国际贸易仅能吸引一种国家：那些一致遵循侵略性保护贸易政策的净出口国，它们累积财富并蓬勃发展。对比看来，对外贸易不成功的国家，倾向于失去财富，使经济衰退。

李嘉图认为强大的国家开辟海外市场，是以弱国为代价的论调是完全错误的。他认为，在重商主义者的观念中并无经济强国弱国之分：所有国家在生产某种商品或提供服务方面都具有某种比较优势。在李嘉图的研究中，与以往的研究相比，真正引人瞩目之处在于他认为国际贸易不再是强国排挤弱国的"零和博弈"。相反，贸易是"正和博弈"，确实有提高参与国生产与消费的可能性，使所有参与国的经济状况都得到改善。

一个简单的例子就可以最好地解释比较优势理论。我们从确定两个国家开始：德国与乌克兰。每个国家使用现有资源可以生产出两种产品：照相机与啤酒。我们假设生产可能性如表 13-1 所示：如果德国将所有资源配置于生产照相机或啤酒，在给定的时间内，能够分别生产 2 000 万台照相机或 2 000 万单位啤酒，或数量介于这两者之间的其他组合。同样，乌克兰能够生产 500 万台照相机或 1 500 万单位啤酒，或数量介于这两者之间的其他组合。表 13-1 显示了两个国家两种产品可能的产量，简化一下，假设规模报酬不变。

表 13-1　　　　　　　　　　　　　假设的生产可能性

		照相机		啤酒
德国	⟶	2 000 万台	或者	2 000 万单位
乌克兰	⟶	500 万台	或者	1 500 万单位

现在我们可以用其他产品来表达一种产品的机会成本。回顾一下，机会成本是指为了获得另一种产品一定的产量增长而必须放弃的一种产品的数量。在德国的例子中可以看到，如生产 1 台照相机的机会成本是 1 单位啤酒（2 000 万台相机"等价于"2 000 万单位啤酒；2 000 万/2 000 万=1）。因此，如果想多生产 100 万台照相机（即照相机的产量从 1 000 万台上升到 1 100 万台），必须放弃 100 万单位啤酒的生产（即啤酒的产量从 1 000 万单位下降到 900 万单位）。然而在乌克兰，多生产 1 台照相机所放弃的啤酒的产量更多，机会成本也就更高。因为乌克兰最多能生产 500 万台照相机或者生产 1 500 万单位啤酒，因此在乌克兰 1 台照相机的机会成本为 3 单位啤酒（1 500 万/500 万=3）。如果多生产 100 万台照相机（即照相机的产量从 400 万台提高到 500 万台），必须牺牲 300 万单位的啤酒（即啤酒的产量从 300 万单位下降到 0）。

相对于乌克兰，德国生产照相机的机会成本比啤酒的机会成本更低。换句话说，德国与乌克兰相比，在照相机生产方面具有比较优势。另外，很显然乌克兰在啤酒生产方面相对于德国具有比较优势。在德国，多生产 1 单位啤酒就要少生产 1 台照相机，但是在乌克兰，额外生产 3 单位啤酒才会损失 1 台照相机（即生产 1 单位啤酒，失去 1/3 台照相机）。在比较优势术语中，相对于德国，乌克兰在啤酒生产方面具有较低的机会成本；即与德国相比，乌克兰在啤酒生产方面具有比较优势（见图 13-1）。

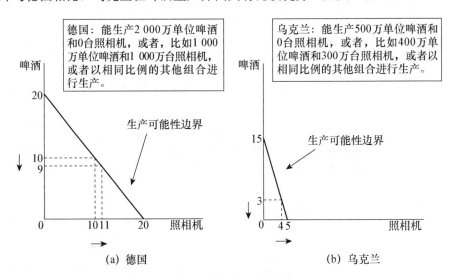

图 13-1　生产可能性边界

不同的机会成本暗示了两个国家专业化的不同范围。德国只生产照相机似乎要比生产啤酒更合适。而在乌克兰，情况正好相反。每个国家都应生产相对其他国家具有比较优势（即以最低机会成本生产）的产品。现在，我们需要证明德国与乌克兰之间的贸易可以使两国互利互惠。

首先考虑德国。假设德国只生产照相机。2 000 万台中的一部分希望可以换取乌克兰的啤酒。关键在于外汇比价需要达成一致。我们知道在德国得到 1 单位啤酒的"价格"为 1 台照相机。如果德国能说服乌克兰以 1 台照相机换取 1 单位啤酒，那么代表德国可以获取巨大利益。问题是，乌克兰能否接受此报价。

在乌克兰，生产 1 台照相机的机会成本是 3 单位啤酒，如果德国提出用 2 单位的啤酒换取 1 台照相机，对乌克兰来说完全可以接受。对只生产啤酒（即 1 500 万单位啤酒）的乌克兰来说，用部分啤酒换取照相机十分有利。需要注意的是，照相机和啤酒的国际外汇比价（或价格）与两国国内通用的外汇比价有所不同。

表 13 - 2 总结了两种产品任意划分产量的情况下，两个国家自给自足的情况。注意，这种情况下的照相机与啤酒的总产量水平为 1 900 万台照相机与 800 万单位啤酒。

表 13 - 2　　　　　　　　　　　　德国与乌克兰均自给自足

	生产与消费	
	照相机（万台）	啤酒（万单位）
德国	1 500	500
乌克兰	400	300
"世界"自给自足产量	1 900	800

我们现在思考两个国家实行完全专业化分工。两种产品的外汇比价为 2 单位啤酒换取 1 台照相机。为了方便解说，交易量是任意确定的。结果如表 13 - 3 所示，从这里可以看到，两个国家在此过程中均能受益。在德国，照相机的消费保持在同等自给自足的水平，但是啤酒消费已经从 500 万单位增加了一倍至 1 000 万单位。在乌克兰，照相机的消费增加了 100 万台，啤酒消费增加了 200 万单位。世界照相机与啤酒消费各自增加了 100 万台和 700 万单位。

表 13 - 3　　　　　　　　　　　　专业化与贸易

	生产	出口		进口	消费
德国	2 000 万台照相机	500 万台照相机	⟷	1 000 万单位啤酒	1 500 万台照相机；1 000 万单位啤酒
乌克兰	2 000 万单位啤酒	1 000 万单位啤酒	⟷	500 万台照相机	500 万台照相机；500 万单位啤酒
贸易之后的"世界"产出与消费⟶					2 000 万台照相机；2 000 万单位啤酒

很明显，专业化分工与贸易确实提高了两国的消费水平。李嘉图对重商主义观念（国家贸易获利是通过牺牲对手来实现的）的批评显然是正确的。同样地，李嘉图关于自由贸易的案例也很容易在现实中找到。同时也要注意，在我们的例子中，德国同时生

产的两种产品的数量均多于乌克兰。即，德国拥有两种产品生产的**绝对优势**。亚当·斯密最初认为，在两国同时具备某种产品生产的绝对优势时才会产生贸易，

李嘉图最大的贡献在于，他表明了能够产生贸易的重要评判标准是比较优势，而非绝对优势。现在，由于每个国家都拥有比较优势，因此每个国家都能在国际贸易中获益。这意味着似乎所有国家都对自由贸易感兴趣，但结果却恰恰相反，重商主义者推崇的贸易保护主义观可能会破坏经济总体状况。

13.3 比较优势的反思：贸易理论的进一步发展

比较优势的基本理论非常明确：管理国际经济的最佳方式是允许分工专业化与繁荣贸易往来。还有一些我们描述的规则所不能回答的问题：

- 在李嘉图的观点中，无论自由贸易进程是怎样的，都没有问题吗？
- 什么因素决定了一个国家的比较优势？
- 我们如何使李嘉图的专业化理论同事实上很多国家生产同一种产品（如曾经举过的关于汽车的例子）达成一致，并使它们在彼此国家的市场上出售？

□ 自由贸易进程问题

对于第一个问题，李嘉图理论中的案例认为，每个国家作为一个整体，贸易不存在威胁，只提供机会。然而，李嘉图自己也意识到，在国际经济中的某些团体中，自由贸易也会引起一些问题。他特别指出 1815 年的拿破仑战争结束时，自由贸易可能会使英国地主阶级受到损失（李嘉图的书出版于 1817 年）。战争提高了英国食品价格，使生产食品的地主受益匪浅。由于自由贸易会使英国打开市场，进口更便宜的外国食品，地主们支持政府出面，对国内的食品市场施以保护政策。然而英国的第二大利益集团——制造业新贵——需要自由的贸易环境，使其从开放的海外市场获利。李嘉图所建议的妥协是用制造业在自由贸易中的获利补贴失利的地主阶级。以此方法可以克服贸易产生的内部矛盾，并且能够保障巨大的利润。我们将在本章后面部分对自由贸易存在的潜在问题做进一步的探讨。

□ 比较优势的决定因素是什么？

比较优势的源头在哪里？在最初构想中，李嘉图强调了劳动生产率是决定一个国家专业化的关键。加工某一产品的劳动生产率越高，该产品的机会成本就越低。回到我们最初的例子（表 13-1 与图 13-1 的总结），如果德国照相机工业生产率提高了 5 倍，那么照相机产量则由之前的 2 000 万台上升到 1 亿台。假设德国啤酒工业的条件保持不变。之前的每台照相机的机会成本为 1 单位啤酒。现在已知照相机工业的生产率，那么每台照相机的价值只相当于 1/5 单位的啤酒。如果乌克兰仍然愿意进行以 1 台照相机换取 2 单位啤酒的交易，那么，德国照相机产量的增加为德国在这场交易获得更多的利益打下了基础。德国在本国内部仅用 1/5 单位啤酒的代价就能换取 1 台照相机（替代之前

1 单位啤酒换取 1 台照相机），但是在国际市场上仍可以以 1 台照相机换取 2 单位啤酒；而且照相机的产量一直在增加。

虽然比较优势的观点是现代国际贸易的理论精华，但李嘉图对劳动生产率是比较优势（唯一）源头的论述就没有那么受欢迎了。特别是，鉴于若干生产要素的存在，对于只用唯一的要素解释贸易格局的做法提出质疑也是合乎情理的。对于这一问题的关注最终的结果是，20 世纪 20 年代，以瑞典理论发起者命名的**赫克歇尔-俄林模型**，推进了国际贸易理论的进一步的发展。其理论创始人伊莱•赫克歇尔（1879—1952）与贝蒂尔•俄林（1899—1979）于 1977 年共同获得了诺贝尔经济学奖。

赫克歇尔-俄林模型：一种研究国际贸易的方法，认为一个国家的比较优势将反映其生产要素的具体禀赋。

赫克歇尔-俄林模型假设一个国家的比较优势将反映生产的某种要素禀赋。由于全球范围内生产要素的不平均分布，专业化及交易得以建立。例如，土壤肥沃的国家会在农产品生产中获利；劳动力相对丰富的国家从事劳动密集型产品的生产与服务会有利可图。

这种研究方法的优点在于，它的期望值很明显与现实世界一般贸易模式一致。"土壤肥沃"国家，如新西兰与巴西的生产，倾向开发自然资源，而有些国家如日本，自然资源贫乏，但是资本（以先进技术的工厂与机器形式）相对丰富，以制造业为专长。不幸的是，尽管赫克歇尔-俄林模型似乎拥有现实主义的印记，但是它的形式构造只考虑两种生产要素的需要，而不是微观经济学理论确认的四个。这两种考虑的要素为劳动力与资本。尽管做了这样的简化，但此模型仍然被认为是以李嘉图理论为基础的发展。

1947 年赫克歇尔-俄林模型的核心假设接受了诺贝尔经济学奖得主、经济学家华西里•列昂惕夫（1906—1999）著名的实证测试。使用美国经济的模型，列昂惕夫期望能够证明以资本密集型产品专长的美国，出口也同样是资本密集型的。由于美国是世界上科学技术最发达的国家，因此这是一个合理的假设。然而列昂惕夫的研究结果却与预期恰恰相反。他的研究表明，美国是一个劳动密集型产品出口国，又是资本密集型产品进口国；换句话说，美国没有充分利用本国资源专业化生产产品。由于赫克歇尔-俄林模型由明显偶然的实验性证据支撑，关系到前文提到的国际分工的种类，经济学家包括列昂惕夫本人都不愿解除模型，他的研究成果随后被称为**列昂惕夫悖论**。

列昂惕夫悖论：指在经济学家列昂惕夫的研究成果中，对于美国经济，根据赫克歇尔-俄林模型并没有得出先前预想的结论。

直觉上可信赖的模型与明显的自相矛盾的实证性证据之间的僵局，随后引起了大量的分析，以求调和两者的矛盾。普遍接受的说法确认，比较优势的根源一定要比资本与劳动力因素更为复杂。例如，列昂惕夫认为这个结果可以由美国拥有质量更高的劳动力来解释。这种解释随后成为众所周知的人力资本论，依赖于发达经济体内为了使本国劳动力比别国更有生产率，而对教育与培训进行更多的投入。美国的劳动密集型工业的专业化，正如列昂惕夫的发现，能够由丰富且高质量的劳动力因素解释。从这一意义上来说，不存在悖论：只是比较优势的理论基础确实比赫克歇尔-俄林模型结构复杂得多。当代经济学中，由于模型本身考虑到李嘉图的理论基础，因此保留着正统的贸易理论的核心内容。

□ 为什么国家的专业化程度达不到比较优势的预期？

第三个问题反思了比较优势，我们举出现实世界贸易复杂性的一则更深层次的实例。李嘉图在最初的构想中讨论了各个国家专门生产某种产品，以便在贸易中换取各种本国不能或不愿生产的产品，这被称为**产业间贸易**。赫克歇尔-俄林模型与此理论相比，稍显复杂。当然，世界不是那么简单，国与国之间很大比例的贸易是生产并交易同一种产品。如前文提到的，在这一点上，汽车工业非常明显。李嘉图的专业化和交易理论中，几乎没有提及这个问题：越来越多的国家生产汽车，并彼此出售。国家间出售相同产品的现象被称为**产业内贸易**，这种贸易在战后迅速增加，并促进了贸易理论的新发展。

> **产业间贸易**：指的是国与国之间生产、交易不同种类的商品与服务。
>
> **产业内贸易**：指国家间越来越倾向于生产同种产品，提供同类服务。

尽管起初产业内贸易的增长似乎会破坏强调专业化发展模式的传统的李嘉图理论，但事实上并非如此。一些同时期的贸易理论认为，李嘉图非常严格划分的"A国生产产品X，B国生产产品Y，两国间进行贸易"越来越过时，但它们依然很尊崇比较优势的本质：不同形式的生产将在不同的地方越来越有效地实行。因为每个地方的经济属性不同，一地适合生产（适合的）一种产品，而另一地适合其他的（合适的）产品是有道理的。

□ **产品生命周期理论**

李嘉图的理论成为很多国际贸易理论发展的基础。其中**产品生命周期理论**一方面描述了新产品从投放市场、成熟、被认知的轨迹，另一方面涉及生产区域。我们以汽车为例，运用此理论进行解说。汽车在发明之初，其生产的地理位置受到了很多因素的限制。首先，作为新的昂贵产品，它的市场相当狭窄，它的顾客要比较富有。其次，技术方面的复杂性要求技术熟练的劳动力。最后，新的汽车制造商也许会从彼此接近的同行身上获取好处：或者是共享信息资源，或者仅仅是"盯牢对手"。所有因素结合起来，意味着汽车生产厂家局限在某些经济发达的地区。

> **产品生命周期理论**：指商品随时间发展的过程。主要经历了形成、成长、成熟、衰退这样的周期。产品具有不同的国际生产区域，因此划分成不同的贸易格局。

最终，汽车成为成熟的商品，汽车的形式不再是实验性与变化性的，而是正式的与稳定的。生产方式也发生了变化：引入生产流水线之后，半熟练工人，甚至没有任何技能的工人都可以在生产流水线上生产大量的汽车产品。相比之下，技术熟练的工人显得没有那么优秀了。这种利用规模经济的大批量生产使制造汽车的工人也能够买得起汽车。最后，在大型而成熟的汽车市场，汽车制造商在价格方面的竞争比生产最初阶段时更为激烈。新情况意味着生产的地域因素变得更加灵活，过去那种将投资限制在发达地区的要求已不复存在，实际上，寻找新地点以降低成本，确实能够给投资者带来正效益。

以上程式化分析使我们注意到**比较优势转移**有利于一种产品从创新阶段向成熟阶段移动。起初，由于某种因素——如熟练工人的劳动力成本——很重要，生产必须停留在创新地区，对于汽车产业来说，这些

> **比较优势转移**：比较优势会随着时间发生变化。某些国家会因为不同产品比较优势的变化各有得失。

地区为发达的工业化国家。之后，当其他因素的重要性大于产品成熟性时，更广泛的产业布局则更为有利，且生产区域可以包含欠发达国家地区。更笼统地说，上面的分析使我们了解了一些产业内贸易增长的原因。如果产品生命周期理论可以运用到更多的消费品上，那么可以设想一个高度复杂的（如现实世界中存在的）贸易格局。这个贸易格局体现了不同产品在随着生产迁移并出口到新的合适地点的过程中从创新阶段到成熟阶段的一系列变化。然而，我们再一次在李嘉图的比较优势理论中找到了"地理恰当性"的核心思想。

□ 国际贸易的新理论

对国际贸易理解方面，最近一次创新来自诺贝尔经济学奖获得者保罗·克鲁格曼。这种所谓的国际贸易新理论基于实体经济显而易见的两个特征：大企业由于规模经济，能够以低成本生产；消费者具有广泛的品位与偏好。新贸易理论的主要特征在于，它预测了产业内贸易，而非李嘉图模型的国家专业化模式。

克鲁格曼的研究方法以第 5 章介绍的垄断框架或不完全竞争为中心内容。如前所述，不完全竞争市场的主要特点在于，不同企业生产的产品是有区别的：如啤酒，它可以有喜力、嘉士伯或百威等品牌。由于产品在一定程度上是独一无二的，企业具有一定的市场势力，即制定价格的权力，而非接受市场统一定价。这可能是由于实体经济的另一个显著特征的缘故——消费者的不同品位：你可能喜欢喜力，而我则更爱嘉士伯。这些啤酒商因此可以在定价时存在差异。因为它们了解，在某种意义上，消费者的品牌忠诚度不会轻易妥协。

在不同经济类型中，具有竞争力的垄断企业面临国际贸易时会有怎样的变化？克鲁格曼模型中一个引人注意的观点是：这些企业面对国际贸易时，无论经济的特点是什么，答案都是一样的。依据对李嘉图理论改进的赫克歇尔-俄林模型，不同企业也许拥有不同的要素禀赋，或许拥有特定的资源、采用尖端的技术。无论哪种可能性，随着贸易的发展，所有企业都享有权利进入更大、竞争激烈的国际市场，在那里，它们有可能成功，也有可能失败。在这样的环境下繁荣发展的企业会更大更强，并享受规模经济，从而使其产品的价格更低廉。现今消费者可以在国际市场中获得低价与更多的选择。会有失败者吗？当然会有。在激烈竞争中失败的企业，不得不一步步放弃市场，直至破产——这是资本主义制度下对失败最常见的惩罚方式。

新国际贸易理论对很多市场内的产业内贸易理论提供了非常合理的解释。再次思考汽车市场，几十年前的英国只有几家汽车制造商：奥斯汀、莫里斯、希尔曼、亨伯河、捷豹，现在都已经销声匿迹。这些公司多多少少在开放的欧洲汽车市场中难以和德国、法国、意大利、瑞士、美国、日本的汽车制造商竞争。因此英国国有汽车制造产业成为产业内贸易的受害者。当然，英国市场仍然有外商独资的汽车产业：本田、日产、福特、沃克斯豪尔、印度捷豹。它们向欧洲及其他地区的出口对英国的汽车产业内贸易做出了贡献。图 13－2 描述了自 1998 年以来，英国的汽车贸易状况。有两点需要注意：第一，产业内贸易的纯粹程度，例如 2008 年，英国出口了价值 155 亿英镑的汽车，而进口了价值 195 亿英镑的汽车。第二，把这个时间段看做一个整体，那么英国在汽车贸易中经历的是贸易逆差。在第 14 章中，我们将研究有关贸易逆差的一些理论。

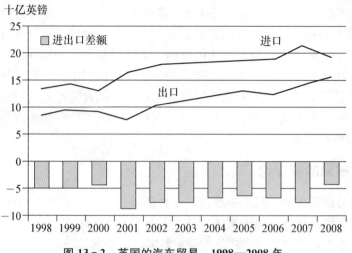

十亿英镑

图 13 - 2　英国的汽车贸易，1998—2008 年

13.4　1945 年以来的贸易格局

之前我们提到，第二次世界大战结束后，国际贸易便迅速发展起来。在本节中，我们将简要介绍其发展过程，并展示其经济重要性。与此同时，我们也会描述不同阶段里贸易格局发生的显著变化。

表 13 - 4 说明了贸易与经济增长之间的积极联系：贸易拓展的年均速度越快，世界产量的增长速度就越快。从表中很明显看出，一方面，贸易增长相对迟缓的阶段，如 1913—1950 年，产量的增长率也相应降低。另一方面，快速的贸易增长通常与快速的产出增长相适应。实际上，这两个变量之间的关系是不确定的，但是为商品与服务打开了新的、更大的国际市场后，激励了企业增加产量水平。

表 13 - 4　　　世界产出与贸易，1820—2009 年（年均百分比变化）

	产出	贸易
1820—1870	2.2	4
1870—1913	2.5	3.9
1913—1950	1.99	1
1950—1973	4.9	8.6
1971—1980	4	5
1981—1990	3.4	4.7
1991—2000	3.1	6.1
2000—2009[a]	3.4	4

a. 2008 年与 2009 年的数据是估算值。

资料来源：P. Armstrong, A. Glyn and J. Harrison, *Capitalism Since 1945*（Oxford：Basil Blackwell, 1991）；WTO and IMF.

在第 8 章中，我们描述了 1945—1970 年间的战后繁荣期：大多数经济发达国家都经历了前所未有的经济发展速度，在这段时期内，充分就业与低通货膨胀率并存。表 13 - 4 显示了世界贸易的增长为这个"黄金时代"做出的突出贡献。在 1950—1970 年间，贸易以年均 8.6％ 的速度增长：是以往各时期的两倍以上；而产量的增长率为 4.9％，大约是最好时期产出的两倍。然而，从表中我们还可以看出，自从 20 世纪 70 年代初开始，贸易增长的速度越缓慢，世界产量下滑的趋势就越明显，这也在意料之中。最明显的是 2008—2009 年的经济衰退，2009 年，世界贸易下滑了超过 10 个百分点，而世界产量也下降了 0.6 个百分点。

如果世界贸易在战后阶段以迅速但不均衡的速度扩张，那么哪些国家才是这个过程最大的参与者呢？表 13-5 总结了自 1948 年以来的世界商品出口份额。一个国家的出口业绩才是衡量该国在国际市场是否具有竞争力的最终指标。从该表最后两行可以看出，首先，1948—1993 年间，发达国家的总体出口份额相对平稳，所占百分比在 66.4％～76.3％ 之间变动，但是在 2007 年却下降至 61.6％。然而，相对较少的欧洲、北美发达国家仍然占有世界多数商品的出口，说明即使流传着很多发展中国家在贸易过程中成功的传说，但发达国家依然享有国际贸易的既定利益。发展中国家的出口份额于 1973 年达到了 20.2％ 的最低点，然后于 2007 年缓慢增长至 34.7％。

表 13-5 主要描述了不同地区的经济群体在国际经济中的出口业绩。下面的描述会与以上的介绍有所重复。北美与西欧（仅就发达国家而言）在过去 10 年的出口份额都有轻微下滑。然而，长期来看，剩下的其他各个地区经济体之间的出口业绩有着明显的不同。首先看一下在贸易过程中最成功的参与者，如亚洲国家和地区，设法使出口总份额从 1973 年的 15.2％ 增加到 2007 年的 27.9％。已知过去的 30 年中，世界总体贸易增长（与第二次世界大战后的繁荣阶段相比）呈下滑趋势，海外市场竞争日益激烈，那么对于亚洲国家来说，这是个不小的成就。

表 13-5 世界一些国家和地区的商品出口，1948—2007 年（％）

	1948	1953	1963	1973	1983	1993	2003	2007
世界	100	100	100	100	100	100	100	100
北美洲	28.1	24.8	19.9	17.3	16.8	18	15.8	13.6
美国	21.7	18.8	14.9	12.3	11.2	12.6	9.8	8.5
加拿大	5.5	5.2	4.3	4.6	4.2	4	3.7	3.1
墨西哥	0.9	0.7	0.6	0.4	1.4	1.4	2.2	2
拉丁美洲	11.3	9.7	6.4	4.3	4.4	3	3	3.7
欧洲	35.1	39.4	47.8	50.9	43.5	45.4	46	42.4
德国	1.4	5.3	9.3	11.7	9.2	10.3	10.2	9.7
法国	3.4	4.8	5.2	6.3	5.2	6	5.3	4.1
英国	11.3	9	7.8	5.1	5	4.9	4.1	3.3
苏联/独联体（1993 年开始）	2.2	3.5	4.6	3.7	5	1.5	2.6	3.7
非洲	7.3	6.5	5.7	4.8	4.5	2.5	2.4	3.1
中东	2	2.7	3.2	4.1	6.8	3.5	4.1	5.6
亚洲	14	13.4	12.6	15.2	19.1	26.1	26.1	27.9
中国	0.9	1.2	1.3	1	1.2	2.5	5.9	8.9
日本	0.4	1.5	3.5	6.4	8	9.9	6.4	5.2
东亚贸易六成员[a]	3.4	3	2.4	3.4	5.8	9.7	9.6	9.3
发展中国家	31.4	28.3	22.6	20.2	26.8	25.2	30.3	34.7
发达国家	66.4	68.2	72.9	76.3	68.2	73.3	67.1	61.6

a. 指中国香港、马来西亚、韩国、新加坡、中国台湾和泰国。

资料来源：WTO World Trade Report，2007.

在亚洲经济体中，日本 1963—1993 年的出口份额占有最大比重。1993 年一年的出口额就占了世界总出口额的 10% 左右，一跃成为仅次于美国、德国的世界第三大出口国。之后，由于"东亚贸易六成员"——中国香港、马来西亚、韩国、新加坡、中国台湾、泰国——的崛起，日本作为亚洲出口领军国家的地位受到挑战，近期引起瞩目的国家是中国。

自从 1973 年以来，东亚贸易六成员的世界出口份额已经增加了近三倍，这些经济体在打开外国市场方面所获得的成就，促使它们的经济不断增长，发展速度超过了任何一个成熟的发达工业化国家，例如在 1983—2007 年间，六个经济体的实际年均经济增长率是 6.3%。而同期的美国与欧盟分别为 3.3% 与 2.4%。

中国对世界市场的爆炸性影响更具有戏剧性。在 1983 年，其世界商品出口份额大约是美国份额的十分之一。此后，中国出口份额增长了近七倍。在 21 世纪头十年的中期超过了美国，据当时的报道称，中国成为世界上仅次于德国的世界第二大出口国。

怎样解释亚洲经济体的出口贸易份额出现空前的现代扩张呢？答案就在李嘉图的比较优势转移的论述中。几个这样的经济体设法摆脱这种只对其他国家有益且经营多年的分工格局，使它们能够跻身于崭新的、蓬勃发展的世界市场。特别对于像韩国这样的经济体，它们需要重新分配资源，实现从最初的初级商品生产（鞋袜类和原材料）到基本制成品生产的转变。这或许因为新兴工业化国家（NIC）生产某些产品的效率要高于发达国家。如利用低廉的劳动力成本，NIC 开始经营一系列的劳动密集型产业，这样在世界市场中，可以占尽价格优势。更加富有争议的是，NIC 也会保护本国新兴的产业免于国际竞争。此问题会在后面详细探讨。之后，韩国与其他国家先进的生产力也能够生产更复杂的产品，从某种意义上来说，它们可以简单地被划分为工业化——而非新兴工业化——经济体。2009 年，韩国在世界出口商品国家的排名中位列第 9 名，排在第 10 名的英国之前。中国的发展路线与韩国一致，但是考虑到其经济规模（世界第二大国家、拥有全球五分之一的人口），中国经济的增长速度已经非常快了，且势头强劲。

表 13-5 中其他地区近期的出口份额大部分都有所下降。但这种情况最近因大宗商品价格的剧增而有所改善。在第 2 章，我们回顾了第三次石油危机的影响，伴随着原材料（如铜、锡）价格的急剧上涨与食品（如小麦、大米）价格的上涨，石油价格在 2005 年之后急剧飙升。这种情形——部分原因是需求驱动（而且中国本身作为消费品买方做出了突出的贡献）——推升了商品依赖地区，如非洲、拉丁美洲与 CIS（独联体）的出口额。最后，中东地区出口份额周期性涨落非常明显，这仅是石油价格的中期路径反映。

我们已经分析了在国际贸易总额中，货物贸易约占 75%；服务贸易约占剩下的 25%。表 13-6 为世界领先商业服务贸易出口国家及地区排名。表中显示，英国排名第 2；高于其货物出口第 10 的排名。这彰显了英国在国际市场中，提供金融服务的长久实力。简言之，英国在提供金融服务方面具有毫无疑问的比较优势。另外，中国排名第 5，1997 年排名第 16；另一发展迅速的发展中国家印度，1997 年没能进入前第 20，2009 年排名第 12。这些例子说明，长期占尽竞争优势的老牌资本主义国家在商业服务贸易领域如同货物贸易一样，面临着挑战。

表 13 - 6　　　　　　　　　　2009 年世界商业服务贸易出口排名

排名	国家/地区	出口额（十亿美元）	份额百分比（％）
1	美国	470	14.2
2	英国	240	7.2
3	德国	215	6.5
4	法国	140	4.2
5	中国	129	3.9
6	日本	124	3.8
7	西班牙	122	3.7
8	意大利	101	3
9	爱尔兰	95	2.9
10	荷兰	92	2.8
11	中国香港	86	2.6
12	印度	86	2.6
13	比利时	75	2.3
14	新加坡	74	2.2
15	瑞士	68	2.1
16	瑞典	60	1.8
17	卢森堡	60	1.8
18	加拿大	57	1.7
19	韩国	56	1.7
20	丹麦	55	1.7

资料来源：International Trade Statistics 2010，Table 1.10，Courtesy of WTO.

　　我们现在了解了国际贸易分布：我们已知哪些国家与地区对于国际贸易乐在其中，哪些国家与地区占有的国际贸易份额迅速增长。但是对于贸易格局，我们又了解多少：哪些国家与地区间的贸易往来最频繁？显而易见，世界经济带有沉重的区域内贸易过程的特点。在 2008 年，北美、欧洲、亚洲的内部贸易约占全球贸易的一半；而这些区域之间的贸易仅占 20％左右。拉丁美洲、独联体、非洲与中东内部贸易的规模较小，每一地区内部贸易约占（或小于）世界总贸易的 1％。非洲尤其明显，2008 年，非洲内部贸易订单额为 530 亿美元，但是与欧洲的贸易额为 4 040 亿美元，约为其内部贸易的 8 倍。

13.5　国际贸易政策

　　基于目前本章所提供的理论与论据，贸易政策对于所有国家来说应该是相对无争议的。由于它允许资源配置在最具生产力用途的方面，连同产量最大化与更广泛的消费选择一道，自由的、不受限制的贸易应该因此成为最受欢迎的选择。这是正统经济学所认可的。然而所有国家也的确采取了各种形式的保护主义措施。20 世纪 70 年代后期，保护主义比两次世界大战以后的任何时期都盛行。一个很明显的问题是：如果自由贸易可以使双方互利，为什么要采取保护措施？

□ 理解保护主义

理解贸易政策最有效的方法是使用制度主义经济学的理论框架。本书第5章在厂商理论的讨论中第一次介绍了此学派的著作。在第5章，我们描述了制度主义强调的重点——在J. K. 加尔布雷斯（1908—2006）的文章中找到的例证——是资本主义经济的进化与发展。非常简单，这种理论提出，由于世界经济并非处于同等发展水平，因此需要不同政策促进经济的发展繁荣。依据贸易政策看来，有些国家在特定阶段需要采取一定的保护措施。

在发展这种观点时，加尔布雷斯引用了早期制度主义者、斯密与李嘉图的批评人德国经济学家弗里德里希·李斯特（1789—1846）的观点。李斯特于19世纪上半叶倡导德国实行保护主义。他所关心的问题反映了国际经济发展的不同阶段。他担心具有强大工业基础、工业更为先进的英国抑制德国新兴工业的发展。除非与德国更强大的竞争对手英国绝缘，否则德国经济作为一个整体将会陷入困窘。这种隔离可以通过**关税**保护实现，即提高英国进口商品的价格。然而，一旦德国的工业化趋于成熟，就可以与英国处于平等竞争地位，德国实行自由贸易机制的时机也就到了。这里最重要的一点是，一种经济体采用的贸易政策必须与其经济的发展阶段相适应，随着经济逐步成熟，贸易政策也将改变。这种观点显然与之前斯密与李嘉图提出的自由贸易理论不一致，李斯特最令人难忘之处在于，他从德国经济角度谴责了自由贸易，被人喻为"英国球拍"。

> **关税：**针对国际贸易中进口商品的税收。进口商品征税后，以高价卖给国内顾客，用以减少进口需求。

如加尔布雷斯所述，这些观点使李斯特成为幼稚产业保护理论的先驱。在这种情况下，保护政策为国内幼稚产业提供了缓冲时间，直到其发展足够成熟并实现自给自足，能够生存并完全独立发展。回忆我们最近提及的，几十年前东亚对新兴工业化国家（如韩国）新兴产业的保护政策。下面的专栏中包含了近期的中国贸易政策实例，该实例以**幼稚产业论**为理论基础。中国是世界上经济发展最快的国家之一，是美国、欧洲与亚洲移动电话制造商的重要市场。然而，中国政府有信心发展国内移动电话产业，出于此目的，中国的国内与国外的移动电话制造商都要执行生产配额制度。这很明显是给国内优秀企业发展空间，待其发展成熟，再与国外企业竞争。

> **幼稚产业论：**国内处于发展初期的产业需要受到保护，而免于与国外成熟竞争对手竞争，直到国内产业发展到一定规模或足够专业，才与国外竞争对手公开竞争。
>
> **生产配额：**一种产业产品的数量限制。

▶ 将经济学运用到商务中

中国的移动电话产业与幼稚产业保护

中国是世界上最大的移动电话制造商，同时也拥有世界上最多的人口——大约13亿人。以下是中国当前面临的两个重要问题：

- 中国移动电话的生产量与国外跨国公司生产量的比例是多少？

● 中国制造商真的乐意与他人"公平"分享自己如此庞大的市场吗？

20 世纪 90 年代末期以来，中国政府就一直在思考这些问题。中国政府决定对国内与国外移动电话制造商实行配额制，意在鼓励中国企业的发展。

假设通过限制国外巨头公司的产量，如诺基亚（芬兰）、摩托罗拉（美国）、三星（韩国），中国政府可以为国内获得批准企业的发展"创造空间"——经典的幼稚产业保护法。

政府的意愿是国内企业于 21 世纪初占领国内大约一半市场，而不是当时不到 5％ 的市场份额。并宣布对国内企业发展发放国家补贴。

2007 年，在此项举措实行 9 年之后，生产配额被取消。那么这一切是如何实现的？中国企业获得了市场的半壁江山了吗？外国企业能够自由生产被严格限制的产品吗？最重要的是，享受幼稚产业保护政策过后，中国企业有能力与国外企业竞争了吗？

这些问题的答案如下：

● 到 2008 年，在移动电话产业中，中国企业已经牢牢掌握了近 30％ 的生产份额，小部分企业增长显著。

● 虽然主要的国外制造商的移动电话产量持续增加，但生产份额下降到略高于 70％。

● 分析人士的预期是更大的中国制造商规模经济、产品创新与积极营销能够帮助中国在目前畅通无阻的市场中繁荣发展。

然而，对于中国的移动电话小生产厂家来说，前途不够明朗。在幼稚产业保护阶段，政府限制国内部分企业的潜在产量，致使一些企业通过黑市销售产品。这也意味着，这些产品在某种程度上具备竞争力。这些企业的交易合法化则会使行业竞争更为激烈。

中国的幼稚产业保护政策是否成功？我们预计不到不实施该政策会发生什么，但可以确定，政府希望占领一半市场的目标还没有实现，但与初期的不足 5％ 的市场占有率相比，30％ 的占有率已经更上一层楼了。另外，一些国内企业似乎可以站稳脚跟，立足开拓更大的国内市场，但实际上它们还有一段很长的路要走。

尽管幼稚产业保护论在 19 世纪由英国带领的多国经济工业化进程中得到广泛传播，但仍脱离不了当代经济的大讨论。发达国家的利益集团认为，对国内易受强烈威胁的产业实行临时保护恰好是贸易政策的一种明智形式，这确实是一种奇怪的讽刺。比较优势转变的概念又一次与本章相关。

之前我们注意到，新兴工业化国家经济成功的基础是能够与发达国家在新兴制造业的世界市场上一争高下。更加激烈的竞争环境促使发达国家考虑失业、收入及利润。作为例证，我们简单回顾第 1 章首次讨论的问题：欧盟对从中国与越南进口的鞋子征收关税，关税即对贸易中商品征收的税收。欧盟预期分别征收 16.5％ 与 10％ 的关税，抬高了从这些国家进口的鞋子的价格。关税从 2006 年开始征收，计划延续至 2011 年。但是为什么单单列出中国与越南？欧盟的解释是这两个国家人为压低价格进行**倾销**，与欧盟鞋类生产厂家展开不公平竞争。

> **倾销**：出口国外市场的商品价格低于国内正常价格。

但是还有第 1 章没有提及的第二层含义。这关系到欧洲鞋类产业的弱点在于比较优势已经发生了改变。问题在于鞋类生产的本质及生产效率最高的地点。鞋类的生产属于劳动密集型产业——自然需要原材料与机器，但更需要人工剪裁与缝合技术；这些技术要求不高，但机器很难操作。这意味着劳动力成本是至关重要考虑的因素。由于中国与越南劳动力价格相对欧洲很低廉，因此前者鞋类产业的效率高于后者。

有一个关于鞋类行业的经济状况发生变化的例子，即英国鞋类制造商克拉克近期的案例。这家鞋类制造商曾经在英国 15 个工厂加工生产；而现在产品大部分来源于东亚，也许你已经猜到了，来自中国与越南。具有讽刺意味的是，欧盟对鞋类的关税反而加在英国企业的头上。这当然不是欧盟的初衷，它们的目的是保护欧盟区域内，与意大利、葡萄牙有雇佣关系的鞋类产业最后的阵地。而这种雇佣关系在它们自己看来却是不公平的竞争。

到目前为止，保护主义论调似乎很强势。为了新生幼稚产业的成熟发展，在一段时间内使其不完全暴露在竞争环境中，似乎是无可非议的；而且当某些企业经历不公平竞争（如倾销）时，也可以申请保护政策。但是这又使自由贸易面对怎样的"铁板一块"呢？

我们可以通过反思战后阶段世界自由贸易政策发展史进一步剖析这个问题。战后有两个阶段：《关税及贸易总协定》（GATT）（1947—1994 年）与其后续团体——世界贸易组织（WTO）（1995 年至今）。

□ 国际贸易政策机构：从 GATT 到 WTO

GATT 最早出现在战后初期的几年中，是当时 23 个签约成员间作为保证关税减让和防止出现新关税的组织。在两次世界大战之间的那段时间，见证了很多国家报复性关税保护的巨大增长，导致 20 世纪 30 年代初期世界贸易下降了近三分之二。国际市场关闭，世界需求降低，制造商由于无法出售商品而削减了产量，各地失业率都在上升：世界经济史无前例地陷入低谷。经济衰退与高关税为 GATT 的迅速成立提供了契机。第二次世界大战结束后，很多国家决定不再重蹈 20 世纪 30 年代保护主义的覆辙。

初始 GATT 仅是一种临时措施，以大量削减 20 世纪 30 年代累积的关税；它很快被一个新成立的国际贸易机构所取代。在此过程中，原有的计划失败了，GATT 从一个单纯的条约变为一个独立的组织。1995 年，设在日内瓦的 GATT 常设秘书处与其成员（现在已超过 150 个成员），即所谓的"缔约方"，已经被其后续组织世界贸易组织所继承。

GATT 有三个主要目标：

- 阻止战后 20 世纪 30 年代造成破坏的那种保护主义死灰复燃。
- 解除这一时期建立的关税结构。
- 提供确保国际贸易关系在公开、多边基础上实行的规则与协议。

在 20 世纪 30 年代，太多的国家开始实行单边与双边贸易：只保留自己的市场，隔断了与最佳合作伙伴的合作。促进多边环境的发展被认为是阻止悲剧再次发生的自然之道。战后 GATT 的运行从整体来看，大部分由一系列回合的谈判组成，旨在降低关税。数个谈判回合也为规则的修改提供了充分的讨论，经 GATT 同意后的规则，将支配国与国之间的贸易关系。我们没有必要将 GATT 8 个回合的每个细节都进行仔细的研究，但是对于其发展的总体过程有所了解是非常有益的。

GATT 前半部分的生命线正好与战后繁荣相吻合。发达国家这一时期的增长率创历史新高，充分就业的雄心壮志从未失去。这些条件为 1970 年前的 GATT 回合（共 6 个）提供了丰富的背景。国家间都倾向于减少贸易障碍，在经济水平总体较高的情况下，把本国国内市场推向国际竞争。在这种环境下，日益衰落产业的生产要素迅速被新兴发展的产业吞并。

20 世纪 70 年代前期，持续时间最长、最著名的谈判回合是 1964—1967 年的肯尼迪回合。尽管前期会议在降低关税方面取得了重大的成功，但令肯尼迪回合获得声誉的是它最终解除了于 20 世纪 30 年代建立起来的关税结构。这是 GATT 发展史上的重要里程碑，因为它意味着三分之二的目标已经达成：像 20 世纪 30 年代那样典型的贸易保护政策不复存在，属于那个年代的多边贸易的障碍也一去不复返。

遗憾的是，肯尼迪回合成为 GATT 历史上的最高成就。1970 年后，保护主义的新问题又浮出水面。我们强调"新"，是为了区分 1970 年后期的保护主义与 20 世纪 30 年代的"旧"关税结构。但是**新保护主义**是从哪儿来的？我们可以在战后繁荣的末期找到部分答案。开始强劲增长与充分就业的经济气候，被 1970 年后经济的暗淡、不景气所取代。尤其发达国家，其经济增长速度日益缓慢，失业率猛增。虽然在战后繁荣期间做出关税减让很容易，但在新的经济衰退时代下的各国，不情愿把本国经济置于激烈的国际竞争之下。因为降低经济活动水平意味着缺乏竞争力的行业流失的生产要素很难找到具有替代性的就业资源。

> **新保护主义**：是指战后阶段世界经济出现的非关税的保护主义，通常与两次世界大战之间的"旧"关税保护主义做对比。

战后繁荣的结束不是 20 世纪 70 年代初期保护贸易政策兴起的唯一原因；比较优势的重要转移对贸易政策也有影响，特别是一些"欠发达国家"推进的工业化进程的影响尤为明显。之前我们描述了新兴的工业化国家利用低廉的劳动力，在劳动密集型的制造业（如纺织业、服装业、鞋业、体育商品）开始与发达国家竞争。这个过程为发达国家与之相应的产业提出了难题，曾经一度发达国家的经济作为一个整体出现了滑坡。

那么受到威胁的发达国家的利益集团如何应对这种局面？答案很简单，它们游说政府采取保护政策，免受新兴工业化国家的干扰，但由于 GATT 的存在与威胁，又不得不以一种非关税的形式来实施。再次回顾新旧保护主义的差别。20 世纪 30 年代的保护主义以关税为基础，而 20 世纪 70 年代后期的新保护主义却不是。实际上，新保护主义是带着各种伪装的保护主义，它的真正目的是在与竞争对手正面交锋时，提高国内产业的竞争力。这意味着可以采取以下措施保护国内产业：

- 国家补贴（减少产业生产成本以降低价格）；
- 优惠的国家采购（国家仅从国内行业购买所需产品）；
- 歧视性行政行为（施加艰难的官僚程序以减少进口）；
- 对进口的配额限制；
- 最后，"劝服"出口商自愿限制其出口。

新保护主义的最后一条也被称为"自愿出口限制"（VER），是非常狡猾的花招。GATT 与 WTO 的规则明确规定其成员应奉行多边哲学，这使单一国家很难成为某一特定保护目标。例如，如果欧盟认定中国和越南存在诸如倾销这种不法竞争行为（在 WTO 看来属于不公平竞争），那么欧盟就可以合法征收中国与越南鞋类产品的关税。但是欧盟也不会轻易排斥中国与越南的鞋类产业，因为欧盟本国的产业，无论从质量方面还是价格方面还不足以同东亚竞争对手竞争。如果欧盟想要保护本地市场免受竞争，它可以对整个鞋类行业合法征收非歧视性关税。但是，这样容易激起一些国家对欧盟采用完全合法的报复性措施。

然而，如果欧盟能够成功劝服中国与越南自愿限制出口，那么潜在的问题也会解决。出口方面的双边协议使欧盟既达到只排斥东亚进口的目的，又不违反 GATT 与 WTO 原则的效果。中国与越南可能会顺应欧盟采取的行动，因为两国想证明它们为欧盟提供了一个安全、开放的出口市场（即使只是较小的一个），同时也防止欧盟采取更加严厉的保护措施，从而因小失大。在比较优势转移的环境下，发达国家越来越喜欢采取潜在歧视的"自愿出口限制"的措施。由于发达国家认定新兴工业化国家在特定行业对它们存在威胁，因此它们需要微调"自愿出口限制"提出的报价。此外，"自愿出口限制"也日渐成为发达国家之间管理彼此贸易往来的一种手段。例如，日本出口欧盟与美国的汽车，定期地受到"自愿出口限制"的制约。意识到"自愿出口限制"对面向国际市场开放构成威胁，乌拉圭回合（1986—1994 年）谈判各参与方一致赞成实行了 10 年的"自愿出口限制"将逐步淘汰：2004 年的"自愿出口限制"将是非法行为。

很多国家采用"自愿出口限制"的方法，也不意味着在 WTO/GATT 组织框架内在贸易政策中禁止使用歧视性行为。它可以使缔约方在面对一些国家非法或破坏竞争时，保护本国的国内市场。这就是说在特定环境下，比如加拿大认为从波兰进口的电子产品正在排挤加拿大本国的电子产品产业，它就可以采取行动回击波兰的冒犯。这种歧视性报复主要有三种方式：

- 反击倾销，已经在欧盟对中国与越南鞋类产品的案例中叙述。
- 抵消外国政府补贴，以支持它们的产业。这里的反补贴税可能会落在违规国家的商品上。
- 增强临时保护，以防进口激增严重损害国内产业。

然而加拿大却不允许采用歧视性关税保护措施对抗波兰或任何其他经济体，因为加拿大的某些企业要远远超出它们的竞争对手。李嘉图认为，竞争力下降并不是坏事，不应抵制。它仅代表一个国家需要重新分配其资源，远离资源贫乏地区，转向已有或可开发比较优势的地区。

□ 乌拉圭回合 （1986—1994 年）： 扩展贸易自由化与新保护主义

乌拉圭回合是 GATT 程序贸易自由化的最后一站。其以下三个特点闻名于世：

- WTO 代替 GATT；
- 欧盟与美国/凯恩斯集团之争；
- 争端解决程序的创立。

WTO 代替 GATT

首先，乌拉圭回合中，世界贸易组织代替了 GATT。世界贸易组织用于监督谈判条款的落实，并创立新的系统解决国际贸易争端。世界贸易组织本质上是为持久的国际贸易环境制定框架协议。图 13-3 是这一框架协议的草图。需要注意的是，GATT 本身与自由化进程新的组成部分《服务贸易总协定》（GATS）一样，将继续作为一个协议。《服务贸易总协定》的出现反映了服务贸易在世界经济舞台上扮演越来越重要的角色。目前服务贸易占整个国际贸易交易的四分之一。《与贸易有关的知识产权协议》（TRIPS）中的条款力求为版权、专利与商标提供相关保护。

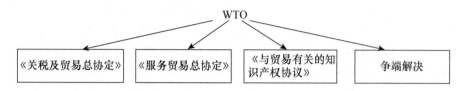

图 13-3 世界贸易组织框架协议

欧盟与美国/凯恩斯集团之争

其次，乌拉圭回合成功完成任务，一度收获了很多奉承与赞美，但是这些荣誉在危机与崩溃中结束。乌拉圭回合的不确定性来源于欧盟、美国与一个无可匹敌的食品生产王国——**凯恩斯集团**（Cairns Group）之间的长期持久的争论。欧盟对农产品的补贴力度很大，不愿在农产品完全自由贸易原则中做出让步，而这是美国与凯恩斯集团所提倡的。最终，双方都就此做出了让步，但是乌拉圭回合却使它走到了灾难的边缘。

> **凯恩斯集团：**由阿根廷、澳大利亚、巴西、加拿大、智利、哥伦比亚、斐济、匈牙利、印度尼西亚、马来西亚、菲律宾、新西兰、泰国、乌克兰组成。

此次争论的意义不在于震惊世界的参与比例，虽然此次规模超乎寻常。欧盟与美国/凯恩斯集团都是强大的贸易利益集团的代表，这些集团的数量在国际经济中一直在增加。例如前面提及的《北美自由贸易协定》（NAFTA），与美国、加拿大、墨西哥市场一起，于 1994 年正式生效；而亚太经合组织（APEC）论坛在未来计划拟定一个相似的协议，将包括美国、日本，涵盖更多国家。尽管这样的组织是在内部自由贸易的基础上成立的，但它们对外不提供类似的外部交流。它们达成的一种共识折射了乌拉圭回合的历程，即，国际经济分割成贸易集团可以使大规模（区块间）的保护主义成为可能。20 世纪 30 年代，世界经济见证了经济区域的对等分割，当时蔓延的保护主义严重威胁到了世界经济的完整性。

争端解决程序

最后，乌拉圭回合创造了世界贸易组织认同的辉煌成就：通过合法手段解决成员间的贸易争端。这里有信心帮助成员解决不同的贸易事务，而不需要采用保护主义手段，最重要的是，当保护主义初现端倪时，将会限制其最后期限，抑制保护主义的发展。

截至 2009 年年底，争端解决程序已经成功处理了 400 例案例。其中近半案例是在 WTO 的促成下解决的，剩余的 12 例处于初级磋商阶段，184 例已经进入了法律诉讼程序。进入法律诉讼程序的案例需要一年的时间审理，败诉的一方提出上诉，这需要花费三个月的时间。一旦这个程序结束，WTO 就会对败诉的一方采取适当的措施。

2010 年，中国向争端解决程序提起诉求，希望能够解决欧盟对中国鞋类产品出口实施的反倾销行动。这意味着最快到 2012 年，或者这场官司以中国胜利解除关税而告终，或者在欧盟对倾销指控的辩护中，中国需要反思中国鞋类出口商的定价。

WTO 的争端解决程序对于保护主义是一种潜在的强大工具。目前，只要感觉受到不公平待遇，或认为存在破坏自由、开放的贸易环境的条款，所有 WTO 成员都有途径迅速检测任何形式贸易限制的合法性。此程序的精神要领不在于判别并惩罚有悖原则的国家，而是试图帮助它们通过合作来解决问题。争端解决程序的第一阶段为投诉与相关国家的磋商阶段，为期 60 天，这期间参与各方力求和解，而非通过法律诉讼解决问题。如前文中提到的，400 例案例中，近一半案例是通过 WTO 的这种干预得到解决的。

如果有些国家不愿和解，那么代表本国的案件会很快通过 WTO 裁定，最关键的是不论结果如何，贸易限制都会被解除（尽管一些国家——特别是美国与欧盟——受到故意拖延的指控）。存在倾销与出口补贴的问题国家必须停止这种行为。如果 WTO 发现被控一方并不存在上述问题，那么该国在特定产业中的比较优势会获得有效支持。与此同时，投诉的一方必须停止任何反倾销措施、停止征收反倾销税。随着 WTO 规则更为广泛，禁止各种形式的新保护主义（如自愿出口限制），争端解决为 WTO 成员间提供了一个更加开放的贸易关系，是一次意义重大的飞跃。

□ WTO 面临的第一次考验： 多哈回合危机

但是 WTO 能否不辜负人们的期望，是个悬而未决的问题。1999 年 12 月，在西雅图，一场新的千年回合的贸易协商拉开了序幕。然而，WTO 的西雅图会议却以它的嘈杂及某些集团的直接破坏性游说为焦点。更重要的是，本次回合中，发达国家与发展中国家之间的本质和目的明显不同，这也意味着此次回合收效甚微。

发展中国家对乌拉圭回合的不满是可以理解的，因为乌拉圭回合大部分只涉及了发达国家关心的问题，而对发展中国家的利益问题置若罔闻。如，《服务贸易总协定》与《与贸易有关的知识产权协议》的相关条款只令发达国家受益。发展中国家拥有复杂的经济基础设施，有能力提供服务出口，它们最需要在捍卫知识产权方面做出大量投资。世界上越是贫穷的地区，越需要适度的贸易激励。

例如，发展中国家对乌拉圭回合印象深刻的地方在于，它极大促进了农业贸易的自由度。通过农业出口，很多贫穷国家走上了国际经济的舞台。这样的出口对于很多需要购买外国重要商品的国家来说，是外币的主要来源。遗憾的是，正如之前所述，乌拉圭回合的农产品争端在动摇中解决，最初的协议在美国与欧盟两方签署完成，而不发达国家的日程则被搁浅。发达国家并没有意识到，更加自由的农业贸易环境没什么需要大惊小怪的。例如欧盟，2010 年在农业方面的与补贴相关的费用花费了 6 000 亿欧元，这样的补贴能够把发展中国家挤出发达国家市场（见第 2 章，欧盟共同农业政策细则）。

然而，多哈回合（修订后的名字为千年回合）重新审视了农业条款，意图提升全球贸易，并表达明确的发展议程——反映对贫穷国家的贸易关注与激励。遗憾的是，在乌拉圭回合中，整个过程既耗时又艰辛。多哈回合计划于 2005 年 1 月 1 日结束，但进展缓慢，事实是到了 2008 年，整个回合几近崩溃，农业保护的分歧再次成为其中的绊脚石之一。到目前为止，几种新修订的方案已经出炉，试图重新挽救多哈回合，但成功与否不得而知。

世界贸易组织似乎已经建立了一种机制用以解决其成员间的贸易争端，现在面临的困难取决于其成员之间关系的紧张程度以及宏大的、概念化的国家贸易环境——更加开放与发展、尊重与关切发达国家与发展中国家群体特殊利益的环境。争端解决程序似乎成了世界贸易组织皇冠上的一枚宝石，但是如果皇冠本身已经锈迹斑斑，那么宝石也将失去光华。由于国际贸易中的重要问题（如农业保护问题）的公平性不能很快达成一致（多哈回合很显然是个例子），那么世界贸易组织的合法性也日益成为讨论的话题。

总 结

- 国际贸易允许经济推进其专业化边界，也允许超越自己的边界范围进行交流。李嘉图的比较优势理论认为所有经济的参与者都能从国际贸易中获利。这种传统智慧与守旧的重商主义认为的国际贸易是零和博弈产生了鲜明的对比。
- 比较优势的政策内涵是，自由贸易令所有参与的经济体获利。然而，一旦比较优势发生转移，特定国家或地区会要求保护利益受损产业。
- 自从 1945 年以来，在《关税及贸易总协定》和后来的世界贸易组织的主持下，国际贸易政策已经拥有了一个广泛的自由化潮流。然而战后繁荣末期和发达国家与不发达国家比较优势的转移，导致保护主义以一种新的、非关税的形式出现。
- 世界贸易组织的争端解决程序，对于特定贸易争端解决来说，是一种很有前景的机制。
- 多哈发展回合的破裂，对世界贸易组织的合法性来说，是一种威胁。

关键术语

- 国际贸易
- 分工及交易
- 保护主义
- 重商主义
- 比较优势
- 比较优势转移

- 贸易政策
- 《关税及贸易总协定》
- 乌拉圭回合
- 世界贸易
- 世界贸易组织
- 争端解决

问题讨论

1. 国际贸易的优势是什么？
2. 解释关于比较优势理论的论点。
3. 李嘉图比较优势理论的后续发展是什么？
4. 描述自 1945 年以来，世界贸易的主要框架，并解释比较优势转移的概念。
5. 为什么保护主义出现？其主要形式是什么？
6. 世界贸易组织的主要问题出在哪里？

"我6岁大的儿子应该得到一份工作"（《富国的伪善》，第3章，张夏准著）

张夏准的书是关于经济发展的——世界上的富国是如何发展起来的，穷国又是为什么没有走上富裕的道路。书名 Bod Samaritans（直译为坏撒玛利亚人）是张夏准对发达国家与主要的国际经济政策制定机构（如世界贸易组织）的称呼。他认为这些国家——如英国、美国——的经济发展来自对本国经济的保护政策，和如在19世纪及更早期的国家对经济的各种形式的干预。但是现在它们富裕强大起来，它们很快忘记了这一切，然后试图把自由贸易是发展的唯一途径的思想强加到其他国家身上。张夏准认为，自由贸易对贫穷国家来说，并不能给它们带来好处。相反，贫穷国家应该保护它们的幼稚产业，直到能够与富裕强大的国家抗衡的一天。第3章很好地总结了这一论点。

读过这章之后，请回答下面的问题：

1. 为什么张夏准6岁大的儿子应该得到一份工作，是对国际自由贸易的一个有力批评？

2. 即使自由化的贸易为穷国带来了一些好处，为什么总体看来还是弊大于利呢？（提示：与贫穷国家补贴机制的充足性有关。）

3. 张夏准是韩国人，对于贸易政策使他们国家经济取得了傲人的成绩，张夏准应该说些什么？

4. 为什么朝鲜的例子说明，孤立自闭对经济发展毫无益处？

5. 张夏准是国际贸易的反对者吗？

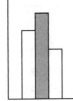

第 14 章

国际收支与汇率

关键问题

- 什么是国际收支?
- 为什么国际收支不平衡关系重大? 其对贸易会造成什么影响?
- 什么是汇率?
- 汇率是怎样决定的?
- 汇率政策的主要形式是什么?
- 汇率和汇率政策对贸易有何重要意义?

14.1 引 言

在讨论了国际贸易的诸多问题之后,我们将接着探讨个体经济的贸易关系。国际收支为国家如何与更广阔的全球环境联系到一起提供了一种思维方法,也为这种联系提供了一种衡量方法。接下来,我们将首先讨论国际收支账户的本质和国际收支平衡与失衡的概念,接着简单介绍一些特定经济体近期内国际收支的表现。同时,由于国际市场同其他所有市场一样,与价格信号息息相关,因此,对于不同货币价格在国际经济中所扮演的地位有一定的理解也是很必要的。相应地,本章还将讨论汇率和不同的汇率政策。

国际收支和汇率在商务中都有着重要地位。一个经济体的国际收支情况将会引起不同形式的政府政策,从而影响到该经济体内外的所有公司。而汇率与公司向海内外市场销售货物和服务的能力有着重要联系。

14.2　国际收支账户

国际收支账户是一国居民与所有外国居民在一定时期内（通常为一年）的经济交往记录。这种经济交往记录包括以下形式：货物和服务的交易、资本流动和资金流量。这三种形式将国际收支账户分为三大类。货物和服务的交易记录在经常账户，资本流动记录在资本账户，资金流量记录在金融账户。表14-1总结了英国国际收支账户的主要组成部分，接下来将做逐一介绍。

> **国际收支：**一国居民与所有外国居民在一定时期（通常为一年）的经济交往记录。

□ 经常账户

从表14-1可以看出，经常账户包含两个主要内容：货物的交易，或称有形贸易收支，和服务的交易，或称无形贸易收支。在英国，由于货物的出口引起了货币的流入，记录为正号有形贸易收支条目。而与此相反，货物的进口引起了货币的流出，记作负号条目。因此，当有形贸易收支总体呈现顺差时（出口价值大于进口价值），有形贸易收支的价值为正号，它反映了在货物交易上的净货币流入。反之则是贸易逆差（净货币流出），有形贸易收支为负号。

表 14 - 1	英国国际收支结构
经常账户	
有形贸易收支 ● 货物出口（货币流入） ● 货物进口（货币流出）	
无形贸易收支 ● 服务（金融；运输和旅游；军事）［流入和流出］ ● 投资收入（利息、利润和股利）［流入和流出］ ● 转移（非货币的和欧盟的贡献）［流入和流出］	
资本账户	
转移（移民的转移、欧盟区域基金等）	
金融账户	
外商直接投资（FDI）［流入和流出］ 证券投资［流入和流出］ 金融衍生产品［流入和流出］ 其他投资［流入和流出］ 使用外汇储备［流入和流出］	通常认为是长期流动
净差错与遗漏	

无形贸易收支包括服务的交易、投资收入和转移。同样的正负号记法也适用于此。一位外国居民在英国度假的花费相当于英国的服务出口，因为它关系到货币的流入，将记作正号的无形贸易收支条目；而租用外国船只产生的运输费用视作服务的进口（货币

流出），因此记作负号的无形贸易收支条目。同样地，当服务出口价值大于进口价值时，无形贸易收支的结果是顺差，记作正号，它反映了净货币流入。反之当结果是逆差（净货币流出）时，无形贸易收支记作负号。

□ 资本账户

资本账户包含一些不太重要的资本流动，例如，欧盟区域基金、英国移民迁回和居住在英国的外国移民向其母国转账的转移支付都与此账户相关。

□ 金融账户

金融账户包含以下五大类交易：

● 外商直接投资：外商直接投资（FDI）指投资者对国外企业的投资资本，并且投资者对该企业的商业活动具有直接的影响。外商直接投资的交易包括那些不动产，例如工厂、机器和设备、零售商店等。

● 证券投资：证券投资指购买或销售英国和外国的股份资本。与外商直接投资者不同的是，证券投资者对其所投资的企业的商业活动没有有效的决策权。

● 金融衍生品的交易：金融衍生品是用于风险管理的工具。例如，对于一笔费用来说，一个企业可以购买一份期权，即拥有了在未来的某个特定的时间以特定汇率购买一定数量的某种货币的权利，以此来担保可能发生的汇率过度浮动。

● 其他投资——主要是资本借贷。其他投资主要指银行和非银行的私人组织产生的货币借贷。借款与货币流入相关，因此记作正号条目，贷款是货币流出，记作负号条目。然而，在偶然情况下，债务偿还会引起正负号的互换。

● 外汇储备的使用：记录在金融账户下的最后一项交易主要是指英国银行里**外汇储备**的变化。在这里我们仅做简要介绍，储备的增加记作负号条目，储备的减少记作正号条目。

> **外汇储备**：一国中央银行持有的外币形式的储备。

□ 国际收支如何运作？

我们可以从另一方面解读国际收支账户的结构。根据国际收支账户上各个项目的主要用途，可以划分为两大类：自主性交易和调节性交易。

自主性交易是指出于自身的经济动机和目的自发进行的交易。所有经常账户中的交易本质上都是自主性交易，如一名英国居民出于自身某种利益购买了一件进口商品。同样地，资本账户下的移民也被视作自主性交易。在金融账户中，外商直接投资和证券投资都是自主性交易，因为投资者的目的都是获取利润和股利。金融账户中剩余的部分，即其他投资，主要是资本借贷，则属于调节性交易。**调节性交易**主要是为了实现国际贸易，真正帮助国际收支达到平衡。表14-2是它们的运作方式。

> **自主性交易**：出于自身目的进行的交易。
>
> **调节性交易**：出于国际收支目的进行的交易。

假设在表14-2中有10亿英镑经常账户下的逆差，金融账户中有长期投资项目。为方便分析，我们假设资本账户是平衡的（即总计为零）。总体看来，自主性交易的亏

表 14 - 2　　　　　　　　　　　　　国际收支的运作方式

经常账户平衡 全部属于自主性交易	净逆差-10 亿英镑〔流出〕	
资本账户平衡 自主性交易	0	由于自主性交易的总逆差是 20 亿英镑，调节性交易就需要弥补这项逆差。建议是英国需要通过借款弥补对外国居民的欠款。逆差还可以通过货币储备来调节。
金融账户平衡 自主性交易 （外商直接投资和证券投资） 调节性交易	净逆差-10 亿英镑〔流出〕 借款＋20 亿英镑〔流入〕	
净差错与遗漏	0	

损价格达到了 20 亿英镑，这就意味着在本处所讨论的一定时期内，英国的经济人出售到国外的货物、服务、企业、股份等比外国经济人出售到英国的价值少 20 亿英镑。这 20 亿英镑的逆差实际上是英国对全世界的一笔集体欠款：一项针对英国居民的净货币索赔。如何偿还这笔债务呢？需要牢记的是，比起英国的货币，外国居民更希望得到自己本国货币的债款。因此调节性交易将使偿还变得容易（正号的）。英国可以借等价于 20 亿英镑的外国货币，也可以动用其所持有的外币储备，或者是两者并用。这些举措使得国际收支总体呈现平衡（既无顺差也无逆差）。

反之，如果英国在自主性交易上呈顺差会发生什么呢？那么，英国居民对全世界持有一项净货币索赔：外国居民的欠款必须通过英镑偿还。在此例中英国可以执行（负号的）调节性交易，这包括向国外借出必要的英镑。或者，英国银行可以向国外提供英镑以交换外国货币，以此增加外国货币的储备（但需注意，正如前面所说，这项增加按惯例应记作负号）。

尽管有严格的执行步骤，也需要清楚的是，净自主性交易需再一次和净调节性交易达到等额平衡。在表 14 - 2 的这种情况下（或相反情况下），净差错与遗漏必须为零。净差错与遗漏指为弥补自主性交易和调节性交易之间差额的任何措施。在本例中虽无差额，但在实际情况中很少见。因此，净差错与遗漏使得国际收支在"记账"方式下达到平衡。

□ 国际收支的顺差与逆差

表 14 - 3 是英国 2006 年的实际国际收支情况。要理解这个表格，需注意表（a）是自主性交易全部的金额，即经常账户平衡加上资本账户平衡加上净外商直接投资和净证券投资。这里给出的数值是-83 043 百万英镑，这意味着在 2006 年，英国对全世界有一笔这个数额的净货币债务。为了偿还这项债务，在表（b）的描述中，英国施行了调节性交易。此处的调节性交易总额是由净金融衍生品、净其他投资和储备资产构成的，数值是 68 897 百万英镑。在无差错与遗漏的情况下，自主性交易总额（-83 043 百万英镑）和调节性交易总额（68 897 百万英镑）之和应该接近零。但很明显它们之间存在差额，净差错与遗漏的总额为 14 146 百万英镑。表（c）中显示当计入净差错与遗漏额时，国际收支达到平衡。

表 14 - 3　　　　　　　　　　　2006 年英国的国际收支（单位：百万英镑）

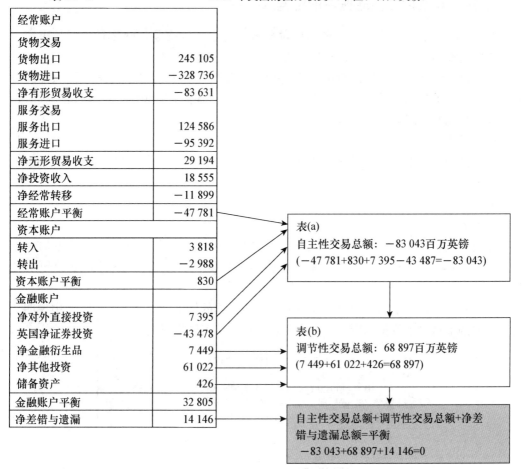

经常账户	
货物交易	
货物出口	245 105
货物进口	−328 736
净有形贸易收支	**−83 631**
服务交易	
服务出口	124 586
服务进口	−95 392
净无形贸易收支	**29 194**
净投资收入	18 555
净经常转移	−11 899
经常账户平衡	**−47 781**
资本账户	
转入	3 818
转出	−2 988
资本账户平衡	**830**
金融账户	
净对外直接投资	7 395
英国净证券投资	−43 478
净金融衍生品	7 449
净其他投资	61 022
储备资产	426
金融账户平衡	**32 805**
净差错与遗漏	**14 146**

表(a)
自主性交易总额：−83 043百万英镑
(−47 781+830+7 395−43 487=−83 043)

表(b)
调节性交易总额：68 897百万英镑
(7 449+61 022+426=68 897)

自主性交易总额+调节性交易总额+净差错与遗漏总额=平衡
−83 043+68 897+14 146=0

注：为了便于展示，一些较小的账户并入了主要条目下。

资料来源：ONS, *The Pink Book*，2007.

表 14 - 3 同样让我们注意到国际收支平衡表中一个明显模糊的地方。的确，在任何特定时期，国际收支都必须在海外债务和信贷还清的情况下达到平衡，那么为什么在这一节要介绍国际收支顺差和逆差的概念呢？国际收支是如何在平衡的同时产生顺差和逆差的呢？实际上国际收支的顺差和逆差仅仅指自主性交易，正如表 14 - 1 所述。比起在经常账户下的自主性交易，外商直接投资和证券投资的资金流动更为长期和稳定，而资本账户相较之下数额较小（见表 14 - 3），因此国际收支的顺差和逆差一般仅指经常账户。

最后需要注意的是，这里介绍的国际收支顺差和逆差的概念是基于一个假设，即存在一个全球通行的**固定汇率体系**又或者汇率由是权威机构制定而不是受市场操控的环境。在 14.5 节中，我们将讨论一个由市场决定的弹性汇率体系对于自动消除国际收支不平衡的作用。

> **固定汇率**：通过一国中央银行在外汇市场的干预而预先固定的汇率水平。

□ 对经常账户和金融账户的影响

在表 14-1 中，对于经常账户和金融账户下的自主性交易，什么是主要的决定因素？哪些因素影响了进口、出口和长期投资的资金流动？

首先讨论经常账户，进出口的需求可以与对任何货物和服务的需求进行同样的分析。在第 2 章里我们展示了一幅需求图，或者说是一幅需求曲线图，它以价格为起点，并将收入和偏好等因素也列入考查范围。

进口需求

在同样的流程下，进口需求一部分是由国内生产的替代品的价格决定的。影响进口价格的因素有：

- 国内外生产者的定价行为；
- 汇率的波动。

在前面的例子中，如果进口商品价格比国内生产的替代品的价格增长更加缓慢（就是说世界其他地区的通货膨胀率比国内经济更低），那么进口商品将变得更有竞争力。

汇率对于进口需求的影响可以通过一个十分简单的例子来说明。图 14-1 中说明了英镑汇率的下跌对于价格的影响，它表现在用英镑从美国进口商品。

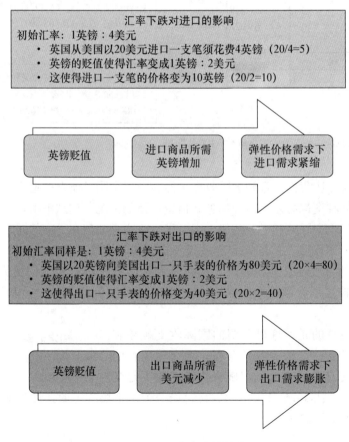

图 14-1 汇率下跌的影响

由于英镑的贬值意味着兑换一定额度的美元需要更多的英镑，从美国进口的商品价格必然会上涨。假设需求富有价格弹性（大于1），若其他条件不变，英镑的贬值将会使进口需求紧缩。反之，在同样的情况下，英镑的升值会引起进口需求的增加，因为进口商品的本国货币价格下降。

进口需求同样受国内收入的影响。国内收入提高总体上会促使货物和服务的花费增加，这其中一部分便来自进口。正如第9章所述，这个包含边际进口倾向的概念，意味着进口需求是与国内收入成正比的。最后，国内消费者的品位和偏好也明显影响了进口需求。例如，英国居民比欧洲其他国家的居民更爱喝茶。进口需求还受一些非价格因素的影响，如它们的品质、设计、信誉和发货时间等。

出口需求

出口需求同样受三个因素的影响：国外竞争者生产的相关产品的价格、外国居民的收入和偏好。首先是相对价格，如果国内经济与世界其他各国相比通货膨胀更为严重，那么出口需求将会因国际竞争力的降低而紧缩。其次，较低的国内通货膨胀率会增加国际竞争力，从而增大出口需求。

汇率同样有着十分重要的影响，但是在作用于出口需求时，它与之前的描述截然相反。从图14-1中可以看出，汇率的下降使得可以用更少的美元兑换一定金额的英镑，从而使英国对美国出口的商品价格下降。假设需求受价格弹性的影响，在其他条件不变的情况下，英镑汇率的下跌会引起对英国出口商品需求的增加。相反地，在同样的假设下，英镑汇率的上涨会引起英国出口商品在国外价格的上涨，因而对出口商品的需求下降。出口需求还受国外收入、偏好和非价格因素的影响。如国外收入增加或国外消费者偏好某种商品，那么出口需求必然增加，反之亦然。

影响投资流动的因素

在金融账户下，有三个主要因素影响了自主性投资的流动：汇率变化的预期、各国间名义利率差异和海外投资的预期收益。

● 第一，当汇率变化可被预期时，有经验的投资者有可能卖掉即将贬值的货币或是买入即将升值的货币。这两种情况下都有可能获得资本利润。例如，英镑持有者在1992年秋季发生欧洲汇率体系危机之前，就能够意识到他们在危机之前买来的德国马克在危机之后对英镑的汇率会迅速增值，此时卖掉德国马克就能赚取英镑利润。这表示货币贬值的预期会引起资本的流出，而货币增值预期会促进资本流入。

● 第二，由于在其他条件不变的情况下，较高的国内名义利率会促进金融资产的回收，接着关联资本流入。较低的国内名义利率预示着较少的回收，从而偶尔会出现资本流出。

● 第三，新的海外投资带来的可预期收益相对于外国在本国的投资回报更高时，会产生净资本流出。反之亦然。

□ 国际收支中的不平衡

众所周知，有两种因素会引起国际收支的不平衡：经常账户的顺差或逆差。这两种情况实际上都不是政策问题，除非它们变为长期性的顺差或逆差。如果一年的逆差被下一年的顺差弥补，经过几年的循环（即一个中期），国际收支在大体上始终保持平衡，如前所述，这就是政策目标（见第 8 章）。

长期的逆差会带来什么困难呢？在此种情况下，以英国为例，逆差每持续一年将会累计对世界各国的净货币债务。相对于出口量，英国需要坚持进口更多的货物和服务。每一年，这些债务要通过结合从国外借款和利用英国的外汇储备来偿还（即调节）。最重要的一点是所有这些债务偿还途径都不能无限期地延长。

若一个国家试图长期保持国际收支的逆差，实际上，这个国家就是在向世界其他各国持续借款，或者是希望其外汇储备会永不枯竭。到最后，贷款国将会失去耐心，外汇储备也会逐渐减少（我们将会看到，除了借款，补充外汇储备的唯一方式是实现贸易顺差）。因此，长期的国际收支逆差属于政策问题，因为它是不可维持的，并会为逆差国带来国际信誉危机。图 14-2 表明个人的长期逆差问题对于一个国家同样适用。

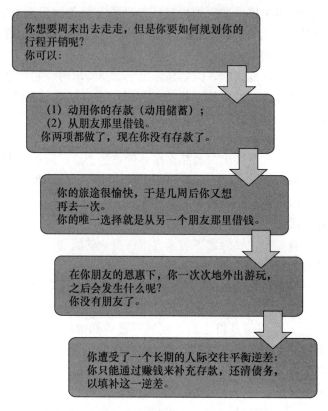

图 14-2 为什么不能保持长期的人际交往逆差

首先，对于长期的顺差，第一印象好像是不存在问题，尤其是当一些债权国享受着出口增加带动的经济增长时。然而，仍需要一个政策来应对长期的顺差。原因有两个：第一，国际收支顺差使得世界其他国家的净货币债务持续增长。对于顺差国来说，当信贷结算之时，会获得越来越多的外汇储备。相应地，它也会持续地向负债国发放调剂性贷款。重点是两种国际收支的调节方式都失去了日常消费的机会。日益积累的外汇储备和国外贷款将会被转换为进口花费：国内消费增高，同时其他国家的国家收支逆差减少或完全消除。

其次，国际收支顺差需要一个应对政策。就国际收支而言，世界经济就是一个"零和博弈"：一个国家的顺差必然对应着另一个国家的逆差。拿现如今的例子来说，受1945年贸易关系的开放和经济全球化趋势的影响，世界经济有着较快发展，巨大的顺差和逆差都促使了一些国家在高风险的内省中寻求庇护。在经常账户中负债累累的美国出现了周期性的贸易保护游说者，这足以说明这些风险的严重性。

最后，值得强调的是，国际收支并不是政策决策者在排除其他宏观经济因素之后预估的最终状态。因此，国际收支的平衡必须由充分就业、价格稳定和一个满意的增长率等相互调节。假如仅仅增长缓慢，为维持国际收支平衡而带来的高失业负担就会毫无意义。

□ 特定经济体的国际收支表现

为了对上述介绍的问题做详细的阐释，本节将会对一些实际经济体的国际收支情况做简要介绍。图14-3和图14-4描述了五国集团（G5）和中国在1990—2008年间的经常账户状况。图14-3统计了按绝对价值计算的各国经常账户的顺差或逆差。引人注意的是，2006年美国经常账户8 000亿美元的逆差远超过了英国800亿美元的逆差。但是按绝对价值计算的数据并不能够最准确地诠释这些经济体的逆差情况。

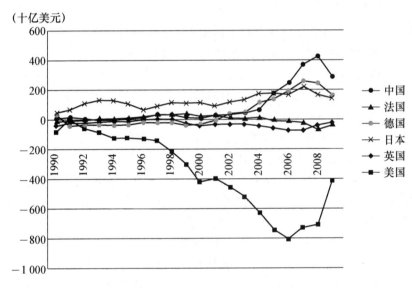

图14-3　经常账户，1990—2008年

资料来源：数据来自世界经济展望数据库，由IMF提供。

图14-4以GDP百分比的形式统计了各个经济体的经常账户情况。这种形式是按照每个经济体必须调节的经济大小来划分逆差或顺差的比例，因此更受欢迎。这样看来美国的逆差就不显得十分突兀了。由于美国的经济体量比英国要大得多，所以美国逆差的相对比例就显得不大了。在2006年美国的逆差占GDP的6%；英国的比例是3.3%。

图14-4表明在G5中主要并一贯的债权国是美国和英国。从整个时期来看，美国逆差的平均值占年GDP总额的3.1%，而英国的对应数值是1.8%。法国和德国经历过顺差和逆差，它们的平均数值是0.55%和1.56%，是所有国家中最接近中期平衡

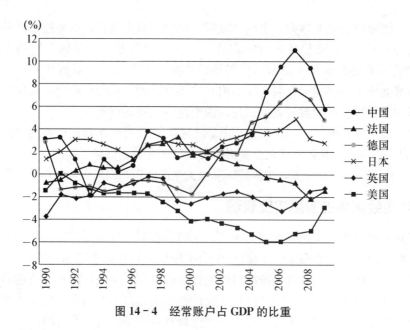

图 14 - 4　经常账户占 GDP 的比重

资料来源：数据来自世界经济展望数据库，由 IMF 提供。

（零）的。日本和中国的情况是一贯的强势顺差（虽然中国在 1993 年记录过一次逆差）。日本和中国的年均顺差分别占 GDP 总额的 2.8％和 3.6％。

　　图 14 - 3 和图 14 - 4 完全展示了双方在经常账户表现上的对称，美国和比其规模小一些的英国是一方，德国、日本再加上中国是另一方。因为它们是世界上最大的六个经济体（以 2008 年为例，这些国家全部加起来占全世界 GDP 总额的 55％），一个国家明显的经常账户逆差对应其他国家同等比重的顺差是至关重要的。例如，在 2007 年 7 月，当美国的逆差急剧恶化时，日本、德国和中国的顺差均有增长。

　　现在我们可以把这种现实世界中的国际收支情况和之前理论层面的讨论联系到一起。之前我们讨论到长期的国际收支逆差会给逆差国带来调节问题。这对美国来说的确是一个问题，美国事实上从 1982 年开始就一直存在经常账户的逆差。我们会很自然地质疑美国怎么能够保持如此长期的逆差，这种现象可能吗？一部分答案在于美国经济的庞大和重要性。在长期的国际收支逆差情况下，很少有国家会发现它们的调节性信用链在枯竭，因为美国承担着大约占全世界 GDP 总额一半的分量，它理应获得更多的信誉。但这并不意味着美国的逆差没有问题。国际收支的调节措施是必然的，而且我们最终会看到，长期的逆差会给调节经济带来惨痛的经济后果。

　　从图 14 - 3 和图 14 - 4 中得出的最后一个问题是，为什么近期美国和英国的逆差导致了中国、德国和日本的顺差下降？这个变化归因于 2008 年 9 月的世界经济衰退。G5 成员国的经济低迷（见图 8 - 4 和图 8 - 5）减少了它们对于进口的集体需求。对于中国来说这意味着出口的减少，但是由于其经济增长相对强劲，中国的进口并未受到影响——因此造成了经常账户的显著衰退。而德国和日本的顺差衰退最有可能是因为这些经济体的总体出口方向改变，当世界需求下降时，它们要失去的更多。从另一方面来说，美国和英国的进口方向使得它们的经常账户真实反映了经济的疲软增长。我们将在下文讲到国际收支政策时再来探讨国际收支和经济增长的关系。

14.3　国际收支与商务

为什么国际收支会影响到商务呢？此时我们只能片面地回答这个问题。稍后我们会看到政府的国际收支政策会对所有企业产生严重影响，无论这些企业是否涉及国际贸易。然而，基于我们目前所学到的知识可以看出，若世界经济的收支不平衡情况加剧或一直持续到引起贸易保护的可能性，那么国际收支问题将会对贸易产生负面影响。这已成为中美两国间贸易关系紧张的潜在问题。

美方抱怨其对中方贸易的巨大逆差，一部分原因在于中国政府对人民币的不公平操纵。如图 14-5 所述，中国在一段时期将人民币对美元的汇率压低至一个美方认为虚假的低汇率，使得中国货物在美国市场相对低价，而美国货物在中国市场相对高价。中方认为其货币政策的目的是"维持稳定的货币价值从而促进经济增长"。

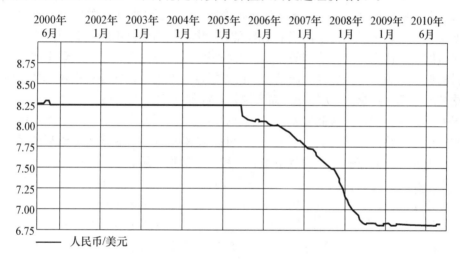

图 14-5　人民币/美元，2000—2010 年

资料来源：汤森路透集团（Thomson Reuters）.

直到 2005 年，中国的汇率目标仍是 1 美元兑 8.26 元人民币。但在 2005—2008 年间，作为对美国和其他经济体施加压力的部分回应，中方政府同意将货币升值到目前的汇率目标：约为 1 美元兑 6.83 元人民币（由于图 14-5 展现的是美元兑人民币的汇率，因此人民币的增值呈现为向下倾斜的曲线）。然而，这并没有使美国满意。在 2010 年 6 月美国参议院金融委员会的证词里，美国财政部长蒂莫西·F.盖特纳提出："中国的汇率改革对美国乃至全球经济都有十分重要的影响。让汇率反映市场力只对中国有利。"盖特纳先生明显希望中国的固定汇率政策能够取消，并且同时人民币继续升值。

我们并不打算对这一争议做出判断，但是这个结果却具有潜在的重要意义，尤其是在第 13 章提及的世界贸易组织多哈回合贸易谈判的失败过后。世界经济的严重不平衡贸易和贸易政策的僵局或许会导致更为普遍的贸易保护。我们从第 13 章中同样可以获知，贸易保护对世界经济的产出和收入都是一个威胁。更多的贸易往来意味着更多的增长和更高的收入；贸易约束限制了产出和收入的增长。这表示国际收支的不平衡，即使它一开始发生在其他遥远的经济体之间，最终也会影响到你所在的经济与你的贸易。

14.4 汇率与汇率决定因素

汇率就是一个价格：将一种货币兑换成另一种货币的价格。如在 2011 年 1 月 4 日，1 英镑相当于 1.16 欧元和 1.55 美元。英镑在买入和卖出时有两种完全不同的现价，极有可能在第二天又是一个不同的价格。在接下来的章节里我们将会介绍汇率的决定因素和影响汇率变化的因素。我们还会介绍不同汇率系统的基本原理和它们对国际收支的影响。长期以来，各国一直使用两种基本的汇率系统：固定汇率——限制了汇率的浮动趋势；浮动汇率——更适应汇率的变化。接下来我们将看一看两种不同系统的相关评论。

> 汇率：以一种货币表示另一种货币的价格。

由于汇率属于价格，那么它和其他所有价格一样，受供需关系的影响。它对外汇市场的供需又有何影响呢？为了使接下来的说明简化，我们仅讨论经常账户的交易。以瑞士法郎为例，为什么国外对法郎的需求会增加呢？最简单的答案是，非瑞士居民希望从瑞士居民那里购买货物或服务，而瑞士居民需要以法郎支付，国外买家就需要将自己的货币兑换成法郎（需求）。从另一方面来说，对法郎的供给也因瑞士居民购买国外的货物和服务而提高。国外供应商需要以本国的货币支付，因此瑞士居民需要将法郎兑换成相应的货币（供给）。这样来说，外汇市场可以被理解为一个促进贸易流程的系统：它使得经济人在不同国家持不同的货币来购买和出售货物和服务。

外汇市场对法郎的供需关系以图的形式展现在图 14-6 中。图 14-6（a）展现的是对法郎的需求和法郎对其他货币的汇率（以法郎为基准汇率）的反比图。当法郎贬值时（从 0a 到 0c），瑞士货物在国外市场的价格也下降。假设瑞士货物在国外的需求价格弹性大于 1，在其他条件不变的情况下，国外对瑞士货物的需求上升，对法郎的需求数量也将增加（从 0b 到 0d）。相应地，若法郎升值，瑞士货物在国外市场的价格上升，在其他条件不变的情况下，对这些货物的需求下降，对法郎的需求数量也会紧缩。

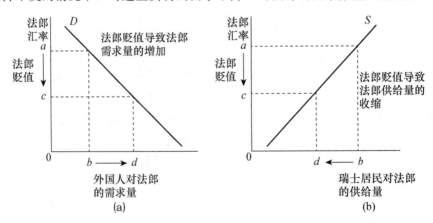

图 14-6 外汇市场供需关系

商务经济学（第二版）

在图 14 - 6 (b) 中，法郎的供给曲线以同样的方式呈现。法郎的贬值（同样是从 0a 到 0c）导致国外货物和服务在瑞士市场的价格上升，因此，需求下降。假设国外货物在瑞士的需求价格弹性大于 1，瑞士居民需要更少的国外货币来进口，在外汇市场上法郎的供给数量紧缩（从 0b 到 0d）。另一方面，法郎的升值使得国外货物在瑞士的价格降低，从而使需求增加，法郎供给的数量增加。

我们现在可以将外汇市场的两方面结合在一起，考察它们是如何运作的。正如图 14 - 7 所示，这里的主要运作原则和其他普通市场是完全相同的。需求曲线和供给曲线的交叉点被定义为市场结算的平衡点。在这个点上，汇率 0b 对应的法郎的需求量为 0d，以及同等数量上的供给量，同样也是 0d。由于汇率制造了双边市场利益的完全融合——没有未满足的需求和被忽视的供给——没有任何要改变的压力，因此是平衡的。

所有可能存在的汇率都不会具有这种稳定性。在市场结算平衡下的汇率为 0b，法郎升值使得本国居民对国外便宜货物的进口需求增加，法郎供给量上升。但与此同时，瑞士出口的货物在国外市场变得更贵，使得对法郎的需求紧缩。因此，汇率在 0a 时，会有一个图中标注的法郎过度供给的订单市场。要消除过度供给就需要对法郎进行贬值。当法郎价值从 0a 下降时，需求和供给的数量会趋于接近，但在汇率到达 0b 之前，都不会最终重合。很明显，当汇率低于 0b，如在 0c 时，会促使过度需求的产生。法郎贬值使得瑞士货物在国外市场更受欢迎，因此国外居民需求更多的法郎。但它同时又减少了瑞士进口的兴趣从而使得法郎供给量紧缩。现如今市场上无法满足对法郎的需求使得汇率上升。只有当达到平衡点 0b 时，压力才能消除。

在图 14 - 7 中，外汇的供需曲线参考了普通市场中的价格和数量的关系，同时还有一些常见的影响因素。为了保证完整性，需注意的是曲线的位置是由一系列其他相关因素决定的。有一些因素已在第 2 章介绍市场动力时讨论过，例如，收入和偏好。当世界其他各国的收入下降时，它们对于进口的需求也会下降，这将导致对法郎的需求曲线向左移动；当瑞士货物更受国外消费者的喜爱时，就会有更多的瑞士货物在世界市场上出售，因而法郎需求曲线向右移动。

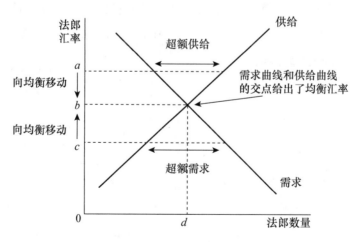

图 14 - 7　外汇市场的不平衡

我们同样可以用这个框架来阐释变化对金融账户的影响。例如，本国利率的变化也极大程度地影响到法郎的需求，特别是在短时期内。因为它使得以法郎为基准的计息资产更具有吸引力（获得的回报更高），瑞士利率的升高，与世界其他国家相比，将会使法郎的需求曲线向右移动。另一方面，瑞士利率的降低，会降低以法郎为基准的计息资产的吸引力，从而使得法郎的需求曲线左移。

在解释了汇率的决定因素和平衡点的概念之后，我们还需要了解为什么汇率会变化。贸易与外国货币的供需之间的潜在联系是关键所在。如果不存在贸易往来，就没有对外国货币的需求；所有的物质需求都可以使用本国货币。但是贸易往来的确存在。世界其他国家会对某一产品有偏好，比如瑞士手表，这必将涉及国外对法郎的需求。现在全世界哪一种货币是需求最多的呢？答案显然是制造了最大价值的出口物品的国家的货币。与此相反，那些出口货物和服务相对最少的国家的货币是需求最低的。

我们现在要开始了解汇率的长期（缓慢而持续的）变化。这一部分由国家的长期贸易情况所决定。当国家逐渐在世界出口市场上失去份额，在其他条件不变的情况下，对这个国家货币的需求也会下降。与此同时，这些国家维持着健康正常的进口量，这保证了它们的货币兑外汇时稳定的供给，接下来难以避免的后果便是长时期内过度货币供给和货币**贬值**。从图上来看，这或许会引起对典型货币的需求曲线横向左移，因而使市场结算汇率平衡点下降（见图 14-8 (a)）。对于能够在世界出口市场增加份额的国家，与之关联的货币的强烈需求会引起长时期内的货币**升值**。从图上来看，会引起对典型货币的需求曲线横向右移，因而使市场结算汇率平衡点上升（见表 14-8 (b)）。

> **贬值**：指一种货币相对于其他货币的价值降低。"贬值（depreciation）"一词用于当货币不属于某个官方的固定汇率系统下时。若汇率价值的下降是固定体系下政府政策的结果，则使用"法定贬值（devaluation）"一词。
>
> **升值**：指一种货币相对于其他货币的价值上升。"升值"这一词用于当货币不属于某个官方的固定汇率制系统时。若汇率价值的上升是固定体系下政府政策的结果，则使用"法定升值（revaluation）"一词。

虽然在这里我们仅限于经常账户，但是很显然，货币的供需同样受国际收支中的其他交易类型的限制。尤其是金融账户下的外商直接投资和证券投资会影响一个经济体长期的货币走向。让我们通过经济折射来预测一下某种货币在世界经济中持续增长的重要地位。

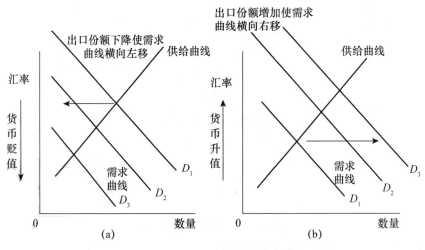

图 14-8 外汇市场的长期变化

你有多了解世界货币?

- 为了验证此方法的有效性,想一想你知道的世界货币。哪些是你用过的? 你能说出多少发行国家的名字?
- 你或许会熟悉以下货币:美元、欧元、日元、瑞士法郎、卢布、卢比。
- 韩元,或者是人民币又如何呢? 韩元是韩国的货币;人民币的字面意思是人民的货币,由中国发行,以元作为单位。在阅读本章之前你听说过这些吗?
- 当向英国和欧洲的学生提问时,很少有学生听说过人民币,即使这是世界上近五分之一的人口所使用的货币,并且它的发行国经济增长速度已超过了 G7 中的任何一个国家。
- 我们猜想在未来的数十年,人们对于人民币的认知会越来越高。
- 这仅仅是对中国经济在世界市场上的地位日益重要的里程碑式的折射。
- 人民币的符号是"元",我们要熟悉它。

□ 名义汇率和实际汇率

到目前为止我们都将重心放在名义汇率上——不同货币往来所使用的汇率。从图 14-1 中可以看出名义汇率的变化影响货物交易时价格的竞争性。例如当英镑贬值时,英国出口的货物的价格比国外市场的更低,而进口货物比国内市场更贵。但除此之外,影响英国货物价格竞争性的另一因素是英国与对手经济相比的通货膨胀率。在第 8 章我们提到过与通货膨胀密切相关的一个问题便是它对国际价格竞争性的潜在侵蚀。这表示价格竞争性同时受名义利率和相关通货膨胀率变化的影响。

图 14-9 描述了 2007—2010 年初英镑兑美元和欧元的名义汇率。同样展示了英镑的有效汇率指数(ERI)。有效汇率指数是英镑的名义汇率与一篮子货币的比值,这一

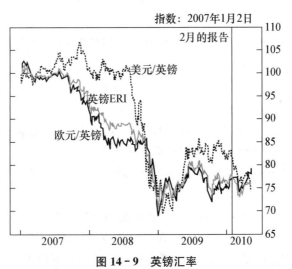

图 14-9 英镑汇率

资料来源:英国银行通货膨胀报告,2010 年 5 月。

篮子货币用来反映这些发行国与英国交易货物和服务时经济的重要性。图 14 - 9 中最为显著的特点是 2007 年中期，英镑兑欧元的汇率和有效汇率指数的大幅下滑，以及在 2008 年最后一季度英镑兑美元汇率的大幅下滑。总体来说，贬值幅度约为 20％。英镑贬值的一个有利结果是英国出口的膨胀和英国企业在本国市场与海外企业的竞争力提升。

然而，这并未结束。为了更好地了解英国价格竞争力在这一时期的变化，我们还需要考察相关的通货膨胀率。如图 14 - 10 所示，我们注意到在 2008—2009 年间，当英国和**欧元区**的通货膨胀大幅下降时，英国的降幅更为适度。2010 年英国的通货膨胀率仍高于两个竞争国的经济。总体来看，英国名义汇率的大幅贬值被稍高的通货膨胀率所抵消，促进了英国价格竞争力的上升。

> **欧元区**：欧元区内的 17 个经济体以欧元替代了它们的本国货币。

当将名义汇率和不同经济体的货物价格综合考量时会得到一个变量，被称为实际汇率。**实际汇率**衡量某种货币的实际购买力。在上述例子中，英国的货物和服务的实际汇率由于名义英镑汇率的贬值而下降，然而它并未下降至名义汇率，因为英国的通货膨胀率高于美国和欧元区。

> **实际汇率**：衡量某种货币的实际购买力。

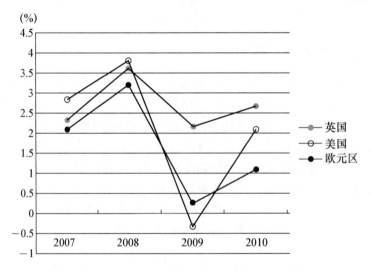

图 14 - 10　2007—2010 年英国、美国和欧元区的通货膨胀

资料来源：数据来自世界经济展望数据库，由 IMF 提供。

□ 购买力平价

刚刚讨论的名义汇率和相关通货膨胀率的关系引出了一个知名的决定汇率的基本模型：**购买力平价理论**（PPP）。购买力平价理论解释了名义汇率的长时期变化路径。

> **购买力平价理论**：预测名义汇率适应于在长时期内抵消不同经济体的通货膨胀率。

购买力平价理论认为名义汇率适应于在长时期内抵消不同经济体的通货膨胀率。由此在数年后，有通货膨胀倾向的经济体在名义汇率上会对低通货膨胀经济体的货币贬值。这一理论基于的论点是，不同经济体货物价格的不同创造了套汇的机会；即，在一个经济体中低价买入，再到另一个经济体中高价卖出。

举例来说，在 20 世纪 70—80 年代，较之于美国和德国（联邦德国），英国是个有通货膨胀倾向的经济体。对于企业家来说很有可能在美国和德国低价购买货物，再运到英国高价卖出赚取利润。但这一机会本身会对英镑名义汇率造成影响。当英国居民购买美国和德国的货物并在英国低价出售时，他们自然而然地促进了对美元和德国马克的需求，与此同时便增加了英镑在外汇市场上的供给。货物套汇是由通货膨胀率的不同而引起的，因而促使了与之相对抗的名义货币的调节。假设英国的通货膨胀并没有随着美国和德国的通货膨胀而飙升，不存在套汇的机会，也就意味着一定数量的英镑在国内和国外能购买的东西相同。这就是为什么这个理论被称为购买力平价理论。它预测了一定数量的货币在其他不同经济体内可以购买同等数量的货物。

□ 汇率由多方面因素决定

若货币的长期变化可以归因于贸易表现和不同国家的通货膨胀率，那么短期的变化呢？货币的价值每一天甚至分分秒秒都在变化着。有时候短时期的变化十分突然，这又如何解释呢？短期的货币变化常常体现了市场对不同经济的反应，甚至是政治因素。例如欧元在 2010 年春的急剧下滑是由于希腊政府的财政情况。而英镑在 2008 年的贬值可以由两方面原因解释，一是英国银行大幅度削减利率——减少了对英镑的需求，二是对英国经济的较大财政部门在世界金融危机期间曝光问题的担忧。因此，汇率是由一系列的长期因素和短期因素共同决定的。在大多数情况下，这使得汇率很难进行建模或预测，从而也引发了如何使用政策条款的问题。因此接下来我们要讨论的问题就是，政府是否应该控制汇率，是把汇率留给市场来调节，还是在市场调节和政府调控中选取一个折中的方式？

14.5 汇率系统

□ 浮动汇率制

在 14.4 节的开头，我们区分了两大类汇率系统：一个包含了汇率的浮动性，一个对汇率浮动有一定程度的限制。浮动的汇率系统遵循自由市场原则。汇率全部由先前讨论过的货币的供需情况决定，政府不会通过操纵市场以获得特定的汇率结果。

浮动汇率制为采用这一系统的经济体带来了许多益处。第一且最为重要的一点是与国际收支相关。众所周知，宏观经济政策的一个核心目标便是在中期内达到国际收支平衡。浮动汇率制自动达成了这一目标，且无须政策制定者采取任何措施。浮动汇率制是如何做到的呢？

假设英国外汇市场的国际收支产生了逆差。此时，所有的外汇交易都与贸易往来相关，那么逆差就必然与英镑的过度供给相关。这是因为英国居民将要供给比需求更多的英镑到外汇市场上。这里需记住的是，英镑的需求是由世界其他各国对英国出口物的需求决定的。由于进口的价值大于出口的价值，英镑供应的数量就必然大于需求的数量：由此造成了过度供给。通过图 14－7 中所熟知的市场运作程序，货币的过度供给将会引起货币的贬值。

现在，英镑的贬值对进口和出口的相对价格竞争力有着重要影响。在其他条件不变的情况下，出口商品在国外市场的价格更便宜，由于进口商品的价格提高，进口替代品对于国内消费者就变得更具吸引力（这一过程的运作流程见图14-1）。假设出口需求弹性与进口需求弹性的总值大于1（即价格需求具有完全弹性），则会改善英国的贸易收支平衡。这被称作**马歇尔-勒纳条件**。我们也必须假设有足够的闲置生产资源，使得出口工业和进口替代品工业能够应对由贬值引起的对国内需求的额外刺激。

> **马歇尔-勒纳条件**：认为当进出口弹性需求的总值大于1时，一国货币相对于他国的货币贬值将会改善国际收支经常账户的状况。

若因浮动汇率制带来的货币贬值以上述方式影响了贸易逆差，这一过程要如何结束呢？以上述情况为例，贬值是由英镑在外汇市场的过度供给引起的，很显然，这一情况将会一直持续到逆差的出现。这意味着逆差将会持续对英镑施加压力，直到国际收支达到平衡。

浮动汇率制同样也是国际收支顺差的万能药。英国出口价值大于进口价值（继续上述例子）会引起英镑的过度需求和英镑汇率的升值。这相对地会影响到英国出口和进口替代品的价格竞争力，在马歇尔-勒纳条件的假设下，会恶化贸易平衡、削弱顺差。同样的，这一过程会持续到国际收支达到平衡，英镑在市场中的平衡点阻止了货币的进一步升值。

已故的米尔顿·弗里德曼是著名的浮动汇率制的倡导者。他认为浮动汇率为一个国家带来了长期的国际收支平衡。弗里德曼认为任何刚开始的或初始的（他使用的词）逆差或顺差都会被正确合适的汇率变动迅速化解。浮动汇率还有另外两个优点。第一，就其他宏观政策目标而言，浮动汇率能够使国家追求它们自己的独立经济目标。我们可以看到，固定汇率制限制了参与国自主管理宏观经济政策的能力。第二，由于浮动汇率反映了市场力量的自由互动，它为通过贸易往来进行国际生产资料分配提供了最合适的框架。相反，弗里德曼认为由政府操控的汇率对于自由贸易的目标十分有害。

□ 固定汇率制

固定汇率制有三个问题需要探讨：

- 汇率如何首先被制定下来？
- 在固定汇率系统下，长期的国际收支逆差如何被修正？
- 如果汇率可以固定，国际收支逆差可以被固定汇率修正，那么还有什么额外的优点能使得固定汇率制优于浮动汇率制呢？

解决这些问题最重要的一点是要知道，仅仅通过政府法令是无法达到汇率固定性的。正如我们所看到的，在外汇市场上有许多强有力的经济力量在运作；限制货币的变化需要政府有同等决定性的对抗措施。这分为两大类形式：对外汇市场的直接干预以改变供需条件，或是不太直接的对利率的操控。

固定汇率很少是将货币固定在一个点上。一般的做法是确定一个货币的汇率目标区。当市场力量威胁到货币的变化使之超过这一区域范围时，政府就会采取适当的调控。例如，拉脱维亚和丹麦中央银行将货币维持在与欧元宣布的中心汇率相近的区域内。拉脱维亚的货币——拉茨——允许在中心汇率的上下1‰波动，丹麦克朗维持在上下2.25％。

图14-11是个假设的例子，为了说明的需要，汇率目标区被确定在市场均衡点之上。汇率目标区在纵向上的边界是 a 和 c，b 是它的中心点，也是货币的中心汇率。市场结算平衡点为 d。在自由市场的前提下，由于国内经济对进口需求的突然上涨（将会导致货币的过度供应），汇率出现在汇率目标区的任意一处时，市场力将会促使汇率降至平衡点 d。

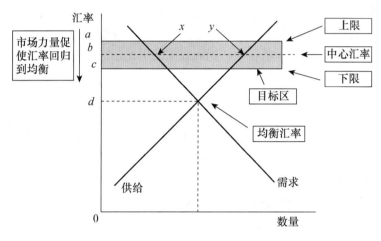

图14-11　外汇市场上的目标区

为了阻止此类事件发生，使汇率保持在 d 之上，一方面，政府应购买过度供给的货币，这是导致货币贬值的主要因素。例如，若政府希望将汇率保持在 b，它们需要购买上升至这一汇率的过度供给的货币 xy。另一方面，当市场条件变化出现需求过度的压力，使之威胁到货币升值至汇率目标区的上限 a 以上，那么政府将开放市场，出售国内货币换取额外的储备。理论上，只要货币在这一汇率上的过度供给和需求能被解决，将货币维持在一定的汇率是可能的。

第二个政策可以被用作是对直接市场干预的补充或替补，它包括利用利率。例如，欧洲中央银行（ECB）提高利率，以欧元为基准的投资将对海外投资者更具吸引力。这意味着它们更有可能需求欧元用来投资。对欧元的强烈需求使欧元兑其他货币的价值升高。就图14-11而言，需求曲线向右移，对于欧元的需求升高，汇率升高，并且产生了更高的平衡点。相反，当欧洲中央银行选择降低利率，将会使欧元需求曲线向左移，降低了汇率。因此汇率是政府用以维持货币的一个潜在的有力武器，在一段时间，在一定程度上对抗市场的意愿。

□ 在固定汇率制下修正国际收支的不平衡

周期性地稳定汇率是有可能的，但是在更加严格的框架下如何修正国际收支的不平衡呢？要回答这个问题，我们重点关注最为紧迫的国际收支经常账户逆差问题。对于任何逆差，经济有两条可行措施：

● 支出缩减政策；

● 支出转换政策（实际上是两者的综合）。

支出缩减政策的目的是抑制国内经济的总需求水平以使得对进口商品和服务的需求减少。由于出口量与国内需求无关——出口需求与国外收入等因素相关，

出口商品的价格与国外竞争对手生产的商品和国外的品位等因素相关，由此国际收支状况应会得到改善。另外，国内需求的降低可缓解国内通货膨胀的压力，国内生产的商品和服务的国际竞争力提升，进一步促进了经常账户的改善。国内需求会因紧缩的货币或财政政策，或是两者的结合而减少。不幸的是，以此种方式解决国际收支逆差问题会对其他的主要宏观经济目标产生不利影响。因此，需求的降低很可能抑制了产出并造成失业率的增加。回想起我们之前的警告，国际收支的平衡不应该以牺牲其他目标为代价。

支出转换政策的目的是鼓励海外居民购买更多的出口商品，同时鼓励国内居民购买本国生产的商品和服务而不是购买进口商品。这些消费行为要如何改变呢？最显著的方式就是将本国货币贬值。（概括地说，贬值包括在固定汇率制下降低货币的价值，必须是由货币政府采取的措施；货币贬值，从另一方面来说，

是指在浮动汇率制下的货币价格的降低。这既可以由市场驱使也可以由政府操控。贬值和货币贬值的反义词是升值和货币升值。）

贬值要求政府在相关固定汇率制下下调已宣布的货币汇率中间价。这会使出口商品在国外市场的价格降低，海外买家可以用更少单位数量的本国货币获得一定数量的贬值货币。进口商品在国内的价格也会同时上涨，本国消费者需要用更多本国货币换取一定数量的外国货币（如图 14-1 所示）。如此一来货币的贬值会引起相关价格的变化，使贬值经济体内的商品更具竞争力。

贬值的运作——为促进贸易平衡——还需要达到另外两个条件。这在先前浮动汇率制下国际收支调节中已讨论过。它们分别是：第一，国内必须有充分的闲置生产力以应对强大的国内外需求压力。第二，相对价格变化本身必须刺激消费者的正确行为；换句话说，必须有一个合理程度的进出口需求弹性。贬值要对经常账户逆差有所缓解，一般认为出口价格的需求弹性与进口价格的需求弹性总和须大于 1（参考著名的马歇尔-勒纳条件）。

需要明确的是贬值带来的需求上升会给国内经济的输出水平和就业率带来积极影响。然而也会给通货膨胀带来潜在的负面影响。提高进口商品，尤其是重要的战略性商品，如石油，的价格会对国内经济带来成本推动型压力。最后，应注意到还有一些适用于政府的额外措施，它们也具有支出转换性质，包括：控制进口、促进出口和通过财政等措施促进国内产业发展。

□ 固定汇率制的优点

到目前为止我们的讨论都表明了汇率可以被固定，并且国际收支逆差可在固定汇率制下被调节。然而，就它们本身而言，固定汇率制仍不被推崇；一个以市场为基础的系统同样可以调节逆差。那么为什么固定汇率制更受政策制定者们的偏爱呢？对于汇率的

固定性有两种论点：综合理论和锚理论。

综合理论

综合理论由类比进行。一个经济体被认为是通过在一个领域内发行通用的单一货币的能力攫取利益。以美国为例，美元在所有州的交易中均通行。这意味着一个新泽西的食品加工厂可以用美元购买加利福尼亚的橘子，一个得克萨斯州的居民可以用美元购买宾夕法尼亚州生产的咖啡机。如此一来，美元为整个美国提供了货币一致：所有的交易都是公开透明的。

然而，若美国的上述四个州分别发行了它们自己的货币，那么货币一致的程度将会立刻丧失。新泽西买橘子的买家需要获得加利福尼亚货币，得克萨斯人也需要宾夕法尼亚货币来购买咖啡机。这些复杂情况有着不便利性、不确定性和风险，再加上不同货币之间价值的自由波动，会使情况变得更加糟糕。事实上，货币安排越复杂，经济分裂的潜在性就越大。危险在于生产者和消费者会将它们的活动撤销并限制在自己"货币区域"内，因而瓦解了竞争的过程。消费者将不会选择购买对他们最具价值的商品，仅仅是因为它们来自另一个货币区域。交易会变得很不方便，价格也会因为汇率波动而不透明或是突然升高。此类经济分裂减少了对低效生产者的竞争压力。如果我们期望有更强的竞争力——假设是这样——那么高度的货币一致性给美国经济带来的利益是显而易见的。

让我们记住这一结论并回到国际层面上来。一方面，不同国家的经济体通常有不同的货币，就美国的例子而言，针对全球货币体系的不一致程度需要做一个选择。另一方面，固定汇率制度虽不能做到像单一货币那样的单一性和透明性，但相对于浮动汇率制中不透明和不确定的环境，固定汇率制更受偏爱。

锚理论

固定汇率制下的第二个理论——锚理论——是基于固定汇率成员国限制政策制定者追求膨胀货币和财政政策的自由的假设。这意味着参与国经济将钉在反通货膨胀政策上。当一个固定汇率成员国决定采用相对其他成员国较为宽松的财政和货币政策时，这一政策的转换可能是想促进经济快速增长和降低失业率。宽松的货币政策通常包括降低利率。但是正如我们所见，降低利率会使得经济金融资产的国际需求降低（因为回报降低），因此对货币的需求降低。在其他环境下货币贬值不会造成很大影响，然而对于一个将本币兑其他成员国货币的汇率固定的经济体来说有很大影响。因此固定汇率制度对任何一个不正常的货币政策来说都是不适用的，这意味着还清成员国债务才是好的货币政策——事实上这是在固定汇率制中唯一且最好的政策——能够带来较低而稳定的通货膨胀。

□ 管理汇率制

到目前为止我们所列举的汇率政策都是由市场决定，或是由政府制定的固定汇率，但仍存在一些局限。

管理汇率：受一国中央银行在外汇市场的干预所影响的汇率。

首先，还有第三种情况叫做**管理汇率**，有时候被称作"肮脏浮动"。虽然倡导者们推荐完全的浮动汇率制度，但是任何国家的政府对汇率变动保持完全的放任态度都是不可能的。如果一个贸易逆差国家的货币持续贬值，自然会引起其政府对货币贬值到什么程度的担忧。虽然事实上，货币的强度有时常被用作衡量一个国家的经济活力，货币明显贬值会使那些典型的需求弹性低的商品（如石油）的进口价格强制升高，从而导致国内经济严重的通货膨胀。此类危险意味着管理或是肮脏浮动是采用固定汇率制的最常见的替代品。在实际操作中，管理汇率制允许政府在市场需求威胁到负面的货币波动时干预外汇市场，使用的方法有直接干预、改变汇率或两者的结合。在其他情况下市场都是受欢迎的控制机制。

如果绝对的浮动汇率制度在实际情况中并不实用，那么固定汇率制度呢？会有采用绝对固定汇率制的趋势吗？我们已经注意到在汇率中间价周围可能使用干预区，如图14-11所示。这表示一部分的汇率波动可以被接受，但中间价本身的波动呢，它们是固定不变的吗？鉴于以往的实际汇率制度，最简单的答案便是，中间价被固定但可调整的制度，比中间价被固定且不可调整的制度更具有活力。为了说明这一点，我们将举出一些现实中汇率体系的重要例子。

14.6 现实中的汇率体系

本节我们回顾两大固定汇率制度的本质与表现：

- **布雷顿森林体系**（1945—1971 年）。
- 欧洲汇率体系（1979—1999 年）。

我们也将审查浮动汇率制度：

- "非体系"制度（1973 年至今）。

> **布雷顿森林体系**：一个在第二次世界大战末期建立的固定汇率体系。该体系于 20 世纪 70 年代早期瓦解。

□ 布雷顿森林体系

在第 13 章中我们解释过，为了应对 20 世纪 30 年代混乱的贸易保护，出现了多边贸易框架《关税及贸易总协定》（GATT）。尽管就贸易政策来说，贸易保护是以关税为基础的，但是它同样包含了汇率问题。这就出现了一些国家为了鼓励本国经济的恢复，降低本币价值的一系列竞争性贬值行为。然而当时，与关税一道，贬值带来的并不是经济恢复，而是造成大量的反弹与货币混乱，随着越来越多的国家参与进来，这些国家的经济状况却进一步恶化。于是在 1944 年 7 月，美国新罕布什尔州的一个豪华的乡村酒店——布雷顿森林里，当这些国家的代表聚集在一起时，他们之间这种无秩序的情况极大影响了对战后国际货币体系的设计。

布雷顿森林会议达成协议：战后的世界经济最好是采用固定汇率制度。这一方法被认为能够防止新一轮的竞争性贬值风险，并且假设贸易会因汇率的稳定性而得到促进——将刺激以出口为导向的增长大环境。新的体系是以美元为基准的，由美国政府固定美元兑黄金的比例（一盎司黄金为 35 美元）。此体系内的其他货币都与美元绑定——并且都按照固定汇率。例如英镑兑美元的最初中间价为 4.03 美元。

美元被赋予的中枢地位是由于美国在战后与其他国家相比享受了大量的经济利益：在当时全世界一半的产出都是美国制造，美国的联邦储备局拥有的黄金占全世界黄金储备的三分之二。固定美元兑黄金价格的目的是限制美国政府不断进行无保证的货币膨胀的能力。美元兑换黄金的义务意味着此体系中的其他参与国可以用持有的美元向美国联邦储备局以 35 美元 1 盎司的价格换取黄金，美国政府所发行的美元（纸币）价格，只能与美国从其他中央银行通过黄金赎回的能力相当。这一举措的目的是通过透明的美国货币政策保证对通货膨胀的控制。

布雷顿森林体系的汇率目标区设置在 1‰，这表示汇率的波动只能在宣布的中间价上下 1‰ 波动（可从图 14 - 11 中回顾汇率目标区）。为保持货币在汇率目标区内，需要对外汇市场进行积极的管理。相应地，《布雷顿森林协定》还成立了国际货币基金组织（IMF）。IMF 负有借给其成员一笔干预金以助它们实现保持本国货币稳定的职责。IMF 的自身资源来自体系成员的捐献。

最后最为重要的是，人们意识到货币需要在一段时间内重新定价，例如，当出现新的贸易类型和贸易关系时。因为相应地，这一体系允许国际收支逆差超过 10‰ 的国家对货币进行贬值，但是更大程度的波动需要经过 IMF 的同意。对重新定价权的要求并不包括在内。正如我们所看到的，逆差国的压力比顺差国的压力要大很多；而且顺差国通常不愿意允许用重新定价来破坏以出口为导向的增长。

总的来说，布雷顿森林体系提供了一个有助于贸易发展的稳定的汇率框架。参与国在国际货币基金组织的帮助下管理本国的货币，但同时为了适应现实经济环境的变化，进行周期性的重新定价——尤其是当出现了长期的国际收支逆差时。

可以看出，在 20 世纪 50—60 年代期间，布雷顿森林体系的发展与最初的蓝本相比已经有了重大的改变，但是体系中最基础的元素——汇率稳定性一直保持着，并且促成了人类历史上最为长期的、以贸易为基础的经济大繁荣。

既然有如此多的成就，为什么这个体系最终没有坚持下来呢？其中一个原因是这一体系成了过度固定的汇率制度——这是该体系的创立者曾想要避免的。这反映了一些国际货币基金组织成员的观点，对于一些特别重要的货币来说，任何超过了目标汇率区的波动都是不受欢迎的。更广泛地说，发布的汇率中间价已被普遍视为经济活力的代名词。因此，在一国的决策者们遭遇长期的贸易逆差时，贬值就与国力削弱和国家不完整联系到一起。这一现象阻碍了这些货币的重新排列，但这对该体系的健康运行十分重要：逆差国不希望货币贬值，因为它们不想让国家显得虚弱，顺差国也不想货币升值危及它们未来的发展。如此看来，布雷顿森林体系僵化了，它已不能进行周期性的货币调节以使得整个货币系统维持完整。有些事情最终注定会改变，就像 1971 的美元贬值。

这就引出了这一体系的第二个也是最终的一个致命缺点：所谓的**美元矛盾**。众所周知，由于在召开布雷顿森林会议时美国经济的强大地位，美元被选作此体系的中心货币。而极大批量的美国商品也使得美元成为全世界需求量最多的货币：美元成为支付全世界进口美国商品和其他国家商品的必备。战后重建更是

> **美元矛盾**：是指在布雷顿森林体系下产生的矛盾，一方面，需要充足的美元供应以支持世界贸易的增长；另一方面，为了维持美元的市场自信心又需要对美元的供应有一定限制。

加剧了这一情况。1948 年，面对美元的大量需求，美国出台了马歇尔计划，这是一个对欧洲国家经济援助的计划。然而，不考虑这一行为，人尽皆知的美元短缺时期一直持续到 20 世纪 50 年代末。在那之后，美元供需之间的差距逐渐被美国经济本身的其他变化缩小。比如，美国对外直接投资的显著增长。当美国公司开设国外加工厂时，增加了

美元向国外流动的资金。但同时也出现了布雷顿森林体系的关键问题。如果从美国流出的美元量超过了美国的储量——所承诺的数量——接着使用黄金储备来兑换美元会发生什么？这样一来这个体系就会失败，因为整个汇率框架都是在美元兑黄金的价值框架下进行的。另一方面，美元的巨大可利用性是十分重要的，因为它为世界贸易的史无前例的发展提供了额外数量的关键货币。这表示世界经济的平衡维持在一个刀刃上，一面是美元短缺，另一面是美元供大于求，解决一个问题将会加剧另一个问题。这个现象被称为特里芬难题，由经济学家罗伯特·特里芬于 1960 年定义。

不幸的是，从 20 世纪 60 年代中期开始，一直存在资本主义的美元供大于求。最为显著的原因是国内经济的繁荣，这与越南战争的恶化和乔纳森总统 1964 年颁布的"大社会"计划相关。（这个计划包括增加政府在教育和住房上的投入、解决贫穷的措施。）这造成了美国国际收支经常账户的严重恶化，使得国外中央银行持有的美元数量上升。因为对由黄金为基准的美元有信心，中央银行很乐意积累美元资产。事实上，由于它们不能获得足够的黄金做储备使用（世界黄金的供应发展过慢），它们急切地需要这个替代品作为首要储备资产。但当持有的美元数量增加时美元危机的威胁就越大。在 20 世纪 70 年代初，美国国际收支的进一步恶化使很多外汇市场交易者不得不相信美元需要贬值：结果是美元被大量出售用于支持更有活力的货币，如德国马克和日元。这表示德国和日本的中央银行不得不用本国货币购买美元以阻止货币升值（换句话说，它们需要保持与高需求量相同的高供应量）。这很快便成了一项不可能完成的任务。

直到 1971 年 8 月 15 日，美国总统尼克松有效地取消了布雷顿森林体系，他宣布美国不再遵守美元兑黄金的协议，猜测的浪潮自此终结。由于美元兑黄金的固定价值是货币兑换框架的核心，当整个结构瓦解时，最终将由非体系的浮动汇率制度所代替。

□ 非体系制度

> **非体系制度：**指 1973 年后在世界经济范围内盛行的浮动汇率制下的宽泛体系。

虽然**非体系制度**已经非正式地运行过一段时间，但被正式授权是在 1976 年 1 月国际货币基金组织的牙买加会议上。作为布雷顿森林体系的监督机构，在这一体系瓦解之后，国际货币基金组织延续了布雷顿森林体系的传统和这一体系所体现的国际经济合作精神。牙买加会议允许前布雷顿森林体系成员制定一个自己认为合适的汇率政策，并保证不会为了单边的竞争利益来操控汇率：20 世纪 30 年代令人遗憾的货币价格是个明确的参考。实际上，正如我们在第 8 章所看到的，这一时期的主要宏观经济政策并不是汇率和国际收支，而是通货膨胀。这里需要暂停下来做一下解释，那就是世界范围内通货膨胀的再现是怎样使一个更为灵活的汇率环境成为必要的。

图 14 - 12 描述了 20 世纪 70 年代和 80 年代早期一些发达国家高且不平均的通货膨胀率。例如以英国和德国做比较。1973—1979 年英国的平均通货膨胀率是 14.8%，德国同期是 5.0%。正如我们所见，不同的通货膨胀率会对国家的相关国际价格竞争力产生重要影响。英国的高通货膨胀率意味着相对德国和其他类似的拥有更高价格稳定性能力的经济体而言，英国失去了价格竞争力。在固定汇率制度下，英国只有通过施行相对严格的支出缩减政策来重新获得国际价格竞争力。就本国来说，这会使选择支出转型更具吸引力。支出转型政策的主要形式是货币贬值或货币价值降低。如今在固定汇率制度

的条件下，想要面对由通货膨胀引起的国际价格竞争力的流失，仅通过实施一系列的贬值是不可能的。这么做显然会打破汇率稳定性的任何借口。因此一段时期内过高和不平均的通货膨胀率会使得国家放弃对固定汇率的坚持，从而它们可以通过货币价值的降低来保护其国际价格竞争力，同时也延缓了施行严格支出缩减政策的必要。

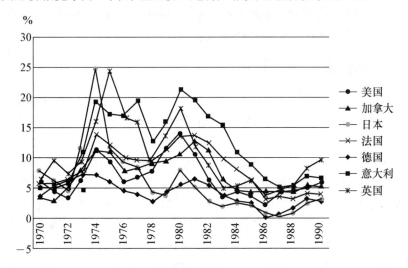

图 14 - 12　1970—1990 年 G7 的通货膨胀

资料来源：数据来自世界经济展望数据库，由 IMF 提供。

　　虽然非体系制度为汇率提供了灵活性，但一般认为这只是管理下的灵活性。我们之前讨论到没有国家可以做到完全不受汇率的影响。假如宣布货币价值降低，进口价格将会被迫升高，从而导致严重的通货膨胀；而宣布货币价值升高，将明显会影响出口和增长的前景。汇率时不时会随着长期利益、国内经济的条件变化而变化，这已成为非体系制度的一个特征。

　　例如在 1980—1981 年间，由于国内的高额利率和北海石油引起的市场对英国货币的喜爱，英镑兑美元的汇率急速上升到 2.45 美元/英镑。这也部分解释了英国的产业输出量急剧减少了 20%，正是因为工厂发现它们的产品在国外市场不具有价格竞争力，同时进口产品的相关价格下跌。经济衰退对整体经济的影响是 20 世纪 30 年代以来从未见过的。然而仅仅在几年之后的 1984—1985 年的英镑危机里，英镑的价值骤然下跌至最低点 1.04 美元，投机情绪恶化。重点是在"现实"经济里没有什么可以弥补英镑在较短的时间内产生的剧烈变动和带来的破坏。正是这一经历帮助促进了非体系制度下集体管理形式的改革。

　　英镑所遭受的困境给英国经济带来了严重问题，但对世界其他各国财富的影响比较有限。然而美元并非如此，美元反映了美国经济的绝对规模，它仍是世界上最重要的货币。在 20 世纪 80 年代中期，鉴于美国巨大的经常账户逆差，美元被普遍认为是估价过高，但是与理论预期相反，没有迹象表明美元需要贬值。这表示若没有美国的支出缩减政策，这一逆差极有可能增大。在这一点上这一问题变得更为广泛。逆差的棘手使得针对美国的工业和工党游说的贸易保护的呼声更强，主要经济体意识到除非采取一些改善措施，否则将可能出现零售贸易业的战争。

相应地，G5 成员国在 1985 年的《广场协议》上，宣布它们的共同目的是策划一个正确管理下的美元贬值。这基本等同于达成共识：非体系制度不能仅由市场情绪协调。在 1987 年，G5 成员国加上加拿大走上了更进一步的舞台——《卢浮宫协议》，世界上主要货币的更高程度的稳定性会对贸易的增长提供支持，因此有助于经济扩张。《卢浮宫协议》为签署国的货币建立了未经公布的中心目标区。目标区本身受每个经济体的经济状况影响，由此货币水平才能保持稳定和适当。

□ 欧洲汇率体系 （ERM）

从布雷顿森林体系和非体系制度的经验中可以看出，无论是完全固定的还是高度灵活的汇率体系都有局限。布雷顿森林体系最严重的一个缺点是其缺乏任何货币调节机制。虽该体系曾设想为了消除国际收支的不平衡会周期性地出现货币贬值，但并未达到足够的量。同样地，非体系制度在理论假设上具有的平滑、有序并合适的货币变化特点实际上并未实现，结果还是需要实质的干预。在实际情况中，需要在近乎绝对的固定性和毫无限制的灵活性之间做出折中。而欧洲汇率体系，至少在部分时期，被视为是体现这种折中方法的体系。虽然它的光芒被 1999 年欧元的创立所掩盖，但回顾欧洲汇率体系为汇率管理带来的深远启发，仍具有指导意义。

欧洲汇率体系于 1979 年创立，作为"欧洲货币稳定区域"。它被认为是一个固定但又可调节的汇率体系，它的职责有两项：

● 第一，在一个整合的欧盟里为促进贸易增长提供汇率稳定性（见第 2 章）。

● 第二，将它们的货币政策与德国联邦银行最为成功的政策绑定，这将为其成员提供通货膨胀的控制方法。

回顾固定汇率下的锚理论。这表示固定汇率体系下的成员不能独立使用它们的伙伴国经济的货币政策。这样做会威胁到已达成一致的货币平价的稳定性，例如低利率会导致对非正常成员货币需求的降低。

欧洲汇率体系的平价网是基于特别创造的混合货币——欧洲货币单位（ECU）。欧洲货币单位是所有成员货币的加权平均数。在欧洲汇率体系下，每一个中央银行发布一个与欧洲货币单位和其他所有成员货币之间的平价。由此一来整个欧洲汇率体系的平价网便形成了。对大部分货币来说，汇率目标区都以中间价上下波动 2.25% 为界。如有一组货币有相互偏离过远的威胁，则双方的中央银行均需对外汇市场进行干预以重建目标区的完整性。这一方法在欧洲汇率体系中建立了一定程度的对称，这正是布雷顿森林体系所缺少的；因此，货币防卫的责任就主要落到了持有较弱货币的国家上。

我们重点关注欧洲汇率体系的改革。在 1979—1989 年间，这一体系如最初预期的一般，以一个固定并可调节的方式运行着。换言之，是在规定限值里保持货币的稳定性，同时适时地做出合适的货币重组。这意味着作为布雷顿森林体系的特征之一，过期的调节带来的紧张局势没有机会建立。然而在 1987 年《巴塞尔尼伯格协议》出现之后，欧洲汇率体系变得僵化，出现了多套实际上不可调节的平价。这表示这一体系已无法缓解由汇率误分配而产生的紧张局势：它们仅能使用货币管理的常见工具来防卫。

具有讽刺意味是，《巴塞尔尼伯格协议》的实际目的是通过让其成员能够更好地应对可预计的货币攻击，来加强欧洲汇率体系的完整性。它为平价防卫建立了新的方案——例如促进对利率变化的协调使用——增强干预外汇市场所需的共同资源。然而，这一协议同样将货币重组的政策降低为"最后手段"。现如今，货币重组这一最后手段也已变成了不重组的政策。欧洲汇率体系产生了一个根本缺点，那就是随着建立平价的持续，成员之间因不同的经济表现不可避免地出现了尖锐矛盾，并且不断加剧。

后《巴塞尔尼伯格协议》中"不可调节的"平价网的完整性随着1989年德国统一带来的诸多问题而失败。德国统一带来了德国东部巨大的重建工程，这整体上是由德国一项扩张性的财政政策所资助的。由于害怕这一政策有可能带来通货膨胀，德国联邦银行采取了货币紧缩政策，即高利率。高利率转而对德国马克施加了更多的压力，同时降低了欧洲其他主要货币如英镑和法郎的压力。最终，市场最先抓住了英镑，尽管英国银行进行了强烈的干预，英国的汇率也调高到了紧急水平，1992年10月，投机者仍将英镑排除出了欧洲汇率体系，这距离英国延缓加入该体系仅过去两年。意大利里拉和西班牙比塞塔也在同一时期浮动。紧接着的夏天，欧洲汇率体系出现了新的紧张局势，这一次又是针对德国马克，将浮动边界由正负2.25％扩宽至正负15％。图14-13描述了汇率目标区从狭窄变宽（非常宽）的变化过程。

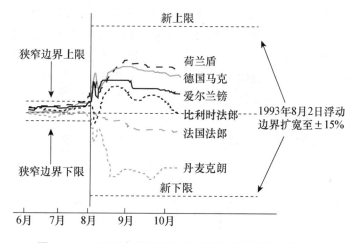

图 14 - 13　1993 年欧洲汇率体系汇率目标区边界的加宽

资料来源：英国银行季度公告，1993 年 11 月。

14.7　欧　元

我们通过对欧洲货币整合问题的简单小结来对这一章进行总结。之前的讨论为欧洲单一货币的概念提供了怎样的背景？自1999年欧元出现之后，在欧元区内再无汇率波动，并且在这些国家之间先前存在的国际收支关系也以完全不同的形式出现。为什么这些发展是可取的？对于欧元区成员国来说可能的成本是什么？

首先要说明的是我们之前已经讨论过一部分了。在1970年的维尔纳计划上，曾预想欧洲经济共同体（EEC）六个原始成员国的货币联盟将在1980年完全建成。然而，在20世纪70年代再次出现的世界范围内的通货膨胀使得六个国家采取了不同的应对政策，这阻碍了货币政策的统一和能够预示完全的货币联盟的汇率逐渐收缩。

建立货币联盟的理想在 1986 年欧盟签署的《单一欧洲法案》（SEA）中被重新点燃。如第 2 章所述，这是为欧洲单一市场提供的法案。《单一欧洲法案》意识到一个完全整合的市场需要尽可能高程度的货币一致性，因此它要求成员国遵守单一货币的原则。回顾 14.5 节中提到的固定汇率制下的综合理论。这一理论认为市场在单一货币下运行是最具效率和竞争力的。在 14.5 节中我们假设以美国为例，若美国经济内存在不同区域的货币将极有可能导致市场的分解，与使用单一货币——美元时相比，效率和竞争力都会降低。《单一欧洲法案》仅将这一原则应用于整个欧洲：欧洲单一市场的改革应参照欧洲单一货币的出现。

单一货币是由 1989 年签订的《德洛尔报告》和 1991 年签订的《马斯特里赫特条约》所制定的。《德洛尔报告》确立了货币联盟的总体形式和改革；《马斯特里赫特条约》在它的关键方面正式授权《德洛尔报告》，并为单一货币的引进建立了日程和准则。《德洛尔报告》规划了三个重要的相互关联的原则：

● 第一是关于新的欧洲中央银行（ECB）的本质，它将在单一货币出现后监督欧盟的货币政策。这一机构将会替代原先在各个欧元区国家起政策制定作用的本国中央银行。因此，它将为欧元区设定统一汇率并管理新的单一货币对欧元区以外的货币的汇率。我们怎样定义欧洲中央银行的"一般特征"变得至关重要。《德洛尔报告》对这一问题解释得非常清楚。欧洲中央银行将会以德国联邦银行为模板，换句话说，它将致力于价格稳定性并独立运行，不受任何国家政府和欧盟政府的政治控制。

● 由于实现单一货币是为了保持低通货膨胀率，货币政策的公正（欧洲中央银行方面）需要与仍受各国政府控制的、同样简约的财政政策相匹配。因此《德洛尔报告》的第二项原则是，欧盟内各国的预算赤字需要受限制，并且各个国家的财政政策都要统一制定。

● 最后，该报告意识到，在全欧洲水平上为宏观经济政策设置一个严格的基调会对就业前景带来负面影响，尤其是一些欧盟内经济不发达的地区，如葡萄牙、希腊、意大利南部和不列颠群岛的北部地区等。因此《德洛尔报告》最后的第三项原则是，欧盟的结构性干预基金在数量上翻倍。设立这些基金的目的是帮助处于缓慢下滑的欧盟地区的经济增长。然而，机构性基金在绝对数值上十分微薄，这表示欧盟仅花费了欧洲 GDP 的 1％——这并不是一个富有的机构。

《马斯特里赫特条约》是在《德洛尔报告》的基础上建立的，该条约规定对于能够达到一系列经济趋同标准的欧盟国家，将于 1999 年 1 月 1 日开始施行单一货币。趋同标准对于确保在新货币和它的机构创立之后，成员国经济体能够接受这一为整个欧盟设立的单一货币政策是很必要的。货币联盟的目的是直到 2002 年，逐步用单一货币——欧元，替换原本的不可更改的固定汇率政策。《马斯特里赫特条约》所制定的汇合标准为：

● 各国经济的通货膨胀率不得超过欧盟区内三个最佳国家平均数的 1.5％。

● 各国经济的长期利率不得超过欧盟区内三个最低利率国家平均数的 2％。

● 各国政府的负债受限：年度财政赤字的上限为国民生产总值的 3％，累计负债的上限为国民生产总值的 60％。

● 各国货币必须将欧洲汇率体系保持在狭窄（2.25％）界限内两年，不出现过度的紧张局势。

《马斯特里赫特条约》规定，一个国家必须满足上述四个条件才能加入货币联盟。然而经过 1991 年的发展，尤其是继欧洲汇率体系的连续性危机过后，出现了更为灵活的规定。因此，汇率标准最终是根据欧洲汇率体系 1993 年版制定的，它具有更宽的浮动界限，而且为了允许一些政府消除负债障碍，默许"伪造账目"。这样总结并不是毫无根据，在这些策略的基础上，欧洲货币联盟将会偏向于更宽的政治来推翻这一进程中被认为是狭窄的技术性障碍。同样值得一提的是趋同标准有宏观经济的定位。我们稍后会讲到一个国家是否准备好加入欧元区，宏观标准是不是一个正确的进入渠道。

1998 年 5 月 1 日，在达到了《马斯特里赫特条约》标准的国家中，有 11 个国家选择了欧元。这些国家是：奥地利、波兰、芬兰、法国、德国、爱尔兰、意大利、卢森堡、荷兰、葡萄牙和西班牙。对于当时剩下的四个欧盟成员国，英国和丹麦协商退出，它们免去了加入的义务，瑞典和希腊没有达到《马斯特里赫特条约》的所有标准。瑞典选择不达到欧洲汇率体系标准，一个随后针对欧元区成员的瑞典公民投票中有一个决定性的"否决"票。希腊与之相反，最初并未达到一些标准，但其势必要在一段时间内达到所有标准，并于 2001 年加入了欧元区。随着 2004 年欧盟的扩大，塞浦路斯、马尔他、斯洛文尼亚和爱沙尼亚也相继达到了《马斯特里赫特条约》标准并加入了欧元区，使得欧元区总成员数增加到 17 个。所有欧盟成员国内的非欧元区国家（英国和丹麦除外）都在尽快地逐步加入。

欧洲单一货币最大的优势是什么：是把《马斯特里赫特条约》的部分标准置之不理吗？我们从第 2 章可以看到，欧洲单一市场被构想为应对 1957 年《罗马条约》创立的关税联盟的瓦解。但是想到欧盟经济的整体表现不佳，尤其是和美国、日本相比，引发了对欧盟失去其竞争力的担忧。这需要通过提高欧盟的经济整合来重建：将关税联盟替换为单一市场。增加的单一货币需要更深程度的整合，而且它的支持者声称，将会为整个欧洲带来切实的利益。

□ 欧元的优势

欧元的广受欢迎呈现为微观经济和宏观经济两种形式。三个主要的微观优势是：

● 消除由货币兑换带来的交易成本。从荷兰到德国旅行的人们再也不用在兑换货币上花钱——在这两个国家，实际上是在所有的 17 个成员国内，都流通着同一种货币。这一利益被普遍认为是相对最微不足道的一个。

● 消除欧元区内的汇率风险。由于 17 个经济体均使用相同的货币，一个国家的汇率将再也不会与其他成员国的货币产生冲突。例如，一家在芬兰的公司可以计划一个中期的投资，而无须承担任何因不利的货币变化引起的欧元区内部件和原材料成本的突然上涨，或是对其他欧元区出口的商品价格上涨的风险。

● 最后，欧元带来了完美的**价格透明**。由于英国消费者和公司在国外进行交易涉及的价格和合同都是以国外货币为基准，相对于以英镑为基准的交易缺少透明度。这在一定程度上使得英国居民不乐意在国外做生意，因为这会更加困难。如果说这种不透明阻碍了英国进行本应产生的最好的交

> **价格透明：** 在国际背景下所有国家使用相同货币时，或退一步说，当汇率被固定时，出现了价格透明。

易，则是英国的损失。正是因为欧元的诞生，像爱尔兰这样的国家再也不用担心这个问题。爱尔兰的消费者和公司再也不用将德国马克、法国或比利时法郎、意大利里拉等折合成爱尔兰镑以便查看它们的报价是否具有竞争力；他们能立马知道，因为他们使用同一种货币。图 14-14 表明了价格透明化和减少汇率风险在欧元区经济体内受到高度赞扬的原因——是因为它们彼此间的密切的贸易往来。以图中第一条数据奥地利为例，它的出口额中超过 70% 都是出口到欧盟其他成员国，这些国家中大部分已经加入欧元区，剩下的大部分国家也将要加入欧元区。奥地利的下一个最大的出口市场美国，仅占它的出口额的 4.4%。

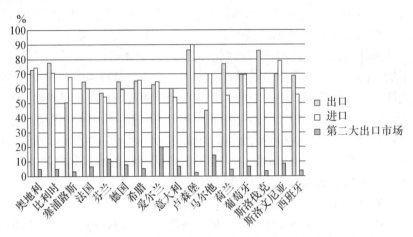

图 14-14 2008 年欧盟成员在其他 27 个欧盟成员国所占的贸易份额

资料来源：数据来自世界经济展望数据库，由 IMF 提供。

在宏观层面上欧元有两大优势：

● 欧洲中央银行的设计意味着欧元区应有一个低通货膨胀的经济。这对于过去挣扎在通货膨胀下的国家来说绝对是一个潜在的福利（图 14-12 表示意大利和法国很有可能属于这类国家）。

● 比起欧盟内很多的货币和国家获得的优势，欧元将会在全球货币体系中提供更大的优势。首先去掉了美元作为世界核心货币的地位，金融市场将会接受以较低汇率费用作为持有欧元的价格；这意味着欧元区内较低的汇率将会盛行并随后刺激欧洲的投资和消费。

□ 欧元的成本

有两大类成本与单一货币相关：

● 第一类是由重定货币单位带来的明显花费。每个欧元区国家的金融和广泛的经济体系都是按本国货币制定的。在引进欧元之后就需要对所有这些体系进行重新校检。重定货币单位的花费被认为是最微不足道的，并且是一劳永逸的。

● 第二类成本会更加严重，即失去宏观经济独立性。在欧元区内，欧洲中央银行根据整个区域内的主流经济状况设定汇率。如出现在某一国家欧元汇率过低的情况呢？欧元引进时爱尔兰发生的情况正是很好的例子。当爱尔兰中央银行将货币令状移交给欧洲中央银行时，爱尔兰的汇率一夜之间从 6% 降至 3%。在欧洲中央银行看来，1999 年欧元区萧条的经济形势需要低汇率，但爱尔兰政府认为快速增长的爱尔兰经济需要高汇率来抑制通货膨胀的压力。由于欧洲中央银行制定汇率，爱尔兰政策决策者们显然认为有一个强加于此的汇率是不合适的。①

这个例子说明了有时被称作"万全之策"的欧元汇率问题，实际上更为全面的是指宏观政策的问题。欧元需要欧洲中央银行的决策能够适合所有成员国。但这并不能时常发生——例如爱尔兰的例子——这并不必然是欧元的根本弱点，而是因为货币的长期胜利需要欧元区国家的真正融合。它们需要更多的时间来像一个经济体一般运作；如果它们做到了，那么一个统一的宏观政策框架将会是一体适用的——主流的汇率标准也会是正确的。

这个问题被总结为对欧元区能否成为**最优货币区**的思考。这一概念最早是由诺贝尔经济学奖获得者罗伯特·蒙代尔提出的。简单地说，最优货币区是一个经济体或地区的集合，在这一集合内，商品、资本和劳动力市场都充分整合并灵活变动，使得单一货币和统一的宏观政策框架有效运行。回

> **最优货币区**：是一个经济体的集合，在这一集合内市场充分整合并灵活变动，使得单一货币的使用优于各自的本国货币。

到之前爱尔兰的例子来论证这一概念的意义。在一开始爱尔兰加入欧元区时，已经快速增长的爱尔兰经济由于汇率从 6% 下跌至 3% 而进一步加快了增长速度，实际上会成为遗憾性甚至灾难性的增长。但如果欧元区的劳动力市场灵活到了一定程度，假设经济萧条的西班牙失业者会因为相对较高的工资——充分就业的产物和更多的工作机会移民到爱尔兰。

再比如在同一时间，受欧盟区域政策的鼓励，公司开始外出到西班牙寻找投资点，由于西班牙较慢的增长降低了投资成本，并且与爱尔兰不同的是，西班牙或许没有劳动力短缺。在这些情况下，爱尔兰和西班牙之间的经济增长差异就不会成为主要问题，因为劳动力和资本市场的灵活性大大减少了这一矛盾。劳动力会被吸引到爱尔兰从而"冷却"它的经济；新的投资也会集中在低成本的西班牙，从而推动它的经济发展。这同时也意味着爱尔兰和其他任何经济体和地区一样，都能在欧洲中央银行设定的任何宏观经济政策框架下"生存"下去。

这就是《马斯特里赫特条约》中的标准在某种意义上"弄错"的地方。这些标准是以宏观定位的。它们虽涉及通货膨胀、利率和汇率的问题，但它们没有注意到欧元区候选人劳动力和资本市场灵活性的问题——这些问题关系到欧元区能否成为最优货币区。希腊、爱尔兰和西班牙的经济困难更凸显了这些问题的重要性。例如在西班牙，最近的失业率是 20%——一个极好的数据表明西班牙浪费了这个国家最重要的资源：人口。西班牙要怎样恢复呢？由于在欧元区内我们知道西班牙不能做的事有：

- 不能降低利率（这由欧洲中央银行决定）。
- 不能将本国货币对其他主要贸易伙伴的货币价值降低（它们使用的是同一种货币）。
- 不能像英国政府一样，施行量化货币宽松政策——这同样也是欧洲中央银行的特权。
- 不能增加政府支出（它们没有钱，即使是在一个好的财政情况下，欧元规则也限

---

① 在发达经济体内的汇率通常是以 1% 的小数点变动的。近期内在紧急情况之外从 6% 到 3% 的下跌几乎是史无前例的。

制了它们的财政政策）。

实际上它们唯一能做的就是希望劳动力市场能够变得足够灵活，以使得它们的商品和服务能在占出口量不到70％的欧洲市场上具有竞争力（见图14-14）。施行不受欢迎的微观经济政策来帮助增加劳动力市场的竞争力几乎是很有必要的。残酷的是，这意味着西班牙人民需要在许多年里比现在工作更加辛苦、时间更长、工资更低。欧元使得西班牙向紧缩的道路前进。它同样也证明了在一个货币联盟内发生的国际收支问题演变成了区域问题。如此一来出问题的地区就变成了整个西班牙。

希腊、爱尔兰和西班牙的问题引起了对欧元的另一个质疑。我们留意到《德洛尔报告》希望在欧盟区域政策框架中投入更多的资源。这一目标已达成，但是数量却极小，由于欧盟是一个资金缺乏的机构。在欧洲主要的政府支出都是由本国政府承担的。这表明当欧元区经济体遇到和希腊一样的困境时将会有双重障碍：既缺少有意义的宏观工具可供使用，也没有超出国家的政府提供帮助。这与美国形成了对比——当某个州同样的因缺乏宏观力量遇到问题时，有联邦政府提供资源。

为了弥补这一设计缺陷，2010年欧盟成立了欧洲稳定基金（EFSF），它提供了7 500亿欧元的基金供欧元区成员国财政情况受威胁时提取。至本书写作时，希腊和爱尔兰都因为政府破产而被迫接受了欧盟的资助。设立一个整合资源以帮助成员国在调整紧缩经济的道路上缓慢前行，是对欧元结构上的基本缺陷的一个迟来的觉醒。

14.8　国际收支、汇率与商务

我们通过对国际收支、汇率和商务之间关系的讨论来总结这一章。在14.3节中我们看到了国际收支是怎样给世界经济带来各种各样的问题的，它可以引起贸易保护的情绪，也有潜力给其他经济体带来负面影响，有很多问题本身并不包含在最初的收支问题内。在这里我们讨论的是更加本土化的问题：在某一个经济体内政府会采取什么样的政策应对国际收支的不平衡？国际收支政策会对商务产生什么影响？

最原始的问题就是在经济运作时汇率体系的本质。首先考虑固定汇率制下的国际收支不平衡。

□　固定汇率制

众所周知，在固定汇率制下，长期的国际收支不平衡最终会由支出缩减政策和支出转换政策配合而解决。在逆差的情况下，包括降低增长率以减少进口需求，同时通过货币贬值来降低在国外市场的出口价格和增加国内市场的进口价格。假设在马歇尔-勒纳条件下，国内产业具有足够的生产力应对贬值带来的需求刺激，逆差就会消除。

对一些国内企业来说，这一政策的反应会带来积极影响。它们在国外市场出售产品和服务时会发现，由于货币贬值，它们的产品与国外竞争者相比更加便宜。对于活跃在国内市场的企业来说，产量会更加不明确。一方面，由于贬值导致进口产品价格升高，它们的价格就更具竞争力，但另一方面，整个国内市场会遭受经济增长缓慢和需求下降的压力。对于从国外进口货物加工后在本国出售的企业，问题更加严重。贬值提高了进口价格，对它们的最终价格施加了压力，同时又缩减了它们的市场。

□ 浮动汇率制

在浮动汇率制下，要记住所有的国际收支不平衡都会由汇率调节。例如当出现逆差时，本国货币在外汇上的过度供给会导致这一货币贬值。接着，出口和进口价格的变化有利于货币贬值国的企业。在固定汇率制和浮动汇率制下对国际收支逆差的修正最大的区别就是，在浮动汇率制下不需要任何支出缩减政策。对于国内企业来说，其带来的明显优势便是国内市场也没有需求萧条的情况。

□ 在商务背景下固定汇率制与浮动汇率制的比较

我们的讨论似乎暗示了，从商务的角度考虑，浮动汇率制是个更好的选择。然而有一个额外问题使事情复杂化。许多公司都普遍更倾向于稳定的经济形势。商务计划——生产多少，投资多少，目标定位于哪个市场等决策——显然最好是基于环境的稳定性。由于商务的不稳定性和不确定性的主要来源都在于货币的波动，因此积极的汇率管理对商务利益来说是最好的。换言之，固定汇率制更受企业的喜爱是因为它能为商务提供更稳定的环境。同样地，企业也可以使用货币期货市场来保护自身免受货币异常波动的困扰。

考虑如下情况。若一个德国打印机厂商协议在 6 个月的时间内向英国印刷厂出口一台机器，以欧元标价，英国公司知道现在要用英镑付款的价格。但是并不知道 6 个月之后英镑兑欧元的汇率。或许欧元会弱于英镑，使得实际发货时机器的英镑价格降低。相反地，英镑也可能变弱，使得发货时的价格升高。如果英国企业同意在签订机器购买合同的同时，与银行签订一个英镑兑欧元的期货汇率协议（银行当然也会对这项服务收费），这种不确定性就会消除。因此，当机器送达时，英国印刷厂就按事前约定的汇率支付相应的欧元。看起来似乎在浮动汇率制下，企业就可以免去一些汇率变化带来的不确定性。但是这一选择并不是无偿的，并且期货市场的范围仅在未来的 180 天内；超过一年或两年肯定会更加昂贵。这就表示，很难保证在国外经济中获取的收入能够抵消国内经济长期贬值的损失。

我们进行这个讨论和列出对立观点的目的是什么呢？从商务的角度看固定汇率和浮动汇率哪个更好呢？或许最好的结论便是这是一个开放性的问题。目前，世界经济总体上是在浮动汇率制下的，但是有些国家选择单方面地管理本国货币——例如中国——有的选择与其他国家合作。我们可以将这种情况归于许多国家中的一类，它们在一定程度的货币管理中找到了一些优点。

▍ 总　结

● 一个经济体的国际收支和汇率是紧密相连的。一个浮动的汇率制度会自动调节国际收支的平衡；政策可以集中在其他目标上，而不用担心对外账户的问题。然而，在汇率被固定或管理的情况下，国际收支不平衡的出现需要主动的政策修正。支出缩减政策包含内部的通货紧缩和通过较低的国内总需求与缩减的进口需求来走出逆差困境。在逆差的事实下，第二类政策是支出转移，通常包括货币贬值或货币价值降低，这增加了出口商品和进口替代品的竞争力。

- 自 1945 年起，世界经济就依赖于固定汇率制（布雷顿森林体系）和浮动汇率制（非体系制度）。但是非体系制度并未被归类为自由的浮动汇率制度。实际上，在 20 世纪 80 年代期间，汇率是由主要的工业化国家共同管理。而且在非体系制度下也发展了区域固定汇率体系，如欧洲汇率体系。欧洲汇率体系在 1999 年因欧元而成功。
- 从商务的角度，对于固定汇率制和浮动汇率制的优劣问题并无明确定论。

关键术语

- 经常账户
- 资本账户
- 金融账户
- 自主性交易
- 调节性交易
- 国际收支不平衡
- 汇率
- 贬值/法定贬值

- 升值/法定升值
- 浮动汇率制
- 固定汇率制
- 支出缩减政策
- 支出转换政策
- 货币投机
- 欧洲货币联盟
- 最优货币区

问题讨论

1. 列出国际收支账户的结构。
2. 解释在国际收支中自主性交易和调节性交易的重要性。
3. 国际收支顺差和逆差的含义以及针对每种情况采取的正确政策的主要形式是什么？
4. 汇率是怎样决定的？
5. 解释固定汇率制和浮动汇率制的区别并列出两者的优缺点。
6. 欧元的经济案例是什么？

推荐阅读

http://www.open2.net/openfinance/back_wednesday.html
《黑色星期三简史》——开放大学商学院马丁·厄普顿解释在 1992 年英镑退出欧洲汇率体系时到底发生了什么事？

http://www.youtabe.com/watch?v=IF_7BGdo0RE

一个时长四分钟的由安德鲁·马尔对于黑色星期三事件的总结。

在人们的印象中，黑色星期三通常被认为是英国经济的灾难性事件。英镑在 1990 年进入了欧洲汇率体系，但两年之后被毫不客气地逐出。收听广播（或阅读）并观看视频，然后回答以下问题。

1. 根据厄普顿先生的说法，为什么英国首先加入了欧洲汇率体系？

2. 英国加入还有什么其他原因？（回顾 14.5 节。）

3. 这段视频讲述了当天的动荡情形，当时政府被迫将利息从 10％提高到 15％试图来支撑英镑的价值，但这是徒劳。但是视频显示且厄普顿先生认为离开欧洲汇率体系在当时可能不是灾难。对于英镑汇率浮动的经济而言，好处是什么？

4. 厄普顿先生从黑色星期三那里吸取了什么教训，以确定英国未来对欧元区成员国采取何种策略？

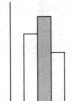

第 15 章

全 球 化

关键问题

- 全球化意味着什么？
- 全球化的进展有多远？
- 全球化的魅力是什么？
- 全球化带来的威胁是什么？
- 全球化一直和我们在一起吗？

15.1 引 言

在第 13 章和第 14 章中，我们介绍了"开放经济"的概念，包括国际收支和汇率。我们部分集中讨论了这些概念对国家经济所产生的问题和所带来的事件。我们看到，一个国家不能忽视持续性的国际收支失衡，它可能会选择通过，例如，允许其货币的汇率浮动以自由地兑换其他货币的手段来面对潜在的收支失衡问题。

在这最后一章中，我们越过国家的经济问题，进一步探索我们这个时代中一个主要的全球经济事件：全球化和所谓的新的"全球"经济的出现。这个概念经常被提到，但它究竟是什么意思？它的基础到底是什么？

15.2 什么是全球化？

□ 全球化的概念

在过去 30 年里，世界已经变得非常不一样了。许多边界和差异被瓦解了，给我们的经济塑形了，社会也变得多极或完全融合了。下面我们举个例子。当本书的作者还是学生时，去往如俄罗斯、中国甚至波兰旅行不是件容易的事情。当时世界大部分国家处在西方资本主义和东方社会主义的分裂之中，这两个集团之间的相互猜疑和敌意使它们的经济、政治、文化、技术之间的交流存在困难或者根本无法交流。即使我们能够获得访问莫斯科或北京的许可，费用也将是高昂的。没有廉价的航班，没有互联网上的签证，也没有人安排住宿。

现在我们生活在一个更容易被访问的世界中，空间和时间似乎被压缩了。用个人电脑——这一章就是用个人电脑写就的——我们可以快速、轻松地预订去往几乎任何地方的机票，安排签证，并预定保留一个酒店房间，只因为这笔钱绝不像以前那么价格高昂——这个星球似乎变成了一个更小的地方，它也更加统一化了。国际化品牌渗透了周边和遥远的地区，比如，在曼彻斯特和莫斯科的麦当劳，在伯明翰和北京的乐购，在赫尔和广岛的星巴克。

虽然全球化可能受到许多人的欢迎，因为它将市场和经济机会传播到新的地方，但也受到其他人的抵制。而且令人费解的是，全球化可能会同时被一些团体或机构欢迎和抵制。回想一下第 13 章和关税的例子：欧盟已经从中国和越南进口鞋子。欧洲居民想买这些便宜和时尚的鞋子，但因为它们的到来在市场上威胁到一些欧洲鞋类厂商，从而当局试图加大中国和越南向欧洲出口鞋子的难度。另一个例子是，法国农民因蓄谋洗劫在法国的麦当劳餐厅而被处以罚款甚至监禁。许多法国人喜欢麦当劳，而且它的业务在法国持续增长，但一些人认为这是对法国文化和独特生活方式的威胁。全球化也带来了威胁，因为它有利于快速传输更大范围的经济问题。2008—2009 年的经济衰退是一个从美国的房地产泡沫经济崩溃辐射到全世界的全球事件。如果世界金融体系不那么相互依赖或能更好地被监管，这场灾难可能已经被避免了。

□ 从商务角度定义全球化

全球化包括一系列的经济、政治、文化和技术的过程，使世界变成一个更加紧凑和集成的地方。但在本书中我们感兴趣的是商务经济，这将有助于简洁地表达我们的全球化。

从商务的角度看，全球化是指国际贸易的传播和对世界新地区的直接投资，而上述这一趋势很多是由政治变革和新技术推动的。全球化进程的一个必然结果有时被认为是对国家主权的削弱：由于市场和企业在国际边界上的迁移，当局掌控它们自己的经济发展的力量被削弱了，甚至对传统的大而强大的国家来说，这也许是真实的。例如，尽管英国仍然是一个主要的汽车制造业的经济体，但是已经不再有任何主要的英国汽车公司。这意味着，在汽车制造方面英国经济的未来完全依赖于诸如美国、日本、德国和印度的董事会做出的决定，英国政府几乎没有任何选择的余地，只能使外国的汽车公司尽可能地生活舒适，因为英国有这么多的投资和工作依赖于它们的发展。这里的舒适生活需要解读为低税收政策以及国家支持的形式，如最近的旧车换现金计划。

15.3　全球化发展多远了？

世界经济在许多方面都发生了巨大的变化，但它是否已经真正地全球化了？这是一个我们必须去看的问题。如果世界上的许多地方都是新近而又被果断地接受了贸易和投资的双重进程，那么全球经济的出现将是强大的。然而，尽管世界上一些以前的边缘地区已经与现任发达经济体的经济有了很大程度上的整合，包括许多经济体和庞大人口的其他地区在贸易和投资中都没有得到广泛的份额。这种说法的证据是什么？

□ 世界贸易的新近模式

一个国家能够成功地出口一些货物和服务是有一系列很重要的原因的。例如，出口会产生外国货币的流入，调控进口的能力。没有外币的国家不能从国外购买食品、机械、技术、药品或其他任何东西。出口和其对一个国家所产生的需求也可能是经济增长和就业的重要来源。图 15-1 描述了世界主要地区在 1983 年和 2009 年的出口份额。

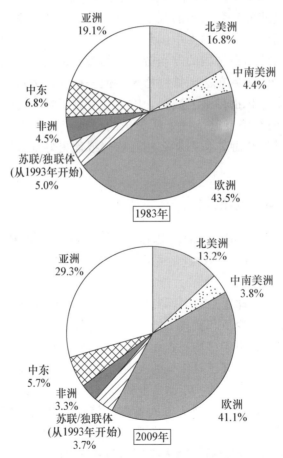

图 15-1　世界主要地区在 1983 年和 2009 年的出口份额

资料来源：International Trade Statistics, courtesy of WTO.

商务经济学（第二版）

两个饼图描绘了世界出口格局连续性的显著程度。在 1983 年，欧洲和北美分别占世界出口量的 43.5％和 16.8％。仅仅过了 25 年，在世界各地被认为全球化的时期，它们的份额分别是 41.1％和 13.2％，两者都有减损，虽然欧洲减少的份额相对较少。

现在转向中南美洲、苏联/独联体（独立国家联合体）、非洲和中东，很明显，这些地区也失去了一些出口份额。在日益全球化的世界中，随着贸易活动的传播渗透，以往相对被排除在外的区域可能会发生逆转。

亚洲地区的出口份额有着惊人的增长，从 1983 年的 19.1％到 2009 年的 29.3％。有一些力量在这其中发挥作用，但这种变化可以解释为是由"亚洲六小龙"经济体（中国香港、马来西亚、韩国、新加坡、中国台湾、泰国）卓越的出口业绩带来的，尤其是中国大陆，其在世界出口中的份额从 1983 年的 1％上升到 2009 年的 10％。

因此，对全球化贸易进程进行评估有什么意义呢？我们似乎发现巨变主要发生在世界的一个地区，特别是在人口最多的国家（中国大约占世界人口的五分之一），但很少有证据表明世界上其他国家的进步。欧洲和北美的富裕国家已经失去了一些世界出口份额，但也有最贫穷的地区，例如非洲的出口份额从 1983 年的 4.5％下降到 2009 年的 3.3％。

□ 世界投资的新近模式

如果贸易模式不能很好地证明世界的全球化，那么投资模式呢？正如第 14 章中所表明的，外商直接投资（FDI）是指投入资金给一个公司，该公司可从其他国家获得原始资料，投资者能够对接受投资的公司的商业活动产生直接的影响。外商直接投资交易包括实际资产中的工厂、机器、设备以及零售基础设施等。外商直接投资的内部流动同样重要，因为它们同新型技术、产品的专业知识转移到接受的经济体中有着一定的联系，尤其是对于那些不发达的经济体。投资同时也为更广泛的经济增长与创造就业奠定了基础。

图 15 - 2 与图 15 - 3 表明了自 1990 年以来外商直接投资流入的分配情况。再考虑一下经济全球化，我们能从图中看出什么模式？一个广受热捧的观点是跨国公司塑造了更为开放的全球环境，并利用更为开放的全球环境将产品转移到世界上一些新的地区，从而脱离在欧洲、北美洲长期以来建立的工业中心。为了这个目的，它们将生产力的优势同诸如拥有廉价劳动力成本的地区相联系，从而获取利润。既然在北非或印度次大陆可以付更少的工资来雇用工人，何必在西欧承担更高的最低工资标准呢？

那么这个进程的进展有多快呢？图 15 - 2 描述了外商直接投资的区域流入。从图中可以明显看出，拥有吸引力的欧洲和北美仍是外国公司想要打开产品和推销设备的地区。在 1990—2009 年间，欧洲将 30％～50％的全球外商直接投资带到其他地方，而北美的份额则在 10％～28％之间波动。作为在一定程度上对图 15 - 1 的补充，其他接受外商直接投资的地区包括南亚、东亚以及东南亚，这些地区平均享有 15％左右的份额。因为投资不断涌入这些地区，导致它们的出口也同样实现了增长。最后，让我们来看一下非洲、中东欧、东南欧和独联体国家相对较小的份额。尽管自 2000 年以来，这些份额普遍得到提升，但仍不能说明在跨国投资方面，它们就是全球转型的一部分。

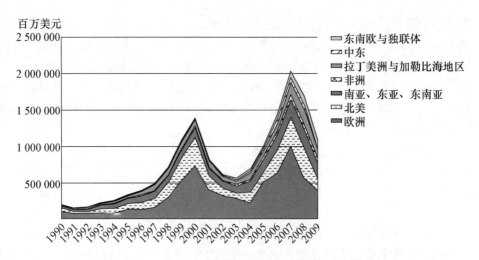

图 15-2　1990—2009 年间区域外商直接投资的流入

资料来源：数据来源于联合国贸易和发展会议外商直接投资/贸易谈判委员会数据库。

图 15-3 是两类主要国家在 1990—2009 年间，外商直接投资离散的总结，一方是工业国的代表英国和美国，另一方是发展迅速的金砖国家经济体。美国是世界最主要的外商直接投资接受国。正如从图中看到的，英国也同样享受着投资流动的份额（这点能够同流入法国、德国的资本相比较，法国和德国是同英国实力相当的经济体，为使图变得清晰，在此并没有展示出来）。在**金砖国家***之中，自 1990 年以来中国已是强劲投资的重点国家。但是其他三个金砖国家的份额就相对较少，全部都在 5% 以下。俄罗斯与印度在多数时期的份

> **金砖国家：**指巴西、俄罗斯、印度以及中国。

额甚至接近 1%。从全球来看，外商直接投资方面尽管有着很大的发展，但这并不能证明全球化已经实现。

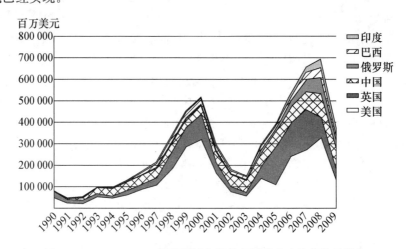

图 15-3　1990—2009 年间区域与经济领域外商直接投资的流入

资料来源：数据来源于联合国贸易和发展会议外商直接投资/贸易谈判委员会数据库。

---

*　南非于 2010 年加入金砖国家，本书英文版写作时，金砖国家中未包含南非。——译者注

□ 有关世界 GDP 分配的若干反映

图 15-4 显示了 1992 年、2000 年以及 2009 年五国集团（G5）以及金砖国家在世界国内生产总值中所占的份额，同时也解释了其中的原因。考虑到 2009 年美国与下一个最大的经济体之间的差距，自 20 世纪 90 年代以来，有关美国在世界经济中主导地位的争论也大为增加。美国巨大的市场给投资带来了很大的吸引力，同时美国是很多大公司的所在地，而这些大公司也是其他国家企业想要合并或收购的对象（包括本国的公司）。图 15-4 很清楚地呈现出金砖国家的经济情况。1992 年，每个金砖国家的经济状况都不如英国以及 G5 中最小成员国经济规模的一半。到 2009 年，中国的快速发展使得中国超越日本，成为仅次于美国的全球第二大经济体，与此同时，德国、法国与英国同巴西、俄罗斯以及印度之间的差距也大大缩小了。如果增加 2015 年和 2025 年两个年份，那么图 15-4 看起来会是怎样呢？对于 G5 来说，这或许会是一个看似有趣、实则让人担心的问题。

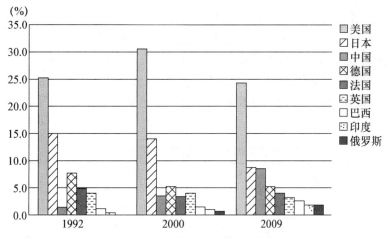

图 15-4　G5 与金砖国家经济体在世界 GDP 总值中所占的份额

资料来源：数据来自世界经济展望数据库，国际货币基金组织。

在深入了解情况之前，让我们看看图 15-5。图 15-5 描述了 2010 年 G5 以及金砖国家国民人均总收入的情况。尽管金砖国家，尤其是中国经济势头强劲，但是这些国家目前人口众多，这就持续地限制了它们的富裕程度，作为外商投资的市场，其吸引力也大大降低了。尽管中国是世界第二大经济体，但是总的收入要被分配到超过 13 亿人口中（相比之下，英国只有 6 100 万人）。而这就是中国以及其他金砖国家取得进步的大背景，虽然开头很喜人，但依然是任重而道远。

表 15-1 是从联合国 2010 年人类发展指数中提取出来的，表中数据是对上述观点的进一步论证。人类发展指数是对世界国家等级的划分，是基于人类发展的三个标准：人均寿命、教育程度以及收入状况。这三个标准各自反映了人们生存的年限、自我提高的能力以及物质生活的标准。不足为奇，G5 成员国有着相对较高的人类发展指数。尽管美国处于第四的位置，但是每一个 G5 成员国的民众平均寿命都很高，其受教育程度都有近 10 年或 10 年以上。如图 15-5 表明的那样，其收入也很高。在金砖国家中，俄

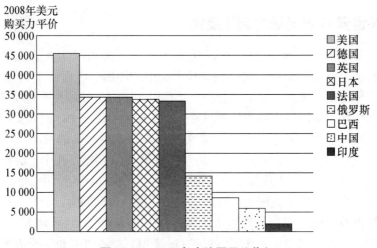

图 15-5　2010 年人均国民总收入

资料来源：联合国发展项目，来自《2010 年联合国人类发展报告》。

罗斯人的平均寿命低于巴西人，但俄罗斯对教育的投入以及人均收入都较高，这就使得俄罗斯的等级相对高一些，俄罗斯位于世界第 65 位，而巴西则位于世界第 73 位。印度是金砖国家中排位最低的，因为印度的人均寿命较低，人们受教育程度不高，其人均收入也不高。G5 与金砖国家之间的人类发展差距是过去几代工业经济持续稳定增长的反映。如果在未来的时间金砖国家的经济总量能够稳定发展，那么它们同 G5 之间的差距就会缩小。

表 15-1　　　　　　2010 年联合国人类发展指数，被选经济为前十经济体

人类发展指数	国家	出生时的预期寿命（岁）	平均受教育年限（年）	人均国民总收入（2008 年美元购买力平价）
1	挪威	81.0	12.6	58 810
2	澳大利亚	81.9	12.0	38 692
3	新西兰	80.6	12.5	25 438
4	美国	79.6	12.4	47 094
5	爱尔兰	80.3	12.6	33 078
6	列支敦士登	79.6	10.3	81 011
7	荷兰	80.3	11.2	40 658
8	加拿大	81.0	11.5	38 668
9	瑞典	81.3	11.6	36 936
10	德国	80.2	12.2	35 308
11	日本	83.2	11.5	34 692
14	法国	81.6	10.4	34 341
26	英国	79.8	9.5	35 087
65	俄罗斯	67.2	8.8	15 258
73	巴西	72.9	7.2	10 507
89	中国	73.5	7.5	7 258
119	印度	64.4	4.4	3 337

资料来源：联合国发展项目，来自《2010 年联合国人类发展报告》。

如果未来几年金砖国家能够提高人类发展指数，那么就很难说拥有较低人类发展水平的经济体能够与其一样了，正如表 15 - 2 中的国家那样。在这些国家中，没有一个国家的人均寿命达到 57 岁。埃塞俄比亚人和尼日尔人受教育程度最低，而在马拉维与埃塞俄比亚，其国民的人均收入每天不足 3 美元。而尼日尔国民的人均收入每天不足 2 美元。身处这些国家的人们怎能理解全球化的概念呢？

表 15 - 2　　　　　2010 年联合国人类发展指数，被选经济体人类发展水平较低

人类发展指数	国家	出生时的预期寿命（岁）	平均受教育年限（年）	人均国民总收入（2008 年美元购买力平价）
150	津巴布韦	47.3	6.5	1 559
153	马拉维	54.6	4.3	911
157	埃塞俄比亚	56.1	1.5	992
167	尼日尔	52.5	1.4	675

资料来源：联合国发展项目，来自《2010 年联合国人类发展报告》。

□ 人口迁移的新近模式

虽然全球化与国际贸易和投资的转变有着基础性的联系，但是也要考虑人口的移动。如果贸易与投资模式以相对有限的方式发生着改变，人口的流动则会增加资源配置的全球性流动。举例来说，当从发达国家向非洲的外商直接投资流动性相对减弱时，非洲居民能转向发达国家，获得更多的经济机会吗？

有证据表明：尽管在过去的 20 年中人类的迁徙增加了，但从宽泛的全球意义上来看，情况并非如此。1990 年，约有 1.55 亿人离开自己的国家到国外生活至少一年。到 2010 年，估计约有 2.14 亿人。图 15 - 6 说明了 1990—2010 年移民流入地的情况，世界三大主要移入地分别是北美洲、欧洲和亚洲。1990—2010 年间这些地区的移民增加很多，亚洲增加了 1 000 万人，欧洲增加了 2 000 万人，北美洲则增加了 2 200 万人。表 15 - 3 将这些数字具体化，显示了国际移民占本地区人口的百分比。举例来看，在欧洲，1990 年移民人口占总人口的 6.9%，而到了 2010 年则约占到 9.5%。而在北美洲，这个数字则由 9.8% 上升到 14.2%。在欧洲和北美洲，移民们将其视作世界经济活动中心，具有很强的吸引力，仿佛它们是移动的首都一样。唯一不同的是，自 2008—2009 年的经济衰退后，这些地区的政府减少了对外来移民的接受量，而将注意力放在了内部投资上。

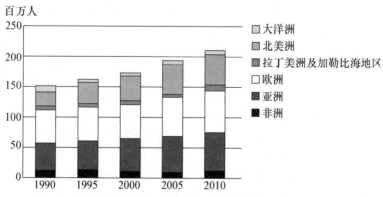

图 15 - 6　移民流入地估计的年中国际移民

资料来源：数据来自联合国人口司。

表 15 - 3　　　　　　　　　　国际移民的人口百分比（％）

	1990	1995	2000	2005	2010
非洲	2.5	2.5	2.1	1.9	1.9
亚洲	1.6	1.4	1.4	1.4	1.5
欧洲	6.9	7.5	7.9	8.8	9.5
拉丁美洲及加勒比海地区	1.6	1.3	1.2	1.2	1.3
北美洲	9.8		12.7	13.6	14.2
大洋洲	16.2	16.3	16.1	16.4	16.8

资料来源：联合国人类发展项目，来自联合国人口司。

□ 全球化已经发生了吗？

世界经济已经全球化了吗？考虑到我们在贸易与投资模式中看到的某种连续性，以及在收入与发展中看到的不连续性。或许我们并不能说世界经济就已经全球化了。当然，像"亚洲四小龙"和中国大陆，在经济上还是取得了令人瞩目的成就，但是其他一些地区的变化则相对较小。巴西、俄罗斯以及印度国内生产总值的份额在不断增加，而当我们考虑非洲、南美洲以及中美洲的经济时，其发展势头阙如，经济全球化还为时尚早。

15.4　全球化有哪些吸引力？

□ 惠及各国的自由与开放贸易

在支持者眼里，全球化可以将发展经济的机会扩大到至今仍然否认全球化的世界某些地方。这些机会惠及整个经济、特殊的群体以及单个的人。在某种程度上，这就回到了我们在第 13 章讨论过的大卫·李嘉图的著作。李嘉图是自由贸易坚定的支持者，他对经济学理论的永恒贡献在于比较优势理论，该理论证明了：所有参与到开放、自由的世界经济中的国家均能获益。在这种环境中，资源能够通过市场得到最为有效的配置，而该市场则是全球市场的高度。全球化使得全球贸易成为一个更加包容的过程，最大的受益者将是世界上较贫穷的经济体，它们将为自己生产的产品和服务找到新的市场；它们会受到更多的物质刺激，从而去高效率地生产。然而重要的是，这里没有失败者。

举个例子，请认真想一下欧盟当前在资助低生产效率的农产品上所使用的资源。我们在第 2 章已经讨论了欧盟这样做的原因，即最大程度地保护欧洲农民的工作与收入，假如不予以资助，很少人会选择从事农业生产，那么欧洲国家将不得不从世界其他地区进口更多的食物。在全球化支持者的眼里，这是一个利好的消息，因为在其他地方食物生产的效率很高，而且无须政府的资助。在全球化的世界中，欧洲可以从廉价的进口商品中获益，但是对于欧洲的农民呢？从短期来看，农民的利益受到了损害，其实李嘉图也认识到了这一点。但是如果欧盟不支付给农民一定的补贴让他们留在土地上，那么它或许就要从已不起任何作用的补贴中拿出一些资金去鼓励农民重新探索其他形式的经济活动，这种活动让欧洲获得了比较优势。这样各方都获得了益处。

□ 在全球化的世界中贸易与投资是互补的

经济活动没有了边界，那么投资的流动范围也就变得更广了。对于那些致力于巩固长期经济前景的东道主国家来说，外商直接投资可以带来一系列的好处。像新产业设备、技术以及工作等益处都与外商直接投资有着密切的关系。

全球化也积极融合了贸易与投资的过程。一个很好的例子就是最近中国同赞比亚的关系。在本章我们谈论了一些有关中国的情况，但除了在图 15 - 2 中谈到的赞比亚的较低人类发展水平外，我们基本没有谈及赞比亚。赞比亚是世界主要的黄铜生产国，但是其太依赖于黄铜的出口了，黄铜出口的税收占整个国家产品出口总税收的 70%。为了支付像汽车、卡车、药品、电脑、移动电话等本国生产不出来的进口产品，赞比亚需要大量地出口黄铜到世界各地。

在最近几年，国际黄铜价格出现了波动，对于这种波动，像赞比亚这种依靠单一产品出口的国家来说，经济就显得很脆弱。如图 15 - 7 例举的那样，2000—2003 年，黄铜价格较为平稳，每吨在 1 500～2 000 美元徘徊。2003 年之后，稳步上升到每吨 5 000 美元，2006 年又急剧上升至每吨 8 000 美元。而 2008 年，价格达到顶峰的每吨 9 000 美元后，世界经济衰退使得黄铜价格回到了每吨 3 000 美元。2008 年经济危机过后，黄铜价格得到了恢复，一度达到每吨 8 500 美元。2008 年铜价的下降，对赞比亚来说是个不小的打击。因为投资矿山的外国投资者感受到了危机，并整体撤离赞比亚，结果一些铜矿被迫关闭了。

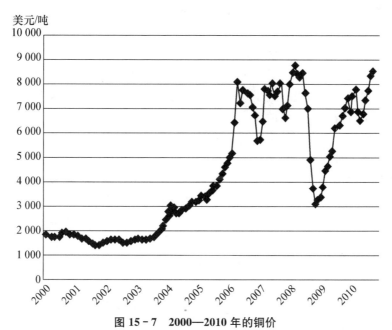

图 15 - 7　2000—2010 年的铜价

资料来源：数据来自国际货币基金组织初级商品价格。

然而，有些人或许会说，总的来讲对于全球化这是一个成功的案例。尤其是对赞比亚来说，因为随之而来的情况对赞比亚是有益的。中国是赞比亚最大的黄铜出口市场之一。考虑到中国日益发展的工业化进程，中国对铜有着大量的需求。西方对赞比亚铜的撤资，恰好是中国投资者进入的最好时机，目前中国是赞比亚外商直接投资的主要来源国，随着世界经济的复苏、铜价的回升，中国在赞比亚的黄铜工厂也再次兴旺起来。如果不是中国在世界经济中的地位日益提高，赞比亚的经济前景将会变得更加严峻。

有些人认为世界已经全球化了，并在此做了一个补充说明。为什么中国对黄铜的需求影响了英国约克郡人使用电灯？这并非是一句玩笑话。因为高涨的需求推高了世界黄铜价格，这导致约克郡发电站金属器材失窃数量的增加，其结果是供电中断就发生了。

■ 15.5 全球化可能会构成什么威胁？

□ 一个不平衡、 不稳定的世界经济？

不管是否归结于全球化，世界经济中出现的主要变化都为国民经济、广阔的区域及生活于此的人们带来了一些严重的问题。这是因为变化意味着资源配置模式的转型。一方面，有些国家或地区或许会受到这些转型的威胁，因为它们发现：至少在某段时间它们享有的资源比以前更少了。另一方面，有些国家或地区发现自己变得更为富裕了。然而一个需要认真思考的问题就是，这些失败者和获益者会对它们的新处境做出怎样的反应？

在揭示中国与西方的关系，尤其是与美国的关系中，我们可以强调这个问题的重要性。中国的发展对美国来说有一些影响，而有的影响对美国来说是消极的。举例来说，在第 14 章中，我们注意到美国对于中国汇率的调整很担忧，将其视为一个不受欢迎的举动。保持人民币兑美元的低汇率，对中国来说有好处，因为这使得在美国市场上中国的出口商品的价格更具有竞争力。但是美国对当前所承担的巨大的贸易逆差非常不满，将其归结于中国的汇率政策。关于这一争论，我们可以一分为二地来看。

● 美国对于自身所处困境的反应，对于所有人来说都是一个让人遗憾的暗示。世界贸易组织总干事帕斯卡尔·拉米曾对国际主要货币的紧张表示了自己的关心，国际主要货币或许会卷入某种贸易保护主义者的战争中，而这种战争让人想到了 20 世纪 30 年代的经济大萧条。在 20 世纪 30 年代的那场大萧条中，不少国家纷纷设置关税壁垒，压低货币价值，以达到竞争目的。他还说，多米诺骨牌效应应该避免，如果邻国经济不振，或是国与国之间的关系犹如针尖对麦芒，那么多米诺骨牌效应迅即就会发酵。

● 如果第一点是关于可能发生的事情，那么第二点更多关注的是早已发生的事。中国以及其他经济体，像日本、德国的巨大贸易顺差所产生的收益，不得不以某种方式花费掉或使用掉。有一种可能性就是将这些收益借给其他经济体。那么问题来了，在世界经济中，谁最需要这些钱呢？其回答是：美国以及其他（像英国）有着巨大贸易逆差的国家，它们需要这些资金。当然，如果中国重新对人民币进行估价，而美国采取合适的支出调整，或是支出减少的方法来减少逆差，就更好了。但是正如经济学家本杰明·科恩所说的那样，对于大的负债国来说，借贷是最好的一条出路。然而对于这种调整，受贿会格外偏爱于此。

争论变得越来越糟糕。在本书中，我们已经对金融危机有过多次涉及。一个不可否认的问题是在危机之前，西方的金融机构（不包括美国、英国的这些机构）充斥着大量的现金，对于这些现金，它们是以一种独特而又危险的方式来投资的。但是，为什么信用条件这么容易累积成金融危机呢？答案是因为当前这个不平衡的世界经济体系允许债权国——如中国，将大量的钱借给债务国——如美国。然而，这些都不能使我们原谅那些银行家的愚蠢，甚或管理者的轻信与跟风。但是，这意味着金融危机的发生以及随之而来的世界经济的衰退。世界经济的持续严重动荡将使得世界经济的衰退变得更加容易。从这一层面上来说，全球化也有着让世界变得动荡的力量。

□ 排斥与剥削问题

最近几十年世界经济发生了巨大的改变，但是我们能够看到有些经济体及某些地区并没有参与到这些改变当中，或者在这些改变之中收获很少。举个例子，非洲国家的世界贸易份额逐渐下降（从表 15-1 中可以看出），虽然它的外商直接投资流动额有所增加，但是幅度并不大。一些非洲国家人类发展指数依旧保持在较低的位置（从表 15-2 中可以看出）。我们知道这其中的某些原因，因为许多西方国家实施市场保护，这就促使发展中国家出口本国生产的产品变得艰难，农产品的出口就是最为典型的一个例子。外商直接投资到贫穷的经济体，会受到投资者优先等级的限制，这些优先级的投资者可以接触到主要的市场，他们招募的是水平高、受教育程度高的劳动力。而所有这些标准在欧洲或是北美都能够得到很好地满足，但是在非洲或是南美的部分地区，情况却大不一样。

倘若对于世界上那些贫穷的经济体来说，不参与到正在发生变化的世界经济会带来一些问题，那么参与其中或许也是一件祸福相依的事。提高效率、压低产品成本能够引起外部效应，事实上就相当于某种形式的剥削。回顾第 6 章，外部效应是一种成本或是收益，而这种成本或者收益是由影响第三方的经济活动所引起的。产品销售到发展中国家会产生消极的外部效应，这种消极的外部效应与童工的使用有着一定的联系。

"童工"并不是一个新名词，读过小说《雾都孤儿》的人就知道，早在 19 世纪的英国童工便已经出现，其并非单单地与当今开放的世界相联系。童工的使用通常发生在劳动力紧张的地方，或是在家庭、社区以及工厂这些工作机会增加的地方。而这些童工有的是由于贫穷、家庭破裂，有的则是因为父母双亡。联合国儿童基金会预测：全世界约有超过 1.7 亿年龄在 15 岁以下的儿童受雇于危害甚至对生命有危险的工作当中。

为什么童工是一种消极的外部效应呢？因为与成年人不同，孩子对于自己参与劳动力市场的决定，难以自由地做出了解情况的选择（他们都是被动地做出选择），在本案例中，第三方所指的就是那些可怜的孩子。有很多这样的例子，一些西方公司与它们在欠发达地区的供货商解除合约，因为在这些国家，这些供货商使用了童工。举例来说，2008 年，著名品牌普里马克就同印度的三个供货商解除了合约，因为他们将刺绣工作转包给了童工，让他们在家工作。

□ 信息经济学、 抵制机构和全球化

如果你了解到生产者对于他所付出的劳动并没有得到一个合理的回报，那么你会买到好的产品或是享受到高质量的服务吗？答案或许是否定的。但是大多数时候，我们不

知道服务于我们衣、食、住、行的产品是怎样被生产的，被谁生产以及生产这些会有什么样的回报。从这一点来看，我们正处于一种信息不对称的市场当中。我们花 2.5 英镑买了一杯拿铁咖啡，但我们不会去思考这 2.5 英镑是如何在种植咖啡的农民、经销商以及零售商中分配的。在第 2 章中，我们可以看到抵消制度的影响是如何改善与信息不对称相联系的有关问题的。像产品保证能够消除我们对产品质量的疑虑，受教育的门槛能够使雇主消解对应聘者质量的疑虑，而这些都是一种制度抵消。

在全球思维涌现的时代，看到这些抵制机构的例子是很有趣的，这些抵制机构做出消费选择，这可能会纠正全球市场的一些不公平现象。公平交易或许是你最为熟知的例子之一，公平交易是一个系统，这个系统能够保证发展中国家生产的出口商品有一个最低的价格。举个例子，如果你选择买公平交易中的咖啡，能够确定的是：相当程度的一部分税款会返还到种植咖啡的农民手中。

咖啡生产的问题之一是咖啡价格是多变的，这反映了世界供需的变化。然而对于种植咖啡的农民来说，他们只是典型的价格接受者，对于价格的变动毫无办法。当咖啡价格降低时，他们就会遭受损失。公平交易的原则就是努力解决这一问题。表 15 - 8 详细阐述了 1998—2010 年间咖啡价格的波动，当咖啡的价格水准在 21 世纪初只有 1998 年一半多的时候，我们可以清楚地看到：种植咖啡的农民在进行着持续不断的挣扎。

然而，正如图 15 - 8 所示，公平交易中的生产者有保底的最低价格。因此世界咖啡的价格不管怎样降低都不会影响到他们。如果市场价格高于公平交易价格，如图 15 - 8 所示的 2008 年与 2010 年那样，那么，公平交易价格将会匹配市场的价格。

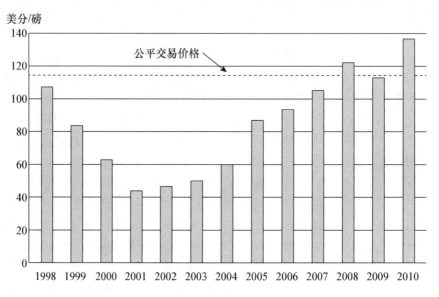

图 15 - 8　1998—2010 年年均咖啡价格及公平交易价格

公平交易鼓励英国的消费者应更理性，而不是受市场的驱使去购买产品，这将会对发展中国家的生产者的生存产生影响吗？1998 年的公平交易报告称：将会使得茶、咖啡和可可的售价达到预估的 1.67 千万英镑。到 2009 年销售额增加到了 8 亿英镑，这包括很多种不同的产品如蜂蜜、红酒、香蕉和羊毛等。依据英国 2009 年下半年的零售额，其将会达到 50 亿英镑。想了解公平交易对乌干达咖啡种植者的影响，可参见网址：

http://www.fairtrade.org.uk/resources/films/coffee_uganda.aspx。

15.6 反思：新的全球化该如何推进？

本章我们将用一个简短的引文来予以总结，在第一行与第二行中，我们分别省略了地点与工具。阅读以下引文，请在横线上填写你喜爱的地点、设备。

> 生活在_____的居民，可以一边喝着早茶，一边通过_____来订购世界各地的产品；还可以想象着他们订购的产品，早早地放在自家门口台阶上。此时此刻，他还可以用同样的方式将自己的财富投放到自然资源之中或是世界其他地方。无须动手，毫无风险，他们就能够享受自己预期的成果了。

这些话听起来或许有些奇怪，但其描述的情况的确很常见。躺在床上静静享受着香茶，此时你可以订购一本法国的书、意大利的围巾或是一间悉尼的宾馆。更有甚者，你还可以投资美国微软公司乃至赞比亚的铜矿，而所有的这一切都是可能的，甚至在这个我们觉得闪亮新奇、略带怪异的全球化世界都是很常见的事。然而这样的描述是什么时候写作的呢？2011 年还是 2015 年？都不是！而是在 1920 年，著名经济学家凯恩斯在他的著作《和平的经济后果》中就有阐述。他描写的是：1914 年第一次世界大战爆发之前的那一段时期。上面引文中省略掉的名词是伦敦和电话。

这个例子的重点是：指出了世界的经济关系，这些关系其实已不是新的产物。当今全球的贸易与投资始于 19 世纪金本位这样的全球制度的支持。金本位制是一个固定的汇率系统，领先于欧元，实行了超过 125 年。本书第 1 章介绍的 20 世纪 30 年代的经济大萧条是一种全球性现象、全球性的灾难，它能够产生新的全球经济管理与规划的制度，比如《关税及贸易总协定》、布雷顿森林体系。这一点在本书第 13、14 章已经讨论过。可以得到论证的是，最近全球的金融危机以及世界经济的衰退得到了抑制，没有造成大的灾难，是因为我们在 20 世纪二三十年代学到了很好的一堂政治课。2008—2009 年，全球经济没有出现新的大萧条，因为在 90 年前，我们就已经经历过了，并且从中学到了很多。

在很多方面，如今的世界经济与过去的若干年已大不一样，但在一些关键的领域，依然没有什么大的变化。

总 结

- 尽管有证据表明国际经济发生了改变，但是对于"全球化"或许过于夸大了。全球化意味着市场力量最宽泛的大致阐释，但它尚未形成。
- 在国际贸易与外商直接投资模式中，有某种程度的连续性。
- 全球化有着巨大的吸引力，因为它有能力将市场、投资以及经济活动传播到世界一些新的地方。

- 如果全球化的进程让世界经济变得不平衡，那么某一个国家做出的短期政策决定或许就会让所有的国家受到伤害。
- 更为开放的国际市场可能会加剧剥削性外部效应发生的可能性，例如，童工现象。
- 制度消解或许能够帮助消费者在全球性的市场中做出最为道德的选择。
- 全球化或许在 19 世纪就已经开始了。

关键术语

- 全球化
- 全球经济
- 国际贸易
- 外商直接投资
- 金砖国家经济体

- 人类发展
- 人类发展指数
- 贸易保护主义
- 剥削
- 抵制机构

问题讨论

1. 全球化经济的特点是什么？
2. 反对全球化经济存在的证据有哪些？
3. 对于发展中国家来说，全球化会带来哪些好处？
4. 全球化会带来哪些机遇与挑战？

推荐阅读

约瑟夫·斯蒂格利茨《让全球化运转起来》，第 2 章 "发展的承诺"

斯蒂格利茨因在市场不对称信息问题研究中的卓越成就而获得诺贝尔经济学奖。他也曾是世界银行的首席经济学家。他的著作《让全球化运转起来》，即据于此。在该书第 2 章中，斯蒂格利茨仔细思考了经济政策的各种类型，在他看来，这些政策在当前全球经济转型的大背景下能够帮助贫穷的国家发展。在这一背景下，市场并不完善，尽管世界银行以及国际货币基金组织等会给予一定帮助，但是非洲等地区仍在苦苦地挣扎。

阅读本章之后，请回答以下问题。

1. 斯蒂格利茨称赞了东亚国家运用的经济政策，那么这些政策与其他地方的政策有何不同？为何不同？

2. 对于发展的 "综合性的" 方法，斯蒂格利茨的意思是什么？

3. 斯蒂格利茨批评了托马斯·弗里德曼对于 "平面" 世界的定义，那么 "平面" 世界意味着什么？你认为斯蒂格利茨与托马斯·弗里德曼谁更接近真理？给出你的理由。

译后记

《商务经济学（第二版）》由克里斯·马尔赫恩博士和霍华德·R. 文博士合著而成。该书第一版 2001 年出版以来，深受读者欢迎，重印 11 次。本书为全面修订后的第二版。有关金融危机、信息经济学的最新内容，行为经济学和博弈论的相关内容也在书中有所涉及。

在本书编写过程中，作者面向本科生和 MBA 学生的需求，理论与实务并重，兼顾理论性和应用性。遵循"精心设计、精于启发、精致案例"的原则，如每章开始均列出该章重点讨论的问题。对于一些关键术语和经济学概念单独列出并加以定义。每章末尾均对本章讨论的主要内容进行小结。各章的关键术语、问题讨论和推荐阅读材料均一一列出。所选阅读材料，既有诺贝尔经济学奖得主的研究成果，又有来自经典小说的节选内容、经济学家的访谈资料和视频资料，体现了教材的经典性和启发性。本书案例丰富、附录全面、索引清楚，每章还有同步网站，内有大量与教材对应的珍贵教学资源，体现了教材配套的全面性。

本书文字简洁明了、可读性强，既符合学术规范的要求，又达到了通俗易懂的目的。全书易于理解、便于教学、具有广泛的适用性。教师在使用本书作教材时可以根据需要灵活掌握，有所侧重。同时，本书也有利于学生自学，还可作为实务工作者的参考书籍。

本书的出版得到了中国人民大学出版社经济分社相关编辑的支持和热情帮助，特致谢忱。本书初稿翻译完成后，承蒙张哲教授对全书内容进行了认真细致的审阅，并提出了很多宝贵的建议，谨在此表示衷心的谢意。

本书由余慕鸿主译。具体翻译分工是：余慕鸿、高智新翻译作者简介、目录、前言；缪佳翻译第 1、2、3 章；赵梓岑、任夫元翻译第 4、5 章；乐斌、焦帅翻译第 6 章；

余慕鸿、张敏翻译第 7、8、9、10 章；齐艳冰翻译第 11、12、13 章；余慕鸿、王婷翻译第 14 章；余慕鸿、龚梦霞、姜维翻译第 15 章；余慕鸿、焦帅对第 1～13 章做了校译和文字统稿；余沛对第 14～15 章做了校译和文字统稿。

本书是全体译者共同合作的结晶。我们虽已殚精竭虑，然恐有疏漏，敬请指正。

经济科学译丛

序号	书名	作者	Author	单价	出版年份	ISBN
1	商务经济学(第二版)	克里斯·马尔赫恩等	Chris Mulhearn	56.00	2019	978-7-300-24491-4
2	宏观经济学(第九版)	安德鲁·B.亚伯等	Andrew B. Abel	95.00	2019	978-7-300-27382-2
3	管理经济学:基于战略的视角(第二版)	蒂莫西·费希尔等	Timothy Fisher	58.00	2019	978-7-300-23886-9
4	投入产出分析:基础与扩展(第二版)	罗纳德·E.米勒等	Ronald E. Miller	98.00	2019	978-7-300-26845-3
5	宏观经济学:政策与实践(第二版)	弗雷德里克·S.米什金	Frederic S. Mishkin	89.00	2019	978-7-300-26809-5
6	国际商务:亚洲视角	查尔斯·W.L.希尔等	Charles W. L. Hill	108.00	2019	978-7-300-26791-3
7	统计学:在经济和管理中的应用(第10版)	杰拉德·凯勒	Gerald Keller	158.00	2019	978-7-300-26771-5
8	经济学精要(第五版)	R.格伦·哈伯德等	R. Glenn Hubbard	99.00	2019	978-7-300-26561-2
9	环境经济学(第七版)	埃班·古德斯坦等	Eban Goodstein	78.00	2019	978-7-300-23867-8
10	管理者微观经济学	戴维·M.克雷普斯	David M. Kreps	88.00	2019	978-7-300-22914-0
11	税收与企业经营战略:筹划方法(第五版)	迈伦·S.斯科尔斯等	Myron S. Scholes	78.00	2018	978-7-300-25999-4
12	美国经济史(第12版)	加里·M.沃尔顿等	Gary M. Walton	98.00	2018	978-7-300-26473-8
13	组织经济学:经济学分析方法在组织管理上的应用(第五版)	塞特斯·杜玛等	Sytse Douma	62.00	2018	978-7-300-25545-3
14	经济理论的回顾(第五版)	马克·布劳格	Mark Blaug	88.00	2018	978-7-300-26252-9
15	实地实验:设计、分析与解释	艾伦·伯格等	Alan S. Gerber	69.80	2018	978-7-300-26319-9
16	金融学(第二版)	兹维·博迪等	Zvi Bodie	75.00	2018	978-7-300-26134-8
17	空间数据分析:模型、方法与技术	曼弗雷德·M.费希尔	Manfred M. Fischer	36.00	2018	978-7-300-25304-6
18	《宏观经济学》(第十二版)学习指导书	鲁迪格·多恩布什等	Rudiger Dornbusch	38.00	2018	978-7-300-26063-1
19	宏观经济学(第四版)	保罗·克鲁格曼等	Paul Krugman	68.00	2018	978-7-300-26068-6
20	计量经济学导论:现代观点(第六版)	杰弗里·M.伍德里奇	Jeffrey M. Wooldridge	109.00	2018	978-7-300-25914-7
21	经济思想史:伦敦经济学院讲演录	莱昂内尔·罗宾斯	Lionel Robbins	59.80	2018	978-7-300-25258-2
22	空间计量经济学入门——在R中的应用	朱塞佩·阿尔比亚	Giuseppe Arbia	45.00	2018	978-7-300-25458-6
23	克鲁格曼经济学原理(第四版)	保罗·克鲁格曼等	Paul Krugman	88.00	2018	978-7-300-25639-9
24	发展经济学(第七版)	德怀特·H.波金斯等	Dwight H. Perkins	98.00	2018	978-7-300-25506-4
25	线性与非线性规划(第四版)	戴维·G.卢恩伯格等	David G. Luenberger	79.80	2018	978-7-300-25391-6
26	产业组织理论	让·梯若尔	Jean Tirole	110.00	2018	978-7-300-25170-7
27	经济学精要(第六版)	巴德,帕金	Bade,Parkin	89.00	2018	978-7-300-24749-6
28	空间计量经济学——空间数据的分位数回归	丹尼尔·P.麦克米伦	Daniel P. McMillen	30.00	2018	978-7-300-23949-1
29	高级宏观经济学基础(第二版)	本·J.海德拉	Ben J. Heijdra	88.00	2018	978-7-300-25147-9
30	税收经济学(第二版)	伯纳德·萨拉尼耶	Bernard Salanié	42.00	2018	978-7-300-23866-1
31	国际贸易(第三版)	罗伯特·C.芬斯特拉	Robert C. Feenstra	73.00	2017	978-7-300-25327-5
32	国际宏观经济学(第三版)	罗伯特·C.芬斯特拉	Robert C. Feenstra	79.00	2017	978-7-300-25326-8
33	公司治理(第五版)	罗伯特·A.G.蒙克斯	Robert A. G. Monks	69.80	2017	978-7-300-24972-8
34	国际经济学(第15版)	罗伯特·J.凯伯	Robert J. Carbaugh	78.00	2017	978-7-300-24844-8
35	经济理论和方法史(第五版)	小罗伯特·B.埃克伦德等	Robert B. Ekelund. Jr.	88.00	2017	978-7-300-22497-8
36	经济地理学	威廉·P.安德森	William P. Anderson	59.80	2017	978-7-300-24544-7
37	博弈与信息:博弈论概论(第四版)	艾里克·拉斯穆森	Eric Rasmusen	79.80	2017	978-7-300-24546-1
38	MBA宏观经济学	莫里斯·A.戴维斯	Morris A. Davis	38.00	2017	978-7-300-24268-2
39	经济学基础(第十六版)	弗兰克·V.马斯切纳	Frank V. Mastrianna	42.00	2017	978-7-300-22607-1
40	高级微观经济学:选择与竞争性市场	戴维·M.克雷普斯	David M. Kreps	79.80	2017	978-7-300-23674-2
41	博弈论与机制设计	Y.内拉哈里	Y. Narahari	69.80	2017	978-7-300-24209-5
42	宏观经济学精要:理解新闻中的经济学(第三版)	彼得·肯尼迪	Peter Kennedy	45.00	2017	978-7-300-21617-1
43	宏观经济学(第十二版)	鲁迪格·多恩布什等	Rudiger Dornbusch	69.00	2017	978-7-300-23772-5
44	国际金融与开放宏观经济学:理论、历史与政策	亨德里克·范登伯格	Hendrik Van den Berg	68.00	2016	978-7-300-23380-2
45	经济学(微观部分)	达龙·阿西莫格鲁等	Daron Acemoglu	59.00	2016	978-7-300-21786-4
46	经济学(宏观部分)	达龙·阿西莫格鲁等	Daron Acemoglu	45.00	2016	978-7-300-21886-1
47	发展经济学	热若尔·罗兰	Gérard Roland	79.00	2016	978-7-300-23379-6
48	中级微观经济学——直觉思维与数理方法(上下册)	托马斯·J.内契巴	Thomas J. Nechyba	128.00	2016	978-7-300-22363-6
49	环境与自然资源经济学(第十版)	汤姆·蒂坦伯格等	Tom Tietenberg	72.00	2016	978-7-300-22900-3
50	劳动经济学基础(第二版)	托马斯·海克拉克等	Thomas Hyclak	65.00	2016	978-7-300-23146-4
51	货币金融学(第十一版)	弗雷德里克·S.米什金	Frederic S. Mishkin	85.00	2016	978-7-300-23001-6
52	动态优化——经济学和管理学中的变分法和最优控制(第二版)	莫顿·I.凯曼等	Morton I. Kamien	48.00	2016	978-7-300-23167-9
53	用Excel学习中级微观经济学	温贝托·巴雷托	Humberto Barreto	65.00	2016	978-7-300-21628-7

序号	书名	作者	Author	单价	出版年份	ISBN
54	宏观经济学(第九版)	N·格里高利·曼昆	N. Gregory Mankiw	79.00	2016	978-7-300-23038-2
55	国际经济学:理论与政策(第十版)	保罗·R·克鲁格曼等	Paul R. Krugman	89.00	2016	978-7-300-22710-8
56	国际金融(第十版)	保罗·R·克鲁格曼等	Paul R. Krugman	55.00	2016	978-7-300-22089-5
57	国际贸易(第十版)	保罗·R·克鲁格曼等	Paul R. Krugman	42.00	2016	978-7-300-22088-8
58	经济学精要(第3版)	斯坦利·L·布鲁伊等	Stanley L. Brue	58.00	2016	978-7-300-22301-8
59	经济分析史(第七版)	英格里德·H·里马	Ingrid H. Rima	72.00	2016	978-7-300-22294-3
60	投资学精要(第九版)	兹维·博迪等	Zvi Bodie	108.00	2016	978-7-300-22236-3
61	环境经济学(第二版)	查尔斯·D·科尔斯塔德	Charles D. Kolstad	68.00	2016	978-7-300-22255-4
62	MWG《微观经济理论》习题解答	原千晶等	Chiaki Hara	75.00	2016	978-7-300-22306-3
63	现代战略分析(第七版)	罗伯特·M·格兰特	Robert M. Grant	68.00	2016	978-7-300-17123-4
64	横截面与面板数据的计量经济分析(第二版)	杰弗里·M·伍德里奇	Jeffrey M. Wooldridge	128.00	2016	978-7-300-21938-7
65	宏观经济学(第十二版)	罗伯特·J·戈登	Robert J. Gordon	75.00	2016	978-7-300-21978-3
66	动态最优化基础	蒋中一	Alpha C. Chiang	42.00	2015	978-7-300-22068-0
67	城市经济学	布伦丹·奥弗莱厄蒂	Brendan O'Flaherty	69.80	2015	978-7-300-22067-3
68	管理经济学:理论,应用与案例(第八版)	布鲁斯·艾伦等	Bruce Allen	79.80	2015	978-7-300-21991-2
69	经济政策:理论与实践	阿格尼丝·贝纳西-奎里等	Agnès Bénassy-Quéré	79.80	2015	978-7-300-21921-9
70	微观经济分析(第三版)	哈尔·R·范里安	Hal R. Varian	68.00	2015	978-7-300-21536-5
71	财政学(第十版)	哈维·S·罗森等	Harvey S. Rosen	68.00	2015	978-7-300-21754-3
72	经济数学(第三版)	迈克尔·霍伊等	Michael Hoy	88.00	2015	978-7-300-21674-4
73	发展经济学(第九版)	A. P. 瑟尔沃	A. P. Thirlwall	69.80	2015	978-7-300-21193-0
74	宏观经济学(第五版)	斯蒂芬·D·威廉森	Stephen D. Williamson	69.00	2015	978-7-300-21169-5
75	资源经济学(第三版)	约翰·C·伯格斯特罗姆等	John C. Bergstrom	58.00	2015	978-7-300-20742-1
76	应用中级宏观经济学	凯文·D·胡佛	Kevin D. Hoover	78.00	2015	978-7-300-21000-1
77	现代时间序列分析导论(第二版)	约根·沃特斯等	Jürgen Wolters	39.80	2015	978-7-300-20625-7
78	空间计量经济学——从横截面数据到空间面板	J·保罗·埃尔霍斯特	J. Paul Elhorst	32.00	2015	978-7-300-21024-7
79	国际经济学原理	肯尼思·A·赖纳特	Kenneth A. Reinert	58.00	2015	978-7-300-20830-5
80	经济写作(第二版)	迪尔德丽·N·麦克洛斯基	Deirdre N. McCloskey	39.80	2015	978-7-300-20914-2
81	计量经济学方法与应用(第五版)	巴蒂·H·巴尔塔基	Badi H. Baltagi	58.00	2015	978-7-300-20584-7
82	战略经济学(第五版)	戴维·贝赞可等	David Besanko	78.00	2015	978-7-300-20679-0
83	博弈论导论	史蒂文·泰迪里斯	Steven Tadelis	58.00	2015	978-7-300-19993-1
84	社会问题经济学(第二十版)	安塞尔·M·夏普等	Ansel M. Sharp	49.00	2015	978-7-300-20279-2
85	博弈论:矛盾冲突分析	罗杰·B·迈尔森	Roger B. Myerson	58.00	2015	978-7-300-20212-9
86	时间序列分析	詹姆斯·D·汉密尔顿	James D. Hamilton	118.00	2015	978-7-300-20213-6
87	经济问题与政策(第五版)	杰奎琳·默里·布鲁克斯	Jacqueline Murray Brux	58.00	2014	978-7-300-17799-1
88	微观经济理论	安德鲁·马斯-克莱尔等	Andreu Mas-Collel	148.00	2014	978-7-300-19986-3
89	产业组织:理论与实践(第四版)	唐·E·瓦尔德曼等	Don E. Waldman	75.00	2014	978-7-300-19722-7
90	公司金融理论	让·梯若尔	Jean Tirole	128.00	2014	978-7-300-20178-8
91	公共部门经济学	理查德·W·特里西	Richard W. Tresch	49.00	2014	978-7-300-18442-5
92	计量经济学原理(第六版)	彼得·肯尼迪	Peter Kennedy	69.80	2014	978-7-300-19342-7
93	统计学:在经济中的应用	玛格丽特·刘易斯	Margaret Lewis	45.00	2014	978-7-300-19082-2
94	产业组织:现代理论与实践(第四版)	林恩·佩波尔等	Lynne Pepall	88.00	2014	978-7-300-19166-9
95	计量经济学导论(第三版)	詹姆斯·H·斯托克等	James H. Stock	69.00	2014	978-7-300-18467-8
96	发展经济学导论(第四版)	秋山裕	秋山裕	39.80	2014	978-7-300-19127-0
97	中级微观经济学(第六版)	杰弗里·M·佩罗夫	Jeffrey M. Perloff	89.00	2014	978-7-300-18441-8
98	平狄克《微观经济学》(第八版)学习指导	乔纳森·汉密尔顿等	Jonathan Hamilton	32.00	2014	978-7-300-18970-3
99	微观经济学(第八版)	罗伯特·S·平狄克等	Robert S. Pindyck	79.00	2013	978-7-300-17133-3
100	微观银行经济学(第二版)	哈维尔·弗雷克斯等	Xavier Freixas	48.00	2014	978-7-300-18940-6
101	施米托夫论出口贸易——国际贸易法律与实务(第11版)	克利夫·M·施米托夫等	Clive M. Schmitthoff	168.00	2014	978-7-300-18425-8
102	微观经济学思维	玛莎·L·奥尔尼	Martha L. Olney	29.80	2013	978-7-300-17280-4
103	宏观经济学思维	玛莎·L·奥尔尼	Martha L. Olney	39.80	2013	978-7-300-17279-8
104	计量经济学原理与实践	达摩达尔·N·古扎拉蒂	Damodar N. Gujarati	49.80	2013	978-7-300-18169-1
105	现代战略分析案例集	罗伯特·M·格兰特	Robert M. Grant	48.00	2013	978-7-300-16038-2
106	高级国际贸易:理论与实证	罗伯特·C·芬斯特拉	Robert C. Feenstra	59.00	2013	978-7-300-17157-9
107	经济学简史——处理沉闷科学的巧妙方法(第二版)	E·雷·坎特伯里	E. Ray Canterbery	58.00	2013	978-7-300-17571-3

经济科学译丛

序号	书名	作者	Author	单价	出版年份	ISBN
108	微观经济学原理(第五版)	巴德、帕金	Bade, Parkin	65.00	2013	978 - 7 - 300 - 16930 - 9
109	宏观经济学原理(第五版)	巴德、帕金	Bade, Parkin	63.00	2013	978 - 7 - 300 - 16929 - 3
110	环境经济学	彼得·伯克等	Peter Berck	55.00	2013	978 - 7 - 300 - 16538 - 7
111	高级微观经济理论	杰弗里·杰里	Geoffrey A. Jehle	69.00	2012	978 - 7 - 300 - 16613 - 1
112	高级宏观经济学导论:增长与经济周期(第二版)	彼得·伯奇·索伦森等	Peter Birch Sørensen	95.00	2012	978 - 7 - 300 - 15871 - 6
113	微观经济学(第二版)	保罗·克鲁格曼	Paul Krugman	69.80	2012	978 - 7 - 300 - 14835 - 9
114	克鲁格曼《微观经济学(第二版)》学习手册	伊丽莎白·索耶·凯利	Elizabeth Sawyer Kelly	58.00	2013	978 - 7 - 300 - 17002 - 2
115	克鲁格曼《宏观经济学(第二版)》学习手册	伊丽莎白·索耶·凯利	Elizabeth Sawyer Kelly	36.00	2013	978 - 7 - 300 - 17024 - 4
116	微观经济学(第十一版)	埃德温·曼斯费尔德	Edwin Mansfield	88.00	2012	978 - 7 - 300 - 15050 - 5
117	卫生经济学(第六版)	舍曼·富兰德等	Sherman Folland	79.00	2011	978 - 7 - 300 - 14645 - 4
118	现代劳动经济学:理论与公共政策(第十版)	罗纳德·G·伊兰伯格等	Ronald G. Ehrenberg	69.00	2011	978 - 7 - 300 - 14482 - 5
119	宏观经济学:理论与政策(第九版)	理查德·T·弗罗恩	Richard T. Froyen	55.00	2011	978 - 7 - 300 - 14108 - 4
120	经济学原理(第四版)	威廉·博伊斯等	William Boyes	59.00	2011	978 - 7 - 300 - 13518 - 2
121	计量经济学基础(第五版)(上册)	达摩达尔·N·古扎拉蒂	Damodar N. Gujarati	99.00	2011	978 - 7 - 300 - 13693 - 6
122	《计量经济学基础》(第五版)学生习题解答手册	达摩达尔·N·古扎拉蒂等	Damodar N. Gujarati	23.00	2012	978 - 7 - 300 - 15080 - 8
123	计量经济分析(第六版)(上下册)	威廉·H·格林	William H. Greene	128.00	2011	978 - 7 - 300 - 12779 - 8
124	国际贸易	罗伯特·C·芬斯特拉等	Robert C. Feenstra	49.00	2011	978 - 7 - 300 - 13704 - 9

金融学译丛

序号	书名	作者	Author	单价	出版年份	ISBN
1	金融几何学	阿尔文·库鲁克	Alvin Kuruc	58.00	2019	978 - 7 - 300 - 14104 - 6
2	银行风险管理(第四版)	若埃尔·贝西	Joël Bessis	56.00	2019	978 - 7 - 300 - 26496 - 7
3	金融学原理(第八版)	阿瑟·J·基翁等	Arthur J. Keown	79.00	2018	978 - 7 - 300 - 25638 - 2
4	财务管理基础(第七版)	劳伦斯·J·吉特曼等	Lawrence J. Gitman	89.00	2018	978 - 7 - 300 - 25339 - 8
5	利率互换及其他衍生品	霍华德·科伯	Howard Corb	69.00	2018	978 - 7 - 300 - 25294 - 0
6	固定收益证券手册(第八版)	弗兰克·J·法博齐	Frank J. Fabozzi	228.00	2017	978 - 7 - 300 - 24227 - 9
7	金融市场与金融机构(第8版)	弗雷德里克·S·米什金	Frederic S. Mishkin	86.00	2017	978 - 7 - 300 - 24731 - 1
8	兼并、收购和公司重组(第六版)	帕特里克·A·高根	Patrick A. Gaughan	89.00	2017	978 - 7 - 300 - 24231 - 6
9	债券市场:分析与策略(第九版)	弗兰克·J·法博齐	Frank J. Fabozzi	98.00	2016	978 - 7 - 300 - 23495 - 3
10	财务报表分析(第四版)	马丁·弗里德森	Martin Fridson	46.00	2016	978 - 7 - 300 - 23037 - 5
11	国际金融学	约瑟夫·P·丹尼尔斯等	Joseph P. Daniels	65.00	2016	978 - 7 - 300 - 23037 - 1
12	国际金融	阿德里安·巴克利	Adrian Buckley	88.00	2016	978 - 7 - 300 - 22668 - 2
13	个人理财(第六版)	阿瑟·J·基翁	Arthur J. Keown	85.00	2016	978 - 7 - 300 - 22711 - 5
14	投资学基础(第三版)	戈登·J·亚历山大等	Gordon J. Alexander	79.00	2015	978 - 7 - 300 - 20274 - 7
15	金融风险管理(第二版)	彼德·F·克里斯托弗森	Peter F. Christoffersen	46.00	2015	978 - 7 - 300 - 21210 - 4
16	风险管理与保险管理(第十二版)	乔治·E·瑞达等	George E. Rejda	95.00	2015	978 - 7 - 300 - 21486 - 3
17	个人理财(第五版)	杰夫·马杜拉	Jeff Madura	69.00	2015	978 - 7 - 300 - 20583 - 0
18	企业价值评估	罗伯特·A·G·蒙克斯等	Robert A. G. Monks	58.00	2015	978 - 7 - 300 - 20582 - 3
19	基于Excel的金融学原理(第二版)	西蒙·本尼卡	Simon Benninga	79.00	2014	978 - 7 - 300 - 18899 - 7
20	金融工程学原理(第二版)	萨利赫·N·内夫特奇	Salih N. Neftci	88.00	2014	978 - 7 - 300 - 19348 - 9
21	投资学导论(第十版)	赫伯特·B·梅奥	Herbert B. Mayo	69.00	2014	978 - 7 - 300 - 18971 - 0
22	国际金融市场导论(第六版)	斯蒂芬·瓦尔德斯等	Stephen Valdez	59.80	2014	978 - 7 - 300 - 18896 - 6
23	金融数学:金融工程引论(第二版)	马雷克·凯宾斯基等	Marek Capinski	42.00	2014	978 - 7 - 300 - 17650 - 5
24	财务管理(第二版)	雷蒙德·布鲁斯	Raymond Brooks	69.00	2014	978 - 7 - 300 - 19085 - 3
25	期货与期权市场导论(第七版)	约翰·C·赫尔	John C. Hull	69.00	2014	978 - 7 - 300 - 18994 - 2
26	国际金融:理论与实务	皮特·塞尔居	Piet Sercu	88.00	2014	978 - 7 - 300 - 18413 - 5
27	货币、银行和金融体系	R·格伦·哈伯德等	R. Glenn Hubbard	75.00	2013	978 - 7 - 300 - 17856 - 1
28	并购创造价值(第二版)	萨德·苏达斯纳	Sudi Sudarsanam	89.00	2013	978 - 7 - 300 - 17473 - 0
29	个人理财——理财技能培养方法(第三版)	杰克·R·卡普尔等	Jack R. Kapoor	66.00	2013	978 - 7 - 300 - 16687 - 2
30	国际财务管理	吉尔特·贝克特	Geert Bekaert	95.00	2012	978 - 7 - 300 - 16031 - 3
31	应用公司财务(第三版)	阿斯沃思·达摩达兰	Aswath Damodaran	88.00	2012	978 - 7 - 300 - 16034 - 4
32	资本市场:机构与工具(第四版)	弗兰克·J·法博齐	Frank J. Fabozzi	85.00	2011	978 - 7 - 300 - 13828 - 2
33	衍生品市场(第二版)	罗伯特·L·麦克唐纳	Robert L. McDonald	98.00	2011	978 - 7 - 300 - 13130 - 6
34	跨国金融原理(第三版)	迈克尔·H·莫菲特等	Michael H. Moffett	78.00	2011	978 - 7 - 300 - 12781 - 1

图书在版编目（CIP）数据

商务经济学：第二版/(英) 克里斯·马尔赫恩，(英) 霍华德·R. 文著；余慕鸿等译. —北京：中国人民大学出版社，2019.11
（经济科学译丛）
ISBN 978-7-300-24491-4

Ⅰ. ①商… Ⅱ. ①克… ②霍… ③余… Ⅲ. ①电子商务-经济学-教材 Ⅳ. ①F713.36

中国版本图书馆 CIP 数据核字（2017）第 123158 号

"十三五"国家重点出版物出版规划项目
经济科学译丛
商务经济学（第二版）
克里斯·马尔赫恩　霍华德·R. 文　著
余慕鸿 等　译
Shangwu Jingjixue

出版发行	中国人民大学出版社			
社　　址	北京中关村大街 31 号		**邮政编码**	100080
电　　话	010 - 62511242（总编室）		010 - 62511770（质管部）	
	010 - 82501766（邮购部）		010 - 62514148（门市部）	
	010 - 62515195（发行公司）		010 - 62515275（盗版举报）	
网　　址	http://www.crup.com.cn			
经　　销	新华书店			
印　　刷	涿州市星河印刷有限公司			
规　　格	185mm×260mm 16 开本		**版　　次**	2019 年 11 月第 1 版
印　　张	21.75 插页 2		**印　　次**	2019 年 11 月第 1 次印刷
字　　数	505 000		**定　　价**	56.00 元